第2版"信息化与信息社会"系列丛书编委会名单

编委会主任 曲维枝

编委会副主任 周宏仁　张尧学　徐　愈

编委会委员 何德全　邬贺铨　高新民　高世辑　张复良　刘希俭
　　　　　　刘小英　李国杰　秦　海　赵泽良　杜　链　朱森第
　　　　　　方欣欣　陈国青　李一军　李　琪　冯登国

编委会秘书处 廖　瑾　刘宪兰　刘博等

第2版高等学校信息管理与信息系统专业系列教材编委会名单

专业编委会顾问（以汉字拼音为序）
　　　　　　陈　静　杜　链　冯惠玲　高新民　黄梯云　刘希俭
　　　　　　王安耕　汪玉凯　王众托　邬贺铨　杨国勋　周汉华
　　　　　　周宏仁　朱森第

专业编委会主任 陈国青　李一军

专业编委会委员（以汉字拼音为序）
　　　　　　陈国青　陈　禹　胡祥培　黄丽华　李　东　李一军
　　　　　　马费成　王刊良　杨善林

专业编委会秘书 闫相斌　卫　强

本　书　主　审 辛仁周

工业和信息化部"十二五"规划教材
"信息化与信息社会"系列丛书之
高等学校信息管理与信息系统专业系列教材

电子政务
（第 2 版）

侯卫真　主　编

电子工业出版社
Publishing House of Electronics Industry
北京·BEIJING

内 容 简 介

本书共有 11 章，内容包括电子政务概要、电子政务与政府管理、电子政务与信息技术、政府机关内部公务处理的电子化、电子政务与政府公共服务、政务信息资源开发利用与管理、政府信息治理、电子政务业务系统、电子政务安全保障、中国电子政务的发展基础和国外电子政务发展要览。

本书主要以大学本科信息管理与信息系统专业的学生为主要读者群，也可作为相关人员从事电子政务工作的参考书。

未经许可，不得以任何方式复制或抄袭本书之部分或全部内容。
版权所有，侵权必究。

图书在版编目（CIP）数据

电子政务 / 侯卫真主编. —2 版. —北京：电子工业出版社，2014.1
（"信息化与信息社会"系列丛书）
高等学校信息管理与信息系统专业系列教材
ISBN 978-7-121-22287-0

Ⅰ.①电… Ⅱ.①侯… Ⅲ.①电子政务－高等学校－教材 Ⅳ.①D035.1-39

中国版本图书馆 CIP 数据核字（2014）第 008157 号

策划编辑：刘宪兰
责任编辑：侯丽平
印　　刷：北京虎彩文化传播有限公司
装　　订：北京虎彩文化传播有限公司
出版发行：电子工业出版社
　　　　　北京市海淀区万寿路 173 信箱　邮编　100036
开　　本：787×1092　1/16　印张：20.25　字数：518.4 千字
版　　次：2011 年 6 月第 1 版
　　　　　2014 年 1 月第 2 版
印　　次：2018 年 7 月第 4 次印刷
定　　价：41.00 元

凡所购买电子工业出版社图书有缺损问题，请向购买书店调换。若书店售缺，请与本社发行部联系，联系及邮购电话：(010) 88254888，88258888。
质量投诉请发邮件至 zlts@phei.com.cn，盗版侵权举报请发邮件至 dbqq@phei.com.cn。
本书咨询联系方式：(010) 88254694。

作者简介

侯卫真,管理学博士。任职于中国人民大学信息资源管理学院,教授,博士生导师,中国人民大学电子政务研究中心主任。多年来从事电子政务的教学和研究工作,并发表有数十种相关著作和研究文章。

第 2 版总序

信息化是世界经济和社会发展的必然趋势。近年来，在党中央、国务院的高度重视和正确领导下，我国信息化建设取得了积极进展，信息技术对提升工业技术水平、创新产业形态、推动经济社会发展发挥了重要作用。信息技术已成为经济增长的"倍增器"、发展方式的"转换器"、产业升级的"助推器"。

作为国家信息化领导小组的决策咨询机构，国家信息化专家咨询委员会按照党中央、国务院领导同志的要求，就我国信息化发展中的前瞻性、全局性和战略性的问题进行调查研究，提出政策建议和咨询意见。信息化所具有的知识密集的特点，决定了人力资本将成为国家在信息时代的核心竞争力。大量培养符合中国信息化发展需要的人才是国家信息化发展的一个紧迫需求，也是我国推动经济发展方式转变，提高在信息时代参与国际竞争比较优势的关键。2006 年 5 月，我国公布《2006—2010 年国家信息化发展战略》，提出"提高国民信息技术应用能力，造就信息化人才队伍"是国家信息化推进的重点任务之一，并要求构建以学校教育为基础的信息化人才培养体系。

为了促进上述目标的实现，国家信息化专家咨询委员会致力于通过讲座、论坛、出版等各种方式推动信息化知识的宣传、教育和培训工作。2007 年，国家信息化专家咨询委员会联合教育部、原国务院信息化工作办公室成立了"信息化与信息社会"系列丛书编委会，共同推动"信息化与信息社会"系列丛书的组织编写工作。编写该系列丛书的目的是，力图结合我国信息化发展的实际和需求，针对国家信息化人才教育和培养工作，有效梳理信息化的基本概念和知识体系，通过高校教师、信息化专家、学者与政府官员之间的相互交流和借鉴，充实我国信息化实践中的成功案例，进一步完善我国信息化教学的框架体系，提高我国信息化图书的理论和实践水平。毫无疑问，从国家信息化长远发展的角度来看，这是一项带有全局性、前瞻性和基础性的工作，是贯彻落实国家信息化发展战略的一个重要举措，对于推动国家的信息化人才教育和培养工作，加强我国信息化人才队伍的建设具有重要意义。

考虑到当时国家信息化人才培养的需求，各个专业和不同教育层次（博士生、硕士生、本科生）的需要，以及教材开发的难度和编写进度时间等问题，"信息化与信息社会"系列丛书编委会采取了集中全国优秀学者和教师，分期分批出版高质量的信息化教育丛书的方式，结合高校专业课程设置情况，在"十一五"期间，先后组织出版了"信息管理与信息系统"、"电子商务"、"信息安全"三套本科专业高等学校系列教材，受到高校相关专业学科以及相关专业师生的热烈欢迎，并得到业内专家和教师的一致好评和高度评价。

但是，随着时间的推移和信息技术的快速发展，上述专业的教育面临着持续更新、不断完善的迫切要求，日新月异的技术发展及应用变迁也不断对新时期的建设和人才培养提出新要求。为此，"信息管理与信息系统"、"电子商务"、"信息安全"三个专业教育需以综合的视角和发展的眼光不断对自身进行调整和丰富，已出版的教材内容也需及时进行更新和调整，以满足需求。

这次，高等学校"信息管理与信息系统"、"电子商务"、"信息安全"三套系列教材的修订是在涵盖第 1 版主题内容的基础上，进行的更新和调整。我们希望在内容构成上，既保持原第 1 版教材基础的经典内容，又要介绍主流的知识、方法和工具，以及最新的发展趋势，同时增加部分案例或实例，使每一本教材都有明确的定位，分别体现"信息管理与信息系统"、"电子商务"、"信息安全"三个专业领域的特征，并在结合我国信息化发展实际特点的同时，选择性地吸收国际上相关教材的成熟内容。

对于这次三套系列教材（以下简称系列教材）的修订，我们仍提出了基本要求，包括信息化的基本概念一定要准确、清晰，既要符合中国国情，又要与国际接轨；教材内容既要符合本科生课程设置的要求，又要紧跟技术发展的前沿，及时地把新技术、新趋势、新成果反映在教材中；教材还必须体现理论与实践的结合，要注意选取具有中国特色的成功案例和信息技术产品的应用实例，突出案例教学，力求生动活泼，达到帮助学生学以致用的目的，等等。

为力争修订教材达到我们一贯秉承的精品要求，"信息化与信息社会"系列丛书编委会采用了多种手段和措施保证系列教材的质量。首先，在确定每本教材的第一作者的过程中引入了竞争机制，通过广泛征集、自我推荐和网上公示等形式，吸收优秀教师、企业人才和知名专家参与写作；其次，将国家信息化专家咨询委员会有关专家纳入到各个专业编委会中，通过召开研讨会和广泛征求意见等多种方式，吸纳国家信息化一线专家、工作者的意见和建议；再次，要求各专业编委会对教材大纲、内容等进行严格的审核，并对每本教材配有一至两位审稿专家。

我们衷心期望，系列教材的修订能对我国信息化相应专业领域的教育发展和教学水平的提高有所裨益，对推动我国信息化的人才培养有所贡献。同时，我们也借系列教材修订出版的机会，向所有为系列教材的组织、构思、写作、审核、编辑、出版等作出贡献的专家学者、教师和工作人员表达我们最真诚的谢意！

应该看到，组织高校教师、专家学者、政府官员以及出版部门共同合作，编写尚处于发展动态之中的新兴学科的高等学校教材，有待继续尝试和不断总结经验，也难免会出现这样那样的缺点和问题。我们衷心希望使用该系列教材的教师和学生能够不吝赐教，帮助我们不断地提高系列教材的质量。

曲伟杰

2013 年 11 月 1 日

第 1 版总序

信息化是世界经济和社会发展的必然趋势。近年来，在党中央、国务院的高度重视和正确领导下，我国信息化建设取得了积极进展，信息技术对提升工业技术水平、创新产业形态、推动经济社会发展发挥了重要作用。信息技术已成为经济增长的"倍增器"、发展方式的"转换器"、产业升级的"助推器"。

作为国家信息化领导小组的决策咨询机构，国家信息化专家咨询委员会一直在按照党中央、国务院领导同志的要求就信息化前瞻性、全局性和战略性的问题进行调查研究，提出政策建议和咨询意见。在做这些工作的过程中，我们愈发认识到，信息技术和信息化所具有的知识密集的特点，决定了人力资本将成为国家在信息时代的核心竞争力，大量培养符合中国信息化发展需要的人才已成为国家信息化发展的一个紧迫需求，成为我国应对当前严峻经济形势，推动经济发展方式转变，提高在信息时代参与国际竞争比较优势的关键。2006 年 5 月，我国公布《2006—2010 年国家信息化发展战略》，提出"提高国民信息技术应用能力，造就信息化人才队伍"是国家信息化推进的重点任务之一，并要求构建以学校教育为基础的信息化人才培养体系。

为了促进上述目标的实现，国家信息化专家咨询委员会一直致力于通过讲座、论坛、出版等各种方式推动信息化知识的宣传、教育和培训工作。2007 年，国家信息化专家咨询委员会联合教育部、原国务院信息化工作办公室成立了"信息化与信息社会"系列丛书编委会，共同推动"信息化与信息社会"系列丛书的组织编写工作。编写该系列丛书的目的，是力图结合我国信息化发展的实际和需求，针对国家信息化人才教育和培养工作，有效梳理信息化的基本概念和知识体系，通过高校教师、信息化专家、学者与政府官员之间的相互交流和借鉴，充实我国信息化实践中的成功案例，进一步完善我国信息化教学的框架体系，提高我国信息化图书的理论和实践水平。毫无疑问，从国家信息化长远发展的角度来看，这是一项带有全局性、前瞻性和基础性的工作，是贯彻落实国家信息化发展战略的一个重要举措，对于推动国家的信息化人才教育和培养工作，加强我国信息化人才队伍的建设具有重要意义。

考虑当前国家信息化人才培养的需求、各个专业和不同教育层次（博士生、硕士生、本科生）的需要，以及教材开发的难度和编写进度时间等问题，"信息化与信息社会"系列丛书编委会采取了集中全国优秀学者和教师、分期分批出版高质量的信息化教育丛书的方式，根据当前高校专业课程设置情况，先开发"信息管理与信息系统"、"电子商务"、"信息安全"三个本科专业高等学校系列教材，随后再根据我国信息化和高等学校相关专业发展的情况陆续开发其他专业和类别的图书。

对于新编的三套系列教材（以下简称系列教材），我们寄予了很大希望，也提出了基本要求，包括信息化的基本概念一定要准确、清晰，既要符合中国国情，又要与国际接轨；教材内容既要符合本科生课程设置的要求，又要紧跟技术发展的前沿，及时地把新技术、新趋势、新成果反映在教材中；教材还必须体现理论与实践的结合，要注意选取具有中国特色的成功案例和信息技术产品的应用实例，突出案例教学，力求生动活泼，达到帮助学生学以致用的目的，等等。

为力争出版一批精品教材，"信息化与信息社会"系列丛书编委会采用了多种手段和措施保证系列教材的质量。首先，在确定每本教材的第一作者的过程中引入了竞争机制，通过广泛征集、自我推荐和网上公示等形式，吸收优秀教师、企业人才和知名专家参与写作；其次，将国家信息化专家咨询委员会有关专家纳入到各个专业编委会中，通过召开研讨会和广泛征求意见等多种方式，吸纳国家信息化一线专家、工作者的意见和建议；再次，要求各专业编委会对教材大纲、内容等进行严格的审核，并对每一本教材配有一至两位审稿专家。

如今，我们很高兴地看到，在教育部和原国务院信息化工作办公室的支持下，通过许多高校教师、专家学者及电子工业出版社的辛勤努力和付出，"信息化与信息社会"系列丛书中的三套系列教材即将陆续和读者见面。

我们衷心期望，系列教材的出版和使用能对我国信息化相应专业领域的教育发展和教学水平的提高有所裨益，对推动我国信息化的人才培养有所贡献。同时，我们也借系列教材开始陆续出版的机会，向所有为系列教材的组织、构思、写作、审核、编辑、出版等做出贡献的专家学者、老师和工作人员表达我们最真诚的谢意！

应该看到，组织高校教师、专家学者、政府官员以及出版部门共同合作，编写尚处于发展动态之中的新兴学科的高等学校教材，还是一个初步的尝试。其中，固然有许多的经验可以总结，也难免会出现这样那样的缺点和问题。我们衷心地希望使用系列教材的教师和学生能够不吝赐教，帮助我们不断地提高系列教材的质量。

曲维枝
2008 年 12 月 15 日

第 2 版序言

在移动计算、物联网、云计算等一系列新兴技术的支撑下,网络生活、社交媒体、协同创造、虚拟服务等新型应用模式持续拓展着人类创造和利用信息的范围和形式。这些日新月异的新兴技术与应用模式的涌现,使得全球数据量呈现前所未有的爆发式增长态势。同时,数据复杂性也急剧增加,其多样性(多源、异构、多模态和富媒体等)、低价值密度(信息不相关性和高"提纯"难度等)、实时性(流信息和连续商务等)特征日益显著。可以说我们已经进入"大数据"时代。数据已经渗透到每一个行业和领域,成为国家宏观调控和治理,以及社会各行各业管理和技术应用的基础和要素。

大数据时代的管理喻意可以从两个方面来概括,即"三个融合"和"三新"。"三个融合"指 IT 融合(信息技术与社会生活以及企业业务的密不可分性)、内外融合(企业外部数据与内部数据整合的重要性)和价值融合(企业"造"与"用"价值创造的模式创新性)。这三个融合意味着:①越来越多的传统管理和决策成为了基于数据分析的管理和决策(如数字化生存、数据运营、深度业务分析(Business Analytics,BA)核心能力等);②用户/公众创造内容(UGC/PGC)(如评论、口碑、商誉、舆情和社会网络等)成为了企业活动的重要关注点;③企业的价值创造过程日益体现出"无形围绕有形"的互动(如"服务围绕产品"的业务拓展方式等)。而"三新"则指大数据时代催生的新模式、新业态和新人群。这意味着:①现有企业需要升级转型(如数据驱动的精益管理和模式创新等);②新兴业态在诞生和发展(如赛博空间生活和众包等);③信息社会中"移民"和"原住民"的多样化生存(如新型客户关系、新式企业文化和新颖行为特点等)。大数据时代管理喻意的上述两个方面反映了大数据时代管理理论和实践的变化特征,其中前者主要体现管理领域和视角上的变化,后者则主要体现管理主体和方式上的变化。

在我国信息化与工业化、城镇化和农业现代化同步发展的背景下,展望我国信息化发展的未来,信息技术应用将持续呈现出在物联网和智慧城市建设、云平台和大数据分析、新兴电子商务应用、企业信息化新拓展、绿色信息化路径等领域的主流现象和发展趋势,也为高等学校"信息管理与信息系统"专业建设和人才培养在新形势下带来新的挑战和机遇。

"信息管理与信息系统"作为一个快速更迭、动态演进的学科专业,必须以综合的视角和发展的眼光不断对自身进行调整和丰富,以适应新时代前进的步伐。高等学校信息管理与信息系统专业系列教材的第 2 版修订,就是希望通过更为系统化的逻辑体系和更具前瞻性的内容组织,帮助信息管理与信息系统专业相关领域的学生以及实践者更好地理解现代信息系统在"造"(技术)和"用"(管理)维度上的分野和统一,掌握相关的基础知识和基本技能(特别包括企业进行数据运营、利用深度业务分析(BA)构建核心竞争能力方面的基础知识和技能)。

本次对高等学校信息管理与信息系统专业系列教材的修订,在基本保留第1版主要内容的框架基础上,仍然强调把握领域知识的"基础、主流与发展"的关系,并体现"管理与技术并重"的领域特征。同时,在整个系列和相关教材内容中,从领域发展与知识点的角度,以不同程度和形式反映新技术时代的特点(如云计算和大数据这一新型计算模式)、IT应用特征(如移动性、虚拟性、个性化、社会性和极端数据)、信息化拓展(如两化深度融合和企业外部数据分析)、新兴电子商务应用(如移动商务、社会化商务和O2O)、搜索方法与服务(如关键词搜索与营销、信息检索与匹配)、IT战略与管理(如服务管理、伙伴管理、业务安全管理和连续商务管理)等。我们希望通过系列教材专业编委会的共同努力,第2版系列教材能够成为高等学校信息管理与信息系统专业与相关专业学生循序渐进了解和掌握专业知识的系统性学习材料,成为大数据环境下从业人员及管理者的有益参考资料。

本系列教材的编写和修订工作得到了多方面的帮助和支持。在此,我们感谢国家信息化专家咨询委员会及高等学校信息管理与信息系统系列教材编委会专家们对教材体系设计的指导和建议,感谢教材编写者在时间和精力上的大量投入以及所在单位给予的大力支持,感谢参与本系列教材研讨和编审的各位专家、学者的真知灼见!同时,我们对电子工业出版社在本系列教材整个出版过程中所做的努力深表谢意!

由于时间和水平有限,第2版系列教材在内容上肯定存在不足和不尽如人意之处,恳请广大读者批评指正。

高等学校信息管理与信息系统
专业系列教材编委会
2013年12月于北京

第1版序言

日新月异的技术发展及应用变迁不断给信息系统的建设者与管理者带来新的机遇和挑战。例如，以 Web 2.0 为代表的社会性网络应用的发展深层次地改变了人们的社会交往行为以及协作式知识创造的形式，进而被引入企业经营活动中，创造出内部 Wiki（Internal Wiki）、预测市场（Prediction Market）等被称为"Enterprise 2.0"的新型应用，为企业知识管理和决策分析提供了更为丰富而强大的手段；以"云计算"（Cloud Computing）为代表的软件和平台服务技术，将 IT 外包潮流推向了一个新的阶段，像电力资源一样便捷易用的 IT 基础设施和计算能力已成为可能；以数据挖掘为代表的商务智能技术，使得信息资源的开发与利用在战略决策、运作管理、精准营销、个性化服务等各个领域发挥出难以想象的巨大威力。对于不断推陈出新的信息技术与信息系统应用的把握和驾驭能力，已成为现代企业及其他社会组织生存发展的关键要素。

根据 2008 年中国互联网络信息中心（CNNIC）发布的《第 23 次中国互联网络发展状况统计报告》显示，我国的互联网用户数量已超过 2.98 亿人，互联网普及率达到 22.6%，网民规模全球第一。与 2000 年相比，我国互联网用户的数量增长了 12 倍。换句话说，在过去的 8 年间，有 2.7 亿中国人开始使用互联网。可以说，这样的增长速度是世界上任何其他国家所无法比拟的，并且可以预期，在今后的数年中，这种令人瞠目的增长速度仍将持续，甚至进一步加快。伴随着改革开放的不断深入，互联网的快速渗透推动着中国经济、社会环境大步迈向信息时代。从而，我国"信息化"进程的重心，也从企业生产活动的自动化，转向了全球化、个性化、虚拟化、智能化、社会化环境下的业务创新与管理提升。

长期以来，信息化建设一直是我国国家战略的重要组成部分，也是国家创新体系的重要平台。近年来，国家在中长期发展规划以及一系列与发展战略相关的文件中充分强调了信息化、网络文化和电子商务的重要性，指出信息化是当今世界发展的大趋势，是推动经济社会发展和变革的重要力量。《2006—2020 年国家信息化发展战略》提出要能"适应转变经济增长方式、全面建设小康社会的需要，更新发展理念，破解发展难题，创新发展模式"，这充分体现出信息化在我国经济、社会转型过程中的深远影响，同时也是对新时期信息化建设和人才培养的新要求。

在这样的形势下，信息管理与信息系统领域的专业人才，只有依靠开阔的视野和前瞻性的思维，才有可能在这迅猛的发展历程中紧跟时代的脚步，并抓住机遇做出开拓性的贡献。另外，信息时代的经营、管理人才以及知识经济环境下各行各业的专业人才，也需要拥有对信息技术发展及其影响力的全面认识和充分的领悟，才能在各自的领域之中把握先机。

因此，信息管理与信息系统的专业教育也面临着持续更新、不断完善的迫切要求。我国信息系统相关专业的教育已经历了较长时间的发展，形成了较为完善的体系，其成效也已初步显现，为我国信息化建设培养了一大批骨干人才。但我们仍然应该清醒地意识到，作为一个快速更迭、动态演进的学科，信息管理与信息系统专业教育必须以综合的视角和发展的眼光不断对自身进行调整和丰富。本系列教材的编撰，就是希望能够通过更为系统化的逻辑体系和更具前瞻性的内容组织，帮助信息管理与信息系统相关领域的学生以及实践者更好地掌握现代信息系统建设与应用的基础知识和基本技能，同时了解技术发展的前沿和行业的最新动态，形成对新现象、新机遇、新挑战的敏锐洞察力。

本系列教材旨在于体系设计上较全面地覆盖新时期信息管理与信息系统专业教育的各个知识层面，既包括宏观视角上对信息化相关知识的综合介绍，也包括对信息技术及信息系统应用发展前沿的深入剖析，同时也提供了对信息管理与信息系统建设各项核心任务的系统讲解。此外还对一些重要的信息系统应用形式进行重点讨论。本系列教材主题涵盖信息化概论、信息与知识管理、信息资源开发与管理、管理信息系统、商务智能原理与方法、决策支持系统、信息系统分析与设计、信息组织与检索、电子政务、电子商务、管理系统模拟、信息系统项目管理、信息系统运行与维护、信息系统安全等内容。在编写中注意把握领域知识上的"基础、主流与发展"的关系，体现"管理与技术并重"的领域特征。我们希望，这套系列教材能够成为相关专业学生循序渐进了解和掌握信息管理与信息系统专业知识的系统性学习材料，同时成为知识经济环境下从业人员及管理者的有益参考资料。

作为普通高等教育"十一五"国家级规划教材，本系列教材的编写工作得到了多方面的帮助和支持。在此，我们感谢国家信息化专家咨询委员会及高等学校信息管理与信息系统系列教材编委会专家们对教材体系设计的指导和建议；感谢教材编写者的大量投入以及所在各单位的大力支持；感谢参与本系列教材研讨和编审的各位专家、学者的真知灼见。同时，我们对电子工业出版社在本系列教材编辑和出版过程中所做的各项工作深表谢意。

由于时间和水平有限，本系列教材难免存在不足之处，恳请广大读者批评指正。

高等学校信息管理与信息系统
专业系列教材编委会
2009 年 1 月

第 2 版前言

要让一本书揭示和反映一项社会活动的全貌是很困难的。本书经历了几年时间的使用,收到方方面面的反馈意见,也受到了业内专家的关注,同时,电子政务也在不断地向前发展,开拓出了很多新的实践领域,也提出了很多新问题。我们的意愿是尽可能通过修订反映电子政务在理论和实践方面的发展,在修订中我们也尽了最大的努力。实事求是地说,本书肯定还有很多疏漏和不尽如人意之处,但我们尽可能地通过修订反映电子政务的最新成果,从有利于教与学的角度,重新编写了本书的内容。

电子政务的发展已经从以系统建设为重点,转变为以提高政务活动的绩效为主要内容,其中包括政务信息资源共享和业务协同、政务活动的整合与全域管理、政务知识化、政府信息治理等。电子政务管理的视角,也从技术系统的效率,转变为政务信息的效率,以及由政务信息绩效支撑的政务绩效。为此,本书修订的着重点也主要放在了政务信息资源管理和信息治理等方面,力求与电子政务的理论与实践同步,让教师和学生在学习电子政务课程时,能够更准确地把握电子政务发展的脉搏,获得解决电子政务建设中的有用知识。

多年来,我们一直在积极参与电子政务的理论研究、教学和实践活动,也积累了一定的经验。我们体会到,电子政务的教学和教材的内容应当做到政务与技术的有机结合,特别要使学生通过学习,获得把政务需求转化为可供执行和有效的技术系统的能力。为此,我们在本书中强化了对政务活动方式、规则和管理特点等相关知识的梳理和介绍,以及增加了如何将政务需求转化为政务技术系统方面的知识,力求使学习本课程的学生增强一些电子政务的实践能力。

本书对原来版本的部分章节的内容,只做了局部修订和调整;对部分章节进行了重新编写;也增加了新的章节,如第 7 章"政府信息治理"就是全新的一章。全书的整体结构也进行了调整,共设了 11 章的内容,调整了大部分章节的题目和结构,书中的案例、资料全部为新收集编写的。

本书的编写人员也进行了调整,主要是吸收了一些在电子政务教学第一线从事教学活动的青年教师参与编写和修订本书的部分章节。谭军、井西晓、王丽、董丹华、刘红霞、赵芮婧、李月、谢鑫国、苏钰、王晓春等人参与编写了有关章节，侯卫真统纂了全书。

限于我们的水平，以及电子政务的实践十分丰富，因此书中难免有这样或那样的缺陷和错误，恳请读者谅解，也希望读者提出宝贵意见。

作者
2013 年 10 月

第1版前言

近些年来，电子政务已经成为世界许多国家和地区政府追求的目标和关注的焦点。我国电子政务同样也得到党和国家的高度重视，并成为国家信息化建设的中心环节，发展电子政务已经成为我国政治体制改革、行政管理体制改革和政府管理现代化进程中的重要战略安排。江泽民同志于2002年11月8日在中国共产党第十六次全国代表大会上所做的题为《全面建设小康社会开创中国特色社会主义事业新局面》的报告中就明确指出：深化行政管理体制改革，要"进一步转变政府职能，改进管理方式，推行电子政务，提高行政效率，降低行政成本，形成行为规范、运转协调、公正透明、廉洁高效的行政管理体制。"

电子政务是指高效、开放的政府凭借计算机技术、现代通信技术等高新技术在安全可靠的网络平台上行使管理职能、开展政务活动。电子政务的本质是政府管理的一场革命性变革，是事关政治体制改革与行政管理体制改革大局的体制创新工程。它的建设和发展反映了现代政府管理的客观发展要求，反映了信息社会发展的规律和特点，因而具有强烈的时代特征。顺应时代发展的需要和要求，大力推动电子政务的健康发展是我国政府的必然选择。

今天，电子政务已经成为信息化事业极为重要的组成部分，已经成为涉及范围广、由多门类学科知识支持的新兴学科领域。为了帮助读者了解和掌握电子政务的基本原理与方法，我们编写了这部教材。

本书分12章，分别讨论了电子政务概要、电子政务与政府管理理念和方式的变革、电子政务与信息技术、政府机关内部公务处理的电子化、政府公共服务的电子化、政府信息资源的开发利用与管理、电子政务安全保障、电子政务系统及其规划设计与实施、政府流程的设计与优化、中国电子政务的发展基础、中国电子政务的发展战略、国外电子政务发展概览等内容。

"电子政务三分技术，七分管理"、"电子政务的核心是政务，而不是电子"已成为世界各国在电子政务建设中达成的共识。为此，本书在内容安排上，以很大的篇幅讨论了与电子政务相关的政府管理问题。虽然也讨论了一些技术问题，但未具体介绍技术细节。

电子政务是一个尚处于高速生长期的新鲜事物，对于它的内在规律性，我们还知之不多。甚至有人说，我们人类目前对电子政务客观规律性的认识可能还远远达不到"冰山一角"的程度。我们觉得这种说法确有一定的道理。对于电子政务方面的许多内容，还需要我们持续不断地进行长期探索，本书充其量只能算是在这不懈探索长河中的一朵小小浪花而已。由于作者的水平有限，本书肯定存在不少错漏，恳望专家和广大读者批评指正。

编著者

目　录

第1章　电子政务概要 ... 1

1.1 "电子政务"的内涵 ... 2
1.1.1 从不同视角认识电子政务 ... 2
1.1.2 电子政务及其相关概念 ... 2
1.1.3 电子政务的实质 ... 4

1.2 电子政务的动因 ... 5
1.2.1 建设高效的政府 ... 5
1.2.2 信息化、民主化的需求与发展趋势 ... 6
1.2.3 信息技术的应用与普及 ... 7

1.3 电子政务的基本应用模式 ... 7
1.3.1 G2G——政府对政府的电子政务 ... 7
1.3.2 G2B——政府对企业的电子政务 ... 8
1.3.3 G2C——政府对公民的电子政务 ... 9

1.4 电子政务的功能 ... 9
1.4.1 电子政务可以有力地促进政府的职能转变 ... 9
1.4.2 电子政务可以促进政府提高办事效率 ... 10
1.4.3 电子政务可以有力地促进整个国家的信息化建设 ... 10
1.4.4 电子政务可以为社会公众提供更多优质的公共服务 ... 11
1.4.5 电子政务可以促进政务公开和廉政建设的发展 ... 12

1.5 电子政务的效益 ... 12
1.5.1 降低了政府管理成本 ... 13
1.5.2 密切了政府与社会公众的关系 ... 13
1.5.3 推进了社会主义民主化进程 ... 14
1.5.4 带动基础设施建设和IT业的发展 ... 15
1.5.5 提高了行政监管的有效性 ... 16

1.6 中国电子政务的主要目标与任务 ... 17
1.7 中国电子政务的指导原则 ... 18
1.8 中国电子政务的基本进程 ... 19
1.8.1 "办公自动化"（OA）——20世纪80年代至90年代中期 ... 21
1.8.2 "三金工程"——始于20世纪90年代初期 ... 22

  1.8.3 "政府上网工程"——始于20世纪90年代末期 ... 23
  1.8.4 "三网一库"——始于21世纪初期 ... 24
本章小结 ... 25
问题讨论 ... 25
案例分析 ... 26

第2章 电子政务与政府管理 ... 27

2.1 信息化与政府管理变革 ... 28
  2.1.1 信息化与电子政务概述 ... 28
  2.1.2 信息化与政府管理的变革 ... 28
  2.1.3 信息化与政府组织的变革 ... 30
  2.1.4 政府信息化与政府管理职能的重塑 ... 31
  2.1.5 信息化给政府机关工作人员带来的变化 ... 32

2.2 信息化与政府管理新理念 ... 33
  2.2.1 服务型政府理念 ... 33
  2.2.2 效能理念 ... 33
  2.2.3 信息公开与共享理念 ... 34
  2.2.4 公众参与理念 ... 35

2.3 信息化与政府管理体制 ... 35
  2.3.1 政府管理在控制方式方面的特征 ... 36
  2.3.2 政府管理在关系模式方面的特征 ... 37
  2.3.3 政府管理在管理类型方面的特征 ... 37
  2.3.4 政府管理在服务方式方面的特征 ... 38

本章小结 ... 38
问题讨论 ... 38
案例分析 ... 38

第3章 电子政务与信息技术 ... 41

3.1 电子政务与信息技术发展的关系 ... 42
  3.1.1 信息技术发展概述 ... 42
  3.1.2 信息技术发展与电子政务建设的关系 ... 44

3.2 信息技术在电子政务中的应用 ... 46
  3.2.1 计算机信息系统 ... 46
  3.2.2 网络与通信技术 ... 55
  3.2.3 数据库技术 ... 63

3.3 电子政务部分核心技术及其应用 ... 67
  3.3.1 网络和信息安全技术 ... 67
  3.3.2 智能办公技术 ... 69

3.3.3　中间件技术 ··· 73
　　　3.3.4　XML 技术 ··· 76
　本章小结 ··· 78
　问题讨论 ··· 78
　案例分析 ··· 79

第 4 章　政府机关内部公务处理的电子化 ·· 81
　4.1　政府机关内部公务处理电子化是电子政务的核心与基础 ····················· 82
　　　4.1.1　政府机关内部公务处理电子化及其地位 ································· 82
　　　4.1.2　电子化公务处理是对政府办公自动化的发展 ··························· 85
　4.2　政府机关电子化公务处理系统概述 ·· 87
　　　4.2.1　电子化公务处理系统的目标 ··· 87
　　　4.2.2　电子化公务处理系统的功能特性要求 ···································· 87
　　　4.2.3　电子化公务处理系统的基本类型 ·· 90
　4.3　通用电子化公务处理系统的应用 ·· 91
　　　4.3.1　公文处理 ·· 91
　　　4.3.2　视频会议 ·· 95
　　　4.3.3　事务处理 ·· 97
　　　4.3.4　日程管理 ·· 98
　　　4.3.5　流程监控 ··· 100
　　　4.3.6　档案管理 ··· 100
　　　4.3.7　信息服务 ··· 101
　　　4.3.8　决策支持 ··· 101
　　　4.3.9　信息资源管理 ··· 103
　　　4.3.10　知识管理 ··· 105
　4.4　专用电子化公务处理系统的应用 ··· 107
　　　4.4.1　专用电子化公务处理系统概述 ·· 107
　　　4.4.2　专用公务处理系统应用举例 ··· 108
　4.5　专用公务处理系统与通用公务处理系统的集成 ································ 112
　本章小结 ·· 113
　问题讨论 ·· 113
　案例分析 ·· 113

第 5 章　电子政务与政府公共服务 ·· 115
　5.1　政府公共服务与电子政务的逻辑关系 ·· 116
　　　5.1.1　共同的提出背景与时间 ··· 116
　　　5.1.2　公共服务作为公共管理中的核心价值诉求的实现需要电子政务的支撑 ········ 117
　　　5.1.3　推动公共服务电子化的积极意义 ··· 121

· XXI ·

5.2 电子化公共服务的种类 ... 122
5.2.1 按服务对象划分 ... 123
5.2.2 按职能领域划分 ... 124
5.2.3 按行政行为的类型划分 ... 124
5.2.4 按服务提供方式划分 ... 125
5.3 政府网站的公共服务功能 ... 128
5.3.1 政府电子化公共服务的平台——政府门户网站 ... 128
5.3.2 政府网站公共服务内容 ... 130
5.4 政府网站公共服务功能的实现 ... 132
5.4.1 政府网站公共服务功能的设计与开发原则 ... 132
5.4.2 政府网站公共服务功能规划及实现 ... 133
5.5 电子化公共服务的发展 ... 138
5.5.1 电子化公共服务的发展趋向 ... 138
5.5.2 积极促进我国电子化公共服务的发展 ... 141
本章小结 ... 147
问题讨论 ... 147
案例分析 ... 148

第6章 政务信息资源开发利用与管理 ... 149
6.1 政务信息资源概述 ... 150
6.1.1 资源、信息资源 ... 150
6.1.2 政务信息资源及其特点 ... 150
6.1.3 政务信息资源的类型 ... 151
6.2 政务信息资源管理 ... 152
6.2.1 政务信息资源管理体制 ... 153
6.2.2 政务信息资源管理的基本职能 ... 154
6.2.3 政务信息资源管理职能实现方式的特点 ... 155
6.3 政务信息资源开发利用 ... 156
6.3.1 信息采集 ... 157
6.3.2 信息组织 ... 157
6.3.3 信息检索 ... 158
6.3.4 政务信息资源共享 ... 159
6.3.5 政务信息服务提供 ... 159
6.3.6 政务信息资源社会化增值开发利用 ... 160
6.4 政务电子文件管理 ... 160
6.4.1 政务电子文件管理目标 ... 160
6.4.2 政务电子文件管理原则 ... 162
6.4.3 政务电子文件管理模式 ... 163

		6.4.4 政务电子文件管理的流程	164
6.5	政务知识管理		165
	6.5.1	政务信息资源整合	165
	6.5.2	政务信息资源共享	166
	6.5.3	政务信息服务提供	167
6.6	政务信息公开		167
	6.6.1	政务信息公开制度的形成	168
	6.6.2	政务信息公开的原则	169
	6.6.3	政务信息公开在实践中的问题	170
本章小结			171
问题讨论			171
案例分析			171

第7章 政府信息治理 173

7.1	政府信息治理内容与对象		174
	7.1.1	治理概念	174
	7.1.2	电子政务与信息治理	175
	7.1.3	政府信息治理的内容	178
7.2	政府信息治理的方式		181
	7.2.1	推行信息管理制度	181
	7.2.2	行政推动信息治理	181
7.3	政府信息治理活动		183
	7.3.1	信息战略规划	183
	7.3.2	形成信息架构	183
	7.3.3	制定信息标准与规程	185
	7.3.4	法规遵从	190
	7.3.5	问题管理	191
本章小结			194
问题讨论			194
案例分析			195

第8章 电子政务业务系统 197

8.1	电子政务业务系统概述		198
	8.1.1	电子政务业务系统的基本性质	198
	8.1.2	电子政务业务系统的基本结构	201
8.2	电子政务业务系统平台与系统集成		207
	8.2.1	电子政务业务系统设计的基本要求	207
	8.2.2	电子政务业务系统设计与实施过程	209

- 8.3 通用电子政务业务系统的应用 ··· 212
  - 8.3.1 办公自动化系统 ··· 212
  - 8.3.2 政府决策支持系统 ··· 215
  - 8.3.3 政府信息资源管理系统 ··· 218
- 8.4 专用电子政务业务系统的应用 ··· 219
- 本章小结 ··· 220
- 问题讨论 ··· 220
- 案例分析 ··· 221

第9章 电子政务安全保障 ··· 223

- 9.1 电子政务的安全问题 ··· 224
  - 9.1.1 日益突出的安全威胁 ·· 224
  - 9.1.2 电子政务安全问题的实质 ··· 224
  - 9.1.3 电子政务的安全需求 ·· 225
  - 9.1.4 电子政务的安全保障 ·· 226
- 9.2 电子政务安全技术保障体系 ·· 227
  - 9.2.1 电子政务安全技术核心 ·· 227
  - 9.2.2 电子政务安全技术防范系统 ··· 229
- 9.3 电子政务安全管理保障体系 ·· 233
  - 9.3.1 技术安全管理 ··· 233
  - 9.3.2 运行安全管理 ··· 234
  - 9.3.3 组织安全管理 ··· 235
- 9.4 电子政务安全服务保障体系 ·· 237
  - 9.4.1 信息安全管理服务 ··· 237
  - 9.4.2 信息安全测评认证 ··· 238
  - 9.4.3 安全事件应急服务 ··· 239
  - 9.4.4 信息安全培训服务 ··· 240
- 9.5 电子政务安全基础设施保障体系 ··· 242
  - 9.5.1 PKI 平台 ·· 242
  - 9.5.2 信息安全法规建设 ··· 244
  - 9.5.3 信息安全标准建设 ··· 245
- 本章小结 ··· 246
- 问题讨论 ··· 246
- 案例分析 ··· 247

第10章 中国电子政务的发展基础 ·· 249

- 10.1 电子政务发展的法律政策基础 ··· 250
- 10.2 电子政务发展的管理基础 ·· 252

10.2.1	树立反映时代发展要求的全新管理理念	253
10.2.2	熟悉并正确运用新的管理方式	253
10.2.3	全面实施管理的规范化	253

10.3 电子政务发展的信息资源基础 ·············· 261
10.4 电子政务发展的信息基础设施 ·············· 264
10.5 电子政务发展的技术基础 ·············· 266
本章小结 ·············· 267
问题讨论 ·············· 267
案例分析 ·············· 268

第 11 章 国外电子政务发展要览 ·············· 269

11.1 部分国家和地区电子政务发展历程 ·············· 270
  11.1.1 美国 ·············· 270
  11.1.2 加拿大 ·············· 272
  11.1.3 俄罗斯 ·············· 274
  11.1.4 英国 ·············· 276
  11.1.5 德国 ·············· 277
  11.1.6 日本 ·············· 278
  11.1.7 新加坡 ·············· 281
  11.1.8 韩国 ·············· 283
11.2 国外电子政务发展的基本经验 ·············· 284
  11.2.1 改进组织机构建设，优化政府业务流程 ·············· 285
  11.2.2 制定发展战略，明确阶段目标 ·············· 286
  11.2.3 重视绩效评估，推动绩效管理 ·············· 286
  11.2.4 打造专业队伍，重视人才培养 ·············· 287
  11.2.5 建立电子公共服务，促进电子政务应用 ·············· 288
  11.2.6 制定法律法规，加强标准化建设 ·············· 289
11.3 国外电子政务发展趋势 ·············· 291
本章小结 ·············· 293
问题讨论 ·············· 294
案例分析 ·············· 294

第 1 章

电子政务概要

内容提要

- 国内外对电子政务有不同的认识,本章介绍了关于电子政务的各种观点,对电子政务的概念进行了概括性的描述。
- 电子政务有着特定的实施对象和应用领域,有着特有的发展规律,经过一个时期的初步发展,电子政务已经形成了 G2G、G2B、G2C 三种基本应用模式。
- 中国的电子政务已经起步,在过去的十多年的时间里,走出了一条有一定特色的发展道路。

本章重点

- 电子政务的概念内涵、动因;
- 中国电子政务的主要目标和任务;
- 中国电子政务的指导原则;
- 中国电子政务的基本发展进程。

1.1 "电子政务"的内涵

电子政务是信息社会和社会信息化在政务领域的实践和体现。当我们走进电子政务的时候,首先需要了解电子政务。

随着电子政务的不断推进和相关科学研究的不断深入,基于不同的视角,人们对电子政务形成了多元化认识。

1.1.1 从不同视角认识电子政务

人们从不同的角度出发,对电子政务产生了不同的认识。

1. 侧重从技术角度认识电子政务

电子政务是基于互联网、符合互联网经济的特征并且面向社会公众的政府办公自动化系统。①

"电子政务"是指政府部门通过互联网公开政务、发布信息、开展网上办公和网上监管。②

2. 侧重从改革政务活动工作方式的角度认识电子政务

电子政务就是应用现代化的信息技术和管理理论,对传统政务进行持续不断的革新和改善,以实现高效率的政府管理和服务。③

3. 侧重从管理和服务集成的角度认识电子政务

电子政务就是政府机构应用现代信息和通信技术,将管理和服务通过网络技术进行集成,在互联网上实现政府组织结构和工作流程的优化重组,超越时间和空间及部门之间分隔的限制,全方位向社会提供优质、规范、透明、符合国际水准的管理与服务。④

1.1.2 电子政务及其相关概念

不同国家、不同地区和不同领域的人们还使用着与电子政务相关度很高的概念或者提法,如"电子政府"、"数字政府"、"政府上网"、"政府办公自动化"、"政府办公信息系统"等,它们与电子政务既有联系又有区别。

1. "电子政府"、"数字政府"

"电子政府"(Electronic Government,E-government 或 E-gov)、"数字政府"(Digital Government)与"电子政务"一词最容易混淆,甚至被等同。实际上,这涉及外来语的"中国化"以及基于不同国情的定位问题。很多人将英文的 E-government 译为"电子政

---

① 季金奎等. 中国电子政务领导干部知识读本. 北京:中共中央党校出版社,2002
② http://www.cctv.com/news/china/20020526/470.html - 8.12k (2002-05-26 23:5)
③ 同上
④ 同上

府"（将 government 视为名词），也有人认为 E-government 就是指"电子政务"（将 government 视为动词）。目前，在中国得到更多认可的是"电子政务"的提法，并且得到了原国家信息化领导小组的首肯。国务院 2002 年提出国务院信息化工作办公室的职责之一是"推进电子政务建设"（国办发［2002］16 号文件）。2005 年 10 月 11 日，《中共中央关于制定国民经济和社会发展第十一个五年规划的建议》中也明确提出要"推进电子政务"建设。我国认可"电子政务"提法的原因如下：[①]

第一，在我国的体制中，党、政府、人大和政协四套班子都是从事政务工作的，只是分工不同。如果称为"电子政府"，势必要另行定义或说明，"政府"一词是广义的概念，应包括党、政府、人大、政协等。称为电子政务就没有混淆的问题了。

第二，在英文中，名词可以用作动词，E-gov 可以理解为政府工作的电子化、网络化。但在中文中，"政府"这个名词不能做动词用，对于非专业人士，特别是对大众，很容易误会是否成立了一个"电子政府"的新机构。

第三，电子政务和电子商务在许多方面有着共同点。E-Business、E-Commerce 已经统一翻译成电子商务并已被大众广泛接受，E-gov 翻译成电子政务具有对应性，好记好用。

第四，电子政务可理解为 E-gov 的翻译，因此，从中文翻译为英文时，仍可翻译为 E-gov，不会造成国际交流时的理解障碍。

此外，无论称作"电子政府"还是"数字政府"，包括国外有时使用的"政府在线"（Government on Line）一词，通常被理解为利用网络技术构建一个区别于传统的实体政府机构的网上"虚拟政府"，通过网络搭桥，政府得以为民众提供打破时空界限、部门界限的高效服务。与我国电子政务的定位有所不同的是，由于国外的 E-gov 的基础较好，已完成了内部事务电子化甚至网络化的进程，所以提及 E-gov 时，更侧重于政府与社会民众之间的有效沟通与服务。在这种情况下，对公众而言，好似打交道的是一个可以"触摸"的"政府"（尽管存在于虚拟的计算机空间）。难怪翻译、理解时，常将 E-gov 形象化地称作"电子政府"。但对我国而言，完整的电子政务概念则包含了政府部门内部、政府部门之间以及政府部门与社会公众之间的交互性沟通，范围更广，内容更丰富。

2. "政府办公自动化"、"政府办公信息系统"

"办公自动化"（Office Automation，OA）。美国麻省理工学院季斯曼教授从提高数据处理效能的角度将 OA 界定为："所谓办公自动化就是将计算机技术、通信技术、系统科学及行为科学应用于传统的数据处理技术难以处理、数据量庞大且结构不明确的包括非数值型信息的办公事务上的一项综合技术"。[②]之后有人建议"为了充分反映信息社会和网络环境下现代办公自动化的时代特征。为了适应经济全球化和信息网络化对办公自动化的需求，建议将'办公自动化'（Office Automation，OA）改为'办公信息系统'（Office Information System，OIS）"。"办公信息系统是以计算机科学、信息科学、地理空间科学、

---

① 参见国家信息化专家咨询委员会委员王安耕先生的论述："王安耕：电子政务与电子政府"，
http://industry.ccidnet.com
② 孙淑杨. 办公自动化原理及应用. 北京：中国人民大学出版社，1999

管理科学、行为科学和网络通信技术等现代化科学技术为支撑，以提高专项和综合业务管理和辅助决策的水平效果为目的的综合性人机信息系统"。①总体来说，"政府办公自动化"、"政府办公信息系统"更加注重的是政府部门内部的管理、服务以及辅助决策的功能。

1.1.3 电子政务的实质

考察各主要国家电子政务（E-governance，E-government，E-govern，E-gov）的发展，我们发现，电子政务确实与OA有着密切的关联，究其实质，电子政务并不是对OA（包括OIS）的否定和替代。电子政务的实现必须依托于高效的OA平台，但电子政务的出发点更多地是站在政务的角度，在应用侧重点、用户群体以及应用技术等方面与OA存在非常大的差异。办公自动化是电子政务的组成部分，电子政务是对办公自动化的革命性发展。也可以说，电子政务是网络时代更广义上的政府办公自动化，并拓展为"面向社会的政府全方位办公自动化"。②

谈及网络，有人认为政府机关建立了自己的网络或在因特网上建立站点，便意味着实现了电子政务；也有人将"政府上网"等同于"电子政务"。实际上，这些认识是不全面的。1999年我国启动的"政府上网工程"，其主要目的是推动各级政府开通网站，架起政府与公众的桥梁，在开展政府形象建设的同时，逐步开展网上申报、审批等项工作，推动政务公开的民主化进程和政府机关的信息化进程。虽然"政府上网"在一些机关流于形式，仅限于将机构名称、职能"贴"在了网上，但毕竟迈开了政府机关借助于因特网门户向公众敞开大门的关键一步。"政府上网"是电子政务建设的一个组成部分，而非全部内涵。政府上网的主要目的是通过开通政府网站加强与民众的沟通、强化政府的社会服务功能；而完整意义上的电子政务还包括政府机关内部以及各机关之间、机关与社会之间更广阔的运作范畴，意味着政府在网络环境中采用全新的管理理念和新型的工作模式，实时互动，高效地行使职能、履行职责。

那么，应当如何认识"电子政务"呢？

首先，在日常社会生活中，"政务"一词的含义有二：一是指"关于政治方面的事务"，二是指"国家的管理工作"。"电子政务"中的"政务"当然更加侧重于后者的含义。

其次，对"电子政务"一词而言，从字面上看通常被"直观"地理解为政府机构借助电子化手段、网络技术开展国家的管理工作。确切地说，电子政务是指高效、开放的政府凭借计算机技术、现代通信技术等高新技术在安全可靠的网络平台上全方位行使管理职能、开展政务活动。电子政务的内涵应该从以下三个方面全面理解。

第一，电子政务的主体是政府机关。在我国，政府机关从广义上理解涵盖了所有国家机构和部门，如党的机关、国家立法机关、国家行政机关、国家司法机关等，也就是

---

① OA'2000大会组委会. 中国OA的现状与展望. OA'2000办公自动化国际学术研讨会论文集. 北京：电子工业出版社，2000
② 王健. 电子时代机构核心信息资源管理——OA环境中的文件、档案一体化管理战略（国家社科基金研究成果）. 北京：中国档案出版社，2003

说，广义上的电子政务既包括国家各级行政机关行使行政职能，也包括中国共产党的组织，以及国家各级立法、司法机关以及其他一些公共组织管理活动的开展和事务的处理；而从狭义上理解的政府机关通常专指国家权力机关的执行机构，即国家各级行政机关。本书对电子政务主体的定位是前者。

第二，电子政务的范畴涵盖政府机关内、外的管理与服务工作。电子政务不同于早期的"办公自动化"概念，"办公自动化"注重的是政府机关内部的管理；反之，真正的电子政务也不仅仅是指政府机关面向社会公众的公共服务，也不宜将"电子政务"视为政府"公开信息"、"对外服务"[①]的"专用"术语或同义词。从实质上来看，电子政务是上述两个领域的集大成者。电子政务要求在提高政府机关内部管理绩效的基础上，借助高新技术和网络平台，全方位、高效地开展政府机关自身以及面向社会的管理与服务工作。

第三，电子政务的重点是"政务"而非"电子"。电子政务的实现离不开网络平台，离不开电子化手段，离不开信息技术的支持，离不开信息基础设施、信息系统及相关软硬件技术发展提供的基本条件，但电子化的技术只是辅助手段而非"主角"。电子政务的重点是"政务"，是管理，是服务。从根本上说，电子政务是政府管理方式的改革。意味着政府要突破传统的理念、职能及控制、运作模式，促进政府管理职能的转变并与国际接轨；意味着政府机关将打破"金字塔"式的机构设置和管理体制上的"条块分割"，打破机构、部门之间以及与公众之间的沟通障碍，改造传统、落后的办事方式。电子政务不仅是政府事务或政府内部的电子化，更重要的是借助信息技术、通信技术，实现政府可公开信息资源共享和动态更新，使得公众可以通过不同的渠道获取政府提供的信息服务和其他服务。

1.2 电子政务的动因

电子政务的历史确实不长，但它的出现绝非偶然。应该说，电子政务是信息时代的必然产物，是世界各国政府信息化建设的重要内容，是国际政治经济新格局对与之相适应的政府管理平台的呼唤。各国加大电子政务的力度与步伐，有其广泛的社会基础与诸多动因。从全球来看，推进政府部门办公自动化、网络化、电子化，推进政务信息全面共享是大势所趋；从我国来看，社会主义市场经济的建立迫切需要建立更加高效的政府，迫切需要政府迅速转变职能，迫切需要通过信息化使政府更好地适应经济和社会发展的现实需要，从而提升政府的效能、竞争力和回应力。

1.2.1 建设高效的政府

建设高效政府是推行电子政务的内在动力。电子政务意味着高效、开放的政府凭借计算机等高新技术在安全可靠的网络平台上全方位开展政务活动。作为电子政务的主体，政府机构期望以此为契机，深化机构改革、转变政府职能、提高施政效率，推进全社会

---

① 指政府机关以外的企业、其他社会组织或公民个人等

的信息化进程。从上个世纪末至今,全球经历了不断变革的信息时代中社会变革最为急剧的特殊阶段。从联合国经济社会理事会把通过信息化改进发展中国家的政府组织、重组公共管理、最终实现信息资源的共享作为其工作重点到中国政府上网年;从日本冲绳首脑会议公布《全球信息社会冲绳宪章》到我国政府明确提出建立以"三网一库"为基本架构的"全国政务信息系统信息化枢纽框架";从中国加入WTO要求我国政府在政务活动方面与"世贸"规则接轨到中共中央、国务院决定重新组建国家信息化领导小组以及国家标准化管理委员会和国务院信息化工作办公室批准成立电子政务标准总体组;2005年国家信息化领导小组第五次会议原则通过的《2006—2020年国家信息化发展战略》,明确了未来一个较长时期内我国信息化发展的指导思想和七个方面的主要任务,指出要"紧紧围绕提高治国理政能力,推行电子政务";2006年1月1日,中华人民共和国中央人民政府门户网站(简称"中国政府网",网址 www.gov.cn)正式开通,海内外舆论对中国政府网的开通反响强烈,普遍认为这是中国政府管理方式的一个创新,是中国提高政务透明度、建设服务型政府的一项重要举措。[①]所有这一切都充分表明,世界范围的"信息化发展战略"已经形成,电子化工作环境日益完善,对提高政府效能的呼唤愈发强烈。

世界范围内越来越多的国家的政府和人民认识到,唯有建设高效的政府,才有可能引领高效的国家跻身于现代化国家之林。电子政务的开展,给高效政府的建立提供了非常有利的条件,因为客观事实非常明确地告诉人们,电子政务确实有利于大幅度改进政府工作,整合政府职能,规范政府行为,提升政府形象,推进政府机构改革,提升公务员的现代管理理念和科技素质,拓展政府公共服务的范围,全面提高政府的服务水平。

1.2.2 信息化、民主化的需求与发展趋势

信息化、民主化的需求与发展趋势是推进电子政务向前发展的社会因素。信息化对经济发展和社会进步带来的深刻影响,已引起世界各国的普遍关注。无论发达国家还是发展中国家,都十分重视信息化,将其视为经济和社会发展的跨世纪战略任务。由于政府机关的特殊地位与影响,与电子商务相比较,电子政务具有更深刻的政治内涵和国家色彩,关系到数字时代政府机构的工作绩效,关系到新世纪的国家宏观发展战略。在信息化进程中,政府部门是最大的信息拥有者——掌握着全社会80%以上的信息资源,也是最强有力的指挥者——只有政府部门才具有调配、调节、引导信息资源的充分权威和管理职能。正因如此,在世界各国积极倡导的"信息高速公路"的五个领域中,"电子政务"名列前茅,成为各国政府的重要奋斗目标和各国之间展开全球角逐的竞技场。我国政府也已将电子政务作为信息化的龙头。

在现代社会,政务信息具有公共物品的性质,人人享有平等获取的权利。随着全社会民主意识的提升,公众要求参政、议政,要求政府实施民主化管理的呼声日益高涨。政务公开、信息公开已经成为信息社会的发展趋势,提高政府运行的透明度成为现代国

---

① http://chinaabc.showchina.org/gqbg/200701/t105029.htm

家的必然选择。电子政务的出现恰逢其时，它为民主政治的建立和发展，为政府运行透明度的提高，创造了十分有利的条件。在电子政务环境下，社会主义民主政治所追求的理想状态将逐步变成事实：将本属于人民的公共权力再交还给人民，政府在人民的直接和间接监督之下代为行使权力，政府必须做和能够做的就是全心全意为人民服务。电子政务会使我们看到这样的现实：人民的期望和要求得到最快捷的回应，人民的意愿得到真正的尊重，人民的利益得到最大限度的维护，人民的需求得到最大的满足。

1.2.3 信息技术的应用与普及

众所周知，信息技术已成为当代最先进，也是最活跃的生产要素，计算机和网络技术的革命，使信息化所涵盖的信息收集、传递与最大程度的共享利用具备了充分的必要条件。信息技术已经成为推动人类社会发展的重要生产力，并日益推动着生产关系和上层建筑的变革。互联网的发展规模不断扩大，网络技术的腾飞以及网络个性化服务和网络移动化的发展，为电子政务的发展提供了很好的技术平台和支撑环境。在大力推进信息化、民主化进程的社会需求面前，信息技术"推波助澜"，成为电子政务强劲的"助推器"和强有力的实体支撑。在信息技术席卷全球、网络彻底改变人们的工作方式、生活方式的今天，实施电子政务不仅是必然趋势而且具备了充分的现实可行性和技术保障。尤其需要指出的是，互联网的迅速发展和网民的增加，已经为电子政务奠定了重要的基础。可以说，信息技术的普及与应用是加速电子政务成为各国政府的奋斗目标和网络时代政府新的工作模式的加速器。国家信息化体系的七要素为：信息技术应用、信息资源、信息网络、信息技术和产业、信息化人才队伍、信息化政策法规和标准规范、安全保障体系。国家信息化发展战略的九项战略重点之一是"提高国民信息技术应用能力"。"一站式办公"①、"一网式办公"②、"一表式办公"③的成功运行就是很好的例证。

1.3 电子政务的基本应用模式

从电子政务的实施对象和应用范畴的角度，可将电子政务的基本应用模式划分为三种：G2G、G2B、G2C。

1.3.1 G2G——政府对政府的电子政务

G2G 的英文完整表达是 Government to Government，又写作 G to G，因 2 的英文发音与 to 相似，故较为流行的简易写法是 G2G。G2G 是一种政府对政府的电子政务应用模式，是电子政务的基础性应用，它主要应用于四种不同工作关系的政府机关之间。

---

① 指政府机关设一个集中的办公地点，按照各部门的职能范围设置办事窗口，人们在这里可一条龙式地处置涉及若干政府职能部门职责权限的事务
② 利用计算机和互联网技术，使人们足不出户，一次性处置涉及若干政府职能部门职责权限的事务
③ 利用现代技术和管理科学成果，在"一网式"办公的基础上，进一步简化程序手续，便利于民。因可把复杂程序手续简化到在网上简单填写一张表格而得名

（1）隶属关系：同一组织系统中的上下级机关之间属领导与被领导的隶属关系，如：国务院与各省政府。

（2）业务指导关系：同一专业系统中的上下级主管业务部门之间属业务指导关系，如：人事部与省人事厅。

（3）平行关系：同一组织系统中的同级机关之间属平行关系。如：××省政府下属的教育厅与财政厅。

（4）不相隶属关系：非同一系统中的任何机关或部门均为不相隶属关系，如：国务院办公厅与解放军总参谋部。

由此可见，G2G 是应用于上下级、平级政府及其部门之间的电子政务。也可归纳为政府机关内部的电子政务和政府机关之间的电子政务两种形式。

政府机关内部的电子政务应用模式主要定位于政府机关自身公务处理电子化。公务处理电子化实际上就是对政府办公自动化（OA）的发展，主要涉及公文处理、视频会议、事务处理、日程管理、流程监控、信息服务、档案管理、决策支持、信息资源管理、知识管理等方面。其主要功能是通过各相关方面的协调运作，提高机构自身的工作效率，科学决策，为电子政务的其他应用模式奠定基础。

政府机关之间的电子政务应用模式主要定位于政府机关系统内部公务处理的电子化。通常主要通过网络（主要是内网），通过电子公文传输系统、办文系统、一站式办公系统、协同办公系统等收发、传递公文及其他形式的政务信息，以会签、联合行文、联合审批、远程会议等方式处理公务。其基本目标是互通、共享信息，加强协调机制，实现交互式协同运作，提高办事质量和效率。

1.3.2 G2B——政府对企业的电子政务

G2B 的英文完整表达是 Government to Business，又写作 G to B。G2B 是一种政府对企业的电子政务应用模式。在 G2B 模式中，政府主要通过电子化网络系统为企业提供公共服务。G2B 模式旨在打通各政府部门的界限，实现业务相关部门在资源共享的基础上迅速快捷地为企业提供各种信息服务，精简工作流程，简化审批手续，提高办事效率，减轻企业负担，节约时间，为企业的生长和发展提供良好的环境。

G2B 模式主要运用于：电子采购与招标、电子化报税、电子证照办理与审批、公布相关政策，提供咨询服务等。如：G2B 中的网上"一网式审批"，尽管涉及多个政府部门，但由于采用了统一入口、统一出口的多部门网上联合办公方式，因而大大缩短了审批时间，过去企业要反复奔波于各个政府部门、跑许多冤枉路、花几天甚至数月时间才能办成的事，如今在网上数小时之内便可大部甚至全部办理完毕，大大降低了企业的时间成本，相应人力资源和社会交易成本也较大幅度地下降。以我国第一个全面实现交互式网上办公的电子政务系统的中关村科技园海淀园区为例，要想办新企业入园申请和高新技术企业认定，只需一次性在线填写申请表，提交网上在线审批（以前这个过程就要往返很多次），可以随时查询在线状态，一经批复，企业便可直接到园区管委会窗口获取当场打印出来的证书。

1.3.3　G2C——政府对公民的电子政务

G2C 的英文完整表达是 Government to Citizen，又写作 G to C，指政府通过电子化网络系统为公民提供各种服务。与 G2B 模式一样，G2C 模式的着眼点同样是强调政府的对外公共服务功能，所不同的是前者侧重针对企业，后者的服务对象是社会公众特别是公民个人。G2C 模式的服务范围更为广泛，诸如：通过网上发布政府的方针、政策，发布重要信息，开展政务公开、现行文件公开，介绍政府机构的设置、职能、沟通方式，提供交互式咨询服务、教育培训服务、行政事务审批、就业指导等。G2C 模式旨在为广大社会公众提供快捷方便地获取政府公共服务的渠道，为他们提供参政议政的实际途径，通过直接与政府的"对话"、交流，拉近政府与公众的距离，使政府能更及时、真切地了解并充分满足他们的服务需求。

1.4　电子政务的功能

电子政务之所以能够迅速在世界许多国家得到迅速的发展，主要在于它具有不可替代的特殊功能。电子政务的功能，也就是它的有利作用是：借助现代信息技术的力量，全面提高政府管理的效能，全面提高政府公共服务的水平。

在我国，《2006—2020 年国家信息化发展战略》中构建了国家电子政务总体架构。坚持科学发展观，适应改革开放和现代化建设的要求，推进转变政府职能，提高工作效率和监管的有效性，更好地服务社会和公众；以需求为导向，以应用促发展，从建立统一的电子政务网络入手，以推动应用系统互联互通为重点，积极推广和应用信息技术，增强政务工作的科学性、协调性和民主性，促进全面提高依法行政的能力，促进国民经济持续健康发展和社会全面进步。

电子政务建设作为我国信息化工作的重点，其功能主要表现在这样几个方面：促进政府职能转变；增强政府管理手段的科学性和有效性；提高政府工作效率和公共服务水平；加强政府的勤政廉政建设、提高政府的监管能力；带动整个国民经济和社会信息化的发展。

1.4.1　电子政务可以有力地促进政府的职能转变

党的十六届六中全会对构建社会主义和谐社会做出了全面部署，强调要建设服务型政府，强化社会管理和公共服务职能。在社会主义市场经济不断巩固发展的今天，转变政府职能是我国政府面临的一个重要历史性任务，把政府职能重心从政治统治和阶级斗争转变到社会管理和经济建设方面，把直接管理为主转变为间接管理为主，把以管制为主转变为以服务为主。建设服务型政府，使政府职能转变到"经济调节、市场监管、公共服务、社会管理"，是党在新的历史条件下从建设中国特色社会主义全局出发提出的一项重要任务，对于深入贯彻落实科学发展观，构建社会主义和谐社会具有重大意义。党的十七大更加强调信息化发展战略和政府服务功能的实现，为电子政务的发展指明了前进的方向。

电子政务在政府职能转变中将发挥"助推器"的作用。政府工作千头万绪，但最根本有两项：一是推行政令；二是为社会公众服务。这两项职能相辅相成、缺一不可。长期以来，政府职能过多地偏重"管制主导型"职能，而忽视了"服务主导型"职能，使服务变成了口号。转变政府职能，就是要调整政府的权力结构，以行政审批制度改革为立足点，逐步实现由"管制主导型"政府向"服务主导型"政府的转变。而电子政务的实施，一方面，电子政务打破原有的政府行政管理方式，传统的金字塔式组织结构将改变成扁平化的网络结构，为政府职能转变提供行之有效的工具支持，使政府更有能力完成这种转变；另一方面，传统方式下行政信息传递要经过烦琐的流程，而电子政务则突破了这种界限，借助网络，上级的政令能够畅通抵达基层，基层信息也能迅速地向上反馈，为职能转变提供更加有利的环境条件。特别是电子政务特有的有利于社会公众参与政府管理、有利于政府为社会提供更加快捷便利的公共服务、有利于政府更好地掌握和利用社会信息资源等属性，将会为政府职能转变创造非常重要和必要的条件。

2007年4月24日，广受社会各界关注的《中华人民共和国政府信息公开条例》公布。该条例首次从法律上对政府信息公开做了明确规定，使广大群众对行政机关的职责权限、办事程序、办事结果、监督方式等信息能够一目了然，保障了群众的知情权、参与权和监督权。这是用法律打造透明政府，是加快推进服务型政府建设的一个重大举措。

1.4.2 电子政务可以促进政府提高办事效率

提高信息传递和交流的速度，提高办事效率，降低行政成本，是政府管理的永恒追求，也是促进经济发展和社会进步的决定性因素之一。在信息已经成为一种重要的战略资源，社会生活节奏越来越快的时代，这更加成为各国政府管理的理想状态。

电子政务在全面提高政府办事效率方面将发挥"加速器"的作用。电子政务可以以网络技术为基本手段，进行信息交换和信息资源共享，优化并扩展政府机构的业务模式、管理模式和服务方式；电子政务依靠电子化的信息系统，将信息技术在政府机构的应用从简单的取代手工劳动提高到工作方式优化的新层次；电子政务可以实现跨越时间和空间限制高速传输政务信息的特点，极大地提高了信息传播和交换的速度，降低了管理成本，提高了办公效率，以无纸办公及远程办公方式，克服了文山会海和公文旅行等现象，节约了人力资源、物力资源和经费，改变了传统政务高成本的粗放管理方式。

电子政务实际上可以通过先进生产力来解放管理能力，在降低管理成本的同时，提高了工作效率。有了现代信息技术的广泛应用，政府机关工作人员就可以从简单重复、枯燥乏味的例行重复过程中解脱出来，提高工作的积极性和创造性，使这些工作产生更高的实际价值。

1.4.3 电子政务可以有力地促进整个国家的信息化建设

电子政务在促进整个国家的信息化建设中发挥着"领头羊"和"动力库"的作用。在当今社会，一个国家的信息化水平已经成为综合国力和社会发展水平的重要标志。我国的"信息高速公路"建设虽然起步较晚，信息技术、网络技术在企业、社会组织以及公民个人家庭的运用相对滞后。以信息化带动工业化，是发挥后发优势，推进现代化建设的重要战略举措。电子政务不仅是信息化的核心内容，也是信息社会的核心构成部分。发展电子政务不仅可以极大地丰富网上信息资源，而且将迅速带动整个中国国民经济和社会信息化进程。

政府是社会结构中的一个重要枢纽，是具有高度权威和影响的强势机构，它实现了信息化，必然会为社会各方面树立典范，从而带动国家信息化的发展。电子政务实现了，搞好了，企业、公民搞信息化就有了榜样，有了主心骨儿。企业和社会公众要享受电子政务带来的电子化的公共服务，自身就必须实现信息化。这就使电子政务从几个方面引领国家信息化发展。

由于政府是整个国家信息资源的最大拥有者和应用者，因此发展电子政务也就成为社会信息化的中心环节，电子政务发展了，整个国家信息化所需要的信息资源就可以极大地丰富，国家信息化就有了取之不尽、用之不竭的动力来源。

电子政务对国家信息化的动力库作用，还表现为国家可以把对电子政务建设的投入作为促进中国 IT 业发展的政策性投入，使中国 IT 业能获得健康发展的实际支持（主要是市场机会），以信息化带动工业化，进而推动整个国家信息化基础建设。近几年，我国在电子政务发展中都有比较大的资金投入，这些投入确实一方面提高了电子政务的发展水平，另一方面给中国 IT 业创造了发展机会，给整个国家信息化奠定了良好基础。

1.4.4 电子政务可以为社会公众提供更多优质的公共服务

电子政务在政府与群众之间起着"连心桥"的作用。一切为了群众，一切依靠群众，是人民政府各项工作的根本出发点和归宿点。电子政务的核心理念就是全心全意为公众服务，政府发展电子政务的核心价值之一就是改善政府的公共服务，提高公共服务的水平和质量。电子政务可以使政府及时了解社情民意，有效集中群众智慧，促进决策的民主化和科学化；同时也有利于进一步改进工作作风，密切与群众的联系。

政务信息的公开化能提高政府工作的透明度，推进廉政、勤政建设，最重要的是，政府可以利用信息化手段更好地为公众服务。在一定意义上，没有电子化的公共服务就没有电子政务。在促进政府完善公共服务的过程中，电子政务发挥了"放大器"的作用。电子政务对政府公共服务的放大作用，一方面表现为它可以把一个每周工作 5 天、每天服务 8 小时的政府，放大成为一年 365 天天天工作、每天 24 小时时时服务的政府；另一方面则在于，电子政务可以极大地扩展政府的实际服务能力，在不需要增加工作人员（甚至可以减少）的情况下，设立更多的服务项目，完成更多的服务任务；最重要的是，电子政务还可以帮助政府大幅度地提升服务质量，使传统政务环境下"门难进，脸难看，事难办"的"衙门"，变成"不限时，不进门，不排队，不看脸，符合条件事好办"的服务窗口，使人民能够真正享受到公开、公平、公正、便利的公共服务。

近年来，"政务超市"、"行政审批大厅"、"一站式服务"等政府便民行动，给群众带来了很多便利；涉及民生的一些重要决策由政府组织听证会；搞企业的，觉得红头文件少了，行政审批环节少了；市民要反映生活问题，有"市长电话"、"市长电子信箱"等，我国各级政府的服务意识明显增强，工作作风开始转变，各种服务措施不断推出。国家有关部门委托第三方机构对政府网站的绩效评估工作继续进行，评估更加突出了网站的公共服务水平。2007年我国的政府网站，将从主要承载信息公开逐步转变为主要承载公共服务。这些变化，最基本的和最本质的，是公众享受政府服务的权力具体化、有形化，为社会公众服务变成了客观事实。

1.4.5 电子政务可以促进政务公开和廉政建设的发展

电子政务在政务公开和廉政建设方面，发挥了"监视器"的作用。腐败现象滋生蔓延，管理和监督工作薄弱是重要原因之一。政务公开是社会主义民主政治发展的客观要求，可以使政府及时了解社情民意，改进工作作风，密切与群众联系。同时，更有利于对政府行使公共权力的过程进行监督，杜绝滋生腐败的"暗箱操作"，增强政府工作的透明度和责任感，防止以权谋私，促进政府部门的廉政建设。深化政务公开，是促进行政管理体制改革的重要举措，是保障公众知情权和对政府工作监督权的重要手段。保证整个行政过程均依据法律、执行法律、受法律严格约束，从而有效地制约了行政不作为或行政乱作为的现象。

电子政务借助信息网络技术，有利于将法律约束固化于政府行政管理的计算机程序控制之中，有利于将政府行政行为公开于网络门户，从而使得政府及其工作人员行政行为的主观随意性受到有效抑制。电子政务通过网络技术将政府行政管理的过程和内容公开，政府与公众间的距离近了，政府工作可以真正置于社会公众的监督之下，电子化手段非常有效地克服了传统政务环境下，绝大多数社会成员不可能与政府实现空间上零距离接触和第一时间接触的困难，使人们足不出户远在千里之外就可以在第一时间，把政府及其运作过程看得通透。有了这样一面巨大的"监视器"，社会监督的有效性会越来越强，应当公开的政务不会再因缺乏公开手段而实际上不公开了，政府与公众的关系将不再疏远，"暗箱操作"、"中间环节肠梗阻"、"寻租设租"等腐败现象将得到有效的克服。

1.5 电子政务的效益

2003年11月，温家宝总理在国家行政学院组织的省部级干部"电子政务研讨班"上讲话时指出："电子政务从根本上讲是为了提高行政效率，降低行政成本，改进政府工作，方便人民群众。"这段讲话简洁、深刻、精辟地阐明了电子政务建设的根本目的，指明了开展电子政务建设的出发点和必须遵循的原则。我国电子政务的历史虽不长，但却产生了令世人瞩目的社会效益和经济效益。据中国互联网络信息中心统计，截至2006年6月，使用".gov.cn"域名的政府网站总数发展到近1.2万个。96%的国务院部门建成了政府网站，约90%的省级政府、96%的地市级政府、77%的县级政府都拥有政府网站，各级政府网站已成为我国建设服务型政府的重要平台。就目前的具体情况而言，电子政务产生的最主要效益包括：降低了政府管理成本，密切了政府与社会公众的关系，推进了社会主义民主化进程，带动基础设施建设和IT业的发展，以及提高了行政监管的有效性。

1.5.1 降低了政府管理成本

通过开展电子政务，实现电子交易和政府业务流程重组可以减少各项行政费用，为节省政府开支提供新的途径。电子政务广泛采用了网络化的办公技术和手段，为政府管理提供了方便、快捷的信息处理工具，使政府面对纷繁复杂的知识和信息，能够快速灵活地做出反应，有效地驾驭信息，从而提高了政府对各种资源的利用效率。首先，政府的电子采购，即政府将采购需求在网上公布，发出邀约，进行公开招标，在对产品的质量、价格、服务都满意的情况下，政府与商家可互相选择在网上结算，完成交易。这样方便、简单的交易方式，可以为政府节省出许多人力和财力。而以往传统的政府采购要有专门的采购点、派专门的车辆、涉及专门的采购部门，其必然造成人力和财力的大量消耗。其次，电子政务使传统的部门组织朝着网络组织方向发展，网上建立的虚拟机关、虚拟办公室、规范的工作流程和简化的管理程序等，打破了地域、层级、部门的限制，促使政府组织和职能的整合，减去了多余、重叠的机构和不必要的中间环节，带来了办公费用、工作人员的减少。

据统计，美国政府通过推进电子政务，联邦政府和州政府几乎全部提供网上服务，政府的 200 个局确立了 3000 条服务标准，简化了 3 万多项规章，作废了 1.6 万多页行政法规。在 1992 年至 1996 年的 5 年中，减少了 24 万员工，联邦政府对电子政府的投资约 1000 亿美元，但却节省行政开支 1180 亿美元。在新加坡，政府在 2000 年借助因特网完成了第四次人口普查，共动用了 600 名统计工作人员，花费 2400 万新元，统计公报在普查结束 6 个月后对外发布。而如果按照传统的人工普查办法，至少需要动用 6000 名统计工作人员，花费 7000 万新元，统计公报在普查结束后 1 年才能对外发布。显然，普查的速度和效率与以前相比都得到了极大的提高。

在我国，很多行业都与政府机关有几乎同样的工作方式，有些企事业单位更是直接从政府机关转变而来（如国有银行、电信业等），虽然部门性质不同，但在很多行政事务的处理方面却存在着众多的共性，推广电子政务会给这些部门带来积极的变化。利用电子政务，企事业单位与政府通过互联网处理有关的事务，缩短整体运作流程，从而节省时间，降低成本，发挥其巨大的社会效益和经济效益，为社会经济发展服务。

1.5.2 密切了政府与社会公众的关系

网络环境下电子政务的管理模式，以公众的需求为出发点，政府职能将从直接管理转向管理服务。一方面，政府提供的各种服务比以前更快捷，对公众意见和需求的反应速度大大提高；另一方面，电子政务具有外向型信息服务功能，可以利用高效可靠的政府信息网络，将政府信息快速、方便、廉价、准确地传递给社会公众，减轻公众为获取这些信息所需要付出的经济和时间负担。通过这种方式实现政府与公众双向、直接的沟通和互动，能够有效地促进政府部门改善服务质量，密切与公众联系。

英国"电子政府"战略框架中提出的首要问题是建立"以公众为中心的政府"。它贯穿英国政府信息化建设的始终。电子政府的组织按照"生活事件"来组织政府服务。包括：学车、出行、生育、搬家、死亡、犯罪等主题。人们只要点击所需的主题，政府关于该主题的所有问题都可以找到，如买房、租房、抵押借款、房屋装修与修缮等方面的手续和国家政策。而且提供 365 天和每天 24 小时的"无缝"服务，公民办事上网就像看电视换频道一样方便。

我国信息产业部的政府网站开设了多个互动性栏目，这些栏目拓宽了政府与社会互动的渠道，成为政府了解社情民意的窗口，收集到许多关于进一步改进工作的意见和建议。其中"部长信箱"栏目，2006 年前 4 个月，共收到群众来信 1572 封，其中很大一部分为"意见建议"。有关部门对这些邮件进行了分类整理，其中有些意见和建议已被采纳，反映比较集中的一些问题也引起了有关部门的重视。

北京市电子政务在线平台（http://eservice.beijing.gov.cn）正式上网运行后，市民们不仅可免去奔波之苦，而且"政府 10 分钟干了过去一天的活儿"。广州市工商局建成开通了企业工商注册和年检并联审批系统，在涉及前置审批的 40 多个部门中，已有市区两级政府共 59 个相关审批单位加入了网上综合服务平台，正式开展审批业务。过去一个企业从申请领证到最终领取营业执照，短则两三个月、长则半年，如今只需要 8 天就可领取工商营业执照。

社会公众享受到政府提供的比以往更加快捷、方便的公共服务，对政府服务的满意度也有很大提高。

1.5.3　推进了社会主义民主化进程

政务公开、信息公开已经成为信息社会的发展趋势，提高政府运行的透明度的呼声也日益强烈，电子政府恰恰为政务公开、提高政府工作的透明度，提供了一个方便、快捷、有效的载体。

当前，信息技术已经成为推动人类社会发展的重要生产力，并日益推动着生产关系和上层建筑的变革。互联网的发展规模不断扩大，网络技术的腾飞以及网络个性化服务和移动化网络的发展，为电子政务的发展提供了很好的技术平台和支撑环境。在大力推进信息化、民主化进程的社会需求面前，信息技术"推波助澜"，成为电子政务强劲的"助推器"和强有力的技术支撑。

电子政务给社会公众参政议政提供了现实可能的条件。过去由于缺乏合适的手段，公众参与政府决策往往难以落实。现在这一难题迎刃而解。国家计委于 1998 年底在网上开设了我国"第十个五年发展计划"讨论栏目，短短 5 天内就有 1400 余人访问了该站，500 多人参加了讨论。在我国婚姻法的修改和第十个五年计划的制定过程中，立法机关和行政管理部门就通过互联网公开征集公众意见，集思广益，取得了很好的效果。

随着数字安全技术的完善，公民可以通过电子政务系统进行选举登记，了解被选举人的资料，进行电子投票，与选举产生的代表进行电子沟通，参加在线听证会，获得实时的、第一手的信息，参与民主进程，而不是像以前那样只是在事后才得到有关的信息。吉林、福建、湖南三省的 9 个县试点建立了"村委会电脑选举系统"，村民可以按照自己的意愿选举自己社区（村）的负责人，农民参与热情空前高涨。

一切为了群众，一切依靠群众，是人民政府各项工作的根本出发点和归宿。电子政务可以使政府及时了解社情民意，有效集中群众智慧，促进决策的民主化和科学化。

1.5.4 带动基础设施建设和 IT 业的发展

相比其他领域信息化建设，我国电子政务信息化起步较早，最近几年呈现出迅速发展的态势，这与国家重视电子政务建设是分不开的。国家为提高政务信息工作的服务质量和水平，明确提出"政府先行，带动信息化发展"的指导方针，从政策和投资方面对电子政务建设给予了倾斜。电子政务系统建设中所遵循的策略是政府主导，因为政府是需求方，所以要主导电子政务的建设。企业参与，就是 IT 企业要参与其中。通过电子政务建设，带动 IT 企业的发展，并产生经济效益。

2001 年我国政府采购中用于购置电子政务基础设备的总额度是 283 亿，2002 年是 350 亿，年增长率达 25%。2004 年电子政务发展规模，共达到了 400 亿元。各级地方政府在国家总方针的指导下，对电子政务建设给予更多的扶持。这些财政投入非常有效地带动了社会信息基础设施的建设，为民族 IT 产业的发展提供了充分的支持。

2003 年，我国电子政务建设工作围绕"两网一站四库十二金"重点展开。"两网"，是指政务内网和政务外网；"一站"，是政府门户网站；"四库"，即建立人口、法人单位、空间地理和自然资源、宏观经济四个基础数据库；"十二金"，则是要重点推进办公业务资源系统等十二个业务系统。"两网一站四库十二金"覆盖了我国电子政务急需建设的各个方面，涉及信息资源开发、信息基础设施建设与整合、信息技术应用等领域。特点各异，又相互渗透和交融，构成我国电子政务建设的基本框架。经过多年的发展，我国电子政务建设已经在基础设施等方面取得了可喜的成就。尤其是"十二金工程"和一批区域电子政务试点示范工程，都在提高政务工作水平与效率、政府工作的监督管理等方面成效显著，使电子政务建设逐步走出"信息孤岛"。

中国互联网用户规模的快速增长，也为实现电子政务提供了坚实的基础。据CNET科技资讯网报道，中国信息产业部的数字显示，2005 年，中国互联网用户数量增长 28%，达到 1.2 亿。这意味着我国电子政务建设将更加有效地发挥辐射效应，促进我国早日实现均衡发展的信息社会。

2006 年是中国"十一五"建设的开局之年，中国电子政务建设表现出鲜明的过渡期特色。虽然各级政府部门大规模投资建设新系统的步调放缓，但对"十一五"期间政府信息化建设的规划在很大程度上奠定了未来几年电子政务的投资规模和建设基调。

据信息产业部官方网站数据显示，2006 年，我国电子信息全行业积极开拓国内外市场，不断调整产品结构，经济运行保持良好发展态势，出口大幅增加，产销衔接明显趋好，经济效益持续增长。根据信息产业部电子信息产业统计分析报告，2006 年 1 月至 10 月，我国规模以上电子信息产业实现销售收入 33 952 亿元，同比增长 24.8%，其中制造业实现销售收入 30 944 亿元，同比增长 24.9%；软件产业实现收入 3008 亿元，同比增长 23.0%。制造业实现工业增加值 6500 亿元，同比增长 25.9%；利税总额 1442 亿元，同比增长 27.6%；出口交货值 18 536 亿元，同比增长 26.3%。与此同时，全行业亏损额不断下降，1～10 月全行业亏损额同比下降 11.2%。

2006 年召开全国电子政务工作的座谈会，中央提到了两个重要的目标，即到"十一五"末要建成全国统一的政务内网和统一的政务外网，同时全国要有 50%的行政许可和行政审批项目都要拿到网上来办理。政务内网由党委、人大、政府、政协、法院、检察院的业务网络互联互通形成，主要满足各级政务部门内部办公、管理、协调、监督和决策的需要，同时满足副省级以上政务部门的特殊办公需要。政务外网主要满足各级政务部门社会管理、公共服务等面向社会服务的需要。

随着中央"十一五"电子政务总体目标的确立，中西部电子政务建设的步伐将明显加快，如火如荼的新农村建设运动为 IT 业在农村发展铺垫了良好的外围环境。应当看到，电子政务建设对国家经济社会产生的影响也会越来越明显，利用信息网络技术，促进地区经济社会的发展，成为国家的重要举措。

电子政务建设蕴涵着无限的商机，庞大的市场，客观的利润，以及由此获得的政府资源，使国内 IT 厂商具备了跨越式发展、跻身世界 IT 厂商的条件。

1.5.5 提高了行政监管的有效性

20 世纪 90 年代中期，我国开始建设"金关工程"、"金税工程"等"金"字工程。"金"字工程全部由国家主导，目的是实现电子化政府，加强政府部门对经济监管的力度。

"金关"工程的重要作用就是遏制了以伪造假单证、假批文和假印章进行的"三假"走私、骗汇、骗税活动。1996 年全国海关查获"三假"走私案件案值 7 亿元，1997 年为 14 亿元，1998 年上升为 21 亿元，在实现通关信息化以后，1999 年"三假"走私案件案值迅速下降为 3 亿元，且多是 1998 年以前的积案，2000 年开始，此类案件基本绝迹。"金关"工程不仅较彻底地打击了走私活动，并且保障了国家外汇储备安全。

1999 年起，在建设"电子海关"的同时，启动的"口岸电子执法系统"专项工程，有力地打击了逃汇、套汇等不法行为。长期以来我国政府一直都为逃汇、套汇问题而困扰，虽然我国外贸顺差总是不少，可外汇顺收却总是不多，如 1998 年我国外贸顺差 435 亿美元，但外汇顺收只有 48 亿美元，曾有人断言"每年通过各种渠道从我国境内外逃的资金可能比我国引进的外资还要多"。1999 年外贸顺差 293 亿美元，外汇顺收 235 亿美元，基本保持了平衡。

"金税工程"始于 1994 年，是整个税收管理信息系统工程的总称，目的在于通过先进的计算机网络技术，实现全国税务机关信息共享，全面加强对税收各税种、各环节的监控和管理。2001 年由国家税务总局稽查局督办了 57 起虚开发票案件，共涉及 113 户企业。其中，属于 2000 年金税工程开通以前虚开的有 40 户，2001 年上半年虚开的有 68 户，2001 年 7 月 1 日金税工程全面开通后，下半年虚开的只有 5 户。可见，金税工程实施后，案件数量明显下降。金税工程为税收连年快速增长发挥了重要作用，2001 年全国税收突破 1.5 万亿元、增加额超过 2500 亿元，金税功不可没。

2005 年 9 月国务院第 105 次常务会议审议通过《金税工程三期项目建议书》，标志着金税工程三期正式批准立项。金税三期工程建成后，将有利于税务部门加强对各税种的控管，有效打击涉税犯罪行为；防范和遏制腐败，加强队伍建设和推进依法治税；提高税务部门工作效率和税收征管质量，营造公平纳税的环境，实现方便、快捷地纳税。此外，还有利于企业加强内部管理，提高防范财务风险的能力。

1.6 中国电子政务的主要目标与任务

《国家信息化领导小组关于我国电子政务建设指导意见》明确提出中国电子政务的发展目标是：标准统一、功能完善、安全可靠的政务信息网络平台发挥支持作用；重点业务系统建设取得显著成效；基础性、战略性政务信息库建设取得重大进展，信息资源共享程度明显提高；初步形成电子政务网络与信息安全保障体系，建立规范的培训制度，电子政务相关的法规和标准逐步完善。这些目的的实现，将使得中央和地方各级党委、政府部门的管理能力、决策能力、应急处理能力以及公共服务得到较大改善和加强，为电子政务发展奠定坚实的基础。

《国家信息化领导小组关于我国电子政务建设指导意见》在明确提出中国电子政务的发展目标的同时，进一步明确了"十一五"期间我国电子政务建设的主要任务。

第一，建设和整合统一的电子政务网站。为适应业务发展和安全保密的要求，有效遏制重复建设，要加快建设和整合统一的网络平台。电子政务网络由政务内网和政务外网构成，两网之间物理隔离，政务外网与互联网之间逻辑隔离。政务内网主要是副省级以上政务部门的办公网，与副省级以下政务部门的办公网物理隔离。政务外网是政府的业务专网，主要运行政务部门面向社会的专业性服务业务和不需在内网上运行的业务。要统一标准，利用统一网络平台，促进各个业务系统的互联互通、资源共享。要用一年左右的时间，基本形成统一的电子政务内外网络平台，在运行中逐步完善。

第二，建设和完善重点业务系统。为了提高决策、监管和服务水平，逐步规范政府业务流程，维护社会稳定，要加快12个重要业务系统建设：继续完善已取得初步成效的办公业务资源系统、金关、金税和金融监管（含金卡）4个工程，促进业务协同、资源整合；启动和加快建设宏观经济管理、金财、金盾、金审、社会保障、金农、金质、金水8个业务系统工程。业务系统建设要统一规划，分工负责，分阶段推进。党的工作业务系统建设方案由中共中央办公厅研究提出。

第三，规划和开发重要政务信息资源。为了满足社会对政务信息资源的迫切需求，国家要组织编制政务信息资源建设专项规划，设计电子政务信息资源目录体系与交换体系；启动人口基础信息库、法人单位基础信息库、自然资源和空间地理基础信息库、宏观经济数据库的建设。

第四，积极推进公共服务。各级政务部门要加快政务信息公开的步伐。在内部业务网络化的基础上，充分发挥部门和地方政府的积极性，推动各级政府开展对企业和公众的服务，逐步增加服务内容、扩大服务范围、提高服务质量。近两年重点建设并整合中央和地方的综合门户网站，促进政务公开、行政审批、社会保障、教育文化、环境保护、"防伪打假"、"扫黄打非"等服务。

第五，基本建立电子政务网络与信息安全保障体系。要组织建立我国电子政务网络与信息安全保障体系框架，逐步完善安全管理体制，建立电子政务信任体系，加强关键性安全技术产品的研究和开发，建立应急支援中心和数据灾难备份基础设施。

第六，完善电子政务标准化体系。逐步制定电子政务建设所需的标准和规范。今年要优先制定业务协同、信息共享和网络与信息安全的标准，加快建立健全电子政务标准实施机制。

第七，加强公务员信息化培训和考核。要发挥各级各类教育培训机构的作用，切实有效地开展公务员的电子政务知识与技能培训，制定考核标准和制度。

第八，加快推进电子政务法制建设。适时提出比较成熟的立法建议，推动相关配套法律法规的制定和完善。加快研究和制定电子签章、政府信息公开及网络与信息安全、电子政务项目管理等方面的行政法规和规章。基本形成电子政务建设、运行维护和管理等方面有效的激励约束机制。

1.7 中国电子政务的指导原则

如何有效开展电子政务？如何在吸取国内外电子政务建设经验的基础上，稳步、健康地推动我国电子政务向前发展？这是中国电子政务建设不容回避的关键问题。近年来，理论工作者与实际工作人员围绕电子政务的指导原则展开了一系列的深入探讨。

确立中国开展电子政务的指导原则关系到我国电子政务的发展方向与进程。我国电子政务建设要坚持以下原则：

第一，统一思想，加强领导。各方面的实践证明，推行电子政务的主要困难不是技术，而是思想认识和组织协调问题。各地区、各部门的电子政务建设都要认真贯彻落实科学发展观，坚持正确的政绩观，大兴求真务实之风，不追求脱离实际的高标准。要坚持办实事，求实效，珍惜民力，防止搞劳民伤财的"花架子"工程。要正确处理局部和全局的关系，既要坚持从本地区本部门的实际出发，创造性地开展工作，又要牢固树立全局观念，克服各自为政、拒绝互联互通的做法。各地区、各部门要把推行电子政务工作摆到突出位置，主要负责同志要切实承担起领导责任，及时了解和掌握进展情况，督促检查，协调解决问题。要建立健全强有力的领导机构，赋予其相应的职能，加大对电子政务建设的领导和组织协调力度，避免政出多门和多头管理。

第二，转变政府职能，实行政务公开。转变政府职能是行政管理体制改革的核心，也是推行电子政务的根本要求和前提。要坚决实行政企分开，把政府不该管的事交给企业、市场、社会组织和中介机构。要结合实施《行政许可法》，加快行政审批制度改革，减少各级政府、各有关部门的行政审批，对于确需保留的审批事项也要尽可能地通过政务网络实行，扩大电子政务的应用领域。我们的政府是人民的政府，各个部门掌握的政务信息属于公共产品，不应归某个部门所有。公开政务信息是政府的责任和义务，不公开只是例外，而且要符合法律规定和相关程序。要以为公众服务为中心，推动各级政府在网上公开决策程序、服务内容和办事程序，实现电子政务和推行政务公开的紧密结合，使广大人民通过政务网络得到更广泛、更便捷的信息和服务。

第三，突出抓好现有政务信息系统间的互联互通。经过多年的建设和发展，目前大多数中央和省级政府机关都建立了各自的信息系统，这对于推行电子政务发挥了积极作用。但由于这些信息系统基本上都是各自规划、分散建设、独立运行的，而且数据格式与标准互不相同，不能实现信息资源共享和跨部门协同作业，形成了鳞次栉比的"信息孤岛"，极大地影响了电子政务建设的总体效益，也有悖于信息化发展方向。要按照国家信息化领导小组审议通过的《关于我国电子政务建设指导意见》的要求，采用先进的信息技术，加快建设和整合统一的电子政务网络。各地区、各部门要加快各自的网络整合步伐。

第四，加快建立健全相关的法律法规和标准化体系。相关的法律法规和技术标准，是推行电子政务的基础和重要保障。要根据推行电子政务的需要，加快立法进程，重点是制定"电子签名法"、"个人信息保护法"、"政府信息公开条例"和"信息安全条例"。要加快建立国家电子政务标准化体系，鼓励发展具有自主知识产权的技术标准和系统，增强国家电子政务和信息化的可持续发展能力。同时，要切实搞好公务员特别是各级主要领导同志的电子政务和信息化知识培训，提高公务员和各级领导干部的电子政务和信息化理论水平及操作技能。

第五，完善决策机制，强化社会监督。当前，我国行政管理体制正处在改革和变化过程之中，信息技术也处在快速发展之中，电子政务建设中的新情况新问题层出不穷。只有集中各方面的智慧，充分发扬民主，让广大人民群众真正成为电子政务建设的参与者和监督者，才能保证推行电子政务决策与执行的科学性和正确性。要建立健全专家咨询制度和决策论证制度，实行社会公示和社会听证制度，发动社会力量对电子政务建设项目进行评估，形成公众参与、专家论证和政府决策相结合的电子政务建设决策机制。要建立电子政务建设决策责任制和工作目标责任制，鼓励社会中介组织对电子政务绩效进行评估。要搞好各类电子政务建设项目的监测和跟踪分析，及时向全社会发布，以利于各方面的监督。[①]

1.8 中国电子政务的基本进程

电子政务在中国起步相对较晚，但却走出了一条比较特殊的发展道路。

1987年，国务院在北戴河召开了"全国政府办公厅系统办公自动化工作会议暨全国政府办公厅系统软件交流会"、1988年在山东泰安召开了"办公自动化研讨会"，对政务信息化进行了经验总结与探索。与此同时成立了"全国政府办公厅系统办公自动化工作协调小组"，开始为全国电子政务的实施做前期准备工作。

1992年5月，国务院办公厅发布《关于进一步加强全国行政首脑机关办公决策服务系统建设的通知》，确定了政务信息化的目标、策略和任务。

1994年，国务院办公厅组织全国各省、自治区、直辖市成立了"全国政府系统办公自动化协作网"，建立了理事会和技术咨询组。

2000年5月国务院办公厅发布《关于进一步推进全国政府系统办公自动化建设和应用工作的通知》。

2000年10月，党的十五届五中全会通过了《中共中央关于制定国民经济和社会发展第十个五年计划的建议》，特别提到：政府行政管理今后一定要运用数字化和网络技术，加快政府部门信息化的建设。十五届五中全会提出："大力推进国民经济和社会信息化，

---

① http://tech.163.com/04/0906/15/0VJUD9II000915CE.html

是覆盖现代化建设全局的战略举措。以信息化带动工业化，发挥后发优势，实现社会生产力的跨越式发展。"

2001年8月，中共中央、国务院决定重新组建国家信息化领导小组，以进一步加强对推进我国信息化建设和维护国家信息安全工作的领导。

2001年12月，为贯彻落实国家信息化领导小组推进国家信息化工作的方针和统一标准的具体要求，进一步推动我国电子政务顺利发展，国家标准化管理委员会和国务院信息化工作办公室批准成立电子政务标准总体组，负责制定《国家电子政务标准体系框架》、《电子政务标准化指南》、《国家电子政务标准研究项目管理办法》等。

2002年7月，国家信息化领导小组第二次会议讨论通过了《国民经济和社会信息化专项规划》、《关于我国电子政务建设的指导意见》，提出要加快信息化法律法规建设，制定国家信息技术标准体系，加强信息化知识普及和人才培养。

2002年8月，中共中央办公厅、国务院办公厅转发《国家信息化领导小组关于我国电子政务建设指导意见》。

2002年11月，江泽民同志在十六大报告中谈到今后的奋斗目标时强调要"进一步转变政府职能，改进管理方式，推行电子政务，提高行政效率，降低行政成本，形成行为规范、运转协调、公正透明、廉洁高效的行政管理体制"。

2003年年初，广州市政府正式实施《广州市政务信息公开条例》，并以此为契机大力推进政府门户网站建设，在全国起到了良好的示范作用。部分国家部委也进行了政务信息公开的尝试，2003年年底，商务部公布了《商务部政务公开暂行办法》。

2004年2月，国家环境保护总局发布《国家环境保护总局政务信息考核办法》；2004年5月，国土资源部推出《关于切实加强国土资源政务信息网上公开促进依法行政和行政为民的通知》等。

2005年4月，中共中央办公厅、国务院办公厅联合下发了《关于进一步推行政务公开的意见》（中办发〔2005〕12号，以下简称《意见》），就提高对推行政务公开重要意义的认识，明确推行政务公开的指导思想、基本原则和工作目标，进一步推行政务公开的主要任务、重点内容和形式，建立健全政务公开的法规制度，以及切实加强对政务公开工作的组织领导等予以明确规定，对进一步推进政务公开进行了全面部署。建设部2005年8月发布《关于进一步推行建设系统政务公开的指导意见》，2005年9月信息产业部印发了《信息产业部关于进一步推行政务公开的实施意见》的通知。2005年12月，文化部也印发了《文化部关于进一步推行政务公开的意见》（文办发〔2005〕38号）。

2006年是中国"十一五"建设的开局之年，中国电子政务建设表现出鲜明的过渡期特色。虽然各级政府部门大规模投资建设新系统的步调放缓，但对"十一五"期间政府信息化建设的规划在很大程度上奠定了未来几年电子政务的投资规模和建设基调，正因为如此，2006年的电子政务市场动态受到了业界的高度关注。[①]

可见，以电子政务为核心的政府信息化是推动我国国民经济信息化的关键。推行电子政务，不仅将成为新世纪中国各级政府新的工作目标，而且也将以此为契机融入电子

---

① http://chinaabc.showchina.org/gqbg/200701/t105029.htm

时代全球信息化、数字化的浪潮之中。

中国电子政务的发展主要历经了"办公自动化"→"三金工程"→"政府上网工程"→"三网一库"四大发展阶段，由政府内部建设到全面投入、由基础建设到实质推进。

1.8.1 "办公自动化"（OA）——20世纪80年代至90年代中期

这一时期应当说是中国电子政务的初创或者准备时期，尽管当时并没有电子政务的概念，而只有政府信息化的提法，但中国电子政务的发展确实是从这样一个基础上起步和出发的。

1985年，在"全国第一次办公自动化规划讨论会"上，我国学者从人机关系的角度将OA定义为："利用先进的科学技术，不断使人的部分业务活动物化于人以外的各种设备中，并由这些设备和办公人员构成服务于某种目标的人机处理系统"。[1]此后，又有学者分别从办公自动化的技术发展和办公自动化的功能的角度进一步将OA定义为："以电子计算机技术和现代通信技术为主体的综合处理与办公活动相关的语音、数据、图像、文字等的人机信息系统"；[2]"利用现代化的设备和技术，代替部分办公人员的业务活动，优质高效地处理办公信息和事务"。[3]

上述定义一方面反映了对办公自动化基于不同角度的多元认识，以及伴随技术的发展认识的不断扩展；另一方面也反映出囿于时代的局限，应该说上述定义映射出20世纪90年代中期以前的认识层面和实践层面。

纵观我国OA系统建设的发展历程和发展现状，大致可划分为以下三个阶段。[4]

第一阶段：抓硬件环境建设。包括网络环境，普及微机知识，数据单机操作，实现远程数据通信等。该阶段的主要工作应定位于网络系统的硬件建设、人员培训、宣传普及、积极推广。其中，硬件技术、人员培训是首要工作，应以技术部门为主。就现状而言，我国党政机关各部委的OA建设第一阶段的任务已基本完成。

第二阶段：解决安全保密问题。实现数据的网上操作，各部门间的业务信息在局域网上有限制地共享，实现广域网上信息的查询、传递。该阶段的工作重点是建立规范、深化应用，实现技术工作、本单位的主体业务工作、文件工作与档案工作的紧密协调。这一阶段，应用软件和管理工作开始发挥重要作用，管理部门的综合管理工作与技术部门的技术保障工作必须相辅相成。就现状而言，各单位内部利用计算机系统处理不同类别信息的实际应用水平有高有低、参差不齐。

第三阶段：各类政务信息在网上（广域网和局域网）有限单轨运行，实现OA系统辅助决策的功能。包括全面的信息服务和辅助管理，各项工作通过网络系统规范处理，各方面信息均可在网上根据授权有限、方便地共享。在这一阶段，计算机已被视为一种

---

[1] 孙淑杨. 办公自动化原理及应用. 北京：中国人民大学出版社，1999
[2] 赵明柱. 办公自动化概论. 北京：中国经济出版社，1993
[3] 谭伟贤. 现代办公与管理自动化技术. 南宁：广西科学技术出版社，1994
[4] 王健. 电子时代机构核心信息资源管理——OA环境中的文件、档案一体化管理战略（国家社科基金研究成果）. 北京：中国档案出版社，2003

得心应手的办公工具，而不再是神秘莫测的高科技产物。因此，该阶段的工作重点应以管理部门的管理工作为主，技术部门的主要职责是技术保障。目前许多单位尚未达到这一层面。

从上述三个阶段的角度予以分析，多年来各单位的发展状况表明：虽然 OA 建设取得了一定的成绩，不仅在技术上有了很大进步，而且应用范围已从部门内部、部门之间扩展到行业/系统内部乃至跨部委跨系统，但是仍有相当大的差距。OA 系统运行现状呈现出"三好三差"的局面：

（1）广域网上运行的行业信息管理较好，局域网上运行的政务信息管理较差；
（2）公共信息运行较好，涉密信息运行较差；
（3）少数单位的应用软件系统较好，多数单位的应用软件系统较差。

而其中的"三差"恰恰是目前阻碍 OA 全面普及、开花结果的主要欠缺所在。

1.8.2 "三金工程"——始于 20 世纪 90 年代初期

随着办公自动化的深入开展，如何利用计算机网络技术将政府办公自动化的触角由单一机构伸向相关部门，实现信息资源的共享提到了议事日程上。于是，1993 年年底，中央政府主导的以政府信息化为特征的系统工程——"三金工程"开始启动。"三金工程"旨在推动我国社会服务领域的信息化基础设施的建设，全面提升重点行业和部门的传输数据和信息处理的能力，提高工作绩效。其中：

"金关工程"是国家为提高外贸及相关领域的现代化管理和服务水平而建立的信息网络系统。现在已完成了两项相关标准"进出口企业代码"、"进出口商品代码"的制定工作并且已经付诸实施；与此同时，一系列应用系统也相继投入建设，如配额许可证管理系统、进出口统计管理系统、出口退税管理系统、出口收汇和进口付汇核销系统等。截至 1999 年，"金关工程"取得了重大突破，实现了银行、外汇管理局和海关的计算机联网；建立了全国外汇指定银行、外汇管理局和海关计算机网络系统；实现了在进行进出口结汇业务时的全国进出口报关单联网核查，核验进出口企业的报关单，有效地防止了利用假报关单骗汇、逃汇和套汇等违法事件的发生，同时也提高了外贸企业进出口结汇的效率。

"金卡工程"旨在推动银行卡跨行业务的联营工作，其中 12 个试点城市已全部实现了同城市跨行的自动取款机联网。全国电子联行系统平均每天处理 5 万多笔业务，金额达 800 亿～1000 亿元，每天为国家增加可使用资金 500 亿元；非银行智能卡也在公安、保险、劳动工资、交通管理、医疗卫生等各领域得到广泛应用。

"金税工程"的首期工程是建立增值税专用发票计算机稽核系统。据不完全统计，增值税计算机稽核系统运行之后，3 年间共查出利用假发票违法违纪案件 3 万多起，追缴税款 1.85 亿元。

上述事实充分说明了"三金工程"的丰硕成果。"三金工程"不仅为后续的一系列"金字工程"（如"金保"、"金财"、"金审"、"金盾"、"金农"、"金水"和"金质"等）奠定了良好的基础，同时也起到了很好的示范效应。

2005 年以来，在继续发挥"金税工程"（二期）在增值税管理工作中的重要作用的同时，税务系统通过"一窗式"管理、"四小票"管理等项目的实施，进一步完善了增值税管理过程中环节的衔接、拓展了抵扣凭证的覆盖范围，"金税工程"（二期）得到了进一步完善和发展。同时，"金税工程"（三期）正式通过了国务院审批，完成了立项。

"金保工程"实现了12个省区市的联网，72%的地市级以上城市实现了与省数据中心的联网；城域网已经覆盖到64%的经办机构，有条件的地区网络已延伸到街道、社区，部—省—市三级网络结构已初步形成。在联网应用方面，截止到2005年9月底，有26个省级单位实现了养老保险监测数据的联网传输，数据的传输量占全部参保人数的50%以上；失业登记和失业保险监测已进入全面实施阶段，14个省市完成了监测软件的实施，部分地区已经上传了近70万条数据；以互联网为基础的网上社保、网上职介正在部分地区试点；医疗保险管理服务监测、工伤保险管理服务监测和社会保险基金监管等项的联网应用开始调研和设计。

"金财工程"是利用先进的信息网络技术，支撑预算管理、国库集中收付和财政经济景气预测等核心业务的政府财政综合管理信息系统。截至2005年年底，中央165个部门、近万个基层预算单位使用该系统编报预算，36个省市财政部门也全面实施了预算管理系统，并已推广应用到268个地市级财政部门，预算编制规范化和细化程度逐年提高。非税收入管理系统运行平稳，工资统一发放系统推广应用工作全面铺开，初步建立了财政经济数据整合处理和统计分析平台。

"金审工程"是国家电子政务"十五"期间重点工程，经过为期两年的建设和2005年一年的试运行，于2005年11月15日通过竣工验收。在全国8万审计人员中已经部署了5万多套"金审工程"统一设计研制的审计业务软件和审计管理软件，这些软件已经在审计业务和管理中发挥了明显的作用。

1.8.3 "政府上网工程"——始于20世纪90年代末期

继"三金工程"之后，伴随着信息网络技术的快速发展和信息基础设施的不断完善，政府信息化工作开始考虑借助网络面向社会、面向公众。1998年4月，我国第一个严格意义上的政府网站"青岛政务信息公众网"正式亮相。1999年1月，40多个部委（局、办）的信息主管部门共同倡议发起了"政府上网工程"，目标是在1999年实现60%以上的部委和各级政府部门上网，在2000年实现80%以上的部委和各级政府部门上网。据1999年5月的统计数字，gov.cn下注册的政府域名达到1470个。截至2001年1月底，以gov.cn结尾注册的域名总数增至4722个，占国内域名总数的4%；已经建成的www下的政府网站达3200多个，70%以上的地市级政府在网上设立了办事窗口。

通过"政府上网工程"，政府机关首次大规模地在网上公开可以公开的政府信息，如：政府部门的名称、职能、机构组成、办事章程，之后陆续将一些公开性的政府文件、档案等"贴"在政府网站上。随着政府网站功能的拓展，一些政府机构将纳税、项目审批等项工作也借助于网络平台开展，大大方便了企业和公民。在机关内部，各部门之间也可以通过因特网相互联系、左右沟通，上下级之间实现上传下达。

1.8.4 "三网一库"——始于 21 世纪初期

2000年5月至2001年4月，不到一年的时间，国务院办公厅连续下发了三个文件，颁布了"十五"期间的总体规划，从建设的目标、任务、原则和工作要求，到具体建设项目和经费，明确了国务院办公厅将利用三至五年的时间组织建设以"三网一库"为基本架构的我国政府系统政务信息化的枢纽框架。即：根据国情和政府工作的特点，建立以"三网一库"为基本架构的电子政务系统。"三网一库"中，"三网"是指：政府机关内部的"办公业务网"（又称"内网"），与内网有条件互联、实现地区级政府涉密信息共享的"办公业务资源网"（又称"专网"），以因特网为依托的"政府公众信息网"（又称"外网"）；"一库"是指政府系统共建共享的"信息资源数据库"。

建设"三网一库"旨在实现政府机关信息资源的共享和快速传递，逐步实现网络化、协同化办公，节省人力、物力与财力，提高工作质量和工作效率。"三网一库"的具体目标如下。

"办公业务网"：基本实现中央、省、市、县多级政府文电、信息、督察、会务、值班、接待等主要办公业务的数字化、信息化和网络化。内网的六个主要功能是：办公自动化、文档管理、辅助决策、视频点播、数据安全与恢复以及网络安全。

"办公业务资源网"：根据政府机构的职能，在该机构业务范围内，由政府的各部门、各地区的"内网"有条件地互联形成，解决政府间、部门间的业务信息化，实现政府部门内部网之间的互联和资源共享。例如，通过电子邮件系统的互通互联，实现专网内政府工作人员间的邮件传递，有效地加强信息传递；通过公文交换平台，实现省、市、县三级纵向以及政府与部门间横向信息传递。

"政府公众信息网"：及时发布公共信息，如政府机构设置、工作职责、政策规定、招商引资、工作进度、政务信息，提供便民服务等。将政府内部办公职能面向公众延伸，逐步开展网上申报、审批、注册、年检、采购、招标、纳税、招商、举报、信访、服务等，提高工作透明度，树立政府的良好形象。

"信息资源数据库"：分布于三网之上，根据密级和使用要求为不同的用户提供服务的数据库体系。负责政府办公业务信息资源共享，使政府行政管理、应急指挥和快速反应的能力进一步提高，高效率、高质量地宏观管理和科学决策。在政府信息资源开发利用方面，资源数据库的功能体现在建立政府信息资源管理体制，建立政府信息公开和面向社会服务制度，制定政府信息资源管理政策，制定信息采集、交换、公告、信息网络建设实施标准，制定信息库建设规范，建设一批能对主要的政府业务工作和重大决策提供支持的数据库群，保证政府信息在政府机构内部实现畅通流转、充分共享。

从早期的办公自动化到正在建设中的"三网一库"，到2001年我国政府在此基础上明确提出的"电子政务"，实践发展的历程也是不断深化认识的过程：

第一，办公自动化不仅仅是一种手段，也不仅仅涉及技术领域，每项办公自动化应用都是在全球信息时代电子政务建设的一块基石，是具有革命性的政府数字化重建、再造过程。究其本质，由于信息化过程中涉及观念的改变，工作方式、方法的改变和人员素质的全面提高，故而其本质是一场先进文化的革命。

第二,"三网一库"之所以成为我国政府系统政务信息化枢纽框架,是因为它是一个行政决策的指挥系统,是国民经济与社会发展中重要信息上传、决策信息下达的政府中枢神经系统的重要组成部分,具有强规范性和指导性,是我国社会信息化体系的"纲"。此枢纽框架将连接我国副省级以上的各地方政府首脑机关和国务院各部委及下属机构的办公部门,组成了国家重要信息上传政府领导和重大决策下达社会公众的信息化渠道。枢纽框架提供了中央政府与地方政府间,以及部门之间统一的行政决策业务应用的平台和信息共享平台,形成了跨地域、跨机构的网上虚拟政府框架,是我国实现电子政务的基础框架。

第三,基于枢纽框架建立的多地方、多部门协同运行的综合业务应用系统将使行政决策系统和业务系统有机整合,在电子政务建设中起到"纲举目张"的作用,促进业务优化,推动机构改革,最终迈向电子政府。

第四,枢纽框架提供了重要信息上传和重大行政决策下达的信息化标准、规范和接口,有利于社会各类信息系统与之接轨、有机整合,将推动社会信息化并使之健康有序地发展,进而加速国民经济信息化和社会信息化进程,大大推进我国电子政务的发展。

本章小结

- 从不同方面介绍了电子政务及其相关概念
- 电子政务的形成原因及发展趋势
- 电子政务的技术应用
- 电子政务的几种基本应用模式
- 电子政务的不同功能
- 电子政务带来的效益
- 电子政务的最终目标
- 中国电子政务的发展历程

问题讨论

1. 电子政务的内涵是什么?
2. 为什么电子政务会在当今世界出现?
3. 电子政务的基本应用模式各有何特点?
4. 我国电子政务建设经历了哪些发展阶段?各个阶段的特点是什么?
5. 如何认识我国电子政务的主要目标与任务?
6. 如何理解我国电子政务的指导原则?

📖 案例分析

中国政府网的建设

2006年1月1日，我国中央人民政府门户网站正式开通。该网站全称为"中华人民共和国中央人民政府门户网站"，简称为"中国政府网"，域名为 www.gov.cn。

该门户网站是在党中央和国务院领导同志的关怀、指导下，由国家信息化领导小组批准建设的。其开通充分体现了中国建设服务型政府的信心和决心，不仅标志着我国完整的政府门户网站体系的形成，而且极大地激发了各地对政府门户网站的建设热情和对"网站服务"的重新定位。据统计，仅在其开通后的一年时间内，中国政府网就发布国务院和国务院办公厅文件500多件、国务院公报250多期；整合71个部门约1100项网上服务；发布8个部门的47项行政许可项目，被誉为"24小时不下班的政府"。

经过八年的不断探索和改进，目前中国政府网已经建设成为集政务信息公开、网上服务提供、政府与公民互动平台等多项功能于一体的综合性政府门户网站。首页上设置了包括今日中国、公文公报、工作动态、政策法规解读、执法监管、网上直播等在内的十余个模块，为社会各界了解政府信息、掌握国家动态提供了途径。

此外，中国政府网还在首页上设置了服务大厅，公民进入服务大厅后有动画展示进行引导；除了按照所要到达的部门进行选择外，还可以根据自己的身份进行选择。政府网按照公民、企业以及外国人三种分类设置了不同的入口，针对普通公众，政府网主要提供生育、户籍、兵役、出入境等服务；针对企业，政府网则提供企业纳税、工商管理、商务投资等服务；针对外国人，政府网提供了领事司法、移民定居、在华就业等服务，从而使不同身份的使用者能够更便捷地找到自己所要办理的业务，节省了浏览网站花费的时间。

中国政府网的建立和发展，在政府与公众之间架起了沟通的桥梁，使政府与公众间的信息沟通模式由传统的单向推送转变为互动交流，大大提升了政府的办事效率以及公众对政府的满意度。

第 2 章

电子政务与政府管理

内容提要

当今时代，随着经济社会的飞速发展，以云计算、物联网、大数据等为代表的新一轮信息技术革命正在兴起，新一代移动通信和下一代互联网构建了更加开放、互动和个性化的发展环境，步入了宽带、泛在和融合的新阶段。信息技术的创新和高速更加推进了社会进步，随着中国信息化和现代化建设的不断发展，信息化社会的到来需要政府采用信息化的手段服务社会。电子政务建设是国家信息化的重要内容，是我国经济社会发展的必然要求。推进电子政务建设，对于提高治国理政能力，完善经济调节、市场监管、社会管理和公共服务的手段，推进行政管理体制改革具有重要意义。电子政务建设将对提升政府服务和管理效能，推动社会管理和公共服务起到重要的推动作用，信息化是当今世界发展的大趋势，是推动经济社会变革的重要力量，其中电子政务也是推进行政体制改革和政府管理变革的重要助推器。

本章重点

- 信息化和电子政务实质；
- 政府管理理念；
- 政府管理体制。

2.1 信息化与政府管理变革

信息化是充分利用信息技术，开发利用信息资源，促进信息交流和知识共享，提高经济增长质量，推动经济社会发展转型的历史进程。信息化是当今世界发展的大趋势，是推动经济社会变革的重要力量，其中电子政务也是推进政府管理变革的重要助推器。在信息化技术飞速发展的背景下，政务部门以及公共组织应用现代信息和通信技术，将管理和服务通过现代信息技术进行集成，依托信息化网络和相关技术设施实现组织结构和工作流程的优化重组，跨越时间和空间及部门之间的分隔限制，向社会提供优质和全方位的、规范而透明的、符合公众需求的管理和服务。结果表现为：推动政府组织体系全球化；以互联网为基础的网络化管理正在取代传统的金字塔式的管理结构；推动了政府和社会管理体制的变革。

2.1.1 信息化与电子政务概述

1. 信息化

信息化的概念起源于20世纪60年代的日本，日本学者提出"信息化是指通信现代化、计算机化和行为合理化的总称。"西方社会普遍使用"信息社会"的概念。2006年国家信息化领导小组正式颁布了《2006—2020年国家信息化发展战略》，明确了信息化的概念和内涵：信息化是充分利用信息技术，开发利用信息资源，促进信息交流和知识共享，提高经济增长质量，推动经济社会发展转型的历史进程。

信息化是服务于现代化的手段和工具；信息化的核心是信息资源为国家、企业、公民和全社会所开发利用；信息化的本质是业务流程的改进和优化，信息化是一个不断发展的动态过程；信息化体现了国家意志，要由国家统一规划、统一组织。

2. 电子政务

电子政务是政府信息化的主要形式，电子政务是以信息化手段进行的政务活动，在信息化基础设施（包括计算机硬件、软件及网络通信设施等）之上，在相关法律、制度约束和规则之下以实现政务部门履职服务和开展政务活动为目标的一个人机系统。

与传统政务最本质的区别在于，电子政务利用了现代信息技术。电子政务与其他事务最大的不同是，电子政务与公共事务的管理、公共权力的行使相联系。电子政务不完全意味着我们对传统的政务过程进行一个信息化的复制，更重要的是对传统的政务活动、传统的政务过程进行信息化的改造。"电子"是手段、工具和载体，"政务"才是结果和目的。电子政务不仅仅是政府部门为公众提供信息服务，政府部门内部以及部门之间实现信息资源共享，提高办公效率，而且也有利于廉政建设，提高政府透明度。

2.1.2 信息化与政府管理的变革

推动政府信息化，实施电子政务，是当今世界新一轮政府管理变革和衡量国家综合国力与竞争力水平的重要标志，是政府公共行政管理方式的一场革命。

1. 变革公共行政管理模式

行政管理是指国家行政组织，根据宪法确认的权力，对国家的政治、经济、文化等方面的事务进行的组织、协调和控制活动。公共行政不仅是指政府的管理活动，它还包括其他公共部门、公共组织、基金会、慈善机构等一系列组织中的管理活动。

网络信息技术在政府系统中的广泛应用，给政府公共行政管理带来革命性变化。一方面，促使政府组织结构由传统金字塔式结构向网络状、扁平式结构转变，由手工政府、传统政府向电子化政府转变。另一方面，政府信息化的本质应能代表当今世界最先进的公共行政管理模式，通过推进政府信息化，促使政府管理方式和运作机制的改革，从而破解政府行政管理方式中的"程序迷宫"和"规则迷宫"等问题，提供更加快捷、方便的公共服务，为建立符合市场经济体制要求和国际通行规则的现代行政管理模式打下基础。

2. 推动行政管理现代化

信息化中对政府公务员的素质有较高的要求，需要使用各种先进的管理手段和管理方式，并要具备丰富的知识和多样的技能，以适应现代行政管理系统的管理组织运行日益技术化，管理手段日益现代化。政府组织可以把各种先进的行政管理思想、行政管理方法和信息技术融为一体，建立有效的计算机网络管理系统，使行政管理环境越来越呈数字化和网络化。

3. 提高行政效率

网络信息技术的应用已经使行政效率得到提高，信息化带来的变化更为明显。一方面，信息化加强了政府的信息交换和获取功能，新型政府可以使用各种新技术手段实现网络化管理。信息的收集、处理、传递和沟通的方式更快捷、更经济，政府整体行政办事效率将大幅提升。另一方面，信息可以在组织内部为更多人共享，越来越多的问题在较低的层级就可以得到解决，以上传下达为主要工作内容的中间管理层可以大为精简，因信息传递不及时或错误所造成的内耗可以大大减少，行政程序进一步简化。

4. 提高行政服务水平

政府信息化有助于政府公开施政和公众参政。政府通过政务公开，可以将更多的政府信息向社会公众公开。政府在制定政策、做出重大决策过程中，可以通过网络让公众参与，让公众发表意见和建议。公众也可以通过信息网络监督政府的运作，了解政府的工作进程和工作业绩，从而对政府工作做出比较准确的评价，达到改进政府工作的目的。

政府信息化能够促进政府部门改善和提高服务质量。首先，政府应用信息技术，通过信息网络，降低了进政府办事的"门槛"，原来所谓的"门难进，事难办"的现象，通过网络可以很好地得到解决。其次，随着政府信息化的不断推进，政府公务员的观念不断转变，政府公务员综合素质也在逐步提高，从而促进了政府服务素质和水平的提高。第三，政府信息化是一种新事物，它不仅代表着先进的技术，而且也代表着一种新思想、新思维。政府信息化将会促进创新，不仅仅是技术创新，而是社会的全面创新，毫无疑问政府信息化会提高政务的处理效率，提高政府的服务水平。

2.1.3 信息化与政府组织的变革

政府组织是按照一定的目标结构、部门结构、权力结构所组成的有机整体。从纵向上看，它包括了从中央到地方的各级行政、立法、司法机关，形成了一个金字塔形的层级结构，主要以层层授权的方式开展工作；从横向上看，各层级组织内部都有横向职能部门划分，分工管理各有关事务。信息化可以改变传统的政府组织结构，其显著的变化就是传统的金字塔形组织机构被扁平式组织机构所取代，以适应信息化融入政府管理工作中的要求。

1. 组织结构形态由金字塔形向扁平形发展

传统的政府管理基本上是按职能展开的，政府机关组织结构呈正金字塔形：纵向分诸多层次、横向分诸多部门，每个层次是一个权力等级，每个职能部门是一个封闭的独立实体。这种组织结构形式的最大缺陷，是使政府机关内部和外部的信息采集、处理和传递呈现出分散、重复、僵化、低效、难以共享的特征。信息化的条件下，信息技术飞速发展，政府组织人员的许多工作任务，可以由非人格化的"信息系统"来完成，信息化对政府组织结构的影响是，减少了组织管理的中间层次，压缩了组织结构，扩大了管理幅度，使政府组织结构由金字塔形向扁平形发展。从而使行政组织更加精干高效，行政组织成员间的沟通与交流更加流畅，有利于提高行政组织产生绩效和促进行政组织成员的自身发展。

信息化将推动政府组织结构形式的调整，逐渐使正金字塔结构趋于扁平化：减少管理层次，调整分工体系，发展各部门业务的并联化（而不千篇一律地按时序串联），尝试按工作流程而不是按职能划分部门，增加与社会公众的接触，要实现真正的电子政务，不进行政府组织结构形式的调整是不行的；而电子政务的逐渐发展也会对这种调整提供条件。电子政务系统数据资源开放、信息共享的特点，将会实现信息一对多、多对一的瞬间响应，使信息的传导模式出现多元化的趋势，比如，信息的垂直传导、双向传导、横向传导等。这就为组织结构"扁平化"提供了可能性。

2. 政府组织权力呈现分权趋势

信息化背景下，知识和信息已经逐渐发展成为行政组织权威的基础。而知识和信息是分散的，这就决定行政组织在权力结构上必须实行分权和权力下放，让下属或下级拥有更大的管理自主权。政府组织通过水平方向的交流与合作，而不是垂直方向的命令链实现执行；权力从中央向地方分散，从官僚体制的顶端和中枢向体制的下层和外围分散；从政府向社会分散；从个人权威型向体制权威型转变。

信息化推动着政府组织权力的分化向纵深发展，随着电子政务的不断发展，政府组织内部的权力由集中趋向分化，政府的管理权力进行横向和纵向的重新配置，让更多的普通政府公务员参与重大行政决策以及公共政策的制定过程，在信息化的进程中，由于知识与信息的分散性决定了政府组织要改变传统的权力结构，实行行政分权和权力下放，传统中央政府组织统筹国家公共事务已逐渐被地方政府直接参与制定并执行公共政策所取代，在政府组织的上下级关系中，不仅仅是命令与服从式的控制，更多地呈现分权式的合作关系。信息化进一步推进了政府组织的分权和权力下放的进程。

3. 政府组织信息结构由纵向向网络化、交互化方向发展

政府组织信息结构是收集、处理、储存、传递信息的渠道和方式,信息结构往往与组织形态、权力结构一致。传统金字塔组织结构中,信息结构是纵向式的,信息按照等级层次垂直传递,优点是结构简单、关系清晰且与组织的权威等级相符合。但也有其自身缺陷:信息割据容易损害信息的完整性,单一信息纵向传递容易造成信息传递的迟滞和失真,甚至由于各层次的基于行政利益的选择而改变了信息内容。

在网络化组织结构中,政府组织信息结构的联系既有上下级之间的纵向联系,也有同等级间的横向联系,还有不同等级层次、不同隶属关系的斜向联系,共同组成纵横交错的信息沟通网络,信息呈交互化。信息联系的多重渠道和多种方式,能克服单一纵向信息结构中信息封锁、信息渠道易于堵塞、传递迟缓等弊端。网络信息结构与纵向等级层次结构显著不同的另一方面,是它有多个信息中心,每一个信息中心既能了解各职能信息、层次信息,也能了解全局信息。信息技术的应用,可以使任何个人既是信息的提供者,又是信息资源的使用者,并且有信息使用自主选择的自由。在这种交互式信息结构中,信息的收集和处理是分散的,传统政府组织权威在传递中不再起决定作用,信息结构与等级结构脱钩,政府组织与外界的信息交流与沟通是开放和交互的,信息可以跨层级、跨部门流动,最大程度上消除了信息割据的危害,提高了政府组织信息的完整性和可靠性。

2.1.4 政府信息化与政府管理职能的重塑

政府管理职能也就是行政职能,指政府的职责和作用。不同时代的政府,其管理职能存在着很大的不同。电子政务就给政府管理职能的发展带来了一系列变化,特别是对传统政府管理职能提出了挑战。

1. 促进了政府管理职能转变

电子政务提供了一条实现政府职能转变所必需的信息高速通道,电子政务所依托的网络平台在信息传输的速率方面有着无与伦比的巨大优势。更及时、更快捷的信息传递,使政府管理职能转变具备了最基本的条件。电子政务为政府职能转变提供了充分的信息资源。电子政务的重要功效,就在于它可以从根本上改变政府信息资源的管理模式,为政府提供更加充分的信息资源支持。在数量上,电子政务可以最大限度地将一切所需要和能够采集到的信息整合起来,通过有效的共享机制,为政府、为社会公众提供真正海量的信息支持。在质量方面,电子政务可以以特定的法律保障、管理保障、技术保障,使信息更加可靠、真实、有效。电子政务可以实现社会公众参与、强有力的社会监督、政务公开、政务信息公开、对社会公众需求的高速回应、与公民关系的切实改善等外部条件。

2. 改变着政府管理职能实现的主要方式

传统政府管理职能主要表现为政府对公众的管制。而新的政府管理职能实现方式,就是要彻底改变这种面貌，使政府管理职能的主要实现方式从对公众的管制，变革为为社会公众提供全面的服务，管制降为次要方式。电子政务为这种变革提供了更加充分的条件。电子政务的基本目标就是为社会公众提供更加优化的电子化公共服务，服务是电子政务系统的本质功能，没有服务就没有电子政务，也不需要电子政务。国内外成功的电子政务系统都是以电子服务见长，以电子服务取胜的。这本身就充分说明电子政务对政府管理职能实现方式的影响，就是将主要实现方式从管制变为服务。

3. 降低了政府管理职能实现的成本

电子政务降低了政府管理职能实现的成本。政府管理职能实现成本居高不下是困扰我国政府的一个难题，降低这一成本也是政府进行职能转变的动因之一。如果我们探究其中的原因，不难发现，我们的政府运营成本中，除了浪费一部分之外，人头费支出巨大、政务处理手段落后、黑箱操作盛行等也是重要原因。政府机关工作人员数量多，使本来为数并不少的钱，都用来解决吃饭问题了。政务处理手段落后，一方面使政府不得不靠增加人手应付日益增多的工作量，另一方面又要为手抬肩扛、车载人拉、四处奔波等"少慢差费"的工作方式付出代价。黑箱操作在政府资源配置过程中带来的巨额国有资产外流姑且不在这里讨论，它给政府采购带来的损失就足以使政府运营成本令世人瞠目。而这些问题，在电子政务环境下，将获得逐步缓解或彻底解决。电子政务在较大幅度节省人力资源方面的优势，可以帮助我们真正实现"精兵"；电子政务在推动科学管理，广泛应用先进管理工具方面的优势，可以帮助我们"简政"；电子政务在公开开放、透明度高等方面的优势，可以帮助我们建立更加有效的监督，帮助我们"廉政"。而它们一个共同同时具备的优势，就是节省投入、扩大产出，帮助我们降低政府管理成本，实现在特定意义上的"廉价政府"。

2.1.5 信息化给政府机关工作人员带来的变化

信息化给政府机关工作人员带来的变化也是巨大的。

首先，政府机关工作人员的整体结构将发生改变。单纯管理人员与单纯技术人员的比重均会有所下降，兼具优良技术素质与管理素质的复合型人员将占越来越大的比重；承担相应信息管理与信息技术工作的人员将占有一定的比重，处于中间层的管理人员特别是只起信息传递作用的工作人员的比重将逐渐下降。

其次，政府机关工作人员自身的素质将大幅度提升。信息化确实以信息技术的应用替代人做了一部分过去由人直接完成的工作，但这种替代主要针对的是重复性、例行性的工作，创造性的和非例行性工作还需要由人直接完成。而且，随着政府管理职能的不断转变，政府内部组织结构的不断调整，这部分创造性工作、非例行性工作的比重会比传统政务环境下更大，需要工作人员发挥创造性的空间也会更大更多。这些变化无疑对工作人员的综合素质提出了非常高的要求，并以非常大的压力促进工作人员的综合素质尽快全面提高。

再次，政府机关工作人员总的数量规模将逐渐趋于减少。这主要是由于信息化促进政府管理职能转变产生了实际效用，政府只做自己应当做的事情，其他不该做的一律不再做，社会有关方面做比自己做得更好的事情，就委托出去让他人做；那些该自己做的事情则会在电子政务环境下，借助电子政务提供的技术条件，借助电子政务推动下形成的更优化的管理条件，做得更快、更好，更省时、省力，也更省人力。

2.2 信息化与政府管理新理念

电子政务绝不是传统政务与信息技术简单相加的产物，它实际上是政府管理领域的一场革命。实践表明，电子政务的难点不是技术，也不是资金，而是管理思想的转变和管理理念的更新。因此，在这样的意义上，推进电子政务的过程，也就是在政府管理领域引进现代管理理念的过程。

2.2.1 服务型政府理念

政府职能基本上可以分为政治统治职能和社会管理职能两类。但直到工业化社会，政府与社会公众的关系主要是统治与被统治的关系，政府居于中心地位，不管在实施政治统治职能的过程中，还是履行社会管理职能时，政府管理都主要表现为政府对公众的管制。但在当今的信息社会，这种关系将发生根本性的变化，政府的政治统治职能逐渐居于第二位，政府对社会的管理职能在强化，但政府对社会事务的管理，主要不再是对公众的管制，而是全面的服务。正是在这样的意义上，人们说"政府管理就是服务"。

在工业化社会及其以前的社会形态中，政府依靠强制力，依靠垄断特别是对信息的垄断，扮演着施令者、监督者、"大家长"的角色。即使在履行社会管理职能时，其主要职责也是负责对人、财、物等资源进行分配，而不主要是为社会提供服务。因此，信息化社会以前的政府组织被视为由职能、权威和正式结构组成的统治体，而不是服务体；在管理上，它主要追求计划和控制功能的有效性，将公众视作管制的对象，而不是自己的顾客即服务的对象。如果说这种被颠倒了的关系持续数千年是一种事实的话，那么，在信息化社会，将被颠倒了的关系再颠倒过来，也将是一种客观的实在。因为社会信息化使这种再颠倒既成为必需，更成为可能。

电子政务的主要目标就是顺应信息化社会对政府管理的需要和要求，建立以为公众服务为导向的政府。电子政务最主要和最重要的积极意义就在于，克服传统政务容易疏远公众、容易在中间环节发生腐败和"梗阻"的弊端。电子政务强调提高服务质量，要求政府更好更直接地服务于社会。政府可以通过电子化，直接与人民群众沟通，收集群众意见，传达政府信息，从而高效率、低耗费地实现为公众服务。电子政务使社会公众可以获得更多的公共信息资源，使他们对于公共政策也从简单的服从和接受，变成直接的参与和索取。电子政务的最佳状态，将是政府对公众服务需求做出更快捷的反应，公众更直接和广泛地获得由政府提供的各种服务。

2.2.2 效能理念

政府职能发展总的趋势应该是：随着社会的不断进步，政府政治统治职能和社会管理职能的比重会发生一定的变化。政治统治职能将逐渐弱化,社会管理职能则会逐渐占有越来越重要的地位。当政府主要履行政治统治职能时,它是阶级压迫的工具,是凌驾于社会之上的权力机关。政治统治的高效率必然要成为政府管理的首要甚至是唯一的目标。但在信息化社会,随着政府社会管理职能的增强,政府开始成为服务于社会公众的公共机构。行政效率追求已经不是政府的主要目标,至少不是唯一目标。既追求行政效率,更注重行政效能,即注重政府的服务能力和服务质量,就成为一种必然。

行政效率一般是指行政管理活动所取得的劳动成果、社会效益同所消耗的人力、物力、财力和时间(即行政成本)之间的比例关系。这一概念更着重于数量层面,即完成的工作量与投入量之间的比例,一般不涉及质量层面。行政效能是指行政管理活动达成预期结果或影响的程度,具体而言,主要指政府向公众提供服务的水平和能力。它包括数量、质量、效果、影响、能力、公众满意度等多方面。与行政效率相比,行政效能是指目标达成的程度,着重质量层面。它更强调效果(而不仅仅是时效),重视服务质量(而不仅仅是工作量和投入量),注重质量保证能力(而不仅仅是最终的结果)。

电子政务的重要功能之一,就是加速完成从"效率政府"到"效能政府"的转变。具体来说,就是要靠信息化的力量,增强政府的服务能力,用更低的成本创造更高的服务质量,以达成政府服务于社会公众的目标。要适应电子政务提出的要求确立效能观念,必须牢固地确立质量意识,以服务能力为保障,追求政府服务产品和服务效果的全面优化。传统政务实际上是一种粗放的政务,而电子政务则是一种讲求质量、注重效能的政务。

2.2.3 信息公开与共享理念

信息公开与共享是近期电子政务领域最受重视的发展方向之一。发达国家已经将信息公开作为促进政府透明、社会监督的一项重要举措。

美国 CIO 委员会专门设立了一个新的网站 Data.gov。该网站集合了原有的政务公开信息以及数十万项政府专有数据库中的数据,并且面向社会公众开放。英国、澳大利亚等国也先后推出了自己的数据公开网站 Data.gov.uk、Data.gov.au 等。

在信息化社会,以信息为中心的管理将成为政府管理的主要特征,政府管理将发生一系列重大变化:

- 信息化社会的政府管理效率与效能,归根结底是关于信息处理、信息管理效率与效能,即政府创造、收集、分析、利用、传播和发送信息的效率、效能。
- 政府管理职能实现和发展能否满足社会发展的需要,归根结底将取决于政府对信息资源的创造、收集、发送和分配能力的改善,从而要求政府机关持续地对其信息系统进行改善,采用更加先进的信息技术和信息管理手段。
- 政府以信息为中心的管理,将对人的管理提升到一个新的高度,更加注重提高人的积极性、主动性和创造性,不断完善和加强人对信息的创造、收集、接收、利用、传播和沟通、交流的能力。
- 政府以信息为中心的管理,要求中高层管理人员既要懂一般管理,又要懂信息管理和信息技术。

在信息化社会，电子政务是以各部门管理信息系统的建设为基础，但不等同于这些管理信息系统扩展的总和。电子政务的理念是全局性的创新理念，是以国家的立场观察各部门信息化需求，从总体上优化管理流程，并推动部门之间互联互通的过程。

2.2.4 公众参与理念

电子政务为公民参与民主化进程，对政府管理和社会事务进行民主监督、意见反馈提供了有效的技术手段。电子政务使政府信息公开化、透明化、互动化，提供了公民广泛参与政治的可能性；提供了真实、公开的信息环境；使公民参与水平产生质和量上的改变；推动公民与政府官员的直接对话，提高民意在政府运作中的分量，从而在很大程度上改变未来公民参与政治的深度与广度。电子政务时代的来临为公民处理与政府相关事宜提供了便利，也为公众参与政府公共政策的制定提供了便利，同时，促进公共政策制定过程的政治参与是电子政务发展初级阶段的重要任务之一。

电子政务并不简单地等于政府开展政务方式的信息化、电子化，它必须能够有效地促进公民与政府之间、不同公民之间、公民与社会之间的有序互动，来体现其自身的政治合法性。具体包括：更多公民的知情、参政议政、民主监督，将有利于塑造公民的主体意识，进而促进民主政治进程和政治稳定；有利于政府降低信息成本，扩大信息来源，提高信息的置信度，从而为更合理地配置公共资源的流向、流量提供可靠依据；有利于反腐倡廉，公民通过电子政务平台交流意见，有利于减少意见分歧和社会冲突，促进社会和谐，增加"社会资本"；更多企业、个人和社会组织及时、准确地了解各种政策信息，有利于其更新经济行为的预期和决策，进而提高微观以及宏观经济效率。

2.3 信息化与政府管理体制

实施电子政务的目的不仅是利用先进的信息技术来替代手工劳动，更为重要的是通过政府管理手段的革新，促进政府管理方式的变革。因此，在推进电子政务的过程中，应注意结合信息技术的推广利用，不断对政府结构、决策方式、运行方式、管理和服务模式、工作流程进行相应的改进和调整，建立与先进信息技术手段相适应的组织机构与工作流程，从根本上提高政府管理的水平。

如果只是一味地引进技术，引进设备，忽略政府管理方式的变革，甚至把原来的东西原封不动地搬过来，传统的管理体制不改革、老的组织结构不整合、落后的机制不转变、陈旧的管理模式不改造，既有的工作流程不变更，仅仅采用了计算机，上了互联网，电子政务的优势就将难以发挥，政府的管理水平甚至可能比传统政务环境时还要低，因为它会徒增管理成本，做出"一锅夹生饭"。许多单位都有过这样的教训。

正如人们所常说的那样，电子政务给政府管理带来的变化，绝不仅仅是一种技术，而是一种全新的管理方式。电子政务只能运营在与之相适应的政府管理方式下。在相当大的程度上，电子政务是在靠信息技术冲击传统的政府结构、决策方式、运行方式、管理和服务模式、工作流程，以信息技术应用所形成的客观需求推动政府管理方式的创新。

电子政务要求政府管理方式发生变化，电子政务可以推动政府管理方式发生变化，与电子政务环境相适应的政府管理方式的特征可以表现在不同的方面。

2.3.1 政府管理在控制方式方面的特征

与电子政务环境相适应的政府管理方式的特征,首先表现在政府管理所采用的基本控制方式上。电子政务环境下的政府管理是一种以直接控制为主、间接控制为辅,以过程控制为主、以控制结果为辅的管理。

传统的政务大都是采用间接控制方式实施管理的。政府与公众、政府与政府、政府与企业之间不是直接进行联系和沟通,而总是要"迂回"进行,形成大量的中间过程、中间环节。中间过程、中间环节的存在,不仅颠倒了政府与公众、政府与企业、政府与政府之间的本来关系,使管理者与被管理者之间容易形成隔膜,从而造成信息的失真甚至湮灭,而且增大管理成本,使沟通困难、效率很低。电子政务通过网络和其他一系列电子化手段,使管理中的控制活动变得直接了,中间过程、中间环节少了,信息沟通因减少了层次,减少了层层过滤、层层加工带来的损失和浪费,而变得更加有质量,更加简捷方便,更加经济和有效率。仅以政府与公众的沟通为例,传统政务条件下,机构林立、繁文缛节使相互间有效的沟通联系变得十分困难,直来直去基本是不可能的。其结果往往是成本高,管理效果差,公众满意度很低。特别是,大量中间环节、中间过程往往成为腐败活动的温床,腐败分子大都是靠对信息的垄断性控制,居中用公共权力谋取私利。这当然极大地增加了政府管理的成本,使政府管理严重偏离了全心全意为公众服务的宗旨。有了电子政务,政府与公众之间也好,公众与政府之间也罢,直接上网就能见面,托关系、拉人情都变得多余了,中间层次要拦什么、挡什么也无从下手了,"直通车"使沟通快捷方便又公平公开。

当然,电子政务所需要和所实现的直接控制,并不是不要一切中间环节、中间过程。如同直接经济不等同于直销一样,直接控制也不是完全取消全部的中间环节、中间过程,而是要尽可能减少沟通中的这些环节。只要政府社会管理的中间成本,在社会管理范围扩大中相对减少,就可以称之为直接控制。[①]

传统政务大都也是采用结果控制管理方式的。结果控制管理方式的特点,就是以对工作结果的控制为主,忽略甚至否定过程控制的作用。在管理中,把主要的精力和资源放在事后对工作结果的评价、认定和处理方面,管理者所关注的主要是工作结果。这种管理方式,在控制理论上属于简单反馈控制。这种管理方式是依据已经实际存在着的客观情况与目标之间的差距,通过采取纠正偏向的措施,被动地去纠正偏离目标的倾向来实现控制目的的。它的前提也是代价就是要使低效、不良及其危害成为一种事实,需要"再重复一遍"过程。而我们知道,政府管理中许多事实一旦出现也就无法改变,许多过程也只能有一次而不可重复。如一项有关经济发展的行政决策,一旦发生失误,就会因丢掉经济发展的时机而铸成永远不可纠正的错误。这就将意味着结果控制在政府管理中,经常失去意义。结果控制还是控制失效的重要原因。政府管理中弄虚作假、暗箱操作、以权谋私等问题的出现就是政府控制失效的具体表现。这些失效问题之所以能存在,在

---

① 姜奇平. 电子政务与电子商务比较. 新浪网·新浪科技,2000 年 9 月 5 日

一定程度上，源于我们的管理往往只问结果而不管过程。因此，有效的政府管理不应该主要采用结果控制的管理方式，而应当更加注重对过程的控制。

以过程控制为主的管理方式，在控制理论上属于前馈控制，它的特点是注重对创造工作结果的过程的控制。与简单反馈控制相比，其优势是十分明显的，它可以防患于未然，也就是可以在不利因素导致不良结果之前，通过改变因素的状态、改变过程来避免出现危害，至少是能更及时发现并纠正偏差，减少危害。重事前预防、重管理目标和管理过程设计、重增强管理的过程能力、重及时调整影响工作质量和效果的因素状态、重工作质量，成为过程控制管理方式的突出特色。它控制成本低，解决问题彻底，因而是政府管理的有效方式。

电子政务为政府管理全面采用过程控制管理方式提供了可能条件。过程控制的难点，主要是过程的优化设计和对过程信息的及时反馈。电子政务所造就的信息化条件，为过程的优化设计，为过程信息的及时反馈提供了非常有利的技术基础。如果我们能充分利用好这个基础，以电子政务过程控制的需要设计和重新整合政府管理流程，以数据库技术整合信息结构，以网络技术整合信息通路，过程控制为主的管理方式的建立就能成为政府管理的现实。

2.3.2 政府管理在关系模式方面的特征

电子政务环境下政府管理方式的特征还表现在政府部门间、政府与社会公众间的关系模式方面。

传统政务环境下，政府及其部门按区域、级别、行业划分，各部门独成一体，各自为政，相互之间信息很难共享，更谈不上信息传递流畅无阻。政府与社会公众之间，沟通渠道少而长，非常容易造成相互不了解、不理解，甚至形成对立。推行电子政务在一定意义上就是为了改善这种关系模式。

电子政务将在虚拟空间里，打破政府各部门间的限制，使人们可以从不同渠道取得政府提供的信息和服务，政府机关间及政府与社会各界之间也经由各种电子化渠道进行相互沟通，并依据人们的需求、人们可以使用的形式、人们要求的时间及地点，提供给人们各种不同的服务选择。在这样的条件下，阻隔人们进行跨地域、跨级别、跨行业、跨部门沟通的障碍被真正克服，政府与公众之间的"鱼水"关系将成为一种现实。

2.3.3 政府管理在管理类型方面的特征

在电子政务环境下，随着政府职能从政治统治为主转变到以社会管理为主，政府管理类型也将发生巨大变化：服务型管理将成为主要的政府管理形式，管制型管理将居于次要地位。

电子政务与传统政务的一个最显著的不同点，就是它将以电子手段向公众提供种类繁多的电子服务，如电子支付（电子征税、海关申报、电子收费）、电子审批、电子监控、电子验证、电子咨询、电子采购等。这种以电子信息技术支撑的服务，快捷、方便、有质量保证，代表着政府职能发展的方向。

2.3.4 政府管理在服务方式方面的特征

在传统政务环境下，政府管理中服务型管理不仅所占的比重不高，而且服务方式也比较陈旧落后，其具体表现就是所提供给公众的信息大都是时效性比较差的静态信息，在信息提供方面也往往是被动的，坐等公众上门来"求"信息。这种服务自然距离公众的实际需要太远了，难以使公众真正满意。在电子政务环境下，电子化手段可以把政府掌握的静态信息通过反馈系统转化为动态信息，并主动地提供给公众，这当然可以使政府服务效果得到显著的改善。从目前我国局部地区已经初步建成的电子政务系统运行情况看，这方面的效果非常令人鼓舞。他们把大量档案文件和基础性数据整合成电子资料库，通过主动向社会提供，使长期沉睡的信息焕发出生机和活力，重新成为知识财富。

本章小结

- 信息化对政府管理变革的影响
- 信息化下政府管理需要全新的理念
- 信息化对政府组织结构形式的影响
- 信息化对政府管理方式的变革

问题讨论

1. 信息化与电子政务的核心内涵是什么？
2. 信息化对政府管理变革有哪些影响？
3. 信息化背景下政府管理理念是什么？
4. 信息化下政府管理方式的主要特征是什么？具有什么优越性？

案例分析

政府角色的转变

电子政务的发展不仅为政府工作提供了便利，也为政府与公众之间架设了沟通的桥梁，其所创造的新的技术环境使政府能够更便捷地为社会各界提供服务，同时也更容易听取来自大众的声音，能够及时对公众的诉求予以回应。可以说，电子政务的发展促进了政府角色由管制型向服务型转变，我国各地各级政府机关也都积极进行了这一方面的实践。

上海市行政审批系统的建设是其实施电子政务的重要组成部分。通过构筑一个连通协同审批子系统、公众服务子系统，上接市级建设的部门审批业务系统，下接区县电子政务平台、区县自建部门审批业务系统的全面系统，上海市行政审批系统能够实现信息公开、网上受理、状态查询、结果反馈等功能，为公众带来了切实的便利。[①]

福建省福州市政府门户网站"中国福州"开设了政务公开、办事指南、为你服务等一级栏目和28个市直部门的网页，信息公开、在线办事、公众参与、市民诉求是政府网站的重要内容。通过调查发现，公众使用面最广的两个模块为福州市便民呼叫中心"12345"以及网上办事、网上审批。[②]网站用户普遍反映在线业务办理能够大幅度节省他们的时间，提高了其对政府的满意度。

厦门市政府还积极在已建成的市政府门户网站平台基础之上推进电子政务网络整合与建设。目前，已有35个政府部门网站纳入政府网站群统一管理。厦门市政府网站群的部署，实现了政务公开、在线办事、公众参与的资源共享、协同管理、统一展现，在增强网站服务能力，节约财政投入，提升政府公共服务水平等方面，取得了明显成效。[③]通过网站群的建设，厦门市政府实现了各部门的信息共享和实时传递，能够更大程度地简化公民办事流程，向服务型政府建设又迈出了坚实的一步。

[①] 芦艳荣. 整合政务信息建设服务型政府——以上海市为例[J]. 行政管理改革, 2010(11): 64-67
[②] 戴鸿. 对政府与公民网络互动的思考——以福州市政府电子政务为例[J]. 福州党校学报, 2009(2): 34-36+72
[③] 赖晶晶. 推进政府网站群建设，构建服务型"网上政府"——厦门市政府网站群现状分析与建议[J]. 经营管理者, 2013(18): 57-58

第 3 章 电子政务与信息技术

内容提要
- 电子政务需要有计算机技术、网络与通信技术、数据库技术等现代信息技术作为支持。
- 电子政务适用技术的基本构成：网络、计算机和通信等的硬件技术；满足电子政务管理、控制、操纵、交换和安全等功能需求的软件技术；其他特殊应用技术。
- 电子政务的技术应用有特殊的规律性。

本章重点
- 信息技术发展概述；
- 信息技术对电子政务的影响；
- 计算机、网络技术和数据库技术简介；
- 电子政务部分核心技术及其应用。

3.1 电子政务与信息技术发展的关系

3.1.1 信息技术发展概述

以现代微电子技术、计算机技术、网络与通信技术为代表的现代信息技术,正在改变人们传统的工作、学习和生活方式,推动着社会的发展和文明的进步,把人类带入了一个全新的信息时代。

随着社会的发展,信息的资源性质正在被人类逐步认识。利用外部世界的资源扩展人类自身的能力,是一切生产工具的共同本质。信息科学技术把外部世界的信息资源加工成各种可利用的知识,并把它们与现代科技材料与动力相结合,制作出各种智能的工具(如管理与决策系统、专家系统、智能机器人等),扩展了人类的智力资源。

1. 信息技术发展简史

信息与人类社会的进步与科学技术的发展是密不可分的。信息技术(Information Technology,IT)是指与获取信息、处理信息、存储信息、传输信息有关的方法、技术手段和操作程序的总称。

信息技术的核心主要包括传感技术、通信技术、计算机技术和微电子技术等。传感技术通过现代感测技术装置代替人的感觉器官捕捉各种信息,包括人的感觉器官不能感知的信息,然后把这些信息转化为数字化数据以便于计算机处理。通信技术包括微波、光缆、卫星、计算机网络等技术,以电报、电话、电视、广播、网络等手段传递信息。计算机技术是信息处理的核心,帮助人们更好地存储、检索、加工和再生信息。自计算机诞生以来,计算机技术飞速发展,功能不断增强,应用领域不断扩大,能处理大量数值和非数值(如文字、图形、图像、动画、声音等)信息,在航空航天、气象预报、工业自动控制、计算机辅助设计、电子商务、电子政务等领域得到广泛应用。微电子技术是上述三种技术的基础。它的发展尤其是电子器件的发展对电子信息技术的发展起到极大的推动作用。

人类的进步和科学的发展离不开信息技术的革命。第一次信息技术革命的标志是语言的出现,它使人类有了交流和传播信息的工具;第二次信息技术革命的标志是文字的使用,它使人类有了记录和存储信息的载体;第三次信息技术革命的标志是造纸和印刷术的发明,它们使人类有了生产、存储、复制和传输信息的媒介;第四次信息技术革命的标志是电报、电话、广播和电视的发明,它们使人类有了广泛迅速地传播文字、声音、图像信息的多种媒体手段;第五次信息技术革命的标志是计算机、通信、网络等现代信息技术的综合运用,它们使人类有了大量存储、高速传输、精确处理、广泛交流、普遍共享信息的手段。最近发生的第五次信息技术革命使人类的脑力劳动得到极大程度的解放。信息技术、信息产业的飞速发展,使人们的生产、生活方式正在悄然改变。人类社会开始由工业化社会步入了现代信息化社会。

从应用的角度来看,现代信息技术经历了数值处理、数据处理、知识处理、网络处理四个阶段。

数值处理是利用计算机对模拟或数字信号进行运算和处理。早期的计算机应用只限于科学计算、工程计算等领域。

20 世纪 50 年代末，计算机应用从数值处理向非数值处理过渡，其应用领域由科学计算转向以事务处理为主的数据处理。

20 世纪 70 年代中期，信息系统的概念、结构、方法和技术产生质的飞跃。知识处理方法和技术的发展为信息系统的分析、推理和判断等奠定了基础，使信息系统具备了向智能处理迈进的可能性。

20 世纪 90 年代，Internet 的兴起使得信息技术进入网络处理时代。信息系统的主要特征表现为网络互联、资源高度共享、物理距离"消失"等，为企业经营和商务活动带来很大影响。

网格（Grid）是新一代信息处理技术。它把整个 Internet 整合成一台巨大的超级计算机，实现计算资源、存储资源、数据资源、信息资源、知识资源的全面共享。其目的是将计算能力、信息资源等像电力网格输送电力一样输送到每个用户，供用户使用。它是继传统 Internet、Web 之后的又一个"浪潮"。

2．信息社会与计算机文化

信息科学技术发展为当今社会提供了"信息系统"这一崭新的社会生产工具。信息社会已经悄然来到我们身边。

在理论方面，信息论的创始人美国科学家香农发表的"通信的数学理论"一文，阐述了在通信意义下的信息的概念和数学度量方法，建立了通信信道容量的定义和度量公式，提出并证明了关于通信的有效性和可靠性的一组编码定理。控制论创始人美国科学家维纳在"控制：机器和动物中的通信和控制问题"这一专著中，指出信息是与物质和能量同样重要的研究对象，论述了在统计背景下通过信息的反馈控制实现机器系统的自适应、自学习和自组织的可能机制。随后"人工智能"和"模糊理论"的提出为智能研究提供了新的理论和方法。

在技术方面，自第一台计算机问世，以及晶体管的诞生，商用卫星、光纤通信的应用，信息技术的快速发展推动了信息的生产、流通和消费规模的不断扩大。IT 产业已经形成新的经济快速增长点，成为发展经济的"倍增器"。20 世纪 90 年代，美国副总统戈尔提出了"信息高速公路"计划，建议将美国的信息库和信息网络连成一个全国性的网络，在政府、研究机构、大学、企业以及家庭之间建立可以交流各种信息的大容量、高速率的通信网络，提供远距离的银行业务、纳税、购物、娱乐、医疗诊断、远程教育等多种服务，使社会更有效地交流信息。

我国为加快国民经济信息化建设步伐，以"三金"工程（金桥、金关、金卡）为基础起步建设信息高速公路。"金桥"工程，即国家公用经济信息网工程，是我国经济信息化建设的基础设施；"金卡"工程是通过计算机网络实现货币流通的电子货币工程；"金关"工程是国家对外经济贸易信息网工程。"三金"工程为我国经济建设和社会进步起到了巨大的推动作用。目前已建成四大互联网络：中国互联网（ChinaNet）、中国教育科研网（CERNet）、中国科技网（CSTNet）和中国金桥网（ChinaGBN）。互联网已经成为我国影响最广、增长最快、市场潜力最大的产业之一。

目前，计算机文化（Computer Literacy）一词已经被各国广泛接受。所谓文化，是指能对人类生产方式、工作方式、学习方式和生活方式产生广泛影响的事物。文化具有广泛性、传递性、教育性及深刻性等基本属性。所谓计算机文化是以计算机为核心，集网络文化、信息文化、多媒体文化为一体，对社会生活和人类行为产生广泛、深远影响的新型文化。

体现计算机文化的知识结构和能力素质是与信息获取、信息分析与信息加工有关的基础知识和实际能力。信息获取包括信息发现、信息采集和信息优选；信息分析包括信息分类、信息综合、信息查错与信息评价；信息加工包括信息排序与检索、信息组织与表达、信息存储与变换、信息传输与控制等。这些知识和能力是计算机文化水平高低和素质优劣的具体体现，是信息社会对大众提出的要求。

3.1.2　信息技术发展与电子政务建设的关系

信息技术与电子政务之间是工具与应用的关系。信息技术是手段，电子政务是服务的对象。电子政务的实现离不开网络平台，离不开电子化手段，离不开信息基础设施，离不开信息系统及相关软硬件技术发展提供的基本条件，也就是离不开信息技术的支持，但电子化的技术只是辅助手段而非"主角"，电子政务的重点是"政务"，是管理，是服务。

1. 信息技术发展对电子政务的促进

众所周知，信息技术已成为当代最先进，也是最活跃的生产要素之一，计算机和网络技术的革命，使信息化所涵盖的信息收集、传递与最大程度的共享利用具备了充分的必要条件。信息技术已经成为推动人类社会发展的重要生产力，并日益推动着生产关系和上层建筑的变革。互联网的发展规模不断扩大，网络技术的腾飞以及网络个性化服务和网络移动化的发展，为电子政务的发展提供了很好的技术平台和支撑环境。在大力推进信息化、民主化进程的社会需求面前，信息技术"推波助澜"，成为电子政务强劲的"助推器"和强有力的实体支撑。在信息技术席卷全球，网络彻底改变人们的工作方式、生活方式的今天，实施电子政务不仅是必然趋势，而且具备了充分的现实可行性和技术保障。

尤其需要指出的是，互联网的迅速发展和网民的增加，已经为电子政务奠定了重要的基础。可以说，信息技术的普及与应用是加速电子政务成为各国政府奋斗目标，以及形成网络时代政府新工作模式的加速器。"一站式办公"、"一网式办公"、"一表式办公"的成功运行就是很好的例证。

电子政务是一个通过广泛应用电子信息技术改善政府管理、实现政府管理职能的过程，这个过程首先发生在政府机关的内部。也就是说，电子政务首先是政府机关内部公务处理的电子化。因为政府机关内部公务处理的电子化既是电子政务的核心，又是电子政务的基础。如果政府机关内部的公务处理活动不实现电子化，政府对政府（G to G）、政府对企业（G to B）、政府对公民（G to C）的电子政务就都成了空话。

政府公共服务的电子化，又可以称作"政府电子化服务"、"电子化的政府服务"、"电子化公共服务"等。政府公共服务的电子化是指政府通过现代通信技术和网络技术提供公共服务。电子政务的建设为公共服务的改革提供了新的机遇和平台，它顺应了政府由管制型向管制-服务型的改变，体现了这一改变，并且促进了这一改变。政府公共服务的电子化随即成为电子政务中最体现其本质的关键内容之一。

2. 电子政务对信息技术发展的带动

党的十三届四中全会以来，我国电子信息产业始终保持高速发展态势，信息技术有了明显的进步。目前，电子信息产业已成为我国工业部门中第一大产业和外贸出口的最大行业，工业总产值占全国工业总产值的比重迅速窜升。近年来中国信息产业发展迅速，连续数年保持了百分之三十的增长速度。目前，中国信息技术市场已成为世界信息技术市场中增长最快的市场，占据世界信息技术市场 10%～20%的市场份额，产品服务的数量和规模已经成为世界第一，产品和服务与世界也已同步。

然而不可回避的是，这些年我国信息产业的发展是在低基数上的高速增长，是在低质量、低水平下的数量扩张，"大而不强"仍是我国信息产业的现状，特别是缺乏具有自主知识产权的产品、技术和服务。在技术研发层，我们始终处在滞后局面，缺乏具有自主知识产权的核心技术。怎样才能大力推动我国信息技术的发展呢？

我们知道，资本、管理是推动信息技术进步的两大引擎，我国信息产业发展还不尽如人意，我国信息技术发展还比较滞后，其重要原因就是这两大引擎还远远没有形成优势联动状态。而电子政务的发展正可以整合资本和管理的力量，推动优势联动状态的形成与发展。实际上，我国电子政务的发展确实在发挥这方面的作用。在电子政务的推动下，政府管理模式的转变和管理水平的提高，给信息技术的进步和信息产业的发展提供前所未有的有利发展条件，而通过政府对信息技术设备和软件系统动辄百亿甚至上千亿元的大量采购，也给信息技术的发展注入活力，用资本注入带动消费，用必要的资金"砸"出市场，"逼"出技术发展来。在管理与资本的双重推力的共同作用下，电子政务对信息技术的拉动作用日益显著。

从近年来我国信息技术发展的走向看，电子政务发展确实创造了信息技术发展的需求和动力。比如，电子政务对国产化核心信息技术的促进就非常明显。电子政务是一项覆盖各级政府部门的大型、复杂的系统工程，而且这些工程大都关涉国家的安全和根本利益，因此工程中应用的各种信息技术必须确保安全、可靠。这就需要制定有中国特色的统一的电子政务标准，需要有中国掌握核心技术并符合国际主流技术规范的高性能技术平台。既包括软件系统，也包括硬件系统。这样的需要和要求果然"压"出了我国全面掌握独立知识产权的以"龙芯"为代表的核心技术产品，以及源代码开放的操作系统和应用系统等重要软件技术和国产化产品。电子政务对我国信息技术企业发展的促进作用也非常积极，非常显著。仅以软件企业为例，与欧美国家相比，国内的软件业相对薄弱，但不管竞争环境如何惨烈，我们的软件企业却从来没有被国外垄断企业压倒压垮。原因很简单，电子政务的发展使政府成为国产化软件产品最大的买家，规模不小的市场使我们的软件企业不愁有好货卖不出去，不愁卖不出好价钱，加上这些企业自身的努力，中国软件企业的生存环境不断在改善，企业数量在增长，有一定规模和实力的企业也有喜人的增长。2007 年年底，某市政府软件正版化采购招标工作中，操作系统、办公套件、防病毒软件三大类软件产品，中标厂商清一色的国内软件厂商：中软公司和中科红旗公司的操作系统，中文 2000 公司和金山公司的办公套件，瑞星公司、江民公司、金山公司的防病毒软件。其中仅金山公司的标的额就达到了 1500 万元。

3.2 信息技术在电子政务中的应用

电子政务的发展，是建立在计算机技术、网络与通信技术等现代信息技术高度发展的基础上的。也正是由于信息技术以超乎人们想象的方式发展，才使得政务活动得以在电子环境下展开。

从电子政务适用技术的层次上大致进行划分，包括：网络、计算机和通信等的硬件基础设施；各类管理、控制、操纵、交换和安全等的软件基础设施；以及为实现政务功能的一般和特殊的技术应用，见图 3.1。

政务功能的技术应用
管理、控制、操纵、交换、安全的软件基础设施
计算机、网络、通信等硬件基础设施

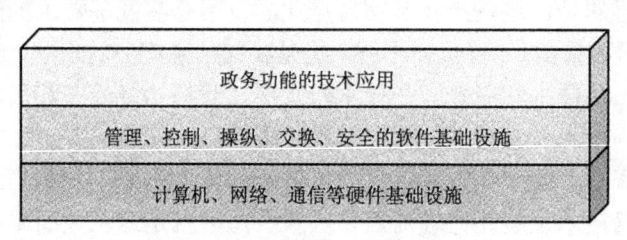

图 3.1　电子政务应用技术层次

3.2.1 计算机信息系统

1. 操作系统

操作系统（Operating System）是电子政务技术基础平台的最为基础的部分和核心部分。对于计算机硬件系统而言，无论有多快的处理速度，多大的存储容量，以及多么完备的配置，没有操作系统，计算机将无法工作。因此，从广义上说，操作系统是使计算机和电子政务系统具有可操作性的软件系统。

操作系统是一个程序集，它的作用有两个：一个是作为计算机硬件与各种应用程序之间的接口，使得各个用户不必直接面对复杂的硬件操作指令，而对计算机的各个硬件进行操作；另一个作用是管理计算机及相关系统的资源，即各个应用程序对处理器、存储器以及输入/输出设备等硬件设备的资源进行有序地控制和分配。

1）操作系统的目标与作用

在计算机系统上配置操作系统的主要目标，与计算机系统的规模和操作系统的应用环境有关，通常在计算机系统上配置的操作系统，其目标有以下几点。

（1）方便性：让计算机硬件系统更容易使用。

（2）有效性：通过合理组织计算机的工作流程，进一步改善资源的利用率及提高系统的吞吐量。

（3）可扩充性：随着 VLSI 技术和计算机技术的快速发展，计算机硬件和体系结构也随之得到迅速发展，操作系统必须有很好的可扩充性，以适应发展要求。

(4)开放性：计算机网络的发展使计算机应用环境逐步由单机环境转向网络环境，为使来自不同厂家的计算机和设备能通过网络加以集成化并协同工作，实现应用的可移植性和互操作，必须要求操作系统具有开放性，遵循世界标准规范，保证各硬件和软件能彼此兼容，实现互联。

以上四个方面，方便性和有效性是设计操作系统时最重要的两个目标，过去很长一段时间内，由于计算机硬件价格昂贵，因而其有效性比方便性更为重要，但近十年来在微机上配置的操作系统，则更重视其方便性。

对于操作系统的作用，从一般用户的观点看，可以当作是用户与计算机硬件系统之间的接口。用户可以通过三种方式使用计算机，即命令方式、系统调用方式和图形窗口方式。命令方式是用户通过键盘输入命令直接操纵计算机系统；系统调用方式是指用户通过一组系统调用操纵计算机；图形窗口方式是用户通过屏幕上的窗口和图标来操纵计算机和运行自己的程序。从资源管理的观点上看，则可以把操作系统视为计算机系统资源的管理者，负责管理处理器、存储器、I/O 设备等系统资源。

2）操作系统的功能

操作系统的功能包括：处理机管理、存储器管理、设备管理和文件管理。为方便用户使用操作系统，还须向用户提供方便的用户接口。此外，随着网络的普及，越来越多的计算机接入到网络中，为方便计算机联网，又在操作系统中增加了面向网络的服务和功能。

(1) 处理机管理

在传统的多道程序系统中，处理机的分配和运行，都是以进程为基本单位，因而对处理机的管理，可归结为对进程的管理。让多个用户同时使用计算机资源或一个用户同时运行多个应用程序，被称作"多进程"。同时运行一个应用程序的多个任务或多个部分，叫作"多线程"。一个进程基本上是一个执行的程序，它包括程序段、相关的数据段和进程控制块三部分。

多进程是按照分时方式工作的，分时操作系统会周期性地挂起一个进程，然后启动运行另一个进程，在过去的一个单位时间内，第一个进程已经用完操作系统分配给它的时间片，在其他的并行进程用完各自的时间片后，暂停的进程再次启动时的状态，要与其被挂起时保持完全一样，这就意味着在挂起时该进程的所有信息都要被保存下来。例如，进程打开了若干文件，进程在每个文件的准确位置必须记录下来，重新启动后，READ 系统要正确调用并读取数据。大部分面向多用户的操作系统都采用分时方式。

(2) 存储器管理

存储器管理的主要任务是为多道程序的运行提供良好的环境，方便用户使用存储器，提高存储器的利用率以及能从逻辑上扩充内存。包括存储分配与回收、存储保护、地址映射和内存扩充等功能。其中存储保护实现进程间互不干扰、相互保密，如访问合法性检查，甚至要防止从"垃圾"中窃取其他进程的信息；地址映射实现进程逻辑地址到内存物理地址的映射；内存扩充则用于提高内存利用率、扩大进程的内存空间。

(3) 设备管理

设备管理用于管理计算机系统中所有的外围设备，完成用户进程提出的 I/O 请求；

为用户进程分配其所需的 I/O 设备；提高 CPU 和 I/O 设备的利用率；提高 I/O 速度，方便用户使用 I/O 设备。为实现上述任务，设备管理应具有如下功能：

设备操作——利用设备驱动程序（通常在内核中）完成对设备的操作。

设备独立性——提供统一的 I/O 设备接口，使应用程序独立于物理设备，提高可适应性。

设备分配与回收——在多用户间共享 I/O 设备资源。

虚拟设备——设备由多个进程共享，每个进程如同独占。

缓冲区管理——匹配 CPU 和外设的速度，提高两者的利用率。

（4）文件管理

文件管理的主要任务，是对用户文件和系统文件进行管理，以方便用户使用，并保证文件的安全性。为此，文件管理应具有文件存储空间管理、目录管理、文件的读写管理和存取控制以及软件管理等功能。

文件存储空间管理——解决如何存放信息，以提高空间利用率和读写性能。

目录管理——通过文件名等文件属性信息和链接信息解决信息检索问题。

文件的读写管理和存取控制——通过系统口令、用户分类、文件权限等方式解决信息安全问题。

软件管理——包括软件的版本、相互依赖关系、安装和拆除等。

（5）为用户提供应用界面

用户界面是操作系统的一个重要功能，为用户访问或向系统发命令提供中介方式，见图 3.2。现在的操作系统都以图形用户界面的可用性，作为显示其操作系统性能优越的重要标志。

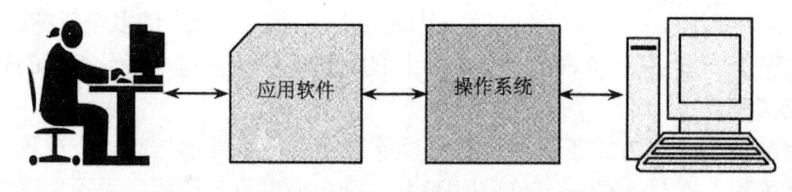

图 3.2 操作系统作为应用程序和硬件之间的接口

图形用户界面（Graphical User Interface）是使用显示器上的图标和菜单向计算机传递命令的用户界面。特别是近年来，用户界面除了作为传递用户命令的中介外，更进一步地向柔性应用的操作感的统一、减少开发负担的方向发展。

（6）提供网络功能

操作系统可以帮助用户进行网络连接，使计算机具有网络操作所需要的能力。例如，当你在 LAN 上使用字处理程序时，你的 PC 的行为就好像没有构成 LAN 时一样，这正是操作系统管理了你对字处理程序的访问。操作系统的网络相关特性有：支持和控制建立网络连接与数据传输、共享数据文件、软件应用以及共享硬盘、打印机、调制解调器、扫描仪和传真机等。

3）电子政务操作系统应具备的特性

所有操作系统的作用都是通过各种方式使得计算机能够有效率地工作。但是不同的操作系统有着特性上的差异，对不同的工作目标的满足程度也是不尽相同的。构建电子政务技术系统所采用的操作系统，有与电子商务相同的技术要求，也有不同于电子商务的技术要求和侧重点。不同的要求和侧重点，是由电子政务的特殊性所决定的。概括起来电子政务操作系统的特性主要表现在：安全性、可靠性、互操作性。

（1）安全性

电子政务是建立在互联网基础上的系统应用，与办公自动化时期内部网络应用或单机应用有着很大的区别。电子政务既要体现出互联网具有的开放性、共享性和互动性等特性，使得电子政务在根本上从传统政务方式中蜕变出来，又要保证政务信息和政务系统的安全。这方面电子商务当然也有安全性方面的要求，但与电子政务相比，两者区别很大。

在电子政务中强调的安全性，主要是国家层面的安全，而不仅仅是某一个具体机构的安全；电子政务强调的安全性，主要是政治安全，而不仅仅是具体商业利益的安全；电子政务强调的安全性，主要是整个国家国民经济的安全，而不是局部甚至是具体经济实体（企业）和公民个人的经济安全；电子政务强调的安全性，主要是维护国家信息边疆、信息主权的安全，防范的对象基本上不是电子商务防范的个人或者个别组织的非法行为，而是规模更大的利益集团甚至是其他国家的行为。因此，对于操作系统这样的平台性产品，特别强调通过自主设计，确保在使用方面以 100%自我独立控制的方式实现安全性。这与电子商务对操作系统安全性要求有本质区别。要实现电子政务在这方面的安全性，一是一定要立足发展自主软件系统，对于国家安全和国民经济发展来说都具有特殊意义，放弃这个领域里的主动权，实际上就是放弃主权，对维护国家安全方面和信息技术产业竞争力方面都是非常错误的。为了真正保障国家的信息安全、保卫我们的信息边疆，满足国家信息化的需求，提高信息产业在加入 WTO 后的竞争力，我国都必须建立一个自主、完整的软件体系，特别是操作系统这种平台性产品务必尽快"国产化"。二是作为政府，特别是某些重要的政府机构，必须要有"非常时期"意识，平时也应当有防止间谍窃密及破坏的意识和有效措施。因此，在采用外国公司的操作系统时必须反复论证：操作系统有无系统"后门"，有无信息泄漏隐患，在非常时期是否会遭人钳制。这种安全问题，实际上是超级安全问题。

安全性（Security）包括很多方面的内容，但保障数据不被损毁和防止入侵者是比较重要的两个方面。引起数据损毁的原因通常有天灾人祸、硬件或软件故障、人为的错误、无效备份等。入侵者有两类：只想读取非授权文件的消极入侵者；怀有恶意的积极入侵者。因此，操作系统应建立授权访问机制和特定的操作系统保护机制（Protection Mechanism）。

用户认证（User Authentication），是操作系统通常的方法，其中包括口令和一些物理鉴定的方法。口令的机制通常是登录时对其进行加密和对照验证。物理的确认方法包括：带有用户信息的 IC 卡和口令同时使用、指纹识别、面部特征识别、签名分析等。

操作系统中还有一些保护机制，如设置保护域和权限、建立存取控制表和保护模型，以及封装和限制机制等。

（2）可靠性

可靠性是电子政务系统的核心问题之一，主要是由于政府的某些工作领域对出现差错的允许度很低。政府工作受到的法律政策约束强，相当一部分工作关涉国家机密要务，关涉各方面的复杂利益关系，因此，稍有差池就会产生极坏的后果和影响。但是保证可靠又是一个比较昂贵的事情，维持高标准的可靠性是需要代价的。因此，达到何种程度的可靠性，是电子政务建设时始终要考虑的重要问题，而重中之重是操作系统的可靠性。

操作系统的可靠性，是指系统的平稳和连续运行的能力、出现问题后系统对数据的保护能力和系统恢复能力。可靠性意味着减少那些可能导致系统失败的潜在因素，提高可靠性还意味着增加两次故障之间的间隔时间。可靠性对抗着可能出现的故障，但是当不可避免地出现系统死机之后，良好的可靠性意味着能够保证系统迅速重启恢复正常运行。

操作系统的可靠性主要表现在以下方面。

故障后的恢复：它应当有文件保护功能，当系统遇到故障时，能够在最短的时间内，自动地把服务器及其应用程序，恢复到故障前的状态，而无需用户插手。

容错功能：允许用户在多个不同的服务器上建立虚拟文件系统，如果一个服务器出现故障，客户端会自动地与共享中的其他服务器相连接，而客户端所能够获得的服务根本不会有什么变化。

驱动程序签名和回滚：这是与驱动程序安装相关的两大可靠性保障。驱动程序签名能够确保所安装的都是经过测试的驱动程序；驱动程序回滚可以建立对原先驱动程序备份、恢复的机制。

更新能力：通过手动或自动更新，使得应用程序与设备兼容性更新、驱动程序更新以及安装或安全性问题紧急修复能力增强，提高了操作系统的可靠性。但这也是一个必备功能。

（3）互操作性

互操作性是电子政务的操作系统的重要特性之一。缺乏互操作性电子政务就会形成"电子孤岛"，电子政务的互动性、信息共享和信息延续等特征就无法体现。

互操作性（Interoperability）是指不同计算机系统、网络、操作系统和应用程序一起工作并共享信息的能力，它是政府信息化建设中最为核心和关键的、最具有全局性的信息技术特性。互操作性主要是通过标准建设来实现的。国际上 ISO、OMG 等十几个组织都在研究并制定互操作性标准，所有跨国 IT 企业几乎都参与并投入巨资进行互操作性的研究和开发。

互操作性的核心问题是标准问题。在信息技术领域工作的人都知道，不同的公司开发不同的操作系统，大家都尝试把与自己相关、对自己有利的设备、软件和数据投进错综复杂、交织纵横的网络系统。但由于大多数的操作系统制造者采用的都是拥有自主知识产权的技术，这就导致众多的硬件设备和应用软件实际上难以跨系统互相交换搭配使用。解决问题的有效办法之一就是发挥标准的桥梁作用。通过统一的标准规范和标注语言，使得信息能够以同构的方式存储、表示、传输和处理。因此，电子政务使用的操作系统需要支持这样的标准。同时，对于那些因各种复杂原因虽还不具备"标准"形式的事实上的标准，也应当尽可能予以支持，比如，对实现信息的正确有效传输、表示、存储和处理有规范意义的、应用广泛的、公开的和中立的各种传输协议、应用模型、标准接口等。标准的推行和采用是电子政务能够打破部门内部界限、机构之间界限、政府与社会之间及与企业之间的围墙隔绝的必要条件。因此，为实现电子政务的互动和共享，非常有必要由权威机构统筹和推荐标准的制定和采用，降低政府和政府之间、政府和社会之间技术异构性的种类数量和复杂程度。

4）电子政务中的常用操作系统

目前常用的操作系统包括微软的 Windows 系列，如 Windows XP、Windows 2003、Windows Vista；苹果的 MAC 操作系统；UNIX/Linux 系列操作系统等。其中，Windows 系列操作系统和苹果操作系统界面精美，适合桌面应用与开发，而 UNIX 操作系统功能强大，系统稳定，更适合运行服务器应用进程。近年来，随着 Linux 桌面端功能的不断增强，已经有部分用户开始采用将 Linux 系列操作系统应用于服务器和个人桌面，如红旗 Linux 等。

从国家安全角度出发，电子政务建设应大力采用源代码 100%公开开放的操作系统。

2. 服务器

服务器是电子政务的核心硬件设施，从政府网站到内部公文运转，从文件传输到政务信息数据库都要利用服务器。

1）服务器的概念

服务器（Server）是网络层次上的概念，本意是指提供服务的连续运转的应用进程，这些进程由于连续运转，提供大量客户端请求服务，因而对硬件要求较高，一般情况下，也把运行服务器应用进程的计算机称作服务器。

服务器从外形来看，和普通的 PC 并没有太大区别，但其内部结构却与普通的 PC 有着很大的不同。由于服务器的稳定性要求高，从内部结构上，服务器的技术构建与普通 PC 相比有特殊设置，比如，在主板结构上，由于特殊部件比较多，所以在布局方面和普通主板不尽相同。譬如，在主板的电气结构上，从电流输入开始，服务器主板大多采用双电源设计。由于服务器数据负载量很大，所以大都并行采用多个 CPU，主板上留有多个偶数 CPU 插槽。服务器的最大特点是数据总线和地址总线上的负载比较大，I/O 流量也比较大，服务器主板一般都有多个超级 I/O 芯片，分别控制不同设备，以及多个总线驱动芯片增强负载能力，提高信号质量。由于服务器对于图形和声音要求都不太高，所以很多服务器主板上都集成了声卡和显示卡。

服务器的主要性能指标包括：

响应速度——用户从输入数据到服务器完成任务做出回应的时间。

吞吐量——整个服务器在单位时间内完成的任务量。

平衡能力——根据应用需要和服务器具体运行环境和状态，调整和分配用户对系统资源的占用，用尽可能少的资源满足用户要求，达到服务更多用户的目的。

扩展性——用户可以根据需要随时增加有关部件，以提高系统总体性能和降低投资成本的能力。

可靠性——服务器正常运行能够达到的时间比例。例如，99.9%的可靠性意味着每年有 8 小时的时间服务器不能正常运行，99.999%的可靠性则表示每年有 5 分钟的时间服务器不能正常运行。服务器一般通过对关键部件进行冗余配置的办法来提高可靠性。

易用性——服务器在运行时方便于使用、控制、维护、整合和支持等的能力，如部件故障预警、远程维护等的方便性。

2）服务器的应用

根据服务器的应用和服务功能的差别，可以划分为 Web 服务器、数据库服务器、FTP 服务器、E-mail 服务器、文件共享服务器、域名服务器等。

可以根据硬件的能力级别，将服务器划分为入门级服务器、部门级服务器、企业级服务器；或者分为低端服务器、高端服务器、专项服务器等。

可以根据对操作系统的支持，划分出不同的服务器应用：Windows 服务器、UNIX 服务器、Linux 服务器等。

（1）Web 服务器

Web 服务器是根据客户端浏览器的服务请求向其发送相关信息的设施。它是客户端浏览器与系统信息资源之间的基本媒介。

当 Web 服务器接受到一个诸如http://www.ruc.edu.cn这样的网页请求时，将这个 URL 资源定位器映射成主服务器上的一个本地文件，服务器从硬盘上下载这个文件，并通过网络将这个文件分发到用户的 Web 浏览器上。或者，如果请求的是数据库中的内容，Web 服务器将与数据库交互作用，为 Web 客户机处理消息，或者将信息从 Web 客户机存入数据库。

Web 服务器的一些模块还可以实现安全方面的防护，如提供对服务器上数据的适当保护，而 SSL 模块则可以用来保护服务器和客户端之间的通信安全。

选择 Web 服务器时应考虑的因素有：该 Web 服务器的处理速度如何；稳定性——出错率的高低、容错能力和负载平衡能力；吞吐能力——客户连接数的多少，负载能力的大小；是否具有模块化特性——灵活性和扩展性；安全方面的防护能力——对数据的保护和传输加密；配置和管理的方便性和容易程度——良好的图形方式可以大大减小管理和配置的难度；源代码是否开放。

（2）数据库服务器

在电子政务网上，来自内网或来自外网的用户或程序，都有可能调用或存储相关信息，对多个用户实施管理以有效、安全、完整地利用数据库的数据，就必然要建立数据服务机制，即数据库服务器。它可以管理和处理接收到的数据访问请求，包括管理请求队列、管理缓存、响应服务、管理结果和通知服务完成；管理用户账号、控制数据库访问权限和其他安全性；维护数据库，包括数据库数据备份和恢复，保证数据库数据的完整或为客户提供完整性控制手段等。

（3）其他应用服务器

除 Web 应用服务器外，在电子政务网络中还经常搭建其他各类应用服务器，担负起日常的业务需要，为一些专门事项和功能提供服务。

FTP 服务器——FTP 就是 File Transport Protocol 文件传输协议的缩写，FTP 服务器能够在网络上提供文件传输服务。FTP 服务器根据服务对象的不同可分为匿名服务器（Anonymous FTP Server）和系统 FTP 服务器。前者是任何人都可以使用，后者就只能是在 FTP 服务器上有合法账号的人才能使用。

邮件服务器——随着互联网的发展，E-mail 已经成为重要的网络信息传递工具。电子政务系统中，E-mail 是相互交流、共享信息的重要工具，在政府信息的交流中也扮演着重要的角色。电子邮件系统一般包括两部分：邮件用户代理和邮件传送代理。邮件用户代理是邮件系统为用户提供的可以读写邮件的界面；而邮件传送代理运行在底层，是处理邮件收发工作的。简单地说，用户可以使用邮件用户代理写信、读信，而通过邮件传送代理收信、发信。

文件共享服务器——政务活动在网络上运行，相互之间的文件共享、存储和访问是十分普遍的行为。文件共享服务器将互联网文件共享为相关联的整体，提供快速的分布式文件访问，在互联网上，而不是在硬盘上，储存和共享用户文件，使用户可以通过浏览器在全球范围访问他们需要的文件，并允许他们与同事轻松共享文件。

核心业务服务器——在电子政务系统中，为便于管理网络中的来源不同的政务活动信息、工作任务，管理大量具有相同性质的任务，处理具有各个政府机构性质特点的一些专门的业务逻辑，就有必要设置核心业务服务器。核心业务服务器的作用主要是处理政务中的一些核心的业务逻辑，如对计划工作中计划步骤的处理支持，相关数据请求和提供的支持，部门商议和信息确认的协同处理支持等，或者对网络上分布式的任务来源提供管理和服务。

3．客户端

1）*客户端概述*

客户端和服务器是建立在网络基础上的共生关系的概念，但由于服务器与客户端在网络中扮演的角色、承担的任务，将随着网络速度和带宽的发展以及各种应用技术模式的开发，不断在发生着变化，因而，客户端概念的内涵和外延都在变化，与服务器之间的结构关系也在演变。

网络环境中的客户端是指向服务器发起服务请求的应用进程，如 Web 浏览器。在日常使用过程中，客户端也可以指连接在某个服务器上的终端机，或者是通过专线远程连接的上级或下级机构的终端设备或工作站，有时是指连接在政府机构内网上的一个普通的 PC，也可能是通过 Internet 登录政务网站寻找相关信息或为了获取某种政府的服务的各种类型的计算机设备。

从客户端与服务器的构成关系角度来看，客户端的作用是逐渐变化的。

20 个世纪六七十年代开始，以局部或直接连接的终端/主机结构为主导形式，主要是联机处理批量事务、数据传递和数据库集中利用的形式，终端与主机的连接刚性很强，终端不能更灵活获得服务。

进入 20 世纪八九十年代，随着计算机能力特别是 PC 能力的提高，以及计算机设备互联更加广泛，出现了客户机/服务器模式，即具有图形界面（GUI）的前台客户机作为处理个性事务的工具，同时客户机可以与后台的事务逻辑处理服务器或数据库服务器高速连接，获得集中存储的数据或处理大量重复的事务逻辑。客户机/服务器模式在应用中不断发展，从两层结构逐渐演变到三层客户机/服务器模式，大量采用了中间件技术，增强了对客户机与服务器交互工作机制的管理，使得应用开发成本降低而且开发更加便利，并且能满足稳定、可靠、高效、大容量的业务处理的需要。

（1）硬件需求

设置客户端计算机时，必须确保它们具有适当的硬件配置，既要使其能够完成当前的任务，也要具有适宜的整体更新策略，同时客户机与服务器的关系也是硬件配置考虑的重点。

首先，要考虑操作系统对硬件的需求。各个操作系统对客户机的处理器速度、硬盘空间和 RAM 的要求是不同的。以微软公司的 Windows XP 这个操作系统为例，在微软的说明文档里是这样要求的：

- 233MHz 或更高的奔腾处理器；
- 128MB 推荐（64 MB of RAM 最小；4GB of RAM 最大）；
- 1.5 GB 自由硬盘空间。

上述配置当然是最低基本配置。可以使用英特尔公司的 Celeron/Pentium 系列的处理器，AMD K6-2/Duron、Athlon 系列的处理器，主频要求在 300MHz 以上，128MB 或更高的内存，硬盘空间有 1.5GB 的可用硬盘空间才行。

上述配置虽然能工作，但恐怕运行一些较大的应用程序或同时运行多个应用程序时速度会很慢，表现不会最佳。要想让 Windows XP 系统运行得顺畅，其中几项应该达到以下的要求。

CPU：至少要奔腾III（赛扬）500 MHz 以上。

内存：256MB（128MB 有时会显得特别慢）。

系统空间：Windows XP 所在的硬盘分区至少要在 4GB 以上。

其次，对于硬件需求有必要考虑该客户机在具体的政府机构中的工作任务和功能。如果仅仅用作文字处理和一般的浏览器使用，就没有必要对硬件要求太高。

（2）软件需求

在客户端上使用的操作系统和应用软件，与服务器上使用的操作系统应当相互匹配，这样客户端计算机设备的可用性、可靠性和使用效率才能得到保障。

在客户端上应用的软件也存在许可证的问题。软件许可证意味着要为每个客户端的软件使用花费资金。许可证的相关要点有：许可证的费用、有效期限、使用权限、使用方式等。

2）Web 浏览器

在客户机/服务器的构架中，客户机虽然可以充分利用本地软、硬件资源，与服务器协同工作，但随着 Internet 越来越广泛的应用，C/S 架构类软件的开发与升级越来越不方便，于是，一种以 Web 应用为主要特征的三层体系结构——B/S（Browser/Server）应运而生，并获得飞速发展。

在 B/S 系统中，用户可以通过浏览器向网络上的服务器发出服务请求，由 Web 服务器作为中转和协调器，将任务转交相关的功能服务器来承担，处理和计算后再由 Web 服务器发送给浏览器。因为对数据库的访问和应用程序的执行基本上是在服务器上完成的，所以极大地简化了客户机的工作，客户机上只需安装、配置少量的客户端软件即可。

B/S 的体系结构可以划分成三个层次：表示层（Presentation Layer）、事务逻辑层（BusinessLogic Layer）、数据服务层（DataService Layer）。

第一层　表示层：Web 浏览器。表示层的主要任务是向网络上的某一 Web 服务器提出服务请求，并接收和显示 Web 服务器返回的信息。

第二层　事务逻辑层：Web 服务器。事务逻辑层的主要任务是接受、管理、协调、处理来自各个浏览器的服务请求，与数据库建立连接，向数据库服务器转交数据处理请求，并将结果传送回各个浏览器。

第三层　数据服务层：数据库服务器。数据服务层的任务是接受 Web 服务器对数据库进行操作的请求，实现对数据库查询、调用、修改、更新等功能，把运行结果提交给 Web 服务器。

浏览器和服务器构架的工作机制是，浏览器作为客户端的软件，通过搜索链接的 URL（统一资源定位器）来定位信息，并采用超文本传输协议（HTTP）接受和显示用超文本标注语言 HTML 编码的文档。因此，Web 浏览器的核心功能来源于信息的编码，即超文本标注语言 HTML（Hypertext Markup Language）。同时，随着 XML 技术的推广，新版本的浏览器大都支持基于 XML 的样式转换与显示。

HTML 是网络上建立文本通信的通用语言，它的存在使得任何平台的计算机在 WWW 上共享信息。它是一种简单、通用的标记语言，允许网页制作人建立文本与图片相结合的复杂页面，采用 HTML 规范编码的页面无论使用的是什么类型的电脑或浏览器都可以显示出来供人浏览。

HTML 实际上是组合成一个文本文件的一系列标签。HTML 通常用英文词汇的全称如"title"（"文档标题"）或字母如"p"（代表"Paragraph"，段落），放在单书名号里如<p>作为标签标注信息。例如，HTML 的各个页面都是以<html>标签开始，以</html>标签结束，标题则用<head>和</head>标签前后标注，正文则夹在标签<body>和</body>之间。

服务器在提供 HTML 服务时，既可以直接存取用 HTML 编写的网页文件，也可以通过动态脚本生成 HTML 文本流输出到浏览器。

3.2.2　网络与通信技术

1．网络概述

1）网络的概念

网络的基本概念，最早源于 1954 年发行的《大西洋月刊》中的一个美国工程师的预言。他指出未来的计算机将像网一样被广泛地连接起来，用户可以通过网络来享有广大无边的知识。因特网是当今社会最大、使用最为广泛的互联网络，是由许多小的子网互联而成的一个逻辑网络，其鼻祖是美国国防部建设的用于连接美国国防部和军事研究机构的网络，即 ARPANET。后来很多大学和研究机构的内部网络也加入进来，逐渐演变成为今天的因特网。

计算机网络是计算机技术与通信技术相结合的产物，一个计算机网络由若干台主机、通信子网和一系列通信协议组成。两台计算机能相互交换数据，就可以称之为网络，但在因特网上交换数据则由于连接节点的数量巨大而变得更为复杂。因特网将数据从一台计算机传送到另一台计算机,如果接收机和发送机同在一个局域网络,则可以直接发送和接收;如果接收机和发送机不在同一局域网内,那么数据还需要经过路由器进行一次或多次转发,才能完成数据的传递任务,见图3.3。

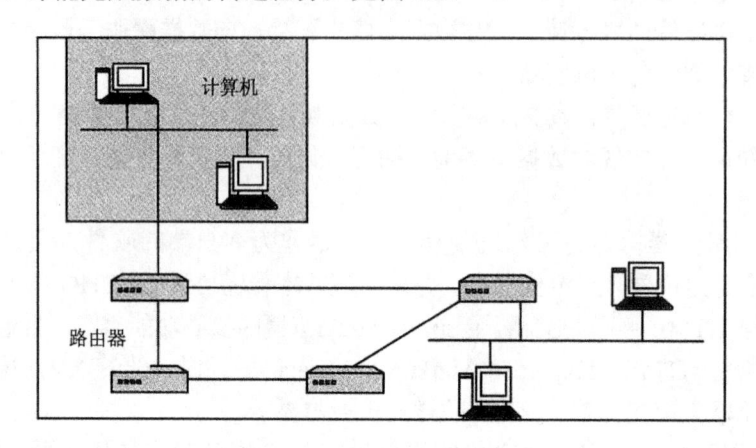

图3.3 在网络上传递信息

将数据从一台计算机传送到另一台计算机,必须按照通信双方约定好的规则进行,这些规则就是网络协议。

协议一般由语义、语法和同步规则三部分组成。语义规定通信双方的通信内容,如规定通信双方要发出何种控制信息、执行的动作和返回的应答。语法规定通信双方的通信方式、格式,如数据和控制信息的格式。同步规则规定通信双方的应答关系和通信状态的变化。

计算机网络的主要功能如下。

实现资源共享:计算机网络可以使用户通过网络来利用网络上的信息、程序、设备。

分布式处理:对于大型的问题,可以采用适宜的事务逻辑,将任务分布到网络中不同的计算机上并行处理。

提高系统可靠性:在网络上可以实现实时的数据备份,一方面保证宝贵的信息资源不会因为各种灾难而损失,同时,也可以对提高系统恢复能力提供有力支持。

协同能力:由于网络具有很强的信息通信能力,所以,网络上可以实现多人在不同地点上实时地进行信息交流、同时处理同一个信息对象。

2)网络分层思想

相互通信的两个计算机系统必须高度协调工作才行,而这种"协调"是相当复杂的。"分层"可将庞大而复杂的问题,转化为若干较小的局部问题,而这些较小的局部问题就比较易于研究和处理,即"分而治之"。分层思想能较好地保证网络体系结构的灵活性,结构上可分隔开,易于实现和维护,进而推进网络协议的标准化工作。

(1) OSI 参考模型

OSI 参考模型(Open Systems Interconnection Reference Model)是一个用来描述在计算机及网络设备内,信息如何被转换成 01010101 这样的二进制编码并进行通信过程的模型。

这里所谓的信息，就是人们键入计算机或是程序间通信时发出的信息，但这些信息都是一些计算机无法直接识别的字符，是不能立刻就交到网卡上做传输的。因此必须再靠一些程序来加封、转译、分割并加上控制字符后，才能转为二进制信号送至远方。

以上的过程很复杂，因此各家网络厂商竞相发展出不同的方式来完成以上的工作；但现在的网络世界充斥着异构平台，不大可能由 UNIX 机器送出来的一堆讯号，刚好就碰到 UNIX 的机器来接收，然后也刚好用一样的方法来转译回该应用程序可用的字符。所以这些异构平台间，需要一个公共的规则来界定，在信息转换的过程中，什么工作该由什么样的程序来完成，以免大家各执己见，造成信息不能彼此互通。

为此，国际标准组织 ISO 对网络进行了标准化的分层工作，即 OSI 参考模型。OSI 参考模型将计算机网络划分成七层，其中的每一层都有相应的协议和独立的功能，较低层次通过层接口向上一层提供服务；而且不同系统之间进行通信，相同层次使用对等协议进行通信处理。OSI 七层参考模型如下：

物理层 涉及实际使用的传输介质，规定了传输介质的电子和物理特性。例如，通信线的技术特性、接口的特性等。

数据链路层 控制链路上相临节点之间如何有效传递数据是链路层的任务。例如，将信息流按一定的格式组成帧，以帧为单位发送、接受、校验、应答；再如，差错控制、流量控制等。

网络层 负责将数据从源端向目的端发送时进行信息分组、确定交换方式、路由选择、流量控制、顺序控制、差错控制、阻塞和非正常处理等。

传输层 在两个用户之间建立畅通的通道，确保数据以正确的顺序到达目的地而提供交换数据的方法，对连接进行控制。

会话层 功能包括：对话控制，定义数据的流向；会话管理；建立连接，协商会话质量后建立连接；传送数据；释放连接。

表示层 定义信息的表示方法，将数据转换成能被各种入网计算机及运行的应用程序相互理解的约定格式。此外，还要完成数据的加密、解密、压缩、扩展。

应用层 完成网络服务功能所需要的各种应用协议。

OSI 七层协议是一种较为理想化的模型，因特网实际采用的是基于 TCP/IP 协议的四层体系结构，从上到下分别是应用层、传输层、网际层和网络接口层，最下面的网络接口层并没有规定具体内容，因此可以针对不同的内部局域网络实现对应的适配处理，在应用中可进一步分为数据链路层和网络层两层。虽然因特网并没有完全采用 OSI 七层协议，但网络服务分层的思想已经成为网络设计的指导原则。

（2）TCP/IP 协议族

只要遵循 OSI 标准，一个系统就可以和位于世界上任何地方的、也遵循这同一标准的其他任何系统进行通信。但在市场化方面，OSI 并没有取得成功，而非国际标准的 TCP/IP 现在获得了最广泛的应用，成为因特网中网络协议的事实标准。TCP/IP 是 Transmission Control Protocol/Internet Protocol 的简写，即传输控制协议/互联网络协议。TCP/IP 起源于 20 世纪 60 年代末美国政府资助的一个分组交换网研究项目，到 90 年代已发展成为计算机之间最常应用的组网形式，被称作因特网的基础。

TCP/IP 是四层的体系结构：应用层、运输层、网际层和网络接口层。其中最下面的网络接口层并没有具体内容。因此可以方便地兼容不同类型的物理网络，在 IP 层上实现数据封装标准的统一，屏蔽底层差异。

网络层 IP 协议　IP 协议是不同局域网的计算机之间相互进行通信时共同遵守的通信协议，由于 IP 协议的存在，从而使 Internet 成为一个允许连接不同类型的计算机和不同操作系统的网络。

IP 协议定义了计算机在彼此通信过程中的数据报交换细节。例如，每台计算机发送的信息格式和含义，在什么情况下应发送规定的特殊信息，以及接收方的计算机应做出哪些应答等。网际协议 IP 协议提供了能适应各种各样网络硬件的灵活性，屏蔽了底层网络硬件的差异，任何一个网络只要可以从一个地点向另一个地点传送二进制数据，就可以使用 IP 协议加入 Internet。

IP 协议是 HTTP 和 TCP 等高层协议的基础，实现了不同子网的互联，具有错误控制以及网络分段等众多功能，是整个 Internet 协议栈的核心。

传输层 TCP 协议　TCP，即传输控制协议，是一种面向连接的传输层协议。通过使用序列号和确认信息，TCP 协议能够向发送方提供到达接收方的数据包的传送信息。当传送过程中出现数据包丢失情况时，TCP 协议可以重新发送丢失的数据包直到数据成功到达接收方或者出现网络超时。TCP 协议还可以识别重复信息，丢弃不需要的多余信息，使网络环境得到优化。如果发送方传送数据的速度大大快于接收方接收数据的速度，TCP 协议可以采用数据流控制机制减慢数据的传送速度，协调发送方和接收方的数据响应。TCP 协议能够把数据传送信息传递给所支持的更高层次的协议或应用（如 HTTP、FTP）使用。

传输层 UDP 协议　紧接在 IP 协议之上的协议除了 TCP 之外，还有一个用户数据包 UDP 协议，如图 3.4 所示。UDP 在传送数据之前不需要先建立连接。对方的运输层在收到 UDP 报文后，不需要给出任何确认。虽然 UDP 不提供可靠交付，但在语音、视频点播等情况下，UDP 是一种最有效的工作方式。TCP 则提供面向连接的服务，TCP 不提供广播或多播服务。由于 TCP 要提供可靠的、面向连接的传输服务，因此不可避免地增加了许多额外开销。这不仅使协议数据单元的首部增大很多，还要占用更多的处理机资源。

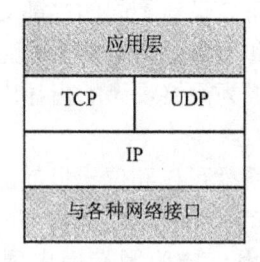

应用层	
TCP	UDP
IP	
与各种网络接口	

图 3.4　IP 与 TCP、UDP 的关系

传输层的 TCP 协议和 UDP 协议为实现服务进程硬件复用，还必须支持端口功能，通过不同的端口，标识运行在同一台服务器中不同的软件进程。在运输层对端口的支持

下，一台服务器可以同时运行多个不同的网络服务，如 E-mail 服务、Web 服务、FTP 服务等。

（3）应用 TCP/IP 协议的网络传输

网络上的分层通信是如何进行的呢？首先应用程序的数据根据应用程序协议的规定，加上应用层的附加信息如消息大小、发送人标识等构成首部数据，与原数据合并到一起形成应用层协议数据单元，为实现文件的可靠传输，应用层协议数据单元会进一步交付给底层的 TCP 传输层，TCP 把数据进行分割，封装上 TCP 首部信息形成 TCP 的数据包，然后交付底层的 IP 层，IP 层再根据 IP 协议封装上 IP 层首部信息，交付给底层的数据链路层，由数据链路层加上对应的首部信息，为能从物理层连续的比特流中取出完整的帧，还必须加上一个尾部信息，即数据链路层对 IP 数据加上首部和尾部信息，交给底层的物理链路，进行数据的真实传输。

接收方接收到数据比特流后，以反方向逐层剥离附加的首部信息（数据链路层还包括尾部信息）后，最终还原回原始的发送信息。

从表面上看，数据的流动是根据协议水平传输的，即从应用层看上去是数据经 TCP 直接交付给了对方的 TCP 接收方。而数据的真实流动，是分层传递，最终经由物理链路实现传输的。

3）网络的分类

网络可以根据不同标准进行分类。

按使用机构性质：政府网；企业网；教育科研网。

按网络的交换方式：电路交换网；信息交换网；分组交换网；帧传送；ATM 网。

按网络协议：TCP/IP 网；X.25 网；ATM 网；FDDI 网。

按传输带宽：宽带网；窄带网。

按传输介质：细缆网；双绞线网；光纤网；卫星网；无线网。

按传输技术：广播式网络；点对点网络。

按分布范围：局域网；城域网；广域网。

按拓扑结构：总线型网络；环型网络；星型网络；树型网络；网状型网络；蜂窝型网络；混合型网络。

我们平常所说的政府内部局域网是根据分布范围来说的，在拓扑结构上一般采用交换机连接的星型拓扑结构。

2．局域网

在局域网上传输数据，有多种方法和模式，主要的传输方法有：以太网、令牌环状网络及 FDDI，目前以太网已经占据了绝对主导地位。

1）以太网（Ethernet：IEEE802.3）

以太网是施乐公司（Xerox 公司）于 1973 年提出的 LAN 传输办法。1980 年，IEEE 在最初的以太网技术基础上制定 IEEE802.3 标准。该标准采用带冲突检测的载波监听多路访问协议（CSMA/CD），速率为 10Mbps，传输介质为同轴电缆。现在，以太网一词泛指所有采用 CSMA/CD 协议的局域网。

在基于广播的以太网中，所有的工作站都可以收到发送到网上的数据帧。每个工作站都要确认该数据帧是不是发送给自己的，当确认是发给自己的，就将它发送到高一层的协议层。

在采用 CSMA/CD 传输介质访问的以太网中，任何一个 CSMA/CD 的 LAN 工作站在任何时刻都可以访问网络。在发送数据前，工作站要侦听网络是否堵塞，只有检测到网络空闲时，工作站才能发送数据。

在基于竞争的以太网中，当两个工作站发现网络空闲而同时发出数据时，就发生冲突。这时，两个传送操作都遭到破坏，工作站必须在一定时间后重发，何时重发由延时算法决定。

以太网传输数据的速度最初为 10Mbps，逐步扩展到 100Mbps，现在正在应用和发展 1Gbps、10Gbps 甚至 40Gbps 的以太网。目前的政府内网大多是速度在 100Mbps 以上的以太网。

2）令牌环状网络（Token Ring: IEEE802.5）

第二种一般类型的局域网是令牌环状网络。令牌环状网络属于环状网络的一种，是 IBM 公司于 20 世纪 70 年代发展起来的，现在仍然是一种主要的 LAN 技术。在老式的令牌网中，数据的传输速度为 4Mbps 或 16Mbps，新型的快速令牌环状网络速度可达 100Mbps，目前已经有标准规范。

令牌环状网络的传输方法从物理上采用星型拓扑结构，在逻辑上采用的是环型拓扑结构。每个节点都与中央集线器相连构成星型拓扑，数据传输时却以环形方式一个节点接着一个节点进行。连接这种拓扑结构的集线器采用多站访问单元（Multistation Access Unit，MAU），用以保障数据包能够围绕着环路进行传输。

IEEE.802.5 标准是说明令牌环状网络工作机制的，它规定了一种叫作令牌（Token Passing）的技术，当发信的节点需要发信时，必须先取得令牌，然后才能将一个个带有地址的数据帧沿着环路传送，直至接收的节点。

由于令牌环状网络的工作机制是要求发信节点在发信前要先取得通行证——令牌，所以这种网络传输的可靠性比较好，不会出现以太网的广播风暴那样的网络干扰。不过，随着以太网技术的快速发展，最初提供这种技术的网络设备的厂家已经退出了市场。

3）光纤分布式数据接口（FDDI）

光纤分布式数据接口（Fiber Distributed Data Interface）标准由美国国家标准协会 ANSI X3T9.5 标准委员会制定，是 20 世纪 80 年代中期发展起来的。它提供的高速数据通信能力要高于以太网（10Mbps）和令牌环网（4 或 16Mbps）的能力，是高容量输入/输出的繁忙网络的一种访问方法。

FDDI 的访问方法与令牌环网类似，在网络通信中采用令牌传递。不同的是 FDDI 采用定时的令牌访问方法。令牌在网络环路上循环，当发信节点需要时，在目标令牌的循环时间内，FDDI 按照节点的要求尽可能多地发送数据到网络上，因为各节点循环占用定长时间，所以在一定时间内，来自多个节点的多个数据帧可能都在网络上，因此提高了通信容量。

FDDI 使用的是光纤电缆，最常见的应用就是对网络服务器的访问。但随着以太网的快速发展，FDDI 的优势越来越小，应用也越来越少。

3. 广域网

1）广域网概述

所谓的广域网，就是将地理上相距较远的不同局域网或计算机系统通过通信线路，按照网络协议连接起来，实现计算机之间相互通信的计算机系统的集合。跨区域政府部门的政务网络是一种专门服务于政府业务运作的专用广域网，政务网络的建设同样建立在 TCP/IP 基础之上。

计算机一般是通过公用网络连接到广域网上，最大的广域网就是 Internet。政府机构不同局域网之间的连接，由于安全的需要和特殊的连接性质，一般都要通过专线。

概括起来讲广域网的连接方法主要包括：电路交换、专用线路、分组交换。

电路交换：电路交换是广域网所使用的一种交换方式。工作原理是在网络上为每一次通信过程建立、维持和终止一条专用的物理电路。电路交换可以提供数据报和数据流两种传送方式。电路交换在电信运营商的网络中被广泛使用，其操作过程与普通的电话拨叫过程非常相似。典型的线路交换网是电话拨号网和 ISDN 网。

专用线路：也叫作点对点链路，它是在数据收发双方之间建立起永久性的固定连接。可以提供两种数据传送方式：一种是数据报传送方式，将数据分割成一个个小的带有自己的地址信息的数据帧进行传送；另外一种是用数据流取代一个个的数据帧作为数据发送单位，整个流数据具有 1 个地址信息，只需要进行一次地址验证即可。典型的专用线路网采用模拟线路、T1 线路、T2 线路。

分组交换：也叫包交换，是一种广域网上经常使用的交换技术，通过包交换，网络设备可以共享一条点对点链路，即任意两个节点之间建立起来的是虚电路。大多数现代广域网都是分组交换网。典型的分组交换，如 ATM、X.25、帧中继等。

2）广域网技术

从政务网络维护人员的角度来看，与政府网络密切相关的广域网技术目前主要有数字用户线路（DSL）和虚拟专用网络（VPN）技术。

（1）数字用户线路（DSL）

数字用户线路（Digital Subscriber Line）使用电信部门的铜制双绞线传输线路提供数字信号的高带宽传输，速率可以从 64Kbps 到 52Mbps。包括：不对称数字用户线（ADSL）、高比特率数字用户线（HDSL）、单线数字用户线（SDSL）和超高速比特率数字用户线（VDSL）等类型。

数字用户线也是点对点的专用线路，用户独占线路的带宽。HDSL 和 SDSL 提供对称带宽传输，即双向传输带宽相同，而 ADSL 和 VDSL 提供非对称带宽传输，用户向 ADSL 或 VDSL 接入设备传输的带宽远远低于 ADSL 或 SDSL 接入设备向用户传输的带宽。

由于电子政务网络要求与因特网相互隔离以保证安全，因此，许多政府部门通过配备专用设备，采用 ADSL 接入互联网，这些专用设备与内网是物理隔离的。

（2）虚拟专用网络

虚拟专用网络（Virtual Private Network，VPN），是局域网以外的计算机通过公用网络安全地对内部局域网进行远程访问的连接方式。

当有流动人员经常需要远程办公，或者上下级平级机构之间经常需要建立远程连接，或者机构之间需要进行日益频繁的信息交换，传统的网络连接一般是采用专线方式。采用传统的远程访问方式不但通信费用比较高，而且在与内部专用网络中的计算机进行数据传输时，不能保证通信的安全性。为了避免以上的问题，建立 VPN 连接是一个理想的选择。

要实现 VPN 连接，机构内部网络中必须配置 VPN 服务器，VPN 服务器一方面连接机构内部专用网络，另一方面要连接到 Internet，也就是说 VPN 服务器必须拥有一个公用的 IP 地址。当客户机通过 VPN 连接与专用网络中的计算机进行通信时，先由 ISP（Internet 服务提供商）将数据传送到 VPN 服务器，然后再由 VPN 服务器将数据传送到目标计算机。VPN 通过共享网络设施，构成虚拟专用网络的过程使用三个方面的技术：隧道协议、身份认证和数据加密。

VPN 使用加密和封装技术在各种传输介质上创建安全的传输隧道，利用 IP 隧道发送加密的数据包。加密数据包的传输方法同一般的数据包的传输方法没什么两样，一旦数据包到达目的地，就将其解密并发送到指定的接收端。身份认证技术用来确认两台设备是否可以合法握手。客户机向 VPN 服务器发出请求，VPN 服务器响应请求并向客户机发出身份质询，客户机将加密的身份信息发送到 VPN 服务器，VPN 服务器根据用户数据库检查该响应，如果账户有效，VPN 服务器将检查该用户是否具有远程访问权限，如果该用户拥有远程访问的权限，VPN 服务器接受此连接。在身份认证过程中产生的客户机和服务器公有密钥将用来对数据进行加密。

地理上分散的政府部门进行临时协同办公时，采用 VPN 技术实现内网互联是常用的技术途径。

4．网络互联设备

把多台计算机连接在一起形成网络需要多种设备的支持，常见的有网卡、调制解调器、中继器、集线器、网桥、交换机、路由器、网关和防火墙等。

在目前的电子政务内网建设中，大都采用交换机实现计算机、打印机等计算设备的互联，普通集线器由于速度较慢，已逐渐消失。各个内网之间的互联，则通过路由器实现，同时配备软硬件防火墙保证网络的安全性。

出于国家安全考虑，政务专网不能直接与因特网互联，部分单位在因特网和政务内网之间加入了一个网闸设备。网闸（GAP）的全称是安全隔离网闸，是一种由带有多种控制功能的专用硬件在电路上切断网络之间的链路层连接，并能够在网络间进行安全适度的应用数据交换的网络安全设备。当用户的网络需要保证高强度的安全，同时又与其他不信任网络进行信息交换的情况下，如果采用物理隔离卡，信息交换的需求将无法满足；如果采用防火墙，则无法防止内部信息泄漏和外部病毒、黑客程序的渗入，安全性无法保证。在这种情况下，安全隔离网闸能够同时满足这两个要求，又避免了物理隔离卡和防火墙的不足之处，因此非常适合应用于政务网络中。

需要注意的是，网闸和防火墙是完全不同的两个产品，防火墙是保证网络层安全的边界安全工具（如通常的非军事化区），而网闸重点是保护内部网络的安全，因此两种产品不能互相替代。

3.2.3 数据库技术

由于政府总以某种方式与人们的工作和生活的每一方面直接或间接相联系，因此，政府信息资源的总量巨大，据统计，目前各级政府部门大约集聚了全社会信息资源总量的 80%。这些信息资源比一般的信息资源更有价值，质量和可信度也较高，比较全面地反映了国民经济与社会发展的状况和水平。

随着全球信息化的发展和我国信息化进程的加快，电子政务已经成为各级政府行政运行的基本方式。建立电子网络政府，推动电子政务的发展，无疑将极大地丰富和改善人们的生产方式、学习和生活方式，同时也将极大地加快政府信息资源的增长，管理巨大的政府信息资源的难度也会进一步增大。

电子政务信息资源库不是一个单一数据库，而是一个利用数据库技术，以网络平台为基础，以统一的标准、通用的数据描述语言为建设规范而建立起来的，能够整合政府部门内部各业务系统信息，实现政府部门之间和政府与公众间的数据交换和业务处理的管理平台和政府电子信息数据库群。

对电子政务信息资源的管理加工技术既包括基本的数据库技术，也包括更为智能的数据仓库和数据挖掘技术。

1. 数据库技术

1）数据库与数据库管理系统

数据库（Database，DB）是指长期保存在计算机内的有组织、可共享的数据集合。数据库中的数据按一定的数据模型来组织、描述和储存，具有较小的冗余度，较高的数据独立性、易扩展性，并可为各种用户共享。简单说数据库就是有规律地存放数据的仓库。

帮助用户管理和使用数据库的系统称为数据库管理系统，简称 DBMS（Database Management System）。它的作用包括：数据对象的定义、数据的存储与备份、数据访问与更新、数据统计与分析、数据的安全保护、数据库运行管理以及数据库建立和维护等。数据库管理系统已经经历了 30 多年的演变，发展成了一门内容丰富的学科，形成了总量达数百亿美元的一个软件产业。

数据库技术主要由以下几个方面为基础构成。

数据模型——模型是对现实世界的抽象，在数据库技术中使用数据模型的概念描述数据库中数据逻辑结构。数据模型有层次、网状、关系、对象等类型，当前应用最为广泛的是关系模型。

数据库语言——是用户与数据库进行交互的语言。任何数据库需要一个通用的查询访问的语言，来访问数据库系统，目前国际上标准关系数据库访问语言是 SQL（Structured Query Language，结构化查询语言）。SQL 是一种基本符合英语语法规则的、容易理解和掌握的语言，具有数据定义、数据操纵、数据管理、存取保护、处理控制等多种功能。通过 SQL，用户不需要了解一个数据库内部机制，就可以实现数据访问。

数据结构技术——数据库就是大量数据的集合，大量的数据元素在内部按什么结构存放，可以既提高数据处理效率，又节约存储空间，是数据处理的关键问题。经常采用的数据结构有堆栈文件、树文件、散列等多种存储结构，每一种结构对应不同的管理内容，有各自的用途。

事务管理技术——这里的事务是指一个对数据库操作的任务单元的序列集合。因为数据库是可共享信息资源，因此数据库管理系统允许多个事务并行地存取数据库的数据。事务管理技术实现多个并发事务的协调工作，以保证正确地执行每个事务，并保证数据库数据的完整性。

数据查询技术——数据库的查询技术是指，实现对数据库数据检索及其检索性能优化的技术机制。查询技术及其效率是衡量一个数据库系统好坏的重要指标。

数据的完整性技术——是指确保数据具有正确性、有效性和相容性的技术机制。正确性是指数据的合法性。有效性是指数据对应其有效范围。相容性是指同一事实数据的一致性。数据库管理系统必须提供一种机制来保证数据库中数据的完整性。这种机制称为完整性检查，即系统用一定的机制来检查数据库中的数据是否满足规定的条件。

数据的安全性技术——是指保护和防止不合法使用数据库，避免数据被泄露、更改或破坏的相关技术。数据库管理系统通常采用用户标识与鉴别、自主访问控制、强制访问控制、审计等技术实现数据库的安全管理。

数据的备份和恢复技术——备份是指对数据库数据进行在不同物理载体上的定期复制过程。恢复是指将备份下来的数据重新应用到数据库中。数据库的备份通常有联机备份和脱机备份两种。联机备份是在数据库正在使用时对数据库中的数据进行备份，脱机备份则是在没有任何用户访问数据库的情况下对数据库进行备份。恢复也有联机和脱机两种方式。此外，数据库还有对数据库日常的操作全部记载下来的日志，可以利用日志保证数据库出现异常情况后得到恢复。

数据库的开放互联技术——数据库的开放互联是指在一个数据库系统上开发的应用系统，可以移植到另外一个数据库系统并与之相容。数据库的开放互联是以相关的标准为基础的。目前数据库的互联标准主要有 SQL、ODBC 和 JDBC 等。

2）数据库技术的发展阶段与新型数据库

人们利用计算机设备处理数据，经历了三个发展阶段。

（1）程序管理阶段，其特点是：数据包含在应用的程序中。

（2）文件系统阶段，其特点是：数据由程序建立，独立保存的文件与相应的程序密切相关。

（3）数据库管理阶段，其特点是：数据独立于应用程序存在，组成有规则的可以为各个应用程序共享的数据文件集合。

但从数据库的发展来看，自 20 世纪 60 年代至今，经历了层次数据库技术、网状数据库技术、关系数据库技术、面向对象数据库技术几个阶段。现在，由于信息内容、形式和数量的变化，数据库应用需求的扩展和深入，新技术日新月异的发展，三者之间相互推动、相互促进，推动了新一代数据库技术迅速向深度、广度扩展。尤其是互联网技术和应用的快速发展，极大地改变了数据库的应用环境，向数据库领域提出了前所未有的技术挑战。这些因素的变化推动着数据库技术的进步，使数据库技术呈现下述特点。

第一，数据库管理系统向高可靠性、高性能、高可伸缩性和高安全性方向发展。

第二，数据库系统的互联程度越来越高。数据库系统的互联是指数据库系统支持互联网环境下的信息系统间互联互访，实现不同数据库间的数据交换和共享，能够处理以XML类型的数据为代表的网上数据。与传统的数据库相比，互联网环境下的数据库系统要具备处理更大量的数据以及为更多的用户提供服务的能力，要提供对长事务的有效支持，要提供对XML类型数据的快速存取的有效支持。

第三，各个方面的应用及其技术与数据库技术的有机结合，使数据库领域的新内容、新应用、新技术层出不穷，形成庞大的数据库家族：Web数据库、并行数据库、数据仓库、面向对象数据库、分布式数据库、工程数据库、演绎数据库、知识库、模糊数据库、时态数据库、统计数据库、空间数据库、科学数据库、文献数据库、多媒体数据库、海量数据库等。

第四，数据仓库和数据挖掘为代表的商业智能应用开始走向实用。

2. 数据仓库

数据仓库就是主题聚集的、经过集成的、数据具有一定稳定性、能反映不同时期情况的数据集合。数据仓库是面向决策制定过程的数据组织和存储技术。

首先，数据仓库中的数据为数据分析的需要，要按照主题进行归类，这与传统数据库面向应用组织数据的方式相对应。其次，数据仓库的数据在进入数据仓库之前，必须经过数据加工和集成，要消除原始数据中的矛盾之处，并将原始数据的结构从面向应用转变为面向主题。第三，数据仓库的稳定性是指数据仓库的数据是历史数据，而不是日常事务中的现时数据，进入数据仓库后的这些历史数据是不修改的。第四，数据仓库的数据是具有延续性的、是能满足决策分析所需要的时间长度的数据，而且数据都要标明其时间。

数据仓库存放的数据并不是最新的、专有的，而是来源于其他数据库的。数据仓库的建立并不是要取代数据库，而是要应用于支持决策分析工作。

数据仓库的工作过程分为：数据抽取、数据存储和管理、数据表现以及数据仓库的应用模式设计四个方面。

数据抽取：指将数据从联机事务处理系统、外部数据源、脱机的数据存储介质中导入到数据仓库的过程。数据抽取在技术上主要涉及互联、复制、增量、转换、调度和监控等几个方面。

数据存储和管理：数据仓库所涉及的数据量大，而且随时间不断增长，因此，必须具备管理大数据量的扩展能力。在技术上主要涉及并行处理能力、面向决策的查询能力、多维分析查询能力等。

数据表现：与用户的需求相交互，通过分析界面向客户提供多维分析、数理统计和数据挖掘方面的数据成果。

应用模式设计：数据仓库是面向决策分析的，因此，对数据仓库的使用者而言，数据仓库对决策支持程度和效益、数据仓库的数据内容、数据的存放结构、数据的装载及装载的频率、需要购置的数据管理工具是什么等，需要全面地分析和研究，以便设计出满足特定需要的数据仓库系统。

在综合利用政务数据实现决策支持的过程中,构建数据仓库是其中的一个重要步骤,数据仓库可以为进一步的政务数据挖掘提供数据基础。

3. 数据挖掘

随着我国政务信息化建设不断深入，政务信息系统中已经积累了大量数据，通过数据挖掘充分利用已有数据，提高执政水平，已经成为政府信息化建设的一个重要方面。

数据挖掘（Data Mining），又称数据库中的知识发现（Knowledge Discovery in Database，KDD），是指从大型数据库或数据仓库中提取隐含的、未知的、非平凡的及有潜在应用价值的信息或模式，它是数据库研究中一个很有应用价值的新领域，融合了数据库、人工智能、机器学习、统计学等多个领域的理论和技术。数据挖掘工具能够对未来的趋势和行为进行预测，从而很好地支持人们的决策。有些数据挖掘工具还能够解决一些很消耗人工、时间的传统问题，因为它们能够快速地浏览整个数据库，找出一些专家们不易察觉的却极有用的信息。

起初，各种数据是存储在计算机的数据库中的，后来发展到可对数据库进行查询和访问，进而发展到对数据库的即时遍历。数据挖掘使数据库技术进入了一个更高级的阶段，它不仅能对过去的数据进行查询和遍历，并且能够找出过去与现在数据之间的潜在联系，从而促进信息的传递。

对于数据挖掘来说，就是通过对原始数据进行加工处理，实现政务或商务智能，主要过程可以通过一个金字塔结构加以描述（见图3.5）：

图 3.5　数据挖掘应用的金字塔结构

数据挖掘与传统的分析方法不同，数据挖掘是在没有明显假设的前提下去挖掘信息，发现知识，所挖掘得到的信息应具有事先未知、有效和可实用三个基本特征。其挖掘的数据对象一般来源于数据仓库，利用数据仓库实现数据的清理和一致性，保证挖掘的效果，也可以直接把数据导入到一个只读数据库中进行挖掘处理。

数据挖掘的主要任务与方法如下。

数据划分（**Segmentation**）：包括聚类分析和分类分析两类。其中聚类分析是在预先没有确定类别的情况下，根据数据的不同属性，将数据分成不同的类别；分类分析用于将数据映射到预先定义的数据类别中。实现数据划分的技术包括贝叶斯分类法、决策树和人工神经网络等方法。

依赖性分析（**Dependency Analysis**）：用于找出各个属性之间的依赖关系，相关技术有贝叶斯网络和关联分析等。

偏差分析和奇异点分析（**Deviation and Outlier Analysis**）：找出与一般数据行为不一致的数据项，可以采用聚类分析技术或奇异点检测技术实现。

趋势检测（**Trend detection**）：通常在时间序列上，对数据库中的数据利用线性回归或曲线拟合等方式进行综合分析，涉及的技术包括回归分析、序列模式分析等。

3.3 电子政务部分核心技术及其应用

3.3.1 网络和信息安全技术

电子政务的基础技术之一是网络技术。无论是政府部门内部的办公自动化，还是政府部门之间的信息交换和信息共享，还是政府部门对公众的网上服务及其双向信息交流，都是以网络为技术平台的。网络在给予政务活动丰富的信息、快捷方便的信息交流和共享方式等便利的同时，也对政务网络和政务信息的安全提出了许多新的和更高的要求。解决好信息共享与保密性、完整性的关系，开放性与保护隐私的关系，互联性与局部隔离的关系，是实现安全的电子政务的前提。

政务网络与政务信息安全，主要包括网络服务的可用性（Availability）、网络信息的保密性（Confidentiality）和网络信息的完整性（Integrity）。现行一般采取的技术主要包括：物理隔离技术、防火墙技术、CA 认证技术、加密技术、权限控制与鉴别、日志与安全审计等多种技术，并且要有一整套完整的管理制度与之相配合，才能达到真正的安全目标。

1．物理隔离

国家保密局2000年1月1日起颁布实施的《计算机信息系统国际联网保密管理规定》第二章第六条规定："涉及国家秘密的计算机信息系统,不得直接或间接地与国际互联网或其他公共信息网络相连接，必须实行物理隔离。"

在电子政务的实践中，虽然广泛地使用着各种复杂的软件技术，如防火墙、代理服务器、侵袭探测器、通道控制机制等，但是由于这些技术都是基于软件的保护，是一种逻辑机制，无法保障某些政府组织提出的高度数据安全要求，所以必须应用物理隔离技术。

所谓物理隔离，是指内部网不得直接或间接地连接公共网络。物理隔离在安全上的要求主要有三点：

第一，在物理传导上使内外网络隔断，确保外部网络不能通过网络连接而进入内部网；同时防止内部网信息通过网络连接泄露到外部网。

第二，在物理辐射上隔断内部网与外部网，确保内部网信息不会通过电磁辐射或耦合方式泄露到外部网。

第三，在物理存储上隔断两个网络环境，内部网与外部网信息要分开存储。控制软盘、U 盘、移动硬盘、光盘等可移动介质的使用。

物理隔离技术是很多电子政务系统保证网络安全的基本手段，是网络安全体系中必不可少的一个环节。

2. 防火墙和入侵检测

防火墙是在内部网络与外界之间设置的屏障，电子政务网络的内网和外网之间必须设置这道屏障。利用防火墙技术，通常能够在内外网之间提供安全的网络保护，降低了网络安全风险。但是，仅仅使用防火墙，网络安全还远远不够。原因在于：

① 入侵者可寻找防火墙背后可能敞开的后门；
② 入侵者可能就在防火墙后的内网中；
③ 由于性能的限制，防火墙通常不能提供实时的入侵检测能力。

因此，将入侵检测系统与防火墙组合使用，可以提高安全防护能力。

什么是入侵检测呢？入侵检测（Intrusion Detection）就是对计算机网络和计算机系统的关键节点的信息进行收集分析，检测其中是否有违反安全策略的事件发生或攻击迹象，并通知系统安全管理员。一般把用于入侵检测的软件、硬件合称为入侵检测系统。概括起来讲，入侵检测就是对指向计算机系统资源和网络资源的恶意行为的识别和响应过程。

具体的入侵检测模式包括模式匹配和统计分析。

模式匹配：使用一套静态的模式，在通信节点截获数据包然后将会话特征与知识库保存的攻击特征进行对比，提供防止包序列和内容攻击的保护。

统计分析：使用统计过程来侦测反常事件，原理是收集报头信息并与已知的攻击特征比较，并且探测异常。

以上两种模式各有优缺点，模式匹配工具在侦测已知攻击时工作得很好，但对于新的攻击以及变种的攻击却无能为力。使用统计分析的 IDS，在探测已知攻击时相对较差，但对未知攻击具有很好的效果。

入侵检测还分为基于主机的和基于网络的。网络型入侵检测系统的数据源是网络上的数据包。主机型入侵检测系统往往以系统日志、应用程序日志等作为数据源，从所在的主机收集信息进行分析。防火墙内部的 Web、DNS 和 E-mail 等服务器是大部分非法攻击的目标，这些服务器应该安装基于主机的入侵检测系统以提高整体安全性。

3. 认证技术和数字证书

在常规人员交往和信息交流中，双方面对面通过识别对方进行交流，或依靠一些传统的凭据，如身份证、印信、红头文件及其他法律凭证，确认交往双方的身份，确认交换的信息，以及确认相关事项。但在互联网上进行信息交互时，由于传统的确认身份和确认所交换信息的方式无法使用，怎样保证信息交换双方身份的真实性、信息的真实性和承诺事项的不可抵赖性，就成为人们迫切关心的一个问题。因此，必须在技术上保证信息的交互过程能够实现：身份认证、安全传输、不可否认性、数据一致性。由于数字证书认证技术采用了加密传输和数字签名技术，能够实现上述要求，因此在电子政务中，广泛采用数字证书认证来保证网络上的信息交互过程得以正常的进行。

网络认证技术是网络安全技术的重要组成部分之一。认证指的是证实被认证对象是否属实和是否有效的一个过程。基本思想是通过验证被认证对象的属性来达到确认被认证对象是否真实有效的目的。被认证对象的属性可以是口令、数字签名或者像指纹、声音、视网膜这样的生理特征。认证常常被用于通信双方相互确认身份,以保证通信的安全。

数字证书是在网上进行信息交流及各种活动的各个参与者的身份证明,在电子信息交换的过程中,参与交换的各方都需验证对方数字证书的有效性,从而解决相互间的信任问题。数字证书一般是一些包含用户身份信息、用户公钥信息以及身份验证机构数字签名的数据。身份验证机构的数字签名可以确保证书信息的真实性,用户公钥信息可以保证数字信息传输的完整性,用户的数字签名可以保证数字信息的不可否认性。

数字证书是建立在目前广泛采用的 PKI（Public Key Infrastructure,公钥基础设施）技术基础上的。PKI（公钥基础设施）技术采用证书管理公钥,通过第三方的可信任机构——认证中心 CA（Certificate Authority）,把用户的公钥和用户的其他标识信息（如名称、E-mail、身份证号等）捆绑在一起,在 Internet 网上验证用户的身份。目前,通用的办法是采用建立在 PKI 基础之上的数字证书,通过把要传输的数字信息进行加密和签名,保证信息传输的机密性、真实性、完整性和不可否认性,从而保证信息的安全传输。

3.3.2 智能办公技术

1. 公文处理技术

电子政务文字处理的对象主要是公文。一般来说,公文具有统一规定的种类和格式,每种公文只适用于一定的范围,表达一定的内容,使用一定的格式。电子政务信息系统中的文字处理,应能满足其格式要求,符合文本的处理规范。

1）文字处理技术

文字处理技术是电子政务活动中最基础、量最大的工作。办公人员的很多工作,如撰写公函、文章,起草报告、命令等,都属于文字处理的范畴。在自动化系统中,文字处理主要是指对正文性质的字符进行处理,其工作范围主要是以传统的秘书工作为中心,侧重点是人际信息交流。与其他信息处理技术相比,文字处理更注重根据用户需求完成不同形式（如信件、摘要、报告）和风格（即文本格式）的输出。

随着计算机的普及,文字处理工作进入了计算机自动化的阶段。我们将具有特定硬件配置的文字处理设备称为文字处理机,而将可以在计算机上运行的文字处理软件称为文字处理系统。

一个好的文字处理系统一般包括以下主要功能。

（1）文件存储

使用户可以在操作中的任何时候将文件存储起来,使文件不致被丢失或破坏,也可以在需要时调出,以便修改或打印。可以说,没有文件的存储、编辑、复制、不同格式的输出等都无从谈起。

（2）基本编辑

包括光标移动、定位与选择、插入与删除、查找与替换等。

（3）简单排版

主要包括文本行、段、页的处理,也包括各种格式的修饰。

（4）输入检验

内置词典并允许用户自己建立相应的词典对文字进行查错、纠错或错误提示。除了词检验以外，最好还有语法检验。

（5）输出

包括对打印输出版面、特殊输出效果的定义与设计，以及直接利用网络将文字处理系统制作的文档作为电子邮件或网页输出到其他地方。

（6）提供入口/出口

方便实用的系统应具有开放性，即可以方便地同其他多个（种）系统进行信息交互，如电子表格、数据库、排版系统及其他字处理系统。另外，对于中国用户来说，还包括可以方便地挂接各种汉字输入法。

（7）对象的连接和嵌入

随着计算机硬件水平的提高，文字处理系统的观念和对象发生了深刻的变化，可以对办公对象进行较全面的支持。新出现的文字处理系统引入了"对象"的概念，将其他系统中制作的公式、表格、图画乃至声音、动画、视频等作为对象与文本链接，实现动态更新。

（8）多样化的辅助功能

辅助软件可以使字处理系统提供更强的功能，如联机帮助、目录与索引的自动建立与更新、多人合作办公、各种自动化处理功能等。

2）电子排版技术

电子排版系统是指由计算机控制的，由文字发生器和照排机（或印字机）等设备组成的，具有专用软件以实现排版功能的系统。电子排版系统是一种建立在文字处理系统之上的，更高一级的文字复制系统。它不仅在专业出版单位的排版工作自动化中占有重要地位，也广泛地应用于以文字处理为主要工作的各类场合。在办公信息日益增多的今天，人们对信息输出的速度、质量及再加工能力提出了更高的要求，电子排版系统已经成为电子政务信息系统的重要组成部分。

一个完整的电子排版系统，应该由排版程序（软件）和排版设备（硬件）共同构成，包括排版程序、终端、照相排版机、印字机和照排控制机（RIP）等。与文字处理系统相比，电子排版系统具有如下三个特点。

（1）字体、字号齐全

这类系统一般至少有几十种字体、十几种字号，有基本的外文字母（如英、日、俄、希腊文等）及其不同的字型（如黑体、白体、斜体、花体等），而且应该具备无级缩放功能。

（2）编辑功能强

能满足出版物对各种复杂版面的要求，如能方便、快速地处理乐谱、插图、数学公式等特殊要求，能按需要排出各种版面。

（3）输出分辨率高

输出分辨率又称字形精度，指单位距离内所输出的点数，其单位是点/英寸，记作DPI。一般输出分辨率至少在300DPI以上。

桌面排版系统是指一类不需要专用排版设备,只是在高档微机上配有出版工具软件,即可满足一般出版要求的计算机系统,也称为微机排版系统,这类软件更适合于在办公系统中应用。

桌面排版系统是按照专业印刷出版标准进行系统设计的,排版功能完备。由于前处理部分相对独立,凡是能够购置微机的办公机构都可自行配备,资金雄厚者可购置激光照排机完成精密照排,否则也可以连接较便宜的激光印字机完成轻印刷,必要时将软盘送至照排中心照排。

完成桌面出版的工具软件包括页面设计软件、图形图像编辑软件、字体软件等。

页面设计软件具有文字处理系统的基本功能,能够将人们用其他文字处理系统制作的文档转入页面设计程序之中。与一般文字处理系统的不同之处是使用"帧框"(Frame)和"主页"(Master Page)的概念创建出版物。页面处理软件还提供了强大的输出能力。可以建立专业化的出版文件,可以支持从通常的黑白激光印字机到 PostScript 照排机的高精度分色输出。目前较为知名的页面设计软件有 Adobe PageMaker、Quark Xpress 和方正飞腾等。

如果出版物中涉及较多的图形元素,或者对图形元素的设计、输出有较高的要求,可以配合使用图形、图像编辑软件。图形编辑软件多采用矢量或对象来表示图,很适合用来制作细致的技术图形,常用软件有 Adobe Illustrator、Macromedia FreeHand、Coral Draw 等。图像编辑软件则比较适合制作、再现照片、油画等艺术类作品,常见的软件如 Adobe Photoshop、MetaCreations Painter 和 Coral Photo-Paint 等。

2. 工作流技术

1)工作流的概念

工作流是由英文单词 Workflow 而来的,单词 Work 表示工作或任务,单词 Flow 表示流动、流程或者流量。工作流的概念是针对日常工作中具有固定程序的活动提出的一个概念,目的是通过将工作分解成经过定义的任务、角色,按照一定的规则和过程来执行任务和进行监控,以提高工作效率。由于计算机技术和网络技术的高度发展,建立在协同工作技术基础上的工作流技术,被赋予了与以往不同的自动处理的内涵。通过工作流技术,使得在计算机网络平台上运行的政务活动的业务过程得以集成化、自动化和有效的管理。

工作流管理联盟(WFMC)对工作流的定义为:工作流是一类能够完全或者部分自动执行的业务过程,根据一系列过程规则,文档、信息或任务能够在不同的执行者之间传递、执行。一个工作流包括一组活动及它们的相互顺序关系,还包括过程及活动的启动和终止条件,以及对每个活动的描述。它所要解决的主要问题是"使在多个参与者之间按照某种预定义的规则传递文档、信息或任务的过程自动进行,从而实现某个预期的业务目标,或者是促使此目标的实现"。

2)工作流管理系统

为运行工作流而建立起来的系统称为工作流管理系统。工作流管理系统是指用于定义、执行和管理一个或多个工作流运行的一套软件系统,它与工作流执行者进行交互,推进工作流实例的执行,并监控和管理工作流的运行状态。

工作流管理系统不是一个机构业务系统,而是为该机构的业务活动的运行提供软件支撑环境。它的作用类似于计算机上的操作系统,只不过工作流管理系统支撑的范围更大,环境更复杂,所以也有人称工作流管理系统是业务操作系统(Business Operating System,BOS)。在工作流管理系统的支撑下,通过集成具体的业务应用软件和操作人员的界面操作,才能够良好地完成对管理或其他业务过程运行的支持。

3)工作流管理系统分类

根据所实现的业务过程,工作流管理系统可分为四类。

管理型工作流:在这类工作流中,活动可以预定义并且有一套简单的任务协调规则。

设定型工作流:与管理型工作流相似,但一般用来处理异常或发生机会比较小的情况,有时甚至是只出现一次的情况,这与参与的用户有关。

协作型工作流:参与者和协作的次数较多,在一个步骤上可能反复发生几次直到得到某种结果,甚至可能返回到前一阶段。

生产型工作流:实现重要的业务过程的工作流,特别是与业务组织的功能直接相关的工作流。与管理型工作流相比,生产型工作流一般应用在大规模、复杂的和异构的环境下,整个过程会涉及许多人和不同的组织。

根据实现技术可将工作流管理系统分为三类。

以通信为中心:以电子邮件为基本的通信机制,这种类型的工作流管理系统适合于协作型工作流和关系不确定的工作流,而不适于生产型工作流。

以文档为中心:基于文档路由的类型,以表格文件为主要业务记录形态的工作流可以用以文档为中心的工作流实现。

以过程为中心:这种工作流管理系统对应生产型工作流。它们一般建立在数据库之上,有自己专用的通信机制并且提供了同外部进行交互的接口。

根据任务项传递机制的不同,又可以将工作流管理系统划分为四类。

基于文件的工作流系统:以共享文件的方式来完成任务项传递。这种类型的产品开发得最早、发展最成熟,其产品品种较多。

基于消息的工作流系统:通过用户的电子邮件系统来传递文档信息。这种类型的产品一般都提供与一种或多种电子邮件系统相配的集成接口。

基于 Web 的工作流系统:通过 WWW 来实现任务的协作。这类产品起步较晚(在 1995 年以后),但是发展迅速,其市场前景十分看好。

群件与套件系统:它们本身是一个完整的应用开发环境,依赖于自己系统的应用基础结构,包括消息传递、目录服务、安全管理、数据库与文档管理服务等。

3. 决策支持系统

决策支持系统(DSS),是从数据库中找出必要的数据,并利用数学模型的功能,为用户生成所需信息的系统。其主要目的是解决多模型的运行及数据库中大量数据的存取和处理问题,达到更高层次的辅助决策能力。

决策支持系统主要是在管理信息系统和运筹学的基础上发展起来的。管理信息系统重点是对海量数据进行处理,运筹学则主要是运用数学模型进行辅助决策。

决策支持系统具有交互式计算机系统的所有特征,可帮助决策者利用数学模型去解

决半结构化问题。为此,一个好的决策支持系统应该具备以下特点:
① 辅助决策者解决半结构化或非结构化的问题;
② 允许用户试探几种不同的决策方案;
③ 必须具备决策支持模型的管理功能;
④ 应把数学模型或分析技术与数据存储和检索功能结合起来;
⑤ 系统必须具备友好的人机交互界面;
⑥ 系统必须具备良好的适应能力,可以满足不同环境和用户的需求。

决策支持系统在电子政务中的应用:电子政务系统不仅可以提高政府部门的办事效率和透明度,还可以利用所收集的大量数据,通过建立正确的决策体系和决策支持模型(智囊系统),为各级政府的决策提供科学的依据。

决策支持系统在电子政务中应用的具体步骤如下:
① 智囊系统利用信息系统提供的信息,制定各种可行的决策方案;
② 智囊系统通过电子政务系统提供的平台将决策方案上报给决策系统;
③ 决策系统将根据信息系统生成的决策信息来确定最优的决策方案,并生成必要的决策指令;
④ 决策系统通过电子政务平台把决策指令下发给决策执行系统和监督系统;
⑤ 在监督系统的监督下,由决策执行系统负责贯彻执行决策指令;
⑥ 决策指令的执行情况和结果将通过信息系统反馈给智囊系统;
⑦ 智囊系统将根据具体情况向决策系统提供反馈信息或决策修正方案;
⑧ 决策系统针对反馈信息或修正方案确定新的决策,并下发执行。

由此可以看出,通过把电子政务平台和决策支持系统有机地结合起来,可以大大提高决策的科学性、时效性和适应性。

3.3.3 中间件技术

1. 电子政务系统的多层体系结构

电子政务的基础是电子政务信息网络,它是一个层次化的,集成多种技术、多种应用的一体化网络。基于这个网络,各级政府除了本身能够互访外,还要为公众提供访问政府网络的手段。中间件技术是伴随着网络而发展起来的一种面向对象的独立的系统软件或服务程序。中间件位于服务器和客户机的操作系统之上,管理计算资源和网络通信。选择适合的中间件,有助于构建一个良好的电子政务体系结构和降低高昂的系统开发和维护成本,保证系统运行的高效率。

电子政务建设首先要完善网络框架,这是一种以政府的分布式计算为核心的信息系统的集合体,面向办公人员实现各个子系统信息的集中展示。电子政务的三层网络计算模式是将用户交换、应用处理和数据管理相互之间彻底分离和独立。各自完成其擅长的和应该完成的任务。因此,在传统的 C/S 计算模式上引入了一个新概念:中间服务器或者中间件,并结合分布对象技术形成了客户机/中间服务器/数据服务器的多层分布式体系结构。

分布式的三层或多层 C/S 应用模型具有重用性好、灵活性好、可管理性、易维护性等优点，在三层或多层 C/S 结构中，中间件（Middleware）是最重要的部件，并随着网络计算模式的发展，日益成为软件领域的新热点。

2. 中间件的原理

中间件是系统软件的一大类，处于操作系统与应用软件的中间。它的作用是为处于自己上层的应用软件提供运行与开发的环境，帮助用户灵活、高效地开发和集成复杂的应用软件。1984 年贝尔实验室开发的 Tuxedo 是第一个严格意义上的中间件产品。BEA 公司 1995 年成立后收购 Tuxedo 成为一个真正的中间件厂商。Microsoft、IBM 和其他一些大公司推出了自己的中间件产品。

所谓中间件是一个应用程序接口（API）定义的软件层，是软件构件化发展的一种表现形式。中间件是在计算机硬件和操作系统之上，支持应用软件开发和运行的系统软件，它能够使应用软件相对独立于计算机硬件和操作系统平台，为当今电子政务的大型分布式应用搭起一个标准的平台，把政府各部门分散的系统和技术组合在一起，实现电子政务应用软件系统的集成。

在多层应用软件中，负责业务逻辑处理的中间层次是重要的一层，对于大型的实用系统来说，所有软件都自行开发并不是最好的选择。大量同样的服务器功能模块可以由商品化的中间件来完成，中间件为开发者提供了一个高层应用环境，将分布式系统中各种不同的计算机硬件与软件屏蔽起来，从而使开发与应用具有良好的可扩展性、可管理性、高可靠性和可移植性。此外，中间件还具有标准的程序接口和协议，可以实现不同硬件和操作系统平台上的数据共享和应用互操作。在具体实现上，中间件是一个用 API 定义的分布式软件管理框架，具有强大的通信能力和良好的可扩展性。

中间件的工作机制可概括为：客户端上的应用程序需要从网络中某个节点处获取一定的数据或者服务，这些数据和服务可能处于一个运行着和客户端不同的操作系统的服务器上，客户端/服务器应用程序中负责查找数据的那一部分只要通过调用中间件 API 访问一个中间件系统，由中间件完成到网络中查找目标数据源或者服务的任务，进而传输客户请求，重组答复信息，最后将结果送回给应用程序。

3. 中间件的分类

Internet/Intranet 环境下的电子政务多层结构实际上就是一个可分布式已构环境，根据应用的需要，选择一个成熟的中间件是非常必要的。中间件的产品种类很多，按照功能和采用的技术不同可划分为几个大的类别，第一类是数据库中间件，第二类是远程过程调用中间件，第三类是消息中间件，第四类是对象中间件，第五类是事务处理中间件，其各自的主要功能可归纳如下。

1）数据库中间件（Database Middleware，DM）

数据库中间件在所有的中间件中是应用最广泛、技术最成熟的一种。一个最典型的例子就是 ODBC，ODBC 是一种基于数据库的中间件标准，它允许应用程序和本地或者异地的数据库进行通信，并提供了一系列的应用程序接口 API，当然，在多数情况下这些 API 都是隐藏在开发工具中的，不被程序员直接使用。有过实际编程经验的朋友都知道，在写数据库程序的时候，只要在 ODBC 中添加一个数据源，然后就可以直接在自己的应用程序中使用这个数据源，而不用关心目标数据库的实现原理、实现机制，甚至不必了解 ODBC 向应用程序提供了哪些应用程序接口 API。

不过在数据库中间件处理模型中，数据库是信息存储的核心单元，中间件完成通信的功能，这种方式虽然是灵活的，但是并不适合于一些要求高性能处理的场合，因为它需要大量的数据通信，而且当网络发生故障时，系统将不能正常工作。所谓有得必有失，就是这个道理，系统的灵活性提高是以处理性能的降低为代价的。

2）远程过程调用中间件（Remote Procedure Call，RPC）

远程过程调用是另外一种形式的中间件，它在客户端/服务器计算方面，比数据库中间件又迈进了一步。它已经存在了相当长的时间，而且沿用了大多数程序员都非常熟悉的编程模式——程序员就像调用本地过程一样在程序中调用远程过程，启动远程过程的运行，然后将运行结果返回给本地程序。不但如此，远程过程调用还可以将程序的控制传递到远端的服务器当中去。

RPC 的灵活特性使得它有比数据库中间件更广泛的应用，它可以应用在更复杂的客户端/服务器计算环境中。远程过程调用的灵活性还体现在它的跨平台性上面，它不仅可以调用远端的子程序，而且这种调用是可以跨不同操作系统平台的，而程序员在编程时并不需要考虑这些细节。

RPC 也有一些缺点，主要是因为 RPC 一般用于应用程序之间的通信，而且采用的是同步通信方式，因此对于比较小型的简单应用还是比较适合的，因为这些应用通常不要求异步通信方式。但是对于一些大型的应用，这种方式就不是很适合了，因为此时程序员需要考虑网络或者系统故障，处理并发操作、缓冲、流量控制以及进程同步等一系列复杂问题。

3）面向消息中间件（Message Oriented Middleware，MOM）

消息中间件主要负责建立网络通信的通道，进行数据或文件的发送。其优点在于能够在客户端和服务器之间提供同步和异步的连接，并且在任何时刻都可以将消息进行传送或者存储转发，这也是它比远程过程调用更进一步的原因。另外消息中间件不会占用大量的网络带宽，可以跟踪事务，并且通过将事务存储到磁盘上实现网络故障时系统的恢复。当然和远程过程调用相比，消息中间件不支持程序控制的传递，不过这种功能和它的优势比起来却是无关紧要的。

消息中间件适用于需要在多个进程之间进行可靠的数据传送的分布式环境，它的一个重要作用是可以实现跨平台操作，为不同操作系统上的应用软件集成提供服务，一般用在非实时的数据交换上，适用于任何需要进行网络通信的系统。没有特定的标准，典型的产品有 IBM 的 MQSeries、Microsoft 的 MSMQ 和 Talaria 的 Smartsocket。

4）基于对象请求代理中间件（Object Request Broker，ORB）

对象请求代理是近年来才发展起来的一项新技术，它可以看作和编程语言无关的面向对象的 RPC 应用，被视为从面向对象过渡到分布式计算的强大推动力量。从管理和封装的模式上看，对象请求代理和远程过程调用有些类似，不过对象请求代理可以包含比远程过程调用和消息中间件更复杂的信息，并且可以适用于非结构化的或者非关系型的数据。

目前有两种对象请求代理的标准，分别是 CORBA 和 DCOM，这两种标准是相互竞争的，而且两者之间有很大的区别，这在一定程度上阻碍了对象请求代理中间件的标准化进程。

对象中间件相当于软总线，能使不同软件交互访问。为软件用户及开发者提供了一种即插即用的互操作性，就像现在使用集成块或扩展板装配计算机一样。它具有交易中间件的所有功能，但是按面向的模式组织体系结构。在线的电子交易很适合这种中间件类型。目前，工业级应用领域有三种请求代理结构：OMG 的 CORBA、Sun 的 EJB 以及微软的 COM+。典型产品有：Borland 的 Visibrokh 和微软的 Transaction Server。

5）事务处理中间件（Transaction Processing Monitor，TPM）

事务处理中间件是一种复杂的中间件产品，是针对复杂环境下分布式应用的速度和可靠性要求而实现的。它给程序员提供了一个事务处理的 API，程序员可以使用这个程序接口编写高速而且可靠的分布式应用程序——基于事务处理的应用程序。

事务处理中间件向用户提供一系列的服务，如应用管理、管理控制、应用程序间的消息传递等。常见的功能包括全局事务协调、事务的分布式两段提交、资源管理器支持、故障恢复、高可靠性、网络负载平衡等。

事务中间件的主要功能是管理分布于不同计算机上的数据的一致性，保障系统处理能力的效率与均衡负载，负责维护异构系统中事务的完整性、安全性。一般工作在高负载、实时性强的环境中，适用于联机交易处理系统。其标准为 X/Open DTP 模型。典型产品有 IBM 的 CICS 和 BEA 的 Texudo。

综上所述，消息中间件、事务中间件、对象中间件尤其重要，因为分布式应用的一些核心功能如事务处理、消息处理、安全管理都是由它们完成的。尽管中间件之间的具体功能和适用范围上有所区别，但是，这些中间件有一些共同特点：跨平台、跨网络、能工作于多种异构环境下、支持多种语言和开发工具等。用户在选购应用服务器产品时，需要先充分了解电子政务的需求到底是什么，然后确定各个主要技术问题的解决方法，最后寻找使用这些解决方法的产品来完成自己的系统。

3.3.4 XML 技术

1. XML 概述

XML 是 eXtensible Markup Language（可扩展标记语言）的缩写，和 HTML 一样，都来源于标准通用标记语言 SGML(The Standard Generalized Markup Language)。但 XML 是一种能定义其他语言的语言，其最初目的是弥补 HTML 的不足，以强大的扩展性满足网络信息发布的需求，后来逐渐用于网络信息的转换和描述。

XML 是一种简单的数据存储语言，使用一系列简单的标记描述数据，而这些标记可以用方便的方式建立，虽然 XML 与二进制数据相比要占用更多的空间，但 XML 极其简单，易于掌握和使用。XML 与 Oracle 和 SQL Server 等数据库不同，数据库提供了更强有力的数据存储和分析能力，例如，数据索引、排序、查找、相关一致性等，XML 仅仅是展示数据。XML 的简单特性使其易于在任何应用程序中读写数据，这使 XML 很快成为数据交换的主流公共语言，虽然不同的应用软件也支持其他的数据交换格式，但不久之后它们都将支持 XML，这就意味着程序可以更容易地与 Windows、MAC OS、Linux 以及其他平台下产生的信息结合，然后方便地加载 XML 数据到程序中并进一步加工处理。

2．XML 核心技术

1）DTD（Document Type Definitions）

XML 可以自由定义语言，但在具体的应用中，必须声明该子语言所采用的元素、属性集合以及它们的组合关系，判断 XML 是否满足这种要求，称为 XML 文件的有效性验证。DTD 是一种对 XML 进行有效性验证的方式，通过定义专门的 DTD 文件，并与 XML 进行关联，可以判断 XML 文件是否满足了有效性要求。

2）Schema

通过 DTD 对 XML 定义的新语言进行有效性验证存在许多不足，首先，DTD 采用了专门的书写格式，对其进行分析需要专门的 DTD 分析器；其次，DTD 缺少数据类型的定义，例如，对于价格等数值型的元素都作为字符串定义。Schema 克服了 DTD 的缺陷，因此，在新的 XML 规范中，建议采用 Schema 对 XML 格式进行描述。

3）XPath 与 XQuery

XML 本身构成了一棵树状结构，通过 XPath 和 Xquery 的规范要求，可以实现对 XML 文档的节点定位和查询。

4）DOM（Document Object Model）与 SAX（Simple API for XML）

DOM 是一个抽象的可编程接口集合，它将 XML 文档的信息集合映射为节点树，并把整个文档数据当作一个 Document，可以通过 DOM 对这些数据进行有效管理。DOM 提供的是一组标准的编程接口，与具体语言无关，每种语言都可以有自己的具体实现。SAX 是一个用于处理 XML 事件驱动的"推"模型，SAX 解析器不像 DOM 那样建立一个完整的文档树，而是在读取文档时激活一系列事件，这些事件被推给事件处理器，然后由事件处理器提供对文档内容的访问，其最大的优点是内存消耗小。

5）XSLT（Extensible Stylesheet Language Transformations）

XML 本身用于描述数据的存储，为实现数据的呈现，W3C 定义了 XSLT 规范，XSLT 本身也是 XML 文件，描述了原始 XML 文件的呈现方式，例如，要求标题居中显示。通过 XSLT，彻底实现了数据的内容与数据的呈现方式的分离。对于语法不同但语义相同的 XML 文档，也可以通过 XSLT 进行相互转换。

3．XML 在电子政务中的应用

XML 具有标准化、简单、跨平台、自解释等众多优点，因此可以广泛应用于电子政务之中。XML 在电子政务中的应用，包括如下几个方面。

1）XML 应用于电子公文

为避免不同公文系统在开发时采用不同的元数据方案，导致转换困难，因此可以采用 XML 制定标准的元数据，采用统一的表示格式，并通过 XSLT 实现公文的显现处理，增强公文的标准化流程。国家电子政务标准化项目工作组制定的《基于 XML 的电子公文格式规范》，就是通过 XML 技术对电子公文加以描述，其中涉及电子公文的显现、办理、交换、归档和安全处理。

2）XML 应用于电子文件管理

信息技术的发展使得当今政府在依法行政的过程中产生了越来越多的电子文件，与纸质文件一样，电子文件也需要归档保存和有效利用。为确定统一开放的元数据标准，保证电子文件的软硬件无关性和长期保存，XML 技术是一种较好的实现方式。例如，我国部分省市建设电子文件中心的过程中，采用 XML 技术对电子文件元数据加以规范，并通过基于 XML 的电子文件封装格式实现了电子文件的接收与利用。

3）XML 应用于政务信息交换

信息交换是目前电子政务建设不可回避的问题，由于目前存在众多的孤岛式电子政务系统，并且信息交换的数据格式差异大，故在电子政务信息交换中存在着信息交换不方便、效率不高、较耗费资源和易出错等问题。采用多方事先约定的、格式统一的 XML 文档为中介来实现各系统间的信息交换与共享，可以较好地解决这一问题。

为实现信息交换，首先利用 DTD 或 Schema 对需要交换的信息进行规范定义，把其表示成标准的 XML 文档，以此为中介进行信息传输。如各系统之间的 XML 格式信息不一致，需要事先采用 XSLT 进行转换，统一成标准格式再进行传输。信息接收方根据 XML 文档的 DTD 或 Schema，通过 DOM、SAX 等解析工具，解析出需要处理的信息，从而实现信息的交换与共享。

本章小结

- 电子政务相关技术的发展情况
- 信息技术在电子政务领域的应用
- 电子政务领域的核心技术

问题讨论

1. 电子政务操作系统的特性有哪些？
2. 什么是客户端？客户端有哪些方面的软硬件要求？
3. 计算机网络的功能是什么？
4. 常用的几种网络拓扑结构的特点是什么？它们的具体适用范围是什么？
5. 局域网与广域网的区别是什么？各自有哪些专门的应用技术？
6. 数据库在电子政务中的作用是什么？
7. XML 对电子政务有何特殊价值？
8. 什么是电子政务的核心技术？除了本书列举的之外，还有哪些技术是电子政务的核心技术，为什么？

案例分析

黑客热衷攻击政府类网站

随着电子政务的兴起，各地各级政府机关都积极地建立了自己的门户网站，用于向公众公开信息、同社会各界展开互动。然而，由于技术上存在漏洞，政府网站被恶意攻击的情况经常出现。

早在 2004 年，就有新闻报道上海市崇明县某局政府网站被黑客入侵的新闻。2004年9月14日，黑客修改了其网站主页，并留下攻击性文字。警方接报后迅速展开了调查，但是在9月23日和24日，黑客又连续入侵县政府网站，修改天气预报，发布数条假新闻，致使县政府网站两次停止运行。经过警方侦破，犯罪嫌疑人毕业于上海某高等学校计算机专业，入侵政府网站是为发泄不满情绪和散布黄色信息。[1]

到 2008 年前后，由于我国各行业基本实行了从业资格证的电子登记，黑客们发现了新的生财之路——入侵政府网站篡改数据库，进行证书造假。2008 年 11 月，中关村在线网站的网络安全板块报道了一起通过技术手段进入政府数据库，伪造数据制作假医师资格证、教师资格证以牟利的案件，该案件共涉及十余名犯罪嫌疑人，其中一人非法牟利达 200 多万元。入侵的网站涉及江西、湖北、贵州、四川、江苏等 11 个政府网站，修改相关数据 700 余个。针对这一案件，该网站记者找到专业人员进行了入侵政府网站的模拟，吃惊地发现竟然仅需要 50 分钟就可以完成一次入侵。[2]政府网站的信息安全令人担忧。

2010 年 12 月，新华网发表了题为"黑客热衷入侵政府类网站：技术成本低，收益高"的新闻，文中指出，"据国家互联网应急中心的监测报告显示，2010 年 5 月 10 日至 16 日，仅一周内，中国境内就有 81 个政府网站被篡改，其中包括 4 个省部级网站，还有 25 个地市级政府网站。"专业人士指出，黑客热衷于攻击政府网站的原因之一就是基层政府网站技术力量薄弱，攻击起来难度较低。[3]政府作为大量公民信息的拥有者，想要提升公众的信任度和满意度，进行信息安全保障刻不容缓。

---

[1] http://www.enet.com.cn/article/2004/1011/A20041011351147.shtml
[2] http://safe.zol.com.cn/113/1137622.html
[3] http://news.xinhuanet.com/2010-12/30/c_12933373_2.htm

第4章

政府机关内部公务处理的电子化

内容提要

- 电子政务首先需要实现政府机关内部公务处理的电子化，也就是实现更高程度的办公自动化。公务处理电子化是电子政务的核心与基础。
- 电子化公务处理系统有着特定的目标、结构和功能，依据不同的标准，这些系统可以划分为不同的种类。
- 通用电子化公务处理系统主要应用在公文处理、视频会议、事务处理、日程管理、流程监控、信息服务、档案管理、决策支持、信息资源管理、知识管理等方面。
- 专用电子化公务处理系统大都是根据专门公务处理需求建立起来的，它们可以分为专门机关系统、专门部门系统、专项业务系统、专项功能系统四类。各类型专用系统各具特色，各自有着不同的功用。
- 实际应用中的通用电子化公务处理系统与专用电子化公务处理系统大都是集成在一起的。

本章重点

- 电子化公务处理在电子政务中的地位，电子化公务处理是对办公自动化的发展；
- 电子化公务处理系统的目标与功能；
- 电子化公务处理的主要应用。

4.1 政府机关内部公务处理电子化是电子政务的核心与基础

4.1.1 政府机关内部公务处理电子化及其地位

电子政务是通过广泛应用电子信息技术改善政府管理、实现政府管理职能的过程，这个过程首先发生在政府机关的内部。也就是说，电子政务首先是政府机关内部公务处理的电子化。因为政府机关内部公务处理的电子化既是电子政务的核心，又是电子政务的基础。如果政府机关内部的公务处理活动不实现电子化，政府对政府（G to G）、政府对企业（G to B）、政府对公民（G to C）的电子政务就都成了空话。

我们这里所说的政府机关内部，包括整个政府系统内部和每一个具体政府机关的内部。这里所说的政府机关内部公务处理，也就是发生在政府系统内部和具体政府机关内部的政务活动。它是政府管理活动的重要组成部分，具体指政府机关工作人员为行使政府管理职能而所从事的事务处理工作。事务是与职能相对的，它本身不是任何一项管理职能，但任何一项管理职能的实现都离不开事务的处理。职能活动与事务处理活动构成了政府管理工作活动的整体。

职能活动也可以称为业务工作，每一个政府机关都有其特定职能以及为实现这些职能而开展的活动。例如，商务部的职能包括：

（1）拟订国内外贸易和国际经济合作的发展战略、方针、政策，起草国内外贸易、国际经济合作和外商投资的法律法规，制定实施细则、规章；研究提出我国经济贸易法规之间及其与国际多边、双边经贸条约、协定之间的衔接意见。

（2）拟订国内贸易发展规划，研究提出流通体制改革意见，培育发展城乡市场，推进流通产业结构调整和连锁经营、物流配送、电子商务等现代流通方式。

（3）研究拟订规范市场运行、流通秩序和打破市场垄断、地区封锁的政策，建立健全统一、开放、竞争、有序的市场体系；监测分析市场运行和商品供求状况，组织实施重要消费品市场调控和重要生产资料流通管理。

（4）研究制定进出口商品管理办法和进出口商品目录，组织实施进出口配额计划，确定配额、发放许可证；拟订和执行进出口商品配额招标政策。

（5）拟订并执行对外技术贸易、国家进出口管制以及鼓励技术和成套设备出口的政策；推进进出口贸易标准化体系建设；依法监督技术引进、设备进口、国家限制出口的技术和引进技术的出口与再出口工作，依法颁发与防扩散相关的出口许可证。

（6）研究提出并执行多边、双边经贸合作政策；负责多边、双边经贸对外谈判，协调对外谈判意见，签署有关文件并监督执行；建立多边、双边政府间经济和贸易联系机制并组织相关工作；处理国别（地区）经贸关系中的重要事务，管理同未建交国家的经贸活动；根据授权，代表我国政府处理与世界贸易组织的关系，承担我国在世界贸易组织框架下的多边、双边谈判和贸易政策审议、争端解决、通报咨询等工作。

（7）指导我国驻世界贸易组织代表团、常驻联合国及有关国际组织经贸代表机构的工作和我国驻外经济商务机构的有关工作；联系国际多边经贸组织驻中国机构和外国驻中国官方商务机构。

(8) 负责组织协调反倾销、反补贴、保障措施及其他与进出口公平贸易相关的工作，建立进出口公平贸易预警机制，组织产业损害调查；指导协调国外对我国出口商品的反倾销、反补贴、保障措施的应诉及相关工作。

(9) 宏观指导全国外商投资工作；分析研究全国外商投资情况，定期向国务院报送有关动态和建议，拟订外商投资政策，拟订和贯彻实施改革方案，参与拟订利用外资的中长期发展规划；依法核准国家规定的限额以上、限制投资和涉及配额、许可证管理的外商投资企业的设立及其变更事项；依法核准大型外商投资项目的合同、章程及法律特别规定的重大变更事项；监督外商投资企业执行有关法律法规、规章及合同、章程的情况；指导和管理全国招商引资、投资促进及外商投资企业的审批和进出口工作，综合协调和指导国家级经济技术开发区的有关具体工作。

(10) 负责全国对外经济合作工作；拟订并执行对外经济合作政策，指导和监督对外承包工程、劳务合作、设计咨询等业务的管理；拟订境外投资的管理办法和具体政策，依法核准国内企业对外投资开办企业（金融企业除外）并实施监督管理。

(11) 负责我国对外援助工作；拟订并执行对外援助政策和方案，签署并执行有关协议；编制并执行对外援助计划，监督检查援外项目执行情况，管理援外资金、援外优惠贷款、援外专项基金等我国政府援外资金；推进援外方式改革。

(12) 拟订并执行对香港、澳门特别行政区和台湾地区的经贸政策、贸易中长期规划；与香港、澳门特别行政区有关经贸主管机构和台湾受权的民间组织进行经贸谈判并签署有关文件；负责内地与香港、澳门特别行政区商贸联络机制工作；组织实施对台直接通商工作，处理多边、双边经贸领域的涉台问题。

(13) 负责我国驻世界贸易组织代表团、驻外经济商务机构以及有关国际组织代表机构的队伍建设、人员选派和管理；指导进出口商会和有关协会、学会的工作。

(14) 承办国务院交办的其他事项。[①]

事务是相对职能而言的，指职能之外但却是实现职能所必需的一系列程序性、辅助性具体事情的总体。事务处理也就是事务活动，是指那些为实现政府机关职能，为职能活动有效展开而奠定基础、提供服务、创造条件的具体特定事情的活动，如处理公文、参加会议、调查研究、面洽访察、宣传演讲、信息查询、资料分析、统计汇总、规划设计、核查审定等。同时，还包括为使上述活动更加有效而进行的一部分保障性活动，如文件档案管理、会议组织、信息资料管理、日程管理、工作流程监控、后勤服务等。

政府机关的事务处理活动也就是公务处理活动，为实现政府管理职能起到了奠定基础、提供服务、创造条件的保障性作用，归根结底表现为可以为各项政府管理职能提供必需的信息支持。

无论政府机关的具体业务范围怎样，其管理职能绝大多数由组织、指挥、决策、监督控制、协调等基本职能构成。其中，组织是指将人、财、物等要素以有秩序、有成效的方式组合为一个有机体的活动过程；指挥是指为实现统一目标，使各有关方面根据统一要求统一行动的过程；决策是指在充分研究、分析、比较影响管理对象状态诸因素的

---

① 资料来源：http://www.mofcom.gov.cn/mofcom/zhizi.shtml

基础上，将计划、需求、环境状态与管理目标协调起来，拟定几种方案并选择其中一种最佳方案作为行动方案的过程；监督控制是指以多种方式了解管理对象的状态，将其与管理目标进行比较，发现偏差并采取措施加以纠正的过程；协调是指通过调解和统一各项活动、各个方面、各级工作机构与人员之间的相互关系，指导其实现共同目标的过程。上述职能的有效实现都需要必要的信息支持，即从有关方面得到适用的信息。如果一旦失去这种支持，就意味着失去这些基本职能活动自身。从上述职能活动过程的分析可知，它们的存在都离不开信息支持，因为它们自身无一不是一个对相关信息的处理过程。信息从来都是组织的"黏合剂"，是指挥的基础，是决策的前提，是监督控制的依据，是协调的工具。也正是在这个意义上，人们通常认为，政府管理的过程也就是信息处理过程，而公务处理活动的功能恰恰是为这个过程提供所必需的信息支持。公务处理活动在本质上就是信息处理活动，这实际上也正是电子政务广泛应用电子化信息技术的根本原因。

从以上的简单分析我们可以看出，任何一项政府管理职能，都是通过公务处理活动实现的。电子政务对政府管理的改善作用，不意味着它可以直接代替政府履行管理职能，也不意味着它能直接改变政府的管理职能，而只在于它可以通过为公务处理创造更加有利的条件，从而使政府管理职能获得更好的实现方式，进而推动政府改进管理，全面实现政府管理职能。从这样的意义上我们可以说，电子政务并不意味着政府管理职能可以电子化，可以电子化的只是公务处理活动。

当然，电子政务绝不仅仅限于一个或者几个政府机关，只有整个政府系统公务处理的电子化，以及政府向社会各方面提供的公共服务实现电子化，才会有真正的电子政务。但是，政府机关内部公务处理的电子化确实是整个电子政务的核心与基础，如果政府机关不首先实现内部公务处理的电子化，政府对企业服务的电子化以及政府对公民服务的电子化，都无从谈起。

机关是一个组织为实现自己的职能而建立的固定机构。任何一个社会组织要实现自身的职能，都必须在很大程度上依赖机关的作用，失去机关往往就意味着组织失去了活力，意味着组织失去了秩序，甚至意味着组织陷于瘫痪。之所以如此，是源于机关所具备的三项基本功能：发动功能、控制功能、代表功能。

发动功能——机关是作为组织肌体上的心脏而存在的，只有它可为组织提供动力来源，促使整个组织围绕特定目标运动起来。例如，中国共产党中央委员会就是中国共产党组织的最高领导机关，正是她为全党围绕党的最终目标和现阶段目标而展开的一系列活动提供着源源不断的动力。

控制功能——作为组织的中枢，机关可以多种方式指挥、协调、监督组织的各项活动，使其有序、有效地展开。组织是特定的人群整体，要达成自己的目标必须自始至终同一切无序和低效现象进行斗争。而秩序和效率的建立，需要有权威发号施令，协调步调，不断纠正一切脱离目标的偏向。这一使命的承担者就是机关。在一定意义上，可以说人们设置机关正是出于对机关控制功能的需要。

代表功能——机关作为组织实体的存在形式，可在法律规定的范围内，成为组织的代表，代表其对外承担义务、行使权利。如按照法律规定，中华人民共和国国务院就是中华人民共和国中央人民政府的代表；按照《中国共产党章程》的规定，中国共产党中央委员会"对外代表中国共产党"。

政府机关就是各级行政组织为实现行政职能而设立的固定机构，它对外代表一个行政组织，它是行政组织活动的中枢，它也是整个行政组织的动力来源。这样一种地位决定了只有它有序有效地动起来，行政组织才能动起来，整个行政系统才能动起来。同样的道理，只有每一个政府机关内部公务处理首先电子化了，由一个个政府机关组成的整个政府系统的公务处理都电子化了，政府才有条件和可能为社会公众提供电子化的公共服务。可见，这环环相扣中的核心环节，这层层叠叠相互依存的基础，都是政府机关内部公务处理的电子化。

4.1.2 电子化公务处理是对政府办公自动化的发展

可能有人会说，所谓政府机关内部公务处理电子化是不是就是平常我们所说的政府办公自动化呢？准确的答案应当是，公务处理电子化确实与办公自动化有关，但它不等同于一般的办公自动化，而是对政府办公自动化的发展。

办公自动化（Office Automation，OA）于 20 世纪 50 年代提出，在 80 年代至 90 年代得到了飞速的发展。它是发达国家为解决办公业务量急剧增加对企业生产率产生巨大影响的背景下发展起来的。它以系统科学为理论基础，以行为科学为主导，综合运用信息技术（包括微电子技术、计算机技术和通信技术等）完成各种办公业务，旨在充分有效地利用信息资源，辅助决策，促进办公活动规范化和制度化，提高生产效率、工作效率和工作质量。办公自动化是将现代化办公和计算机网络功能结合起来的一种新型的办公方式，是当前新技术革命中一个非常活跃和具有很强生命力的技术应用领域，是信息化社会的产物；通过网络，组织机构内部的人员可跨越时间、地点协同工作；通过 OA 系统所实施的交换式网络应用，使信息的传递更加快捷和方便，从而极大地扩展了办公手段，实现了办公的高效率，其中，自动化系统的基本内容包括文件处理、事务处理、文字处理、档案处理、日程处理、电子邮件、电子报表、数据处理、信息管理、决策支持等。随着政府信息化的发展，企业信息化的成功应用经验逐渐引入政府之中，这其中就包括办公自动化系统的应用。

我国从 80 年代开始，尤其是进入 90 年代，办公自动化发展迅猛。随着计算机技术的发展，办公自动化系统从最初的汉字输入、字处理、排版编辑、查询检索等单机应用软件逐渐发展成为现代化的网络办公系统，通过联网将单项办公业务系统联成一个办公系统。再通过远程网络将多个系统联结成更大范围的办公自动化系统。

我国政府办公自动化系统的应用和发展，大致经历了三个阶段。第一代办公自动化系统，是指从 20 世纪 80 年代中期到 90 年代中期，以个人电脑、办公套件的应用为主要标志的办公自动化系统，主要特征是实现了数据统计和文件档案处理的电子化，办公信息的载体从原始纸介质转向比特方式。第二代办公自动化系统，是指从 90 年代中期开始的以网络技术和协同工作技术应用为主要特征的办公自动化系统，其主要变化是实现了工作流程自动化，即将收发处理文件等程序性的活动从传统的手工方式转向工作流自动化方式。第二代办公自动化系统，实现了政府不同职能部门间的工作流程自动化，不同部门及其工作人员工作间的协作大大加强,从而使政府办公的效率得到较大的提高。而且,以 Internet 为基础,开始实现移动办公,政府信息资源的利用不再受通信技术的限制,初步实现了政府机关部分内部事务处理的电子化和网络化。第三代办公自动化系统,也就是目前还处于发展中的办公自动化系统,是融信息处理、业务流程和知识管理于一体的应用系统。它以知识管理为核心,提供丰富的学习功能与知识共享机制,确保使用者能随时随地根据需要向专家学习、向组织现有知识学习,使工作人员在办公自动化系统中的地位从被动向主动转变。

从以上介绍我们可以看出,第三代政府办公自动化系统已经扩展为一个多功能的公务处理平台。通过它,不仅可以全面实现从手工办公到无纸办公的过渡,以网上办公方式代替传统手工方式,更重要的是以信息交流、知识管理为核心,可实现政府信息的网上共享和交流,实现工作事务的协同处理,并尽可能充分利用各种信息资源,提高政府工作人员工作效率和工作质量。我们所说的政府机关公务处理电子化,是在第三代办公自动化系统的基础上实现的。在这样的意义上,我们可以说,政府机关公务处理电子化就是办公自动化的高级阶段,政府机关公务处理电子化必须依托办公自动化提供的多功能公务处理平台才能实现,因此,它是对办公自动化的发展,而已经不是一般意义上的办公自动化。这种差别主要表现在:

第一,基本功能不同。政府机关公务处理电子化的基本功能是通过优化政府管理流程,实现公务处理的全面电子化,实现具体政府机关内部、政府系统内部公务的协同处理;而一般意义上的办公自动化主要是以自动化、半自动化手段代替人做一些简单重复性的操作,无论是实行单机作业还是部分联机作业,对政府机关公务处理的影响,对政府管理流程的影响,都不具备根本性,被电子化的仅仅是公务处理过程中的局部甚至是个别部分,"单兵作战"、"局部优化"是比较普遍的现象。

第二,运作机制不同。政府机关公务处理电子化需要建立起以有效的信息交流、信息处理、知识共享、知识增值为特色的运作机制,而一般意义上的办公自动化的运作机制,基本上还是以单向信息流通、数据处理、信息分割、信息独享为特色,"信息孤岛"现象,无论在单机作业环境中,还是在联机作业环境中,都非常普遍。

第三,应用范围不同。政府机关公务处理电子化侧重于政府机关内部以及跨部门、跨系统和地区的整个政府系统的大范围应用,而一般意义上的办公自动化的应用重点一般在具体机关甚至是机关内设机构内部,并且主要集中于办公人员的个人层面。

第四,管理核心不同。政府机关公务处理电子化是以知识管理为核心的,注重有效信息即知识的积累、共享和升值,而一般意义上的办公自动化还是以信息管理为核心,注重的是提高信息处理的速率。

第五,管理的根本理念不同。政府机关公务处理电子化奉行的是真正以人为本的管理理念,讲究以人为中心,最大限度地尊重人,挖掘人的潜能,提高人的素质,重视发挥人的主体作用,而一般意义上的办公自动化则往往忽略人的主体作用,把人放在与机器设备同等重要,甚至不如机器设备重要的位置上,往往是人被动地跟着机器转,甚至是幻想着用机器代替人的一切活动。

4.2 政府机关电子化公务处理系统概述

4.2.1 电子化公务处理系统的目标

政府机关电子化公务处理系统是指利用先进的科学技术将政府机关工作人员和现代电子信息技术相结合而构成的人机信息处理系统。这个系统可以支持一个或一部分政府机关甚至整个政府系统所有工作人员的工作，可以有效处理各种公务，可以有效管理一个政府机关和整个政府系统的所有信息资源和知识资源。一个完整的政府机关电子化公务处理系统应具备包括信息的生成与输入、信息的加工与处理、信息的存储与检索、信息的复制、信息的传输与交流以及信息安全管理等在内的全部功能。

政府机关电子化公务处理系统的目标就是要打破时间和地域的限制，创造一个集成的公务处理环境，使本机关的和政府系统所有的工作人员一起来协同工作，共享信息和知识。

第一，通过建立机关内部和政府系统内部通信和信息发布平台，使本机关和政府系统内部的通信和信息交流快捷通畅，实现信息共享；保证信息的上行下达，为辅助决策提供最大限度的支持；为领导的高层决策、宏观管理提供科学依据。

第二，实现核心公务处理工作的高效化。政府机关公务处理电子化的外在表象就是要用优化的电子流程代替人工流程，做好政府机关真正应当做的事情，规范各项公务处理工作，大幅度地增进多部门之间的协作，提高公务处理工作的效能，特别是要确保对政府整体行政效能和公共服务质量具有决定性影响的核心公务处理工作的高质量、高效率、高效益。

第三，各种保障性工作活动的自动化。如档案管理、会议组织、信息资料管理、日程管理、工作流程监控、后勤服务（车辆管理、办公用品管理、物资管理）等对核心公务处理工作起辅助性、保障性作用的活动，这些活动涉及的范围非常广泛，实现自动化之后将非常有利于提高工作质量，有利于节约各种资源，降低管理成本，提高管理效能。

4.2.2 电子化公务处理系统的功能特性要求

从对我国政府机关电子化公务处理系统建设与应用的初步调查情况看，电子化公务处理系统将以知识管理为核心，并且应当满足以下功能特性要求。

第一，电子化公务处理系统必须具备网络通信能力。

网络通信能力是实现电子化公务处理系统功能所必备的基本能力，一个机关内部电子化公务处理系统各个应用子系统间的联系，政府系统内部各个机关之间的联系，都需要有网络环境所提供的通信能力作为支撑，如果系统间、系统内部各子系统间不能方便快捷和高度可靠地实现互通互联，电子化公务处理系统就失去了存在的价值。目前实际应用中的电子化公务处理系统基本上都以电子邮件方式实现网络通信，也就是把电子邮件系统作为所有应用子系统（如发文、收文、信息服务、档案管理、日程安排、会议管理等）的统一接口。每一个用户可以如同在传统公务处理环境下工作，通过查看自己的电子邮件信箱，就可以方便地了解到需要处理的工作，通过处理邮件就可以处理主要的公务，然后根据需要快捷可靠地把处理结果传递出去。这样，机关各级各类工作人员不必有意识地依次访问各个子系统，只需要以习惯的方式就能完成对公务的处理。可见，电子化公务处理系统以电子邮件作为统一出入口的设计思想，大大提高了系统用户的友好性和易用性，减少了培训的工作量。

第二，电子化公务处理系统必须具有强大的文档处理能力。

电子化公务处理系统所处理的信息大多是以文档形式出现的，因此这个系统是典型的文档处理系统。文档的特点是内容复杂、结构性不强，数据信息是以经过排版的文字、图形、表格、声音、影像等单一或者混合的形式表达的。面向知识管理的电子化公务处理系统将集成各种文档，这些文档不仅包括电子邮件信息，而且还包括文件系统中的文件、传统的关系型数据库数据、数据仓库中的数据，以及互联网上的各类文档信息。政府管理涉及范围的广泛性，政府管理对信息支持的高度依赖性，使电子化公务处理系统必须具备有效处理海量数据信息，甚至超海量数据信息的能力。由于传统数据库主要适合传统结构化数据的管理，数据类型仅限于数值型、字符型等，难以完整表达文件信息，加之存储效率过低，版本管理、流程控制功能不足，因此，对文档数据的处理与管理较难胜任。而文档数据库则不仅可以处理和管理各种非结构化的数据，还提供了全文检索、版本控制和文档链接等手段，这就决定了电子化公务处理系统需要以文档数据库应用为核心，同时结合应用关系数据库来实现对数据信息的管理。

第三，电子化公务处理系统必须具备多种共享方式和强大的共享能力。

信息共享、知识共享是电子化公务处理系统的生命力之所在，因此，必须充分发挥各种技术手段和管理手段的作用，尽最大的可能使系统具备尽可能多的有效共享方式，形成足够强大的共享能力。这其中，技术手段是不可或缺的，我们可以充分利用各种协同工作[①]技术，包括多线程讨论、网络实时会议、文档共享、电子邮件及一些辅助工具，在尽可能大的范围内提供在线即时信息共享和知识共享。同时，还应当注意为更大范围和更高程度的共享提供技术基础，比如，提供对移动通信设备的支持、手机的 WAP 接入访问、对 PDA 设备的支持等。特别不能忽视的是管理手段的作用，从客观实际情况看，仅仅具备互通互联的技术条件并不能保证系统就有所需的共享能力。目前在政府系统电子政务建设中普遍存在的"信息孤岛"问题，其主要原因并不在技术条件方面，主要还是管理跟不上。无论是因缺乏对信息资源的整合所造成的玉石混杂，还是因绝对化理解信息安全而造成的制度化信息"铁壁"，甚至因忽略标准化建设所造成的数据项不统一，都会加剧"信息孤岛"现象，使信息和知识因不能得到充分的共享而失去价值。有人说，如果信息和知识不能共享，电子化公务处理系统实际上就是可有可无的。一个有效的电子化公务处理系统应当起到"知识管理"平台的作用，目前更多的政府机关都在力图把电子化公务处理系统建立在知识管理基础上，也就是逐步把知识管理原则与方法融入每个机关工作人员的日常工作中去，它不仅模拟和实现了工作流的自动化，更模拟和实现

---

① 在日常工作中，机关工作人员需要花费大量的时间进行讨论和交流意见，才能做出某种决策。而这种在群体中互相沟通、合作的工作方式就是所谓的"协同工作"。

了工作流中每一个单元和每一个工作人员运用知识的过程。这样的做法无疑大大提高了系统的共享能力。

第四，电子化公务处理系统必须有利于政府流程的优化。

我们知道，在政府管理领域，业务流程、管理流程的存在是客观现实，正是构成流程的一系列相互关联的行为，使政府的各种输入转化为输出，使政府实现着自己的价值。电子化公务处理系统中的主要应用项目，如公文签批、各种报告请示的处理等都具有非常鲜明的流程性：基本上都是由发起者（如文件起草人）发起流程，经过本部门以及其他部门的处理（如签署、会签），最终到达流程的终点（如发出文件、归档入库）。实际工作中的流程可以是互相连接、交叉或循环进行的，一个工作流的终点可能就是另一个工作流的起点，上级部门的发文处理过程结束将引发下级部门的收文处理过程。并且，流程也可能会打破单位界限，发生于机关内部以及机关与其他单位之间。电子化公务处理系统主要是通过电子邮件的"推"与数据库的"拉"这两种技术方式，实现对政府流程的支持。具体来说，电子邮件系统利用的是一种"推"的技术，即发送方（人或应用程序）将信息通过存储转发技术推给接收方（人或应用程序）；数据库技术利用了一种"拉"的技术，即通过信息共享技术手段，对信息进行集中存储管理，当用户需要信息时，主动地将数据库中的信息"拉"到自己的工作站上进行处理。

现代政府管理对流程，特别是确定化的流程（也就是管理程序）有着特殊的依赖性。而电子化公务处理最重要的功效实际上是促进政府管理的改善，特别是政府流程的优化。因此，电子化公务处理系统一定要有利于完善政府流程。电子化公务处理系统对政府流程的优化作用，一方面表现在系统绝不能绝对忠实于原有的组织结构和原有的政府流程，而必须立足于对原有组织结构和原有流程进行改革创新，除了保留确实合理的部分之外，其余必须根据需要重新进行优化设计和全面更新。这也就是说，在电子化公务处理系统的建设与发展过程中，一定要实事求是地不断提出优化政府流程的要求。电子化公务处理系统优化政府流程的作用，还表现在它必须能够适应经过优化处理的新的政府流程，使新流程能够形成真正的优势，产生真正优化的结果。电子化公务处理系统优化政府流程的作用，同样还应当表现在应用中的电子化公务处理系统应当具备完善的流程设计与优化能力，允许系统的使用者根据实际条件和个性化需求，规范而又灵活地对政府流程进行调整和优化。

第五，电子化公务处理系统必须确立有效的安全保障。

政府机关公务活动关涉国家安全和利益、关涉公共利益的性质，使电子化公务处理系统在安全性方面有着极为特殊的要求。电子化公务处理系统的安全主要包括两个方面，一是系统自身的安全，二是数据信息的安全。系统自身的安全就是保证系统必须在系统合法拥有者的掌控之下，防止非法用户侵入，防止系统使用权限失控，防止各种自然和人为因素对系统正常平稳运行造成损害。数据信息的安全就是保证各种数据信息的完整存在，确保数据信息的真实性，防止各种自然和人为因素对数据信息的不可篡改性、完整性、可有效读取性、持久留存性造成损害，使秘密信息得到有效保守。为电子化公务处理系统确立安全保障的手段包括技术手段和管理手段等多种，一定要确保这些手段必须足够强大，足够有效，同时还必须足够灵活，足够方便，利于使用者掌握和利用。

第六，电子化公务处理系统之间应当实现有效集成。

电子化公务处理系统有多种类型，这些不同的系统各具不同的功能，但都是服务和服从于政府法定职能的，都是服务和服从政府整体管理目标的。因此，它们之间有着密切的关联，它们共同作用、共同构成一个机关，构成一个系统电子化公务处理系统的整体。为了充分体现和有效维护这种整体性，充分发挥系统的功能效用，必须统筹规划、集成应用这些不同类型的公务处理系统。

4.2.3 电子化公务处理系统的基本类型

根据不同的标准可以对电子化公务处理系统进行类别的划分，其中更具实用价值的划分包括：依据系统功能水平的不同，可以分为辅助型、管理型、决策型系统三类；依据系统应用和作用领域的不同，可以分为通用系统和专用系统两类。

1．辅助型、管理型、决策型系统

从我国政府机关电子化公务处理系统的实际建设情况可以发现，根据系统功能和实际管理水平的不同，政府机关内部电子化公务处理系统可以分为辅助型、管理型、决策型三种类型。

辅助型公务处理系统的功能主要是辅助机关工作人员完成日常常规性工作活动，辅助完成工作量大但工作难度不高的公务活动，比如，文件的流转、档案的收集和管理、会议的安排等。该类型系统处理的公务，一般都具有内容简单、重复性强、数量大等特点，在替代人快速完成相关工作任务方面优势明显。这种类型的公务处理系统虽属于初级性质的系统，但往往是更高层级公务处理系统的基础，系统中产生的数据信息也成为政府机关的基础信息资源。辅助型公务处理系统的基本应用范围绝大多数是一个机关，甚至是一个机关内部的若干部门，因此在系统管理方面不具备较强的能力，以分散式管理为主。

管理型公务处理系统是在辅助型系统的基础上，由各种功能较完善的信息数据库和具有通信功能的多级网络组成。管理型公务处理系统能够集中处理机关日常运营所需要的数据，对大量的各类信息进行综合管理，基本满足机关内部、政府系统内部对信息的共享需求，对提高政府机关管理水平和决策能力发挥着重要作用。管理型公务处理系统的应用范围有非常大的扩展性，在系统管理方面有较强的能力，集中式管理是常用方式。

决策型公务处理系统实际上应当称为辅助决策型公务处理系统，它是对管理型系统的发展，突出特色是具有决策方案比较等辅助决策功能，常常可以利用预先设计的决策模型辅助人们做出判断和决策。辅助决策型公务处理系统综合了事务型和管理型的数据和能力，并具有专家系统和人工智能组成的决策功能和发展预测、结构分析等功能。辅助决策型公务处理系统是目前层级最高的公务处理系统，代表了电子化公务处理系统的发展方向，它并没有从根本上改变公务处理系统，通过改善事务处理为政府管理职能的实现提供服务，间接改善政府管理的基本性质，但却可以通过对知识的管理对政府管理的核心职能——行政决策提供直接的辅助性支持，因而对提高政府管理水平有极大的推动作用。

实际上,上述三种类型都是政府机关内部电子化公务处理系统建设过程中不可或缺的组成部分。但对特定的机关来说,绝大多数的建设过程应该遵循循序渐进的原则。一般情况下,辅助型系统建设在先,在数据积累和技术能力、管理能力不断提高的前提下,逐步增加信息管理和辅助决策的功能。从现阶段的具体情况看,目前我国已建立并实际运作起来的电子化公务处理系统基本上还是属于事务型或者事务型与管理型之间的过渡性系统。一些中央部委和地方省级政府机关建成了一部分初具规模的管理型公务处理系统。只有少数单位的系统开始有初级形态的辅助决策功能。

2. 通用与专用系统

从我国政府机关电子化公务处理系统的实际应用情况看,依据系统应用和发挥作用的领域不同,可以分为通用系统、专用系统两种类型。

通用电子化公务处理系统是指可以广泛存在和作用于所有政府机关,用于对所有公务活动提供普遍性支持的系统。这类系统用途广泛,通用性强,是所有政府机关需要普遍建立的,它可以为几乎所有性质的公务活动提供基本支持。

专用电子化公务处理系统是指用于对专门政府机关,或者是对政府机关的专门公务活动提供专门性支持的系统。这类系统可以存在和作用于专门的政府机关,也可以存在和作用于一般政府机关的专门公务活动领域。

4.3 通用电子化公务处理系统的应用

通用电子化公务处理系统的基本应用包括公文处理、视频会议、事务处理、日程管理、流程监控、档案管理、信息服务、决策支持、专家系统、信息资源管理、知识管理等。

4.3.1 公文处理

公文是政府机关公务信息的主要存在形式,公文处理就是对公文的创建、处置和管理,即在公文从形成、运转办理、传递、存储到转换为档案或销毁的完整生命周期中,根据特定方法和原则对公文进行创制、加工、利用、保管等处理,使其完善并获得必要功效的行为或过程。政府机关公务活动对公文的普遍依赖性使公文处理活动成为机关内部各级各类工作人员的主要工作任务。这项工作不仅工作量巨大,涉及人员众多,对公务活动的质量和效率具有直接、深刻的影响,而且具有琐碎、繁复的特点,为此,实际存在的政府机关电子化公务处理系统几乎没有例外,都把公文处理作为主要的应用项目。

从目前我国政府机关的实际情况看,电子化公文处理系统均包含一个重要的子系统:公文处理系统。这个系统大致有三种类型,分别以公文拟制、机关内部公文流转以及政府系统机关之间公文传输的电子化为特色。

1. 以公文拟制电子化为特色的公文处理系统

以公文拟制电子化为特色的公文处理系统也可以称为单机方式的公文处理系统。在该种类型的公文处理系统中,公文的传递、办理、直至归档仍采用传统人工方式,只是对公文的形成和部分管理采用计算机方式。在这种系统中，公文虽然已经具备了数字化的形式，但实际运转处理中的公文仍旧是由数字化形式转换成的纸质书面形式。出于管理需要，反映公文某些特征的项目如文件号、题名、发文单位、承办单位、密级等被数字化并被公文处理系统存入计算机。这些数字化的项目成为统计、查询、借阅、催办、打印各种处理单和报表的基础信息。这种以公文拟制电子化为特色的公文处理系统，对计算机软硬件要求不高，投资少，见效快，软件开发相对比较容易，处于公文处理电子化的初级阶段，但也是功能最简单、最实用的系统。

2. 以机关内部公文流转电子化为特色的公文处理系统

以机关内部公文流转电子化为特色的公文处理系统的特点是：公文直接在计算机上生成，通过计算机网络进行传递，在计算机服务器与各种计算机终端上对文件进行实质性的办理，相应的文件管理工作也主要通过计算机系统完成。在这里，系统中的公文不再是纸质书面形式，而是数字化的电子公文。公文从其生成到归档或销毁，都是在计算机上进行的，工作流技术驱动和监督着文件的流转，确保公文可以以极快的速度和极低的出错率进行处理，大大地提高了办文效率和质量，也使公文管理发生了根本变化。目前我国大多数政府机关的公文处理系统基本都属于这种类型。这种类型的公文处理系统具有如下基本功能。

1）**公文处理流程维护**

一般情况下，以机关内部公文流转电子化为特色的公文处理系统中公文的流转完全不需要人工干预，可以按照预先制订的工作流程，自动向各部门传递。但由于各机关、部门的办公条件、人员数量、办文程序和习惯等方面都存在差异，因此，绝大多数系统需要提供自定义公文流程等方面的系统维护功能。这些功能具体包括：

（1）流程定义

流程定义是对办文过程中的一些环节进行初始化处理，确定文件流转过程中的具体工作。流程一旦定义完成，文件自行流转，无需人的干预。比如图 4.1 就是一个十分简单的公文流转过程。

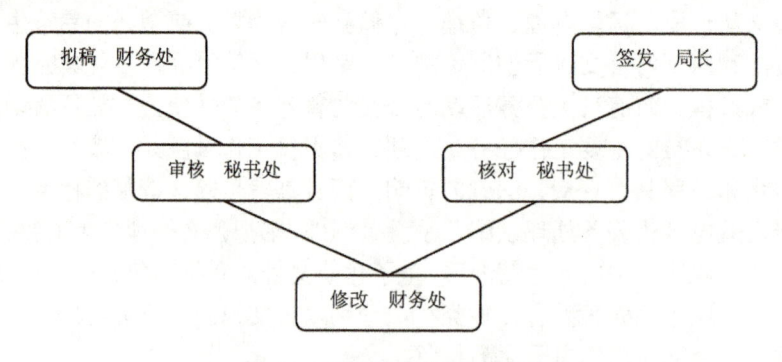

图 4.1　公文流转过程示意图

（2）流程增加

流程增加包括两种含义，其一是增加新的公文处理环节到现行的工作流程中，其二是定义新的文件流程。

（3）流程修改

对现行的公文处理流程进行修改。

（4）流程删除

流程删除包括两种含义，其一是删除现行流程中的一些冗余环节，以加快公文办理速度，其二是删除一些不太适用的流程定义。

（5）流程显示

具有相当权限的工作人员，可以显示浏览当前公文处理流程。一般只有机关的某些领导或系统管理员，才有权查看机关的公文处理流程。

2）收文处理

收文处理的主要功能包括：

（1）收文登记

收文登记是对收文的各类基本信息（如文件序号、文件类型等）进行逐项登记的工作。另外，如果需要还应当将收到的纸质书面公文进行数字化处理，使其成为电子公文。

（2）拟办

将待办的公文通过网络发送给拟办负责人，由拟办负责人直接在计算机上签署处置意见或选择拟办模板，拟办完成后，公文自动转入批办或返回公文管理部门。

（3）批办

将待办的公文通过网络发送给有关批办负责人。由批办负责人直接在计算机上签署意见，批办完成，文件自动发送到承办部门或返回公文管理部门。

（4）承办

将待办理的公文发送给承办部门或者具体承办人，如果不止一个部门，可以成批发送，并附上公文承办单和公文办理期限的说明。

（5）监控

对于发出的公文现在何处，办理的速度以及文件的利用情况等，可由系统自动进行跟踪监控，以便公文管理部门和有关领导及时了解当前公文办理的情况。

3）发文处理

发文处理的主要功能包括：

（1）公文生成

公文的生成主要是利用计算机文字处理、表处理、图形处理等软件进行公文撰写，生成电子公文，可以根据公文的类型选择合适的公文模板。

（2）审核

生成的文稿经计算机网络送审核负责人进行审核，审核负责人在审核意见栏中签署审核意见后，初稿传回撰稿人处修改。

（3）内、外会商

对于需要有关部门会签的公文，由公文管理人员按会商要求，将公文发往有关部门签署意见。内部会商在网上进行，外部会商可选用其他途径进行。

（4）签发

公文发送到签发负责人处，由签发负责人在签署意见栏中签署意见并签名，同时确认或修改主送、抄报、报送单位，签发完成后，返回公文管理部门。

(5) 分发

各部门将待分发的公文送至公文管理部门，由公文管理人员选择待分发的文件，分别确认主送、抄报单位及抄送信息后，进行发送。

(6) 登记

发文处理完成后对发文的题录项（如文件序号、文件类型等）进行登记，在登录的同时可以对文件自动进行主题标引和分类标引，从而确定主题词和分类号。公文全文可以直接存入发文数据库。

此外，在收文或发文的办理过程中，如果需要，可通过计算机发送催办单。

4）公文检索

公文检索就是公文查询。不论是收文、发文的目录或全文信息，都是以某种方式存储于服务器中的，查询时可根据级别和文件密级权限等对有用信息进行调阅或打印。除了目录检索之外，还应该提供全文检索，以及针对多媒体信息的检索。

5）公文统计

统计数据是掌握公文综合情况以及公文管理工作情况的第一手资料，用计算机来做这项工作可以快速、准确地获得各种有用信息，可对各个时期、各个阶段、各单位、各部门、各类的公文状况和公文利用情况做出统计，并输出统计报表、图表。

6）立卷归档

立卷归档是文档管理中不可或缺的环节。由公文管理部门对已办结的文件进行筛选，决定文件的归宿。

3. 以政府系统机关之间公文传输电子化为特色的公文处理系统

以政府系统机关之间公文传输电子化为特色的公文处理系统的特点，在于强化了公文对外传输功能，以对外传输过程的电子化彻底克服了以往公文处理系统存在的一个瓶颈——因为在对外部传递过程中必须使用传统邮递方式，电子公文必须以非比特形态（纸质书面或者以磁盘等为物质载体）出现而造成的传输效率低下问题。

目前，实际应用中的电子化公文传输功能基本上是通过模仿传统公文传输方式实现的。这些传输系统可以保证政府机关现在用的红头文件通过电子化传输之后仍旧能保持原貌，格式式样、字迹内容原封不动。只有电子公章，必须经过专门安全处理后，完全按照授权规定的样式复原（文件或者印刷文件的印版）。常用的公文传输系统绝大多数具备以下这些功能。

- 公文制作：提供各种常用的字处理软件，进行公文模板的定制、公文的编辑、公文的排版等工作。
- 公章制作：通过扫描等方式，得到公章图像文件。
- 电子盖章：在系统内部进行电子印章的处理，并完成对公章和公文的有机整合。
- 发送和接收：调用公文，发送及接收公文，以及对公文实施管理。为了保证公文在传输过程中的安全性，特别是传输带有"密级"的文件时，系统大多采用指纹识别等各种加密技术，对文件进行加密，接收方在接收后进行解密还原。
- 打印管理：对正式公文的打印进行控制，包括打印申请的管理。

- 回执管理：处理接收方回执，对是否收到、何时收到公文进行监控。
- 系统设置：对系统的公章、模板、收文单位等进行配置。
- 安全管理：以技术的、管理的措施体系，为系统安全运行确立保障。

4.3.2 视频会议

1．视频会议系统及其发展

会议也是政府机关公务处理的重要手段，在电子化公务处理系统中，目前会议电子化的主要形式是视频会议系统。

视频会议系统（Video Conferencing），有时又被称为"电视会议系统"，就是指两个或两个以上不同地方的个人或群体，通过传输线路及多媒体设备，将声音、影像及文件资料互传，达到即时、互动的沟通，以完成会议目的的系统。

视频会议系统是集通信、计算机技术、微电子技术于一体的远程异地通信方式，该系统是一种典型的图像通信。在通信的发送端，将图像和声音信号变成数字化信号，在接收端把它重现为视觉、听觉可获取的信息。与电话会议相比，视频会议具有直观性强、信息量大等特点，各个会场的终端通过通信网络相连，接收其他会场的图像和声音，同时向其他会场发送本会场的图像和声音。在多点（两个以上）会议的情况下，出席会议的人员通过会议系统的多点控制单元控制会议进程，任意浏览对方的会场，观看会场全景或发言人的特写镜头，进行交谈商讨；视频会议系统不仅可以听到声音，还可以看到会议参加者，面对面地商讨问题，特别是在针对图纸、实物进行研究讨论时，与身临其境的会议无异。

视频会议至今已有 30 多年的历史了，其间经过了一个从模拟视频会议到专用数字视频会议再到公共数字视频会议的发展过程。从 20 世纪 60 年代开始，世界发达国家开始研究模拟视频会议系统，最早的视频会议采用模拟方式传输，但由于运营成本较昂贵，因此其商业应用受到很大的限制。

20 世纪 80 年代初期以后，数字方式逐渐成为主流。随着近年来通信网络的数字化、集成电路的超大规模化，以及多媒体信息技术的迅猛发展，视频会议的实用化日益显示出强劲的发展态势。

在视频会议发展的初期，各家制造商的编解码都采用自己的标准和算法，没有可共同遵守的公共标准，这给不同制造商的设备之间的互联互通造成困难，影响了视频会议的实际应用发展。20 世纪 90 年代 ITU-T H320 标准和 H323 协议的推出，基本结束了这种混乱无序的状态，为视频会议的推广做出了巨大的贡献。

2．视频会议系统的分类

依据不同的标准可以把视频会议系统划分为不同的种类，其中比较有实用价值的分类如下。

根据支持视频会议的通信网络的不同，可以分为：基于通用电话网（Plain Old Telephone Service，POTS）、基于局域网（LAN）、基于综合业务数字网（Integrated Services Digital Netware，ISDN）、基于异步传输网（Asynchronous Transfer Mode，ATM）、基于

因特网（Internet）的视频会议系统。

根据传输内容的不同，视频会议系统又分为：文件会议系统、数据会议系统、可视会议系统、桌面视频会议系统。文件会议系统，顾名思义，就是与会者共享屏幕上的一个或多个窗口，通过这些窗口交换信息的会议系统，文件会议系统可以传输图文，但不能传递语音。数据会议系统则可以在相同的通信线路上同时增加传送声音的功能。可视会议系统在数据会议系统基础上，又增加了静态图像或准动态图像传输的功能。桌面视频会议系统的功能最为完整，支持语音、视频、文本、图形等多种媒体，因此也称为多媒体会议系统，这是视频会议的发展方向。

3. 视频会议系统的功能

视频会议系统种类众多，功能繁简差异很大，因此，我们仅以基于互联网的 IP 桌面视频会议系统为例来介绍视频会议系统的基本功能。如图 4.2 所示，视频会议系统的功能一般包括会议管理、数据会议、媒体流管理以及会议文档管理四个部分。

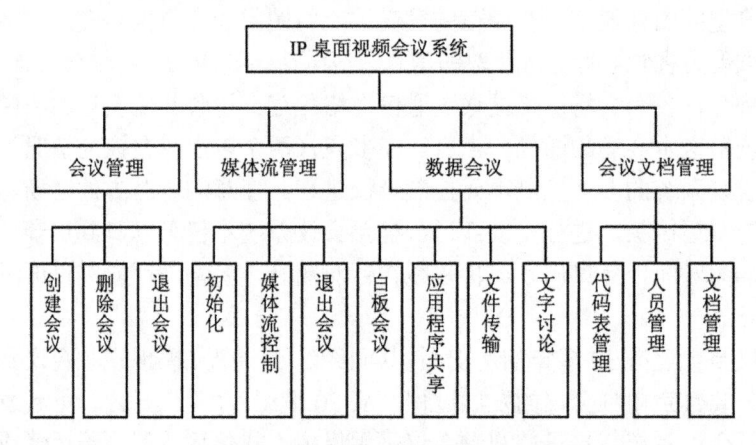

图 4.2 视频会议系统的基本功能

会议管理包括会议信息的查询、会议的创建和删除等。其中会议信息管理涉及一个安全性的问题，即什么人能召开会议、加入会议、删除会议，什么人只可以加入会议，什么人没有加入会议的资格。

媒体流[①]管理包括媒体流的初始化，如媒体流终端的建立、媒体流的建立等。媒体流控制包括发送方将视频和音频流进行压缩编码、视频媒体流的传输、音频媒体流的传输、接受方将视频和音频流解压缩并且进行回放、视音频同步等问题。媒体流的录制是将会议进行过程记录下来，以便今后需要的时候进行回放，重现会议过程。

在现代的视频会议系统中，仅仅提供视音频会议是不够的，为了满足会议的需要，如会议文件分发、会议讨论等要求，提供数据会议功能已经成为视频会议系统必不可少的功能。一般数据会议可以提供四种功能，即白板共享、应用程序共享、文件传输、文字讨论（又称文字聊天）。这四大功能基本上可以满足视频会议系统用户的需要。

在基于互联网的桌面视频会议系统中，还有一项重要组成部分就是视频会议文档管

---

① 所谓媒体流是指把包括文本、图像、音频、视频等信息在内的信号

理系统。会议文档管理是增强视频会议系统功能的一个重要方面。在基于互联网的桌面视频会议系统中，需要对桌面视频会议的信息加以有效的管理，如会议内容、会议过程、会议时间等，这部分功能由会议文档管理系统完成。基于互联网的桌面视频会议文档管理系统主要分为三个部分：文档管理、人员管理和各种代码表的管理。其中文档管理部分对录制好的多媒体会议文档进行有效的管理；人员管理对与会议相关的人员的信息进行管理；各种代码表的管理对与会议有关的地区、职称、职务等信息进行有效管理。

除了图 4.2 所示的功能之外，系统还需要有良好的用户界面，一般通过几个典型的窗口如视频窗口、共享窗口（白板）、个人窗口等实现计算机与若干用户之间的友好交互。另外，系统还需要使用几种发言权控制方式，如指定方式、自由方式、先来先服务方式和由主席控制方式等来保证系统在任何时候只有一位用户发言。

4.3.3 事务处理

1. 事务处理系统的功能

这里所称的事务实际上是一种狭义的事务概念，指政府机关公务活动中处理公文、参加会议、调查研究、面洽访察、宣传演讲、信息查询、资料分析、统计汇总、规划设计、核查审定等活动之外的，对这些活动的有效性发挥保障性作用的活动中的一部分，如会议组织、来信来访处置、后勤服务等。

作为电子化公务处理系统一个重要子系统的事务处理系统，一般均包括会议组织、来信来访处置、后勤服务等功能。

1）会议组织

会议组织功能主要指要求系统实现直接在计算机上进行会议日程及会议室安排、会议资料准备、会议通知、会议记录、会议决策通报，具体内容如下。

会议日程及会议室安排：根据会议召开的时间和人数，参照日程安排数据库，确定会议召开的时间及地点，并将此次会议加入日程安排数据库。

会议资料准备：可以在系统中收集或传送有关会议文件。

会议通知：根据会议的信息，对于可传达到的参与者递交会议通知并向涉及人员及领导通知，而且根据需要加入信息到电子黑板报中。

会议记录：将会议的议题、与会人员、发言情况等信息存入数据库中，以供查询、归档及生成会议文件的需要。

会议决策通报：将会议的讨论结果及决策形成报告，递交给涉及的人员和相应的领导及部门，根据需要将会议精神传达给职工。

2）来信来访处置

处置来信来访是政府机关信访工作的重要内容，这项工作很烦琐但很重要，政策性也非常强。机关公务处理系统的信访处置功能主要包括：信访登记、分办、转办、承办、拟办、起草报告，根据情况报机关首长或机关内设部门领导阅批、领导会签或签发、结案、将处置结果告知有关方面、信访文件立卷归档、信访机构对处置情况督察、信访文件查阅等。

3）后勤服务

后勤服务主要指通过对内部各种办公设备、办公用品、器材、车辆等进行统一管理、调度，为机关各有关方面提供后勤保障。后勤服务方面的功能主要是进行登记、确认、服务提供情况记录、服务结算等。比如，用车服务主要包括登记车辆资源情况、发布用车制度、进行车辆预订申请、车辆服务确认、服务费用结算等功能。

2. 事务处理一般过程

无论特定的事务处理活动有什么样的特点，在公务处理系统中几乎所有的事务处理活动都要完成一系列的基本数据处理活动，包括数据收集、数据编辑、数据修改、数据操作、数据存储和文档生成等步骤。

数据收集：获取和收集完成事务处理所需要的数据的过程称为数据收集。有些情况需要手工完成，例如，某些接待情况的登记。还有一些数据的收集可以尽量采用系统自动生成、扫描仪等输入设备自动完成等方式。

数据编辑：事务数据的一个重要的处理步骤就是数据编辑，以检查数据是否达到有效性和完整性的要求。例如，数量必须是数字类型，否则数据无效。通常，很多与事务活动有关的代码也是对应于数据库中的有效代码进行编辑的，如果输入的代码不在数据库中，那么它将被拒绝。

数据修改：无效的数据不能都被拒绝。系统应该提供错误信息，以便向用户提出警告。这些错误信息应该说明出现了什么错误，提供修改的建议。数据修改包括对部分数据的修改以及重新输入全部数据。

数据操作：数据操作即进行计算和其他数据转换工作。数据操作包括数据分类、数据排序、数据计算、汇总等操作。

数据存储：数据存储指用新的数据更新数据库的过程。一旦更新完成，数据就可以被其他子系统使用。

文档生成：文档生成包括生成输出记录和报告。它可能是拷贝的纸文档，也可能仅仅显示在屏幕上。

4.3.4 日程管理

1. 日程管理及其作用

电子化公务处理系统提供的日程管理实际上是一种对工作人员公务活动进行时间管理的工具。日程管理的具体手段非常丰富，在传统办公环境中，人们使用各种日程表、记事本、便条、白板等方法记录工作安排、提示待办事项等。但这类方式的固有缺点极大地限制了它的使用范围和效用：首先，这类提示手段大都具有私有性，像私人记事本和日程表，除了本人及助手外，他人并不能查看，因而无法利用其来安排活动；其次，这类手段虽然有查考的作用，但都不能起到自动提醒的作用，而一旦丢失后基本不具有恢复手段，从而造成工作安排上的极大被动；最后，这些方式仅仅具有提示功能，并不能起到联系和通知的作用，因而功能有限。

在电子化公务处理办公环境中，我们可以利用电子日程管理模块来解决上述问题。

我们可以利用计算机网络平台，完成约会的时间、人员、地点、程序安排与管理，从而实现工作计划、办公会议、业务活动的自动安排。合理的日程管理能够为办公活动带来极大的便利，它可以帮助办公人员对时间等资源进行宏观调控和协调，实现优化管理，从而达到提高办公效率的目的。

一般来说，日程管理包括电子日程表、任务安排等方面，其中日程表是对一定时期内每天各时间段的约会做出安排，一般是按时间进行排序的。任务则是一项与人员或工作相关的事务，且在完成过程中要对其进行跟踪。任务可发生一次也可能重复执行（定期任务），如定期任务就需要按固定间隔重复执行。

2. 电子日程表的功能

电子日程表的主要功能是对工作的执行时间段做出安排，在公务处理系统中，日程表应具有如下功能。

1）活动安排

这里的活动安排主要指将具体的活动与日程安排相结合，实现办公时间的合理安排，通过日程管理应用系统的协调，避免各类活动的时间冲突，灵活管理各类活动。具体功能包括日程表的设置、活动输入、活动修改、活动删除、活动查询、自动提醒、自动通知等。

2）会议安排

会议在这里作为一种特殊活动进行安排。首先将会议主题、与会者名单、会议地点、会期等基本数据输入系统，系统会根据参会者名单逐一查询其日程表并通过电子邮件方式逐一通知。系统会帮助管理人员找到所有人都空闲的最近的时间。当通过电子邮件将会议通知发送给被邀请者时，每个人都会在自己的"收件箱"中收到会议要求。当他们打开会议要求时，如果该会议与其"日历"中某个现有项目冲突，系统会通知他们，他们只需单击按钮来接受、暂时接受或谢绝会议。如果会议组织者允许，被邀请者可以提出不同的时间建议。组织者仅需打开电子日程表便可以跟踪接受、谢绝会议或建议时间的人。

3）例行活动管理

在活动安排过程中，经常有一些活动是有规律出现的，比如，每天的例行检查、每周五召开的周末总结会、月末汇报等活动，这些活动就是例行活动。对例行活动可以一次性定义，而无须重复安排。

3. 与日程管理相关的辅助功能

公务处理系统除了常规的日程管理功能外，还应结合办公环境的实际需要，提供与日程管理密切相关的辅助功能。比如，提供与邮件系统无缝集成的功能，通过邮件系统向活动参与人员自动发送邮件；再如，提供人员管理功能，将相关人员的详细信息记录下来，使日程管理系统通过人员管理系统选择活动的参与人员，并利用其中的邮件地址实现活动通知的自动发送等。此外，还可以根据具体需要，将日程管理与时区管理、火车时刻表、组织通信簿等关联，为公务活动提供更细致、更周到的服务。

4.3.5 流程监控

这里所说的流程监控实际上就是对工作过程也就是公务处理过程的监督和控制。流程监控是公务处理系统的重要功能。一般的流程监控程序均可以在各种工作流程的执行过程中随时监督控制流程的进展以及流程主要节点上的人员工作情况，直接掌控工作的进展情况、任务完成情况，及时了解工作中的各种困难和问题，根据预设的标准和条件，找出工作中的偏差，提示或者督导有关方面执行相应对策，直至圆满完成任务。

流程监控一般分为在办事务的监控与已结案事务的监控两类。在办事务的监控可通过设置总体工作项、在办工作项、逾时的在办工作项、待办工作项及被催办的工作项的方式，完成监控任务，也可以通过列出某一工作项所有已进行的活动过程的方式实施监控。结案事务的监控可根据参与者、任务或角色等分别查询结案事务的所有工作项及逾时工作项；以参与者或任务查询时，也可以列出全部的工作项。与在办事务一样，也能列出某一工作项所有已进行的活动过程。此外，在结案事务的监控中可列出所有工作项的处理周期。

完善的流程监控功能使公务处理的每一具体工作步骤的情况均有记载，有利于追踪工作的执行过程并及时反馈有关情况。

4.3.6 档案管理

根据文件生命周期理论，文件从其形成到销毁或永久保存是一个完整的运动过程，这一过程依文件形态的变化可以分为若干阶段，文件在每一个阶段因其特定的价值形态而与服务对象、保存场所和管理形式之间存在一种对应关系。在电子化公务处理系统中进行流转的公文或者其他形式的文件，有相当一部分最终是要进行归档保存的，以备日后工作查考和历史研究的需要。

电子化公务处理系统，应当提供比较完备的档案管理功能。其中的主要功能包括：鉴定、归档、检索、保管等。

鉴定就是根据一定的方法和原则，判断电子档案的历史和现实价值，确定其保存期限，还包括对保存期满的电子档案进行复审，并按照复审的结果对档案进行相应处理。鉴定的基本方法包括内容鉴定法和职能鉴定法两种。前者是通过审读档案的内容来判断其价值，后者通过判断形成档案的职能活动的重要程度来鉴别价值，在电子档案大量生成的情况下，这种方式效率较高。

传统的归档概念是将具有保存价值的文件集合（案卷）向档案部门移交的过程，但对于电子档案而言，现阶段需要在电子文件归档的同时，将相应的纸质文件进行归档，即"双套制"归档。

电子文件的归档范围主要包括：在行使本机关职能中形成的各种文本文件，对需要保存草稿的文件，修改应在拷贝件上进行，并记录版本号，并将草稿和定稿一起保存；本机关制作的各种数据文件，包括数据报表、数据库等；为保证电子文件长期可读性而收集的各种支持软件，包括操作系统、应用软件，以及相关的数据和配套文档资料；以上各种电子文件的整理、著录和鉴定信息。

电子档案检索系统的建设包括存储和查找两个方面，即存储具有检索意义的档案信息，并据此开展查找工作。一般通过电子档案著录系统实现对档案信息的存储，即分析、组织和记录关于文件内容、结构以及文件系统的信息，并将其纳入电子档案信息数据库中。电子档案的查找具有多种方式，原则上任何被著录的项目都可以作为查找的条件，甚至包括全文查找，在实际应用中一般通过著录的关键词和分类标识从电子档案信息数据库中进行查找。

电子化公务处理系统为电子档案的利用提供了非常便捷的条件，但从档案保管的角度来看，电子档案的数字化形态增大了保管的难度，其结构的复杂性也影响了对文件真实性、完整性、系统性的判断。

电子档案的保管包括数字化载体的保管和电子档案信息的保护。前者要求选择合适的数字化载体，按照载体保护的标准进行管理。后者需要电子文档管理系统能够有效利用信息加密、信息认证、病毒防治、网络安全等安全技术。

4.3.7 信息服务

这里的信息服务主要指为满足政府机关内部公务处理过程中的情报信息需求而提供的服务。信息服务是政府机关公务处理系统的核心功能之一，可以进一步细分为电子公告、电子讨论、大事记和信息查询等内容。

电子公告相当于日常办公中的公告板，是发布各种信息，如公告、通知或启示等公用办公信息的场所。主要功能包括告知性文件的起草、发布、删除等。

电子讨论也就是在线论坛（BBS），包括论坛模块管理、论坛版主管理、论坛浏览、新文章、论坛排行、论坛的权限管理等功能，电子论坛可作为信息交流的场所。

大事记可以完成机关大事要事信息的录入、整理、汇总和查询功能，是机构重大事件汇总、整理、发布和查询的重要场所。

信息查询是信息服务中的关键环节，信息查询提供针对机构各类信息的检索服务。随着 Internet 的普及，机构的信息查询应该提供基于 Web 的查询服务，因此信息查询中的信息安全问题就显得尤其突出和重要。

4.3.8 决策支持

1. 决策支持系统

决策支持系统（DSS）是 20 世纪 80 年代在管理信息系统（MIS）基础上发展起来的。管理信息系统是利用数据库技术实现各级管理者的管理业务，在计算机上进行各种事务处理工作。决策支持系统则是由计算机自动组织和协调多个模型的运行，对数据库中大量数据进行存取和处理，为各级管理者提供辅助决策的可用、可视、综合和系统的信息。高级形态的电子化公务处理系统必须有一个决策支持子系统，为政府机关的科学决策提供辅助。

决策支持系统就是从数据库中找出必要的数据，并利用数学模型的功能，为用户生成所需信息的系统。

决策支持系统主要是以模型库系统为主体，通过定量分析进行辅助决策。其模型库中的模型已经由数学模型扩大到数据处理模型、图形模型等多种形式，可以概括为广义模型。决策支持系统的本质是将多个广义模型有机组合起来，对数据库中的数据进行处理而形成决策问题模型。决策支持系统把辅助决策从运筹学、管理科学的单模型辅助决策发展到多模型综合辅助决策，使辅助决策能力上了一个新台阶。

2. 决策支持系统在电子化公务处理中的应用

随着电子政务的发展以及中国信息化程度的不断提高，在政府决策支持方面需要不断吸纳新的信息处理技术，提高决策的科学性和规范性，以达到提高政府决策效率、促进经济发展的目的。政府机关电子化公务处理系统对决策信息的需求是全方位、多层次的。在统一规划下建立的各级政府职能部门的公务处理系统，是电子化公务处理系统的子系统。各子系统需要向主系统提供必要的地理空间信息、政务信息、专题业务信息和其他各类决策信息，以实现多产业、多部门协同信息处理和信息共享。

决策支持系统能够为政府提供各种决策信息以及各种问题的解决方案，从而减轻了管理者从事低层次信息处理和分析的负担，使得他们专注于最需要决策智慧和经验的工作，因此提高了决策的质量和效率。

决策支持系统是一个集成的政府信息化管理工具，在降低用户信息处理劳动强度的同时，突出了信息对领导决策的重要作用。系统覆盖了从数据采集、处理和传输，到信息管理、分析、共享和发布等政府信息处理的整个流程，从信息中提炼知识，为决策提供了充足的信息支持。

决策支持系统作为政府机关电子化公务处理系统的有机组成部分，其主要任务是：直接为政府领导的日常办公提供有效服务；建立政府系统电子信息枢纽，通过广泛收集和加工处理各类信息，使领导全面及时地掌握各方面的动态；为领导提供高效、安全、灵便的指挥调度手段。通过对电子信息资源的科学化管理，决策支持系统将高效率、高质量地为各级政府实施宏观管理与科学决策提供智能化支持。

3. 决策支持系统的组件

一个决策支持系统包括以下典型的组件。

第一，数据管理子系统：决策支持系统的数据库通常包括在数据仓库中。数据仓库是用于管理决策支持的面向主题的、集成的、稳定的数据集合。它将传统数据库中的数据进行清洗、抽取和转换，并按决策主题的需要进行重新组织。这种高度集中的数据为各种不同决策需求提供了有用的分析基础。

第二，模型管理系统：一个包含有统计、运筹和其他定量模型的软件包，能够提供系统的分析能力和合适的软件管理能力。在模型库中的模型可以分为战略性的、策略性的、运营性的等。

第三，用户界面子系统：用户与决策支持系统应用之间的交流，如交互式界面、报表打印，为了实现组织内的信息共享，还应包括 Intranet/Internet 的发布方式。

第四，用户：用户可看作系统的一部分。决策支持系统的用户主要是政府部门的管理者。

4．电子化公务处理决策支持系统的功能特色

决策支持系统从建立政府数据仓库着手,利用先进的联机分析处理技术和数据挖掘技术为各级政府机关提供综合分析、时间趋势分析、预警分析等辅助决策信息,给各级政府机关的决策提供科学的依据。这个系统在功能方面应当具备如下特色。

第一,有一个个性化的页面生成机制。系统应当能够为各个级别的领导生成个性化的页面。

第二,决策支持系统应当具备数据的清洗与转换、源数据的维护及管理方面的功能。数据的清洗与转换:在进入数据仓库之前,原始数据必须以一种规范的关系与格式进行清洗与转换,决策支持系统则提供了系统中所需要的数据的清洗、转换等功能。源数据的维护及管理:对源数据的管理包含对数据源、数据转换规则、知识库、模型定义等的管理与维护。

第三,提供多维分析工具。多维分析工具根据建立的模型,利用展示工具,用户可以进行随机查询、在线分析、数据挖掘、多维展现、即席报表等。

5．专家系统

专家系统是一种侧重开发利用特定领域中专家知识和经验的计算机程序,它能够运用知识进行推理,解决与专家水平相当的咨询工作。也就是说,专家系统是一种模拟专家决策能力的计算机系统。专家系统是以逻辑推理为手段,以知识为中心解决问题的。传统的专家系统有固定的组成结构,包括:

- 知识库,储存专家用以解决问题的知识。
- 推理机,用以控制推理过程。
- 使用者接口,提供使用者与专家系统的接口。
- 解释机,提供使用者友善的解释说明及咨询功能。
- 知识获取接口,提供编辑、增删知识库的功能。
- 工作记忆区,储存推理过程中的事实。

20世纪80年代末90年代初,决策支持系统与专家系统结合起来,形成了智能决策支持系统。专家系统是定性分析辅助决策,它和以定量分析辅助决策的决策支持系统结合应用于电子政务中,进一步提高了政府辅助决策能力。

专家系统中推理机、人机界面与知识库完全分离,即同一个专家系统与不同的知识库组装在一起,可以解决不同的问题。但是,它必须组装不同领域的知识才能解决不同的问题,超出它的知识范围它就无能为力。因此电子化公务处理发展专家系统,应以开发实用的专家系统工具为主,针对政府工作中的一些具体、特殊的措施,建立知识库,然后与专家系统工具集成在一起,形成丰富多样的专家系统,以保证开发效率及推广应用。

4.3.9 信息资源管理

1．政府信息资源管理

政府信息资源是政府形成或者掌握的信息资源的总称。由于政府总以某种方式与人们的工作和生活的每一方面直接或间接相联系,因此,政府信息资源总量常常多得惊人。

据统计，目前各级政府部门大约集聚了全社会信息资源总量的80%。这些信息资源还常常比一般的信息资源更有价值，质量和可信度也较高。因此如何加强管理、综合开发和有效利用这些资源已经成为各级政府工作的当务之急。

信息资源管理就是分配和监控系统资源的使用状态，有效地对这些不同的信息资源进行管理，提高政府机关资源的利用率，降低资源消耗，节约行政成本。政府机关电子化公务处理系统的一个重要功能就是对政府信息资源实施有效管理。

自20世纪80年代中期开始使用计算机以来，国内许多政府机关都建立了自己的信息系统。根据统计表明：目前我国政府机关建立了3000多个大型或超大型数据库，但是在这些数据库中的信息却一直没有有效利用起来。其原因可能是多方面的，信息资源管理水平不高是最主要的原因。

我国政府信息资源管理水平低，首先表现在缺乏信息资源规划。信息资源规划是指对政府部门信息的采集、处理、传输和使用的全面规划。其核心是运用先进的信息工程和数据管理理论及方法，通过总体数据规划，打好数据管理和资源管理的基础，促进实现集成化的应用开发。由于长期以来我国政府在信息化建设方面多从局部区域、部分部门分散做起，所构建的电子政务系统大多是以解决特定业务功能为目的的系统。缺乏对数据和信息的统一规划、统一标准的建设，因此各个地区、各个部门的电子政务系统往往条块分割自成体系，从而带来诸如信息资源分散、信息严重缺乏整合、信息标准化水平低、信息共享困难、信息资源可直接应用性不强、信息资源浪费现象严重等各种问题，政府信息系统规模不小，总量不少，但大多是彼此隔离的"信息孤岛"。

2. 信息资源管理系统

信息资源管理系统是政府机关电子化公务处理系统的子系统，它是从满足政府内部对信息资源管理的实际需要出发，以传统的手工管理流程为依据，以电子化、网络化管理方式为基础的信息资源管理过程与行为的总体。

根据国务院办公厅提出的电子政务建设要以"三网一库"[①]为基本架构的要求，政府信息资源建设的重点主要是建立和发展政府信息资源库，通过全面整合政府内各自独立、分散的信息系统内的数据，建立统一的电子政务信息资源库处理平台，从而实现政府信息资源在三网上的广泛共享。该系统主要包括：电子信息资源库管理子系统、办公业务资源管理子系统和公众信息服务子系统三大模块。

1）电子信息资源库管理子系统

由于核心网、办公业务信息资源网和公众信息网都是建立在适合本网内用户使用的电子信息资源库之上，因此电子政务信息资源库可以说是电子政务网络应用的核心和基础。为保护政府原有系统投资，避免重复建设和系统之间数据交换困难等现象，电子信息资源库管理系统利用数据库提供强大数据整合功能，为政府部门内原有各种办公电子文档、数据库资源特设置了数据标准转换引擎功能，在方便系统间数据交换的同时，通过一整套数据标准和数据交换标准，实现原有系统的各种国家政策、法律法规、公文、

---

① 三网指"政务内网"、"政务外网"、"公众信息网（政府网站）"三个政务信息网络平台；一库指信息资源库

会议情况、总结报告、记录数据、办公文档等数据到标准数据库的转换，各种文档数据可自动入库、分类管理，从而建立起各种电子信息资源库。

2）办公业务资源管理子系统

办公业务资源管理子系统主要是通过政府机关网络，把在不同行业、部门的公务处理系统连接起来，在统一电子信息资源库的基础上，完成公文交换、信息发布、领导查询、决策支持、知识库管理、政务信息挖掘以及针对不同用户角色的个性化服务。该系统的主要功能有：通过网络内统一信息发布平台，及时准确地发布各类信息；各级领导通过网络可在任何地点实现异地办公；实现政务信息知识库和政务信息的挖掘；为领导决策提供科学的决策依据。

3）公众信息服务子系统

根据要求，政府机关公众信息网和核心网、信息资源网是物理隔离的。因此公众信息服务子系统是在实现内网与外网的无缝衔接的基础上，为政府机关通过政府网站与公众进行互动式信息交流提供支持。该系统在实现安全认证的前提下通过全面集成政府部门公开的各种格式的电子文档、数据库以及视频、音频等多媒体内容，并融合政务信息的采、编、审、发工作流程，可让政府部门方便地实现政府网站内容分类管理、内容发布的审批流程、政务信息浏览查询和针对公众的个性化服务等功能，实现政务信息的动态及时发布，并通过全面集成各种网上办公业务系统，实现政府与上网公民之间的全面互动。

4.3.10 知识管理

1. 知识管理的内容

知识管理，简单地说就是对一个组织所拥有的和所能接触到的知识资源，进行识别、获取、评价，从而充分有效地发挥其作用的管理过程。人们进行知识管理的主要目的在于知识具有这样的功能：增加组织整体知识的存量与价值；提升技术创新、产品与服务创新的绩效以及组织整体对外的竞争力；促进组织内部的知识流通，提升成员获取知识的效率；指导组织知识创新的方向；协助组织发展核心技术能力；有效发挥组织内个体成员的知识能力与开发潜能；提升组织个体与整体的知识学习能力；形成有利于知识创新的组织文化与价值观。

知识管理的核心是对知识的开发、管理与利用。一般而言，组织内的知识分为结构化知识和非结构化知识。结构化知识是在历史活动中积淀下来的，以纸张、磁性介质、感光介质等载体储存起来的有形知识，而非结构化知识是存在于工作人员头脑中的无形知识。结构化知识与非结构化知识之间具有互动关系：在工作过程中，工作人员头脑中的一部分非结构化知识以报告、程序等形式转化成为结构化知识保存于组织内部；同时，工作人员通过培训、阅读材料等形式吸收了单位内保存的各种结构化知识之后，又会将其转化成为自己头脑中的专业知识（非结构化知识）。经过这样的不断互动之后，组织的结构化知识会不断丰富，工作人员头脑中的专业知识也会不断提高，从而使整个组织的知识管理水平也不断得到提升。

当然，上述结构化知识与非结构化知识之间的互动关系是知识管理的理想状态，现实中对非结构化知识的管理与利用在短期内还不可能实现。而对结构化知识的管理已成为知识管理初始阶段的核心内容。

作为知识管理对象的知识中所谓的结构化知识一般包括数据、信息和知识三个层次，其中数量最大的是没有经过加工的原始数据；其次是在这些数据资料的基础上进行归类、整理和分析等加工而成的信息，这些信息对组织的决策与运作具有重要的参考意义；数量最少但价值最大的是经过深入分析和开发的对决策具有直接参考乃至指导意义的知识。

2. 政府知识管理

政府机关作为公共行政组织，其自身也存在知识管理的问题。政府的知识管理就是政府对其所拥有的知识资源进行管理的过程。

政府知识管理的目的是更好地为公民服务，把促进国家和社会的发展作为政府一切活动的根本出发点。政府的重要职能是向企业和个人提供服务，对国民经济的各个环节实施有效的监控。在复杂的社会环境中，政府提供服务所需的各种专业技能和经验，存在于各类专家及对应的工作人员头脑中，专业技术与智力资产不能与他人分享。如何充分利用这些技术和资产，使每个员工在最大限度地贡献出知识的同时，也能享用他人的知识，以达到政府服务社会的目的，是政府知识管理的最终目标。同时，在政府对其职能的规划、实施和监管的过程中，通过知识管理可以帮助政府将单一的信息转变为共享的知识。

未来的社会是信息化的社会，是知识化的社会。未来的政府，无论其组织结构还是其管理职能都将发生巨大的变化。知识管理是政务信息化建设基础管理阶段的重要内容，它面向政府的信息传递、公务处理、知识整理、信息发布、知识分享等普遍应用领域，帮助政府工作人员明确办公流程、消除信息孤岛。

3. 政府机关电子化公务处理系统中的知识管理子系统

知识管理是政府机关公务处理系统中的重要子系统，它融管理方法、知识处理、智能处理乃至决策和组织战略发展规划于一身。知识管理系统能够将每个成员纳入管理范围之内，为其创新提供所必需的知识库，通过规定的知识创新步骤、设计好的知识表达的规范格式将每个成员蕴藏的非结构化知识，转化为可以由组织所共享的结构化知识。

目前在政府机关公务处理中得到实际应用的知识管理系统，其内容大致包括以下六个方面。

第一，知识管理的基础措施：它是知识管理的支持部分，如关系数据库、知识库、多库协调系统、网络等基本技术手段以及人与人之间的各种联系渠道等。

第二，政府部门管理流程的重组：其目的是使政府部门的知识资源更加合理地在知识链上形成畅通无阻的知识流，让政府工作人员在获取与业务有关知识的同时，也能为政府工作贡献自己的知识、经验和专长。

第三，知识管理的方法：内容管理、文件管理、记录管理、通信管理等。

第四，知识的获取和检索：包括各种各样的软件应用工具，例如智能检索、多策略获取、多模式获取和检索、多方法多层次获取和检索、网络搜索工具等。

第五，知识的传递：通过电子文档、光盘、网上传输、打印等途径进行知识传递。

第六，知识的共享和评测：知识管理的具体方式就是将各部门和每个人的知识产权及其无形资产汇总成电子文件放在公用的网上，形成一个知识库，随时可供取阅。该知识库要有一套系统来支持和服务，以及一些基本的安全措施和网络权限控制功能。

4．政府机关知识管理子系统的组织

政府机关在组织知识管理系统时，首先要服从知识管理的目标，即能够将最恰当的知识在最恰当的时间传递给最恰当的人使他们能够做出最好的决策。只有达到了这个目标，才能成为真正的知识管理系统。

政府在组织自身的知识管理系统时需要完成这样一系列任务：清晰界定政府各部门的管理职能和运作程序，并向有关方面明示；建立政府内部网络作为全社会的一种信息源；组织内部知识的编码化；与企事业单位、大专院校、科研单位、军队等建立信息交流和共享机制，政府信息及时向公民公开；在政府机关内部设立知识主管或学习主管等。

知识管理系统是电子化公务处理系统的组成部分。知识管理的基本活动基本上都要在电子化公务处理系统上展开。通常情况下，我们首先需要将获得的知识以文件的形式存入电子化公务处理系统的信息资源库中，然后通过信息加工工具将知识分类、组合，以产生新的知识，最后通过网络通信系统将新知识分配给组织成员，使知识真正转化为能力。当然，在我国电子政务建设还处于初级阶段的情况下，我国政府机关所建立的电子化公务处理系统基本上都是在原有的组织运营基础上建立起来的。在系统规划设计、实现运行上都基本上还遵循原来的管理模式，相当一部分机关的电子化公务处理系统甚至仅仅是作为现实信息系统的一个电子模型而已，其主要的作用还是执行重复性工作，基本上还无法实现对知识进行有效的识别、获取、开发、分解、使用、存储和共享，也不能为结构化知识和非结构化知识构建提供转化和共享的途径，更无法运用集体的智慧提高应变和创新能力。但我们知道，知识经济时代的政府信息系统不仅要管理信息，更要通过知识对人产生作用，达到对人的管理，为组织成员提供创新条件，提供创新机制，最大限度地发挥政府机关的知识潜力。为此，我们在政府机关电子化公务处理系统的建设过程中，一定要高度重视知识管理功能、知识管理系统的建设。

4.4 专用电子化公务处理系统的应用

专用电子化公务处理系统大多是根据专门公务处理需求建立起来的。

4.4.1 专用电子化公务处理系统概述

与通用电子化公务处理系统不同，专用电子化公务处理系统是适应专门公务活动需要、满足特定需求的公务处理系统。由于这些系统是为特定的业务部门与业务工作量身定制的，因而大多开发成本较高，后续维护成本高，专门性强。

根据公务处理系统覆盖范围不同，专用电子化公务处理系统可以分为专门机关系统、

专门部门系统、专项业务系统、专项功能系统四类。

专门机关电子化公务处理系统是针对同类专门机关的专门业务的系统，大多全面覆盖该类型机关的各种主要的专门业务。这类系统一般有总体的系统设计与技术框架，一般由多个子系统构成，各子系统之间的数据耦合度强，整个系统的复杂程度较高。我国政府机关中一部分实行垂直领导体制的专业主管系统，如公安系统、工商管理系统、税务系统等地方主管部门，就专门组织开发一部分这样的电子化公务处理系统，专门应用于一部分基层机关，如"××市公安派出所信息管理系统"。

专门部门电子化公务处理系统是指机关内部某类专业部门专门使用的公务处理系统，如政府财政管理信息系统等。这类系统具有相对独立性。"独立"主要表现为：一般与机关内部其他信息系统没有密切联系，大多独立建设、独立运行；"相对独立"主要表现为：这类系统一般由中央或者地区政府相关专业主管机构组织构建，因此，本专业系统内部大多建立一定的联系，一个地区甚至全国的专门部门系统往往形成网络，被称为"金财工程"的政府财政管理信息系统，就涵盖了从中央到省市直至县的财政管理的主要业务，这个系统的建设工作由财政部牵头，中央和地方相关财政管理部门积极参与。

专项业务电子化公务处理系统是指用于处理某项专门业务的系统，具体分为领域内专项业务系统和跨领域专项业务系统两种。领域内专项业务系统指特定行业领域或者专业领域的专项系统，比如政府人事管理系统等，这些系统功能较为单一，系统结构较为简单，开发周期短，成本低；跨领域专项业务系统指跨行业领域、跨专业领域的专门业务系统，如"金关工程"中的大部分应用系统，以及城市应急指挥系统等，这些系统一般都有规模大、系统结构复杂、功能强、开发建设成本较高、开发建设周期较长的特点。由于系统建设涉及更加复杂的多种行业关系、部门关系，因此建设难度非常大，但由于这种基于流程而不是基于职能部门的系统能够更加充分体现政府职能转变的精神，有利于建立和巩固与市场经济体制相适应的行业和部门间的横向联系，因而经济效益和社会效益也更加明显。

专项功能电子化公务处理系统指具备专门信息管理和信息服务功能的系统，如我国一些地区和部门的电子政务建设项目"办公业务资源系统"等就属于这种性质的系统。这种系统并不仅仅为某一项或者某几项政府管理职能服务、为具体某一项或者几项业务提供支持，而是为各种类型和层级的政府机关提供一种普遍性的专项信息服务。这类系统大多具有基础性，系统规模也比较大，建设周期也比较长，但效益显著。

4.4.2 专用公务处理系统应用举例

为了更加进一步认识专用公务处理系统及其应用方面的特点，下面简要介绍几个在政府机关比较常见的专用公务处理系统。

1. 专门机关电子化公务处理系统：××市公安派出所信息管理系统

"××市公安派出所信息管理系统"是该市公安局治安总队根据公安部治安管理局制定的《全国治安管理信息系统总体设计方案》和《派出所综合信息系统建设实施方案》的要求，组织开发的。应用于该市所有公安基层派出所，该系统覆盖派出所的主要专门业务，由人口管理、治安管理、安全防范、执法办案、情报信息、队伍建设和地理信息七大业务功能子系统组成。

该系统按"人"、"地"、"物"、"组织"和"事件"五要素来构造信息标准体系，并将其完全贯穿和融会在派出所七大业务子系统的主要业务信息中。系统由客户层、中间应用层、数据管理层构成。系统管理模块贯穿在各个层面中，同时系统预留了与"金盾工程"相关子系统实现衔接配合的接口。系统的功能体系完全按照《派出所综合信息管理系统建设实施方案》提出的功能要求构建：人口管理、治安管理、安全防范、执法办案、情报信息、队伍建设和地理信息、系统管理与服务八个方面的功能完备，同时，系统还给用户的功能扩展预留了空间，可根据用户提出的需求增加特别业务功能。

系统还提供了 GIS 和多种组合特殊技术应用，包括：地图双向定位、多技术查询、撒点、布控、比对、排查、整体分析、决策分析等。系统管理与服务功能包括代码维护、日志与审计、系统请求与服务、访问控制及权限管理等。系统在网络安全、用户权限管理、角色分配与管理、访问控制等方面完全遵循"金盾工程"整体安全体系的设计要求。

这个系统是具有代表性的专门机关电子化公务处理系统，专门应用于市公安局派出机构的各公安派出所，系统功能涵盖派出所主要的专项业务。

2．专门部门电子化公务处理系统：政府财政管理信息系统

政府财政管理信息系统（GFMIS）是由财政部牵头，有关部门配合建设的，作为电子政务的建设项目，它被称作"金财工程"。GFMIS 系统的建立将从根本上改变财政系统多年来"粗放"的管理模式，使我国政府逐步走向依法理财的道路。

GFMIS 系统是从 1999 年下半年开始着手规划的，2001 年初完成初步设计，下半年开始试点。2002 年初，国务院决定将财政部规划建立的"政府财政管理信息系统"定名为"金财工程"，并将其列为国家电子政务十二个重点工程之一。GFMIS 系统覆盖全国财政管理部门的预算管理、国库集中收付和财政经济景气预测等核心业务。GFMIS 系统以财政系统纵横向三级网络为支撑，以细化的部门预算为基础，以所有财政收支全部进入国库单一账户为基本模式，以预算指标、用款计划和采购订单为预算执行的主要控制机制，以出纳环节高度集中并实现国库资金的有效调度为特征，以实现财政收支全过程监管、提高财政资金使用效益为目标。

GFMIS 系统支持预算管理、现金管理、工资统一发放、国库集中支付管理、国债管理、政府采购管理、固定资产管理、收入管理、财政经济景气分析、总账管理等十余项财政管理业务应用，系统建立在由本级局域网、纵向连接各级财政部门的广域网和横向连接同级各预算单位、国库、银行、税收等相关职能部门的城域网组成的纵横向三级网络体系上。

GFMIS 系统建设实施分为两期，2003 年至 2006 年为第一期，主要建设中央级和省级政府财政管理信息系统，同时完成大部分地市级及半数左右县级政府财政管理信息系统建设。2007 年至 2008 年为第二期，完成全部建设内容。GFMIS 系统于 2008 年全面完成。

GFMIS 系统仍处于建设过程中，但系统的一部分功能已经实现并产生了很好的效果，特别是预算管理、国库支付、非税收入管理等方面已经在多数财政管理部门得到实际应用，对提高国家财政管理水平发挥了重要作用。

GFMIS 系统是一个典型的专门部门电子化公务处理系统，专门应用于各级人民政府内设的财政管理部门，以及各类政府机关内部管理财政收入支出的部门，系统功能基本覆盖了财政管理的主要业务，相对独立性也比较明显。

3. 领域内专项业务电子化公务处理系统：政府人事管理系统

人事管理系统是指用系统的方法对政府机关内外的有关人员及其工作方面的信息进行收集、分析、保持和传递，为组织内的管理人员提供管理工作所需人力资源信息的专用系统。人事管理系统以提升组织管理能力和战略执行能力为目标，创建以能力素质模型为基础的任职管理体系和以绩效管理为核心的评估与激励体系。人事管理系统运用现代人力资源管理理念，将政府人力资源管理工作上升到战略高度，有利于建立公平、公正的评价和分配体系。

人事管理系统是一种比较典型的领域内专项业务系统，它所覆盖的业务专门性很强，而且基本上不涉及本专业领域以外的部门和人员，与其他信息系统之间的直接关联比较少。人事管理系统的功能一般包括：组织架构管理、工作人员信息管理与日常维护管理、薪资福利管理、考勤假期管理、人事事务提醒、人事报表管理以及系统管理等。

组织架构管理，主要涉及组织架构的建立、设置与维护；工作人员信息管理与日常维护管理主要包括员工信息一览表，新员工信息的录入、修改、删除，历史记录的查询，员工信息的打印与导出；薪资福利管理包括薪资的联动计算、薪资与福利的设置、薪资福利的自动调整、各类薪资福利相关报表的自动处理等；考勤假期管理包括考勤项目灵活设置、方便考勤数据录入，实现考勤信息的查询、统计、汇总等功能；人事事务提醒包括对员工的合同到期、试用期到期、员工生日、转移手续等各类事项自动生成任务提醒等；人事报表管理包括按照多种标准的人事报表格式，自动生成相关报表，可自定义统计分析条件并可对历史报表进行管理，对各报表提供打印、导出功能；系统管理功能包括代码数据的录入与维护、操作人员权限的设置、数据库的备份与还原等。图 4.3 反映了一般人事管理系统的主要功能。

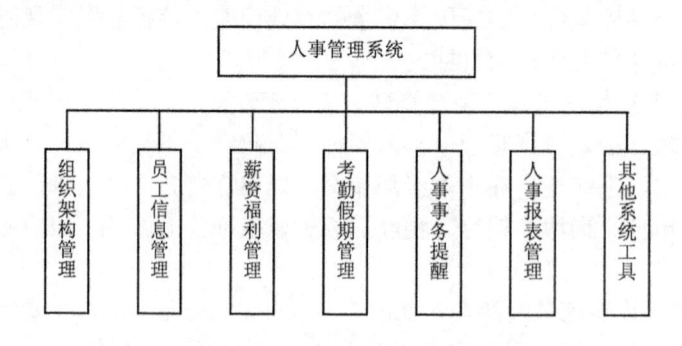

图 4.3 一般人事管理系统的主要功能

4. 跨领域专项业务电子化公务处理系统：城市应急指挥系统

城市应急指挥系统是集城市空间地理信息、灾害信息、预案、现场视频、GPS、辅助决策、网络会议、应急通信为一体，能够快速地将各种需要的信息展现在领导者面前，为应急预案制定提供决策依据，通过管理和技术手段建立各地区、各部门、各系统、各单位间有效的信息沟通机制，实现平战结合、联动指挥的信息系统。

城市应急指挥系统是典型的跨部门、跨行业领域、跨地域的专用公务处理系统。所支持的基本业务活动包括：日常监管、监测预警、预防控制、科学决策、应急处理、有效联动、善后处置等。

日常监管：实现对城市日常情况的监管，平时做好信息的收集、归类和存储工作，及时上传下达相关信息，为相关部门和领导提供及时、准确的信息服务。

监测预警：对相关环节和单位、部位进行有效监测，发现灾害苗头及时向相关各方面做出准确的预警报告。

预防控制：针对形成各种灾害的因素，采取事前预防性控制措施，了解并评估这些措施的有效程度，及时修正控制措施。特别是要强化预防机制，对这些复杂的、不断衍生的、不确定性大的灾害危机，有灵敏的反映，不仅可以对已知灾害进行处理，而且要对未知灾害能够做到及时发现、及时决策、及时应对。

科学决策：建立完整有效的效果信息库和知识库，对灾害认定和减灾应急措施制定和实施等决策提供一切可能的信息支持和知识支持。

应急处理：快速、严格、准确地下达应急指令信息，处理城市特殊、突发、紧急事件和向公众提供社会紧急救助服务，及时了解应急措施的实施情况和效果，迅速纠正偏差。

有效联动：以有效的信息交流机制，保证在灾害应急过程中，实现不同部门、不同地区、不同单位的统一指挥协调，快速反应、统一应急、分工负责、协同作业、协同处置、联合行动。

善后处置：评估应急措施的效果，总结成功经验和失败教训，并将相关信息和知识经过整合加工、分析梳理，纳入相关信息库和知识库，同时向有关方面主动或者应请求提供。

应急指挥系统大多具有五大核心功能：① 信息收集、综合分析、预测、发布、事务指派、反馈功能；② 建有基于地理信息系统的基础数据库，信息包括各级联动主管部门、口岸、卡点主要领导、值班室通讯录、地理位置（GPS 坐标）、单位基本情况、主要职能、业务及特长和各类专家库及查询系统等；③ 建立应对各类灾害的预案，如中毒、投毒、疫情、防核、防空、防生化、地震、灾害事故等；④ 完备的应急指挥调度系统，能够通过有线、卫星、移动、专门网、互联网等各类通信网络和通信手段接收和上报各类报警数据和其他数据信息，并根据情况进行科学的指挥调度；⑤ 决策分析系统，根据数据库、信息库、知识库的内容及各种统计数据，进行挖掘分析和报表处理，并将结果发布给相关部门与个人。

5. 专项功能电子化公务处理系统：××市政府机关办公业务资源系统

××市政府机关办公业务资源系统是以市政府办公厅为中心，上下贯通，涵盖各区、县（市）政府和市级机关 180 多家单位的专项功能电子化公务处理系统，其基本功能是实现该市政府机关的电子公文交换。该系统集成了电子公章、CA 证书、即时消息、手机短信等技术，采用统一的电子公文交换标准，可实现全市政府系统公文信息的共享交换、单轨制报文、网上会办会签等具体的办公应用。

这个系统就是一种典型的专项功能电子化公务处理系统，它为各种类型和层级政府机关提供一种普遍性的专项信息服务——公文交换。

4.5 专用公务处理系统与通用公务处理系统的集成

在政府机关的实际工作中，专用公务处理系统与通用公务处理系统并不是决然分割、独立存在的，相反实际应用中的政府公务处理系统中专用系统与通用系统是紧密联系、相辅相成、互相依托的，不仅共同支撑着政府机关的公务处理工作，而且很多情况下是密切结合为一个整体的。也就是说，专用公务处理系统往往与通用公务处理系统集成在一起，并为使用者提供统一的用户界面，方便用户进行不同的公务处理。根据专用公务处理系统与通用公务处理系统各子系统功能模块之间的耦合度不同，其集成方式可以分为以下三种情况。

第一种情况：用户界面的集成。即将通用公务处理系统的功能菜单加入到专用公务处理系统的功能菜单列表中，从专用公务处理系统中访问通用公务处理系统，或者反之。这是一种集成度最低的、形式上的系统集成，适用于各公务处理系统分布在异构的运行平台、操作系统上的复杂情况。在我国，由于电子政务建设缺少系统规划，政府内部各种应用系统的建设，包括部门 MIS、OA 这些系统的建设以及网络平台、基础平台的建设大多处于各自为政、自行其是的状态，一级政府内部，甚至是一个部门内部，使用的网络平台、操作系统、数据库平台往往各不相同，导致对不同系统进行深度集成困难重重。为了降低集成成本，保护原来的软硬件投资，在这种情况下，一般只对各系统进行操作界面上的集成。

第二种情况：应用系统层面的集成。应用系统层面的集成是指在现有的通用公务处理系统的基础上，集成专用公务处理系统的功能模块；或者在现有专用公务处理系统的基础上，集成通用公务处理系统的功能模块，从而使通用公务处理系统与专用公务处理系统合二为一，成为高度集成的公务处理系统。例如，一些地方政府的工商行政管理部门在已有的通用办公系统的基础上，增加了工商行政管理功能模块，使通用办公系统与工商行政管理系统融为一体，提高了办事的效率。

第三种情况：数据层面的集成。数据是公务处理系统的基础，数据层面的集成是最根本、最重要的集成。在我国，从电子政务建设工程开展以来，由于这类工程是在各级政府、不同部门中零散进行的，缺乏全国统一的规划与标准，加上技术、业务、需求、经费和管理等方面的问题，以及时间和历史等原因，造成了建设完成的各个系统之间存在开发平台、操作系统、数据库平台等方面的不同，彼此之间很难实现互联互通。特别是通用公务处理系统与专用公务处理系统往往独立运行，数据无法共享，有些功能交叉重叠，有些功能又都不具备。数据的集成能有效地解决数据不一致、更新不及时等问题。

系统集成实际上是一把双刃剑，一方面通过集成将不同类型的公务处理系统模块结合在一起，实现了数据共享与用户接口的统一，有助于提升办公效率；另一方面，不同公务处理系统的集成将增强不同系统各功能模块之间的耦合度，为系统的维护、升级更新与修改增加了难度。因此系统集成之前需要进行认真调研、合理规划，选择适当的集成方案与技术路线，使系统集成真正实现资源共享、数据共享、互联互通、提升办公效率的目的。

本章小结

- 政府办公电子化的发展历程
- 电子化公务处理系统的目标、要求
- 电子化公务处理系统的基本类型介绍
- 电子化公务处理系统的应用

问题讨论

1. 为什么说政府机关公务处理的电子化是电子政务的基础和核心？
2. 政府机关公务处理的电子化与政府办公自动化有哪些区别和联系？
3. 政府机关公务处理的电子化主要应用在哪些方面？为什么？
4. 专用电子化公务处理系统在政府内部办公中应用广泛，试列举你所知道的 1~2 种专用公务处理系统，并简要说明其主要功能与特点。

案例分析

政府办公进入"可视化"时代

随着科技的发展，政府机关内部公务处理正向着越来越高效的方向发展，传统的文字资料、语音交流已经逐渐不能满足政府公务处理的需要，视频会议、视频监控系统等可视化交流方式应运而生。正如一位公安部领导视察全国公安可视化应急指挥系统时说的："一段现场图像，胜过千言万语。"

根据 2001 年的调查，中国会议电视市场主要集中在政府应用、电信、水电力以及金融、教育、医疗等领域，其中政府应用市场占据了整个国内会议电视市场的 46.6%。山东省办公厅一直对信息化建设十分重视，先后建成了公安系统内部专线电话、保密通信、电话会议及公安内部网等多个系统。然而，随着经济的发展，这些既有的通信设施仍难以满足公安业务的需要。2000 年 6 月，山东省公安厅引进 VTEL 美国视讯公司多媒体会议电视设备，并基于山东省公安厅现有网络架构建立了智能电视会议网络。该网络的建设，旨在确保召开公安部至省公安厅、山东省公安厅至各市地公安局、济南铁路公安局和滨海、齐都公安局等 21 个点的电视会议，实现远程会议、远程教学培训、多媒体通告、案例分析和重大现场图像等信息的实时传输和资源的共享。[①]经过实践发现，该系统的使用取得了良好的效果。

近些年来，政府对于公共区域的视频监控力度不断加大，在此基础上还出现了无线移动应急指挥视频传输系统这样技术先进、功能强大的新型工具。该系统通过应急布控、单兵背负、车载移动等技术手段，能够做到在城市的任何区域、任何位置、固定或移动地采集现场视频，通过无线方式传递出来。[②]在紧急情况发生时，这一系统能够在复杂的地形环境下保证将信息传送出来，或者在高速运动状态下仍能保持同指挥中心的实时视频连接，从而向指挥中心传送第一手现场资料，并且使现场工作人员能够全面正确地领会并传达指挥中心的命令，为应急救援工作保驾护航。

[①] 廖东. 为公安装上"千里眼顺风耳"——山东省公安应用 Vtel 会议电视系统[J]. 中国计算机用户, 2002(2): 32
[②] 胡曾千, 高峰作. 移动双向视频传输应急视频指挥系统研究[J]. 中国公共安全（综合版），2012(11): 201-205

第 5 章

电子政务与政府公共服务

内容提要

在过去的半个世纪中,这个世界的很多领域发生了许多具有里程碑式的转折和变化,这些变化,尤其是发生在商业领域的变化都有一个共同的特征——通过给公众或者消费者提供新的服务方式而极大地改变人们的生活方式。在这些改变中有两种类型的变化与政府联系在一起,一是兴起于20世纪70年代的新公共管理改革运动,它对政府的现有运作模式从理念、方式、目标等方面都进行了重新的阐释和建构,随之而来的是公共管理范式的兴起;二是"二战"后数字技术领域的兴起、发展和巨大变革,这些革命性变化极大地改变了我们的生活、思想、行为和做事方式。数字技术使信息技术(IT)成为可能,使通信和网络系统的覆盖几乎无处不在。IT与通信技术的结合使人类能够超越时空进行通信、交流和联络。数字技术在给人类生活提供新服务和新体验的同时,也在改变着人类的生活方式,这其中就包括政府公共管理方式的改变。数字政府与政府公共管理的结合,形成了电子政务和电子政府。在本章,我们将从现代公共管理的本质与核心价值诉求方面来探讨公共服务与电子政务之间的逻辑关系。

本章重点
- 政府公共服务概述;
- 电子化公共服务的种类;
- 政府网站公共服务的功能;
- 电子化公共服务的发展趋势。

5.1 政府公共服务与电子政务的逻辑关系

5.1.1 共同的提出背景与时间

人类从蒙昧、野蛮时期向文明时期的过渡，除了火、简单工具、文字等的发明和使用这些标志之外，还有一个显著标志就是有组织的群体活动的频繁出现以及逐渐向政治化社会的过渡。政治化社会的一个重要功能就是对逐渐增多的人口进行组织和管理。人类向政治化社会的迈进过程中大致经历了原始部落、古代国家、近现代民族国家、政府管理这几个阶段。18世纪，在启蒙政治思想家关于社会契约论、政府论等理论的影响下，国家对社会的管理职能逐渐转移给政府，政府成为管理社会的新主体。此后，关于政府管理，人类的观念经历了三次大的转变。第一次是从"管的越少的政府是越好的政府"到 20 世纪 30 年代"大萧条"时期向"大政府"的转变，消极政府理念被积极政府理念所取代，随之而来的是不断扩张的政府行政权力和政府公共机构。政府权限和机构不断扩张的局面随着 20 世纪 70 年代石油危机和经济危机的到来，随着各种社会问题的凸显所引发的政府信任危机的出现戛然而止，20 世纪 80 年代西方国家政府普遍朝民营化方向转变，从"大政府"再到"自由放任型政府"转变，以期达到缩减公共开支、提高政府公共机构效率和效能、去官僚化等目的。政府行政管理模式的第二次转变大致经历了 10 多年时间，其内容包括大幅缩减政府机构和从业人员，将公共资产卖给私人企业，推行公共企业私有化，政府与私人供应商和非营利组织通过订立契约将公共产品和公共服务外包，大力推行公共服务的市场化，政府放松对经济的管治，并减少公共补贴等。20 世纪 80 年代的政府民营化改革在一定程度上的确有效地遏制了官僚制的扩张，缩减了政府开支、提高了政府效率，但这一改革运动并没有根除政府管理存在的深层次问题，工业时代政府官僚机构的庞大和集权，政府的运作方式以及所提供服务的千篇一律的标准化、缺乏人性化，对迅速变化的信息社会和知识经济的挑战反应缓慢等问题是单纯通过民营化改革所无法解决的。而且民营化还产生了很多新问题，如对积极政府所具有的社会和经济管理价值的摒弃所带来的社会恶果，政府管理在优先强调效率和效能时公共性的沦丧等，因此人们开始思考民营化的底限在哪里？20 世纪 90 年代西方国家先后调整各自国家的政府管理改革步伐，开始新一轮的政府管理改革。新一轮的政府管理改革在理念上再次肯定和重申了政府在经济和社会管理方面所具有的积极意义和建设性功能，在方式上放弃了前一阶段的主要借助市场的民营化措施，将改革的中心重新回归到政府，通过对政府管理理念、办事流程、行为方式的重新打造来重塑政府。90 年代的政府再造除了提出掌舵与划桨分开，政府的职能在于管理和服务，而不碍于统治，要求政府进行自主管理改革，围绕结果而不是职能再造政府工作流程之外，还提出充分运用现代管理技术，这其中包括将数字化信息技术逐步、全面引入政府公共管理进程中来，以提高政府公共管理的效率和公共服务的质量。

由此可以看出，人们对于政府管理的认识观念经历了从消极到积极，再到消极，最后到全面客观评价这一转变，政府运作方式经历了从统治到管理，再到服务这样一个变化。20 世纪 90 年代的公共管理改革在各个国家进展不一，因而衍生出不同的模式，但其共同点在于：一是各国政府和学者都开始就政府公共管理的本质与内涵进行深入思考，并围绕此进行相关改革；二是尽管各国对公共管理内涵的理解和认知有所偏差，但均提出了公共服务的目标；三是各国普遍将电子信息技术、互联网引入政府公共管理，通过打造电子政务这个平台提高政府公共管理的水平，扩大公共服务的覆盖面积、提升公共服务的质量。由此可见，公共服务与政府公共管理方式的数字化、信息化和电子化都是政府管理发展到 20 世纪后半叶的产物，二者之间有着密切的逻辑关系。

5.1.2 公共服务作为公共管理中的核心价值诉求的实现需要电子政务的支撑

1. 公共服务在公共管理中的核心地位与价值

人类社会的公共管理从来没有像现在这样在全世界范围受到政治家、行政官员、学者、企业家和公众如此广泛和强烈的关注。受 20 世纪 70 年代的新公共管理改革运动的推动，公共管理理念和模式横空出世。其理论和建构模式在全球政府改革运动中，在对时代挑战的回应中，在对传统公共行政继承、批判、拓展以及超越中不断稳步前进。要建构或者推行这种全新的公共管理范式，必先深入理解什么是公共管理，它与以往的行政管理模式有何区别，其内涵和价值诉求何在等。然后才能围绕其内涵和价值诉求选择和建立其运行模式。

关于什么是公共管理，国内外学者有很多阐述，在这里不做一一介绍，仅采用国内一种较为严谨的界定，南京大学公共管理学院黄健荣教授将公共管理定义为：以政府为核心的**公共组织**以有效促进**公共利益**最大化为宗旨，运用政治的、法律的、经济的和管理的理论与方式，民主运用**公共权力**，并以科学的方法依法制定与执行**公共政策**、管理社会**公共事务**、提供**公共产品**和**公共服务**的活动。① 其中，公共管理的深刻内涵和重要意义在于它的公共性、管理本质的服务性和合作共治性。公共管理的公共性包含两个层面的含义：一是公共管理价值和利益取向的公共性，即公共管理应该致力于实现社会整体的公共利益的实现和维护；二是公共管理在管理过程上的公共参与性，即公共管理是以政府为核心的、而非政府一家主持的，是包括企业、第三部门、公民在内的多元主体共同参与、合作共治的过程。公共管理的第二个特性是管理本质的服务性。人类历史发展的很长时期，国家和政府对社会推行的是一种"统治+管制"的治理模式。随着近代民主政治思想的兴起和启蒙，随着人们对近现代国家和政府的存在基础、合法性依据的重新界定和阐释，现代政府的职能和职责被重新界定——不是统治和管制，而是管理和服务。管理的本质既不在于决策和协调，也不在于发展或平衡，管理的本质在于服务。政府公共管理的本质则在于向公众、纳税人提供最优质的公共服务。具体地讲，公共管理的服务性在于，公共管理的所有活动的价值取向都是服务于整合和优化一个社会中的资源以实现社会公共利益最大化这样一个目标，服务于以高效率、高效能、低成本和符合正义的方式为社会公众提供一个和平、安全、稳定、有序、能实现良性竞争的社会环境的目标。由此可见，公共服务对于公共管理至关重要，良好的公共服务是公共管理的最终目标之一和价值诉求体现。

---

① 黄健荣等. 公共管理新论. 北京：社会科学文献出版社，2005 年，2 页，黑体字为作者所加

公共管理的第三个特性在于合作共治性。公共管理所强调的治理理念鲜明地提出，在公共事务的管理中必须通过政府与公民社会的合作来实现。首先，政府不是社会权力的中心，不是公共管理的唯一主体，政府必须与社会公共权力的其他主体一起共享和使用公共权力，对社会公共事物进行共同管理；其次，政府不是全知全能的神，政府自身具有很多不可避免的缺陷，需要非政府组织的参与，以弥补政府的不足和缺陷；再次，政府是一个自利体，在公共决策过程中，多元主体的参与有助于不同阶层和群体的利益都能够得到表达和尊重，从而最终实现公共利益。政府与非政府主体之间的合作共治对相关制度和技术层面提出新的要求，这包括：政府信息的公开，政府行为的公示，政府与其他公共管理主体之间对话、交流、协商、决策的途径和机制等。数字化技术的发展、互联网信息技术的进步、电子政务平台的构建为这种合作共治搭建起一个操作便利、运行有效的宽广平台。现代政府践行公共管理的新理念，提供更为优质的公共服务，必须借助和依托信息化和电子化平台。而电子政务则是现代社会促使公共服务不断提升的一种重要手段和工具。

2. 电子政务对公共服务的支撑性作用

电子政务的发展为公共服务的改革提供了强有力的支持，在管制型政府向服务型政府转变的过程中，政府公共服务的电子化成为电子政务中最体现其本质的关键内容。一些电子政务专家指出，"政务信息化的核心价值，在于从根本上改善政府的公共服务"。[①]有人生动地说，电子政务的核心理念就是"全心全 E[②]为人民服务"。鉴于电子化公共服务的重要性，电子化公共服务已经成为各个国家、地区和地方政府推出的电子政务战略、计划、项目的主要内容。

电子政务的主要目标就是顺应信息化社会对政府管理的需要和要求，建立起以为公众服务为导向的政府。电子政务最主要和最积极的意义就在于，克服传统政务容易疏远公众、容易在中间环节发生腐败和"梗阻"的弊端。电子政务强调提高服务质量，要求政府更好更直接地服务于社会。政府可以通过电子化，直接与人民群众沟通，收集群众意见，传达政府信息，从而高效率、低耗费地实现为公众服务。电子政务使社会公众可以获得更多的公共信息资源，使他们对于公共政策也从简单的服从和接受，变成直接的参与和获取。电子政务的最佳状态，将是政府对公众服务需求做出更快捷的反应，公众更直接和广泛地获得由政府提供的各种服务。

在电子政务环境下，公众获得政府服务的权利得到尊重，在信息技术和先进信息管理方法的保证下，政府所提供的服务应具备如下特征：
- 全面真切地了解公众的服务需求；
- 对公众的服务需求能快速做出回应；
- 为公众提供容易获得的、快捷方便的、可在一定范围内自由选择的服务通道；
- 资源充分，使服务真正具备可取得性；
- 服务标准确定、一致；

[①] 中国行政管理学会政府信息化建设课题组. 中国电子政务发展研究报告. 中国行政管理，2002（3）
[②] E，Electronic 的缩写，电子的意思，"全 E"意即政府要尽可能利用电子化手段

- 服务提供过程与结果公平、公开；
- 各种服务更直接，可以打破地域和部门限制；
- 服务具有必要的互动性；
- 各种服务更有质量保证。

面对这样的需要，政府必须树立强烈的服务意识，在信息技术的支撑下形成足够的服务能力。在一定意义上，没有公共服务就没有电子政务，电子政务的本质就是电子化的公共服务。电子化公共服务的水平与效果，就是电子政务的水平与效果。

对于政府所提供的电子化公共服务，有两个层次的理解。第一，政府电子化公共服务即政府服务手段的电子化。这是一种工具层面上的认识，往往出现在公共服务电子化的初级阶段，在这种认识的指导下，政府电子化公共服务容易成为传统服务的电子"备份"，而服务职能、内容、程序、方法、标准等本身的不合理性并不能得到根本性的改善；虽能局部提高服务效率，却不利于政府整体效能的改进，从而无法根本满足上述服务需求。第二，政府公共服务电子化是电子环境下政府服务的新模式。随着电子化水平的深入，人们认识到政府公共服务电子化的核心是"服务"，而不是"电子化"；政府公共服务的电子化并不仅仅意味着服务手段由人工向电子化的变迁，变化同时也深入服务工作的内部，在信息技术的支撑下，通过职能、制度、程序等全方位的改革，优化服务，寻求服务效率和服务质量的提高。我们认为，第二种理解更为准确、深刻。

3. 电子化公共服务的特点

电子化公共服务作为一种新型的公共服务，同样会具备上述基本性质，但同时也会形成一部分比较特殊的属性。电子化公共服务发生在电子环境中，依赖于电子化技术手段，因此新的技术环境、新的服务手段给公共服务注入了很多新的元素，这些元素导致了其与传统方式的公共服务发生了明显的变化，具有了自身鲜明的特点，这些特点表现在以下几个方面。

第一，网络化互动。网络系统成为主要的服务平台，这是公共服务电子化之后最为明显的变化。传统的公共服务是建立在手工平台之上的，包括办公室、窗口、柜台等，而电子化公共服务则需要建立在网络平台之上，包括政府网站、网络化的政府内部的公务处理系统等，公共服务项目的申请、受理、传递都可以在网络上进行。政府公共服务的平台由手工向网络迁移，为下述诸多特点的产生提供了物质基础和可能条件。此外，传统的政府公共服务中，政府是服务内容、过程、方法的主要决定者，公众的位置比较被动。电子政务则改变了这个关系格局，通过网络，公众既可以根据自己的情况在适宜的时间、地点将服务申请上传，也可以发表对服务内容、过程、方法的意见，政府则必须对这些意见做出相应的处理，而且处理的过程和结果都是公开的。因此，服务方式由"政府⇨公众"变为"政府⇔公众"，即由单向变为双向，由一方主动变为双方互动。

第二，需求导向与高效能。服务理念的进一步更新是政府电子化公共服务较传统的公共服务最大、最根本的不同。在电子政务的环境中，政府由"官本位"转变为"民本位"，由"为民做主"转变为"为民服务"。以公众需求为导向成为政府开展电子化公共服务的指导原则和最高宗旨，公众满意度成为衡量政府公共服务水平以及政府工作人员是否称职的一个主要依据。"以公众需求为导向"的服务理念为以下诸多特点的发生提供了思想基础。高效意味着服务成本的降低和服务收益的提高，其表现在多个方面，比如，公众公共服务获取成本的降低，包括办理时间的减少、地点的不受限等；政府服务提供成本的降低，虽然为了提供电子化服务，政府需要建设信息基础设施，开发网站和办公自动化系统，短时间内看成本可能高于传统服务方式，但是从长远来看，工作流程的简化、决策质量的提高、服务周期的缩短都可以持续地降低成本；政府服务节奏加快，如北京市海淀数字园区网上办公系统投入使用后，内资新技术企业的网上审批时间由15个工作日缩短为5个工作日；公众满意度增加等。

第三，打破时间与空间限制。首先，传统公共服务的时间受政府机关工作人员作息时间的限制，一般为一周5天，每天8小时。电子化公共服务打破了时间的限制，可以做到每周7天每天24小时不间断的服务。其次，在传统的公共服务中，公众必须亲自到政府部门所在地点办事，对于路途遥远的个人或组织来讲，需要花费很多时间，跨地区、跨国家地享受服务就更加困难，而且代价高昂。电子化的服务方式不但打破了时间上的限制，更打破了空间上的限制，接受服务的人员只需要通过访问政府网站、信息咨询等方式就可以得到相应的服务，免去了路途劳顿、排队等候的辛苦，费用也相对低廉。

第四，公开和透明性。传统政府管理给公众的印象往往是部门林立、条块分割、等级森严、办事手续烦琐。公众为了办成一件事情，事先需要了解与此事相关的职能部门及其构成，并且需要来回奔波在多个政府机关、部门、工作人员之间。而在政府电子化公共服务模式中，公众只要掌握自己的需求，按照规定提交申请，并在一定的时限内查收结果，而无须掌握服务机关的内部构成等方面的知识，无须依靠自己的奔波来驱动办理过程。政务公开和透明是社会主义民主制度对人民政府的必然要求。政府机关要将服务程序、结果和有关信息公布于众，以便公众的监督，防止暗箱操作。

第五，整合和优化。即服务内容的整合。整合是与"透明"相伴生的一个特点。为了让用户对服务提供过程感觉透明，政府必须以公众为中心来重新组织政府的公共服务项目，将过去由各职能部门分割承担的公共服务项目，按照主题整合，以"一站式"、"一网式"甚至"一表式"的形式加以实现，使公众从一个网站进入后，就能够获得所需的所有服务，而不是分别去访问多个政府网站。由此，政府服务的整体性、连贯性和一致性都得到了提升。所谓优化即服务流程的优化，主要体现在两个方面：第一，简化，由于从公众的需求而非个别职能部门的角度出发考虑服务流程的设置，因而去掉重复的、无效的工作环节，使流程得以化繁为简；第二，规范化，电子环境中，所有流程都是在计算机系统中实现的，流程以程序的方式固定下来，减少了决策和执行的随意性，增加了服务的科学性。

表5.1反映了政府传统公共服务与电子化公共服务的区别。

表5.1 政府传统公共服务与电子化公共服务

类　别	政府传统公共服务	政府电子化公共服务
服务平台	办公室、窗口、柜台	政府网站、内部信息系统
服务理念	以政府完成任务为导向	以公众需求为导向
服务时间	有时限，5×8	全天候，7×24
服务地点	有地理限制	跨地域

续表

类　　　别	政府传统公共服务	政府电子化公共服务
服务方向	单向	互动
服务过程、服务部门	政府掌握	对用户透明
服务内容	割裂、分散	整合
服务信息	不公开	公开
服务流程	复杂、欠规范	简单、规范
服务效率	较低	较高

5.1.3 推动公共服务电子化的积极意义

政府致力于公共服务电子化的推动，其意义不仅在于提高了服务本身的效率和质量，同时，作为电子政务中的关键内容，电子化公共服务的发展对电子政务体系中的其他环节的优化，特别是电子政务整体效益效果的提升也具有重要意义。

第一，有利于带动政府内部管理的完善，推动政府职能转变和政府流程的优化。

公共服务现在已经逐渐成为世界各国建设电子政务的焦点和中心，但是政府提供优良的服务还有赖于其内部管理工作的完善。公共服务好比是政府与公众之间一个桥梁，桥梁建得好，只是物品传输通畅的一个条件，比这更重要的是政府内部可供输出的物品要足够丰富、足够优质，加工这些物品的各"车间"之间、各上下"工序"之间彼此协调，高效运转。因此，推动公共服务的电子化，以公众需求而不是政府部门为中心发展公共服务，必然会带动政府机构内部管理的完善，推动政府部门职能的转变和政府流程的优化。

第二，有助于缩小数字鸿沟。

随着信息化进程的推进，社会得以高速发展，但同时也造成了一种堪忧的不良社会现象——数字鸿沟，有时也称数字隔膜，意思是指在社会信息化进程中弱势群体与强势群体在所占据的资源（信息、基础设施等）、所享受的权利方面的差距在拉大，造成了新的社会不公现象。

政府是公益性服务的主要提供者，也是纠正社会不公现象的不二人选。公共服务的电子化的过程，需要坚持平等原则，考虑弱势群体的需要，包括穷人、残疾人等，为他们顺利地享受电子服务提供必要条件。比如，香港政府在不同地点为失明及视障人士设立"社区数码站"，装置附有特别设施（例如，显示放大软件、语音仿真软件及盲人点字机）的计算机，让他们获得电子化公共服务及其他信息科技服务。"公共服务电子化"网站亦采取一定的技术性措施，方便失明及视障人士使用。[①]这些举动对于缩小数字鸿沟起到重要的作用。

第三，有助于提高公民参政议政的积极性。

过去，由于技术条件的限制，在政府制定法律、政策的过程中，只能在有限的范围

---

① "政府顾及残疾人士需要　方便获取电子化公共服务"．香港特区政府公众咨询服务网站，http://www.info.gov.hk/gia/general/200101/19/0119254.htm

内征求意见；只有一小部分政府公务处理过程和结果得到公布，而且还多为事后公布，公民参政议政的范围比较小，基本上只是政府决策的接受者。今天，通过政府网站，政府决策过程和结果得以实时公开，公民通过政府提供的电子邮箱、电子举报箱、电子听证会等可以非常容易地对国家法律、政策的制定发表自己的看法，也可以随时随地对公共服务的内容、数量、质量等做出评价，提出意见和建议。因此，公共服务的电子化过程，也是政府管理的透明化过程，它保证了公民的知情权、参与权和监督权，拉近了公民与政府的距离，公民参政议政的积极性得到提高，既促进了社会民主和进步，又提升了政府决策的质量。

比如，在我国修改婚姻法和制定第十个五年计划的过程中，立法机关和行政管理部门就通过互联网公开征集公众意见，集思广益，取得了非常好的效果。再如，吉林、福建、湖南三省的9个县试点建立了"村委会电脑选举系统"，村民可以利用该系统进行选举登记，了解被选举人的资料，并按照自己的意愿选举自己社区（村）的负责人，农民参与热情空前高涨。[1]

第四，有助于树立廉洁、公正、高效的政府形象。

上文已经提到，公共服务的电子化过程，同时也是政府管理的透明化过程，黑箱操作变为透明操作；公共服务的电子化过程，也是服务观念转变的过程，全社会民众以主人翁的姿态参与政府与公众之间的互动中；公共服务的电子化过程，更是服务流程规范化的过程，只要具备接受服务的资格和条件，任何个人或组织在网络面前一律平等。这样一种局面的出现和发展无疑将有助于消除公共权力滥用现象，树立廉洁的政府形象；消除不公，弘扬公正；消除拖沓、扯皮、推诿的恶习，提高政府的效能。

正是因为电子化公共服务具有上述积极的意义，《2006—2020年国家信息化发展战略》将"增强政府公共服务能力"作为我国信息化的战略目标之一，而作为九大战略重点之一"推行电子政务"的首要内容便是改善公共服务，要"逐步建立以公民和企业为对象、以互联网为基础、中央与地方相配合、多种技术手段相结合的电子政务公共服务体系。重视推动电子政务公共服务延伸到街道、社区和乡村。逐步增加服务内容，扩大服务范围，提高服务质量，推动服务型政府建设"。由此，我们可以看出，电子服务是代表电子政务本质的关键内容，在电子政务的建设中，必须重视和花大气力发展电子服务。

5.2 电子化公共服务的种类

总体而言，电子化公共服务的种类非常多，而且，它因国家、地区或地方的情况不一而各具特色，也会随着科学技术的发展和公众需求的变化而不断扩充和变化。我们将从以下几个角度对政府的电子化公共服务的种类略作区分。这种区分有助于我们进一步认识和发展现有与将来的电子化公共服务项目。

---

[1] 赵廷超，张浩. 电子政务干部培训读本. 中共中央党校出版社，2002

5.2.1 按服务对象划分

政府服务的对象分为个人和组织两大类。其中,个人分为国内和国际两种,组织可分为企业、政府和其他非营利性组织三种。由此我们可以根据不同的服务对象将政府的电子化公共服务分为:政府为公民提供的电子化公共服务、政府为组织提供的电子化公共服务。其中前者又可分为政府为国内公民提供的电子化公共服务以及政府为境外人士提供的电子化公共服务;后者又可分为政府为企业提供的电子化公共服务、政府为政府及其他非营利性组织提供的电子化公共服务等。

按照服务对象划分电子化公共服务项目,实际上就是将政府客户的需求进行分类,这是国际上常用的一种方法。很多国家、地区和地方的门户网站上都是采用这种办法组织大大小小的对外服务项目。比如,加拿大国家政府门户网站(www.canada.gc.ca)整合了政府的服务,按照公民、企业和国际客户分为三个入口。美国政府门户网站"第一政府网"(www.firstgov.gov)则突出"政府对公民、政府对企业、政府对政府"三大块业务。澳大利亚联邦政府门户网站(www.fed.gov.au)按照"个人、学生、企业、非本地居民"四类对象组织信息和服务,北京市电子政务在线服务平台(eservice.beijing.gov.cn)按照"面向个人的服务"和"面向单位的服务"两大板块来提供服务,广州政府门户网站"中国广州政府"(www.gz.gov.cn)则按市民、企业、政府三大主体整合政府的信息和服务。

作为公共服务的三类主要"客户",公民、企业和政府的要求和期望有所不同,具体的服务内容、服务方式也有较大差别。在一份由美国微软公司提交的研究报告中指出:[①]公民要求政府提供更好的个性化服务,如执照的签发、多种支付方式、丰富的信息资源等;企业要求拓宽政府执行部门和企业间的交流渠道,逐步取代以纸张为基础的系统,并加速关键信息的反馈;政府各部门之间要求提供合作与交流,同时为重新设计政府职能提供全方位综合的服务,而不仅仅是将原有服务网络化。政府面向以上三类客户的服务项目参见表5.2。

表5.2 面向不同服务对象提供的电子化公共服务

服务对象	政府对公民	政府对企业	政府对政府
服务内容	电子信息服务 电子证件办理 电子税务 在线教育培训 在线就业服务 电子医疗 社会保险电子传递 智能交通管理服务 ……	电子信息咨询服务 网上资格认定和审查 电子税务 电子采购与招标 网上工程验收 ……	电子信息服务 身份认证服务 电子税务 培训服务 网上审批 电子邮递 业绩评价系统 ……

---

① 汪玉凯. 电子政务基础知识读本. 北京:电子工业出版社,2002:188-189

5.2.2 按职能领域划分

各国政府体制不尽相同，但大多按专业或行业分工设置公共服务部门，由这些部门来从事不同的公共服务活动，形成诸多富有特色的职能领域。公众也往往是按照职能领域提出服务申请，要求政府提供服务的。按照职能领域可以将电子化的公共服务项目分为四大类：政治服务、经济服务、文化服务、社会服务。其中，政治服务包括军事服务、安全服务等，经济服务包括工商服务、税务服务、金融服务等，文化服务包括教育、体育、娱乐等服务，社会服务包括法律、邮政、交通、劳动就业、医疗卫生、保险、婚姻、社会福利、环境保护、气象等多项服务，是内容最为广泛和丰富的一类公共服务。

按职能领域划分政府电子化公共服务，涉及了公共服务的具体内容，这些内容往往是公共服务不可或缺的。因此，相当一部分团体、学者在调查分析和比较各国电子政务服务水平时，多是从职能领域的角度出发选取电子政务服务项目的。比如，2002年5月，联合国公共经济与公共管理局与美国公共管理学会发表了一份联合报告，对联合国190个成员国的电子政务建设情况进行了调查研究与分析比较，被评估的国家必须满足的条件之一就是在教育、医疗健康、劳动就业、社会福利与服务、金融5个关键领域建有网站并提供在线服务。同年国际知名企业 Accenture 公司在调查、分析、评价世界上一些有代表性国家或地区的政府门户网站时，将169项政府在线服务项目按照职能领域分为9大类：保健与人类服务、司法与公共安全、国家财政收入、教育、运输与车辆、管制与参与、采购、邮政等。[①]

按照职能领域划分的电子化公共服务项目参见表5.3。

表5.3 按照职能领域划分的电子化公共服务

职能领域	政治服务	经济服务	文化服务	社会服务
服务内容	电子国防 信息安全服务	电子工商 电子税务 电子采购与招标 网上银行 电子报关	在线教育 在线培训 网上书店 电子信息服务	在线人才服务 电子医疗 电子邮政 社会福利电子支付
服务内容	……	……	……	智能交通管理服务 ……

5.2.3 按行政行为的类型划分

公共服务多由国家行政机关承担，提供服务实际上就是行政机关向公众实施行政行为的过程。这里所说的行政行为是指行政机关在行使行政权力过程中，针对特定人或特定事件做出影响对方权益的具体决定和措施。[②]按照行政行为的类型，可以将电子化的公

[①] 汪玉凯："如何评估政府门户网站". 赛迪网，http://industry.ccidnet.com/pub/disp/Article?columnID=70&articleID=46028&pageNO=1

[②] 张正钊. 行政法与行政诉讼法. 中国人民大学出版社，1999

共服务划分为以下几种。

1. 行政许可服务

行政许可指在法律允许的范围内，行政主体根据行政相对人的申请，通过颁发许可证或执照的形式，依法赋予特定的行政相对人从事某种活动或实施某种行为的权利和资格的行政行为。执行行政许可行为的电子化公共服务有驾驶执照、工商企业营业执照、出国护照等。

2. 行政征收服务

行政征收是指行政主体凭借国家行政权，依法向行政相对人强制地、无偿地征集一定数额的金钱或实物的行为。最典型的关于此种行为的电子服务就是电子税务，目前已有很多国家和地方的税务部门已经实现了网上报税、发票核查等业务。

3. 行政确认服务

行政确认是指行政主体依法对行政相对人的法律地位、法律关系或有关法律事实进行甄别，给予确定、认定、证明（或否定）并予以宣告的具体行政行为。执行行政确认行为的电子化公共服务如网上防伪打假，对公民身份、婚姻、学历状况等提供的网上认证或公证服务等。

4. 行政给付服务

即行政物质帮助，是指行政主体在公民年老、疾病或丧失劳动能力等情况或其他特殊情况下，依照有关法律、法规规定，赋予其一定的物质权益或与物质有关的权益的具体行政行为。执行行政给付服务的电子化公共服务如社会福利电子支付。

5. 行政合同订立服务

行政合同是指行政主体为实现行政目的，与行政相对人之间基于相反方向的意思一致而缔结的契约。最典型的行政合同订立服务是政府电子采购合同的订立。

从这个角度出发，有助于我们更清楚地认识公共服务双方之间的关系和行为。

5.2.4 按服务提供方式划分

不同的服务内容、服务项目可以通过不同的方式来提供，这些服务方式往往由一定的技术来支持。按照服务提供方式（以及支持的信息技术种类）可以将电子化的公共服务划分为网站服务、电话呼叫中心、手机短信服务这几种，其中网站服务所涵盖的服务内容最为丰富。随着计算机技术、通信技术的深入融合，这几种服务之间的关联度、整合度也在不断提升。

1. 网站服务

即通过政府网站向公众提供服务，这是目前发展最为迅猛的电子化服务方式。具体包括信息发布、信息搜索、文件下载、电子邮件、留言板、公共论坛、安全认证、在线业务处理等多种服务。

信息发布服务 即通过政府网站将信息向社会发布，这是最基本、也是应用最广泛的一种电子化公共服务，应用的主要技术手段是网站信息发布手段，包括 WWW、FTP 等。从信息变动情况来看，政府网站公布的信息主要有静态信息和动态信息两种，静态信息主要是指一经产生没有变动的信息，比如法规、指南、手册、档案资料、研究报告等；动态信息主要是指产生之后会更新的信息，比如通知、展览、办事程序、市场动态、部门设置、官员名单、联络方式等。

信息搜索服务 如果说信息发布方式中，用户接受信息的方式较为被动的话，那么，信息搜索服务中，用户获取信息的方式则较为主动，用户向搜索系统提出需求，系统经过处理后，将查询结果返回给用户，这种服务适合信息量非常大的政府信息系统。提供信息搜索服务的主要阵地是政府网站，应用的主要技术手段包括搜索引擎、WWW 数据库等。

文件下载服务 公众除了在政府网站上查询和阅读有关信息外，还可以将它们下载到本地。政府网站上可供下载的文件类型很多，最为常见的就是表格，在很多服务活动中都需要公众填写相关表格，表格下载服务使公众不必花费时间和精力亲自去相关部门索取，既节省了来回跑动的时间，省去了路费，也避免了空跑的麻烦。主要应用的技术就是文件传输服务技术 FTP。

电子邮件服务 为了方便公众及时向政府发送意见、建议、要求，很多政府机关都向社会公布了其领导、部门的邮件地址，让公众可通过电子邮件的形式及与之沟通。主要应用的技术包括电子邮件接收和发送技术，如 SMTP、POP3 等。

留言板、公共论坛服务 除了电子邮件外，很多政府网站专门设置了留言板、公共论坛等栏目，不仅让公众能够随时与政府交流，而且能互相交换看法。主要应用的技术包括 BBS 等。

安全认证 最为理想的电子化服务是整个服务过程都在网络上进行，不过由于网络信息的真实性、完整性难以保障，伪造、篡改信息将导致公众和政府双方的损失，因此，为保证网络服务的安全性，必须要对服务双方的身份进行认证，具体的身份认证技术有多种，政府电子化服务中的身份认证通常在公钥基础设施（PKI）上进行。认证服务是实现在线业务处理服务的前提。

在线业务处理服务 即从政府受理服务请求、处理到返回服务结果的整个过程都在网上进行。这种服务方式成为电子政务系统建设的一个重要目标，它实现了公共服务过程而不是单个环节的电子化。它需要整合多种网络技术，目前国内外优先实现的在线服务包括电子报税、电子报关等。

2. 电话呼叫中心

电话呼叫中心（Call Center）是一种将电话和互联网联系起来的公共服务方式，是一种集成传统通信技术和计算机网络技术的服务方式，多用于业务咨询、客户意见受理等。该项服务在前端接听公众电话，在后端与计算机系统连接，可以将公众电话内容输入计算机，也可以从计算机系统中寻找答案提供给公众。电话呼叫中心不光接电话，还可以定期打电话给相关人群，并能处理信件、电子邮件、短信、传真等多种信息源。现有电话呼叫中心如网上 114 电话服务、网上 12345 监督服务、网上 12315 消费受理服务等。

3. 手机短信服务

政府通过手机短信的方式和公众进行交流，这种服务系无线通信技术不断普及下的新产物。主要服务内容包括政府向公众告知重要事宜、公众向政府提出合理建议等。

政府通过短信方式向公众告知事宜不但覆盖面广，而且可以直达个人，容易留下深刻的印象。比如 2006 年和 2007 年春节北京市委、市政府利用手机短信方式祝全体市民新春快乐，并提醒市民注意节日安全，遵守《北京市烟花爆竹安全管理规定》。再如，"中国上海"门户网站通过短信方式免费提供给手机用户的内容包括综合新闻、政府公报、政府规章、政府文件、政府会议等。目前各地交通、税务、公安等服务部门正在陆续实践这种服务方式，将与百姓息息相关的信息予以及时送达。

通过手机发送短信费用低廉，相比电脑、电话而言更为方便，因此，近年来，除了向公众发布信息之外，政府也开始通过这种方式收集信息。2007 年 8 月北京市民主评议政风行风热线手机短信平台启动，300 名政风行风义务监测员随时可以通过手机短信的方式向政府提出意见和建议。

我国手机持有量从 2001 年起占世界首位，且逐年递增，这种服务方式有较为广泛的前景。

4. 政务微博

政务微博，是指中国政府部门推出的官方微博账户，力行"织博为民"。政务微博在社会管理创新、政府信息公开、新闻舆论引导、倾听民众呼声、树立政府形象、群众政治参与等方面起到了积极的作用。

我国的政务微博兴起于 2009 年下半年，除了地方政府的政务微博之外，公安系统内部出现了以"平安肇庆"、"平安北京"为代表的地方公安微博。国家行政学院电子政务研究中心 27 日在京发布《2012 年中国政务微博客评估报告》显示，截至去年底，我国政务微博账号数量已经超过 17 万个，较 2011 年底相比增长近 2.5 倍。报告显示，截至 2012 年 12 月 20 日，新浪网、腾讯网、人民网、新华网四家微博客网站共有政务微博客账号 176 714 个，较 2011 年新增了 126 153 个，增长率为 249.51%；四家微博客网站共有党政机构微博客账号 113 382 个，较 2011 年新增了 81 024 个，增长率为 250.4%；四家微博客网站共有党政干部微博客账号 63 332 个，较 2011 年新增了 45 129 个，增长率为 247.92%；在开设微博客的党政机构中，县处级机构所占比重最高，占 43%，其次是厅局级机构，占 33%；开设微博客的党政干部中，占比最大的是县处级以下干部，占 66%，其后依次是县处级 21%、厅局级 12% 和省部级 1%。在各地方政务微博中，上海市人民政府新闻办公室的政务微博"上海发布"位列第一。

当前，我国政务微博关注的对象主要包括两大类：一类是关注其他省市自治区的相同部门的微博，及时获取同行的信息，充分借鉴经验、做法并为自己所用，来改进本部门的工作；二是关注与自己所分管业务和行业相关领域的意见领袖的微博。相应领域的意见领袖的微博一般都拥有大量粉丝，具有深厚的相应领域专业知识和丰富的实践经验，一部分是本领域的专家学者，其言语和行为对其粉丝具有十分巨大的影响。政务微博只有充分关注自己分管领域的意见领袖的微博，才能及时知晓行业动态、存在的问题，甚至从其中找到解决问题的思路、解决问题的方法和改进本职工作的方式方法等。

5.3 政府网站的公共服务功能

5.3.1 政府电子化公共服务的平台——政府门户网站

政府网站是指政府部门在 Internet 上提供信息和公共服务的站点。政府网站是政府与公众交流的平台，是政府对外办理公共事物的窗口。政府网站的建设直接关系到政府电子化服务的实现进程。

在各种各样的政府网站中，最重要也最具代表性的是政府门户网站。门户网站（Portal Site）或称大门网站、入门网站，就字面上而言，Portal 就是大门的意思，言下之意，是通向互联网世界的大门，迈向网络社会获取信息资源及服务的第一步。门户网站通过集合众多内容，以及提供多样服务，尽可能地成为使用者上网首选的网站。同时，门户网站不仅是引导互联网用户前往其他目标网站的门户，同时其自身也是目标网站的门户网站，占据着互联网时代的制高点。门户网站普遍具有鲜明的个性化特征和地域性特征；及时跟踪用户的使用兴趣爱好和行为，满足用户的需求；通过桌面化组织管理和资源分类，以消除信息冗余，使用户能顺利访问多种类型的信息。

政府门户网站是电子政务系统的一项重要内容，特别是电子化公共服务的一个最重要的窗口。所谓政府门户网站实际上就是由政府部门统一建立的门户网站。它通过高速接入互联网实现资源共享，是电子化公共服务统一的对外窗口，为公众、企业或下属单位等提供信息服务，并使他们以最简便的操作方便快速地找到自己所需要的服务和信息。政府门户网站的突出特征是：友好的网站界面，清晰的网站导航，完善的帮助系统，完整的信息和完善的在线服务等。政府门户网站所提供的公共服务内容一般包括：政府新闻、统计资料、政府出版物、数据库查询、问题咨询、邮件列表、服务承诺、隐私保护政策、办事指南、政务公告、网上投诉、网上查询投诉结果、各种政府表格下载、在线提交申报表格（电子表格）、网上查询办事、网上招标、网上采购、网上缴税及支付各种费用等。

美国第一政府网（FirstGov.gov）是美国联邦政府的门户网站，也是全球政府门户网站的典范，它始建于 2000 年，整合了联邦政府的所有服务项目，并与许多政府部门如立法、司法和行政部门建立了链接，同时也与各州政府和市县政府的门户网站都有链接。网站上美国总统布什的讲话可以使我们对政府门户网站有一个清楚的了解："欢迎来到 21 世纪的美国政府，你可以通过鼠标访问这个新改善的第一政府门户网站，在这里寻找你需要的服务，处理你的业务，并与你的政府进行联系。FirstGov 是我们行政机构关于电子政府创新的一个'前端'。简要地说，我们的目标是使（你们的）政府能够更方便地接近每个美国人。对所有政府在线服务来说，电子政府是一站式的、最容易使用的网站门户。你只要点击网站就能够迅速发现并处理事务，而不需要知道是哪个政府部门提供的服务。FirstGov 有助于消除官僚主义，并发现与你相关的在线服务。过去的 FirstGov 是一个提供政府信息的网站，而现在它为人们提供解决（各种）方案。因此参观 FirstGov

网站后,请告诉你的朋友。由于这个网站,你的政府仅在点击之中。"[①]2007年1月,为了便于更容易理解和记忆,美国联邦政府门户网站 FirstGov.gov 更名为 USA.gov,一如既往地服务美国公民。加拿大一直是全球电子政务发展水平较高的国家,其政府门户网站也很有特色。2001年,加拿大对国家政府门户网站(www.canada.gc.ca)重新设计划分了政府服务的群体,即加拿大公民、加拿大企业和国际客户三类,体现了以客户为中心的服务理念,突破了政府部门的职能限制。以民为本,采取公众服务价值链指导下的一站式服务是加拿大政府门户网站成功的主要经验之一。近年来,随着加拿大政府门户网站功能的逐渐完善,加拿大政府在多年实践的基础上总结出公共部门服务价值链,直观地表现出政府承诺、公民满意度与公民对政府等部门的信任度之间的关系,该价值链将作为加拿大政府门户网站继续向公众服务型一站式网站转化的主要指导依据。[②]加拿大国家政府门户网站作为所有联邦网站的总入口,提供一站式接入点,为用户提供完整的公共服务。加拿大政府网站以用户为基础设置的服务主题,极大地方便了用户对公共服务最大限度的利用,提高了网站的服务效率,促进了政府各部门间的协调合作,整体上降低了服务的成本。目前,加拿大政府网站服务内容已经达到了22 000多项。

  1999年1月,我国开始了"政府上网"工程,拉开了全面建设电子政府的帷幕,各级政府争相在网上建立自己的网站,实现电子政务的功能,推进政府电子化公共服务的拓展和深入。国务院信息化工作办公室主办、赛迪顾问股份有限公司承办的2005年政府网站绩效评估结果显示,我国各级政府网站的普及程度达到较高水平,2005年,96.1%的部委单位拥有网站,比2004年上升2.7个百分点;81.3%的地方政府拥有网站,比2004年上升8.4个百分点。就政府网站的功能与内容来看,大多数政府网站以政务信息公开为第一功能,信息公开绩效指数较高;地方政府网站的在线办事指数相对较低,在线政务办理仍是绩效瓶颈;公众参与渠道建设发展较快,成为2005年中国政府网站建设的亮点。2006年1月1日,中央政府门户网站正式开通,标志着中国政府网站体系基本形成。当前我国电子政务的整体发展水平据2013年5月15日发布的《2012国家电子政务发展报告》显示,(该报告汇编了《2012年国家电子政务发展综述》以及28个部委、21个省(自治区、直辖市)、13个副省级城市的电子政务发展报告。)截至2012年,中国电子政务发展的社会和技术环境明显优化,互联网基础设施和普及率不断提升,网民信息技术能力不断提高,新技术和新应用不断涌现,深刻改变电子政务的社会发展环境和技术发展环境,为电子政务应用发展提供了重要支撑。报告指出,2012年电子政务应用发展成效日趋显现,政府网站服务能力和水平逐步提高。各地区、各部门进一步加强建设保障和改善民生应用、创新社会管理应用,取得显著成效。同时,也存在一些部门和地方对发展电子政务作用的认识不高,符合电子政务科学发展的机制不健全,一些领域还存在分散建设、低水平重复、投资浪费现象等问题。

  联合国经济和社会事务部多年来致力于帮助世界各国应对其面临的经济、社会和环

[①] 美国政府门户网站的设计特点及启示. http://www.jrj.com.cn/NewsRead/Detail.asp?NewsID=153363
[②] 单洪颖,张亚男. 我国电子政务与公众服务型政府网站集群式发展模式研究. 情报科学,2007(4):506-510

境等方面的挑战，致力于通过创新和技术来促进形成高效率、高效益、透明、负责任和以公民为中心的公共行政和公共服务。从 2001 年起，联合国经社部对联合国成员国的电子政务进程进行调查，并发布年度电子政务调查报告，以帮助各国更好地了解全球电子政务发展现状，了解各国电子政务相对其他国家所处的位置，为各国决策者在推动综合性、可持续性的电子政务政策和项目时提供决策参考，特别是对发展中国家推进信息化战略提供了重要参考。根据最新一期的《2012 年联合国电子政务调查报告：面向公众的电子政务》（其中文版于 2013 年 3 月 26 日在北京正式发布）显示：韩国政府继续保持了 2010 年在电子政务方面所获排名第一的位置。荷兰目前排名第二，比 2010 年提前了三个位置。英国向前进了一位，成为世界上电子政务第三先进国家。丹麦、美国、法国和瑞典也仍保持在全球电子政务领先国家的行列。许多发展中国家也跻身前 50 名，其中包括俄罗斯、阿拉伯联合酋长国、立陶宛、巴林、哈萨克斯坦、智利、马来西亚、沙特阿拉伯、拉脱维亚、哥伦比亚、巴巴多斯、卡塔尔、安提瓜和巴布达、乌拉圭等。中国在电子政务的整体发展中稳步前进。中国电子政务发展指数为 0.5359，排名第 78 位。报告认为"这是不小的壮举，因为中国有着多达 13 亿的人口和辽阔的国土面积——这使得政府必须比人口少、地域小的国家付出更大的努力，特别是它的人口分布很广，越发增加了发展难度"。中国政府在促进信息公开方面取得了显著成效，通过提供综合的信息、更多的跨部门综合性服务以及政府官员与公众更多的互动，中国政府提高了官方门户网站的质量。总体而言，联合国 2012 年的调查表明，各国已经从分散的单一用途电子政务模式向方便公众使用的"一体化"政府模式过渡。欧洲大多数国家的做法是对信息、服务和参与机会设立不同的门户网站，韩国、新加坡、美国、以色列、澳大利亚、挪威、丹麦和新西兰则将信息、服务和公共参与集中于一个统一的网站，它们是采用一站式门户网站的少数先行国家。2012 年的调查结果显示，根据电子政务发展的四个阶段（初始阶段、强化阶段、业务办理阶段和一体化阶段）来看，各国正处于不同的电子政务发展阶段。大多数国家目前尚处于初始阶段和强化阶段，而能达到业务办理阶段或一体化阶段的国家仍是少数。2012 年的联合国电子政务调查表明，电子政务在确保提高人民的生活质量和实现长期、公平的发展方面能起到非常大的作用。而提高服务质量的关键还在于政府能够不断地改进管理和运行水平。调查报告建议各国政府更加重视电子政务，发展和推进政府一体化，并提高公共服务的质量。其最终目标是开展合法、有效的公共治理，为今世后代实现包容、公平和可持续发展做出贡献。报告建议：各国政府部门要利用社交媒体提高公共服务的质量，降低成本，增加政府透明度——这要求政府要利用社交媒体在公众中推广电子政务的使用，努力使社会各个群体都能通过这种新的方式享受到电子政务的服务。

5.3.2 政府网站公共服务内容

政府网站建设的核心是提供公共服务，政府网站的公共服务功能，具体表现在改变政府职能、提高政府为公共服务的能力等方面，主要包括政府信息发布、公众意见收集、公共事务处理等。社会公共服务过程是一个政务信息公开过程，政府网站的公共服务增强了政府公务处理的透明度；政府网站公共服务功能从根本上改变了政府与社会、公众、企业的信息不对称状态，公众、企业可以通过网络及时获取政府的各种信息；此外，政府网站公共服务功能使公众享受政府服务只需一个入口，改变了传统的通过一个个"衙门"去拜访的串行工作方式。公众不仅可以享受到政府提供的一站式服务、在线服务等，而且大大加强了政府与公众之间的互动，从而使政府可以不断提高公共服务的质量。总之，政府网站的公共服务将最大限度地提高公众对政府服务的满意度，密切政府与公众的关系，使政府为民服务的工作更为有效。同时也为广大政务机关，特别是政府的窗口单位创造了一个提高公众满意度、提高政府部门形象和扩大知名度的高效率渠道。

针对社会、公众和企业对政府公共服务多方面的需求，目前我国政府网站的公共服务内容有这样几个方面。

面向公众的服务：婚姻生育、证照申领、学校教育、医疗卫生、社会保障、劳动就业、公用事业、土地房产、交通、旅游、文化娱乐、民族宗教、理财纳税、邮政通信、社会治安、出入境事务、法律咨询、消费维权、死亡殡葬等。

面向企业的服务：企业开业申办、企业变更申办、行业准营申办、年检年审、项目审批、财政税务、工商行政管理、质量技术监督、外贸投资、绿化环保、知识产权、人才与培训、劳动保障、公安消防、信访监察、城市建设、水利水务、交通运输、项目审批、新闻出版、广播电视电影、企业破产注销等。

面向社会提供的一般应用服务及信息发布：包括各类公开信息和一般的社会服务。例如，基于政府互联网网站的信息发布及查询；面向全社会的各类信访、建议、反馈及数据的收集统计；面向全社会的各类项目计划的申报、申请；相关文件、法规的发布及查询；各类公用服务性业务的信息发布和实施，如工商管理、税务管理、保险管理等。

近期，我国各级政府网站大致提供了如下具体内容的公共服务。

交通服务：申请续办驾驶执照、申请续办车辆牌照、预约驾照考核、预约或更改检车时间、更改驾驶执照通信地址、更改车辆牌照通信地址、道路交通信息服务、道路状况报告、交通堵塞报告、违章车辆查询、驾驶员积分查询、养路费查询、加油站查询、停车场查询、交通时刻表、电子地图、交通部门介绍。

个人服务：申办出生证明并查询相关信息、申办死亡证明并查询相关信息、申办结婚证书并查询相关信息、申办户口及身份证、申报举办公益活动并查询相关信息、财物招领、报失财物、物品捐赠、更改个人资料、公共服务查询、天气预报。

信访服务：信访部门作为政府面向群众的一个重要窗口，提供网上服务将营造一个民主的政府现象。所有 Internet 提供的信息或反映的问题将根据类型转入政府机关内部公务处理系统中的不同人员的信箱，整理后做相应处理。

预约服务：受理各种申请和答复、办事预约，可根据具体的业务情况做出安排。

教育服务：各小学/中学/大学资料检索、各省市及国外大学资讯、网上学习课程、教育部门介绍。

就业服务：登记求职、登记职位空缺、查询职位空缺、查询求职者、各类劳动法令介绍、劳工部门介绍。

纳税服务：税务查询、市集及商户销售报告申报税项、更改纳税人资料、缴纳税款、税务部门介绍。

保险服务：通过电子网络建立覆盖地区甚至国家的社会保险网络，使公民通过网络及时全面地了解自己的养老、失业、工伤、医疗等社会保险账户的明细情况，有利于加深社会保障体系的建立和普及；通过网络公布最低收入家庭补助，增加透明度；还可以通过网络直接办理有关的社会保险理赔手续等。

法律服务：法律服务查询、政法部门介绍。

文娱服务：旅游资讯、图书馆书籍查询、申报举行公开活动并查询相关信息、文娱服务部门介绍。

商务服务：申请营业执照并查询相关信息、中小型企业投资指南、公共服务查询、更改商户资料、办理国外雇佣通知书、缴付政府费用（税款、电费及水费等）、邮递服务查询、政府新闻信息服务、常用统计资料、订购政府刊物、商务部门介绍。

旅游：旅游资料、电子地图、报失财物、旅游部门介绍。

5.4 政府网站公共服务功能的实现

5.4.1 政府网站公共服务功能的设计与开发原则

政府网站是创建"透明、服务、民主"型政府的重要手段，"政务信息公开、在线办事和公众参与"是政府网站公共服务的重要功能定位，在政府网站的设计与开发的过程中需要遵行特定的原则，其中最为重要的方面是如下。

第一，以公众为中心提供服务。加强社会管理和改善公共服务是推进电子政务建设的出发点和落脚点，也是政府网站建设的核心和生命力。政府网站的服务对象广泛，社会公众是其中的核心部分，因此，在网站的设计与开发过程中，一定要以公众为中心，要充分了解和掌握公众的服务需求，始终以满足公众的需要和要求作为系统设计开发的最高宗旨，一切想公众所想，急公众所急。政府门户网站的建设应改变传统的管理方式和思维方式，改变以传统的政府为中心的建设模式，满足目前政府管理创新和服务型政府建设的要求，牢牢树立起以用户为中心的建设理念，以方便企业、方便公众获取信息和接受服务为基点，按照用户的使用习惯来设置政府网站的公共服务。

第二，以服务功能的总体规划为先。政府网站公共服务功能的建设应该有一个总体规划，并结合自身的资金状况和技术能力，分步骤实施。是否能做好政府门户网站的规划，是政府门户网站公共服务实现成败与否的关键所在。规划决定结构，结构决定功能，高水平的网站规划可以为网站的发展提供极具潜力的发展空间。一旦规划不得力，误入歧途，就会带来很大的损失，规划过程中要明确政府网站的服务对象、建设目的、开发目标、应用领域、实现要求等，要统一相应的标准，努力做到资源共享。要把握规划的动态性的特点，立足于规划的战略相关性，界定范围，明晰目标。

第三，以信息资源整合与共享为基础。《国家电子政务总体框架》提出信息资源开发利用是电子政务建设的主线，也是电子政务发展的必然要求。要提高各政务部门业务协同水平和电子政务绩效，提高政府网站公共服务的质量和水平，政务信息资源的共享和公开是核心。因而，要建立健全政府门户网站信息采集、审核、发布机制，以整合现有各部门、各区域资源为重点，在整合的基础上再进行"填平补齐"的工作。以业务流为主线，将整合跨部门应用的资源作为重点，统筹考虑门户网站和本地各部门网站。

第四，建立完善的信息发布管理机制，要针对不同类型的用户提供不同的信息，保证政府重要信息的安全性。要善于将各种信息按权限分级管理、分级共享。政府网站除了提供信息发布的功能之外，一定要重视信息反馈机制的建设，使其真正具有即时互动的能力。网站还需要具有必要的智能管理能力，比如，能自动积累和生成大量数据，能及时了解和分析公众和各种社会组织对政府服务的需求，及时将有用信息反馈给政府的决策部门，这些作为政府决策中的重要依据。

第五，建立坚固、稳定、管理功能强大的 Internet/Intranet 网络平台，为公众提供真正方便、快捷、优质的服务。为此，各种网络系统要具有强大的数据访问、存储、操作与管理功能；系统还必须具有可维护性；所有流程的设置都应当通过图形化的界面实现。在网站提供的主页模板上，经信息处理工作流后的信息将自动生成网页在网上发布。可以利用网站提供的模板随时扩充新的应用，页面模板应当可以随意更换；网站应当具有灵活应变的能力和扩充性能，建立易扩展、易二次开发的应用平台以适应不断发展的需要。

5.4.2 政府网站公共服务功能规划及实现

科学的、合理的、适度超前的政府网站公共服务功能规划可以有效地推进对整个电子政务的发展，体现政府网站亲民、利民、便民的建设思路，促进政府网站的发展。政府网站公共服务功能的规划及实现应围绕"信息公开、在线办事和公众参与"三个方面来展开。

1．政务信息公开

政务信息公开是政府网站公共服务的一项基本功能，它对于提高政府的透明度、推进依法行政具有重要的作用。政府掌握着大量的信息资源，这些信息资源对人民群众生产、生活和经济社会活动有着重要的作用，必须要进行公开。2007 年 1 月 17 日国务院第 165 次常务会议通过的《中华人民共和国政府信息公开条例》（以下简称《条例》）明确指出：行政机关公开政府信息，应当遵循公正、公平、便民的原则。行政机关应当将主动公开的政府信息，通过政府公报、政府网站、新闻发布会以及报刊、广播、电视等便于公众知晓的方式公开。该条例将于 2008 年 5 月 1 日正式施行，对于公民的知情权提供了全方位的保障，对于政府网站履行政务信息公开的职能指明了方向。随着互联网的普及，政府网站将逐渐成为政务信息公开的第一发布源，成为人们与政府互动的平台。

1）政务信息公开的基本要求

政务信息公开强调"以公开为原则，以不公开为例外"，注重公开信息的全面性、准确性和时效性。《条例》规定了主动公开的基本要求和公开的内容，也规定了各级政府主动公开政府信息的重点，还规定了公民、法人和其他组织可以依法申请公开的信息。比如，行政机关对符合下列基本要求之一的政府信息应当主动公开：涉及公民、法人或者其他组织切身利益的；需要社会公众广泛知晓或者参与的；反映本行政机关机构设置、职能、办事程序等情况的；其他依照法律、法规和国家有关机关规定应当主动公开的。

《条例》也规定了政府公开信息涉及国家秘密、商业秘密和个人隐私的不能公开，除此之外，都可以公开。政务信息公开的全面性要求政府网站对政府信息应做全面梳理，按照用户的习惯，分门别类地公开政务信息。在政府网站公开的政务信息必须能够代表政府，所发布的信息必须体现出权威性，要根据依法行政的要求，明确界定各部门的信息采集和更新权责，保证信息的准确性和时效性，做到"经常性的工作定期公开，阶段性的工作逐段公开，临时性的工作随时公开"。

2）政务信息公开功能设计框架及其实现

按照《条例》规定的信息公开内容，结合目前政府网站的建设情况，政务信息公开可以分为主动公开和依申请公开两大类。政务信息主动公开的内容应该包括一般性的政府介绍，概况新闻，政务活动中产生的工作计划、工作过程和工作结果信息等，具体有机构介绍、地区介绍、领导信息、计划与规划、政府公报、法律法规、政务动态、新闻报道、统计数据、人事任免、干部选拔、采购与招标、财政预决算、政府投资项目、招商项目、政府事项目录、办事指南等。例如，"中国上海"（http://www.shanghai.gov.cn/）作为上海市政府的门户网站，主动公开的内容有十类：市政府及其工作机构的领导名单、市政府工作机构及其主要职责、市政府规章、市政府工作规则及其他规范性文件、市政府重点工作、市政府提交市人大及其常委会审议的各类报告、市政府重要会议的主要内容、关于本市经济和社会发展的主要数据、市政府实事项目、市政府人事任免。对于依申请公开的政务信息应在政府网站明确受理申请机构、申请工作流程、收费标准等。

政务信息公开目录的建立可以清楚地梳理政府信息资源，有利于社会公众更方便地了解政务信息，便于提升政府网站依法公开、规范公开的程度，全面、准确、完整和及时地公开政务信息，近些年，一些政府门户网站都出台了政务信息公开目录，如上海、杭州、长春、哈尔滨等。政务信息公开目录作为网站信息公开工作的依据和保障，决定了政府网站信息公开的深度。目前，也有不少的网站是以固定栏目来公开有关的政务信息。

2．在线办事

政府网站"在线办事"是公共服务功能的重要体现，是真正体现电子政务服务宗旨的重要环节，更是促进政府职能转变的重要途径。服务内容应以行政事项为重点，最大程度地方便用户获取各种服务。2006年国家信息化领导小组公布的《国家电子政务总体框架》指出，到2010年，政府网站要成为信息公开的重要渠道，50%以上的行政许可项目能够实现在线处理。在线办事功能应该考虑按照信息交互与处理的复杂程度，划分在线办事能力的深度，如办事指南、表格下载、网上审批、在线咨询、在线查询和在线申报等，还要充分考虑用户的使用习惯，按照不同用户对象的应用主题设计公共服务的架构，打破政府部门的界限，整合各种在线办事的资源与系统，为用户提供便捷、高效的服务。

1）在线办事的基本要求

政府网站的在线办事功能是政府网站的核心功能，电子政务的主要目标之一是要把政府网站打造成政府公共服务的重要平台。对这一功能设计的基本要求有三个方面：一是要以用户为中心，充分考虑用户的使用习惯，按照用户对象及应用主题聚类政府服务和社会服务；二是要建立"一站式"的服务平台，打破部门界限，提供覆盖用户全生命周期的"一站式"服务，最大限度扩充办事服务数量，提高行政办事效率，节省用户办事时间和精力，也有利于节省政府办公人员，精简政府部门。"一站式"的政府网站作为用户获取政府各部门服务的统一入口，通过资源整合实现服务的增值，可以使用户方便地享用政府公共服务；三是在资源整合深度上，要求政府网站能就每一事项提供办事指南、表格下载、在线咨询、在线申报及办事状态查询等不同深度下的"一体化"服务。

2）在线办事功能设计框架及其实现

近些年来，我国对政府网站在线办事功能的实现给予了高度的重视，《国务院办公厅关于加强政府网站建设和管理工作的意见》就此提出了具体的意见：切实提高在线办事能力。要从满足公众日益增长的需求出发，增强服务意识，不断提高在线办事能力和水平。要公布办事项目的名称、依据、程序和要求，提供表格下载、业务咨询和办理指南，努力实现在线申请受理、状态查询和结果反馈。按照公众、企业等服务对象的需求，梳理业务流程，整合办事项目，积极探索推行"一点受理、抄告相关、并联审批、限时反馈"、"前台一口受理、后台协同办理"等在线办理模式。按照"网站受理、后台办理、网站反馈"的模式，通过办事指引和页面链接提供"一站式"服务入口，逐步建立网上办事大厅。要确保"十一五"期间50%的行政许可项目实现在线办理。按照以上思路，在线办事的功能设计框架及其实现可以围绕以下一些内容。

首先，认真分析政府网站服务对象，研究公众或企业生命周期的应用主题，以此作为政府网站在线办事功能实现的出发点和立足点，根据用户对象的不同应用主题搭建服务框架。只有这样才能体现政府网站"以人为本、以服务对象为中心"的理念，例如，美国的政府网站，基本囊括了一个人生、老、病、死期间所有应该办理的大事，用户只需要按照不同的时段，获取不同的服务便可。新加坡政府网站同样按照公民从出生到死亡、企业从注册到注销的历程来设计服务功能，把政府部门看作是人生旅途上的一个个站点，每个公民可以完成虚拟人生，包括医疗保健、商务、法律法规、交通、家庭、住房、招聘等各项服务。一般而言，政府网站服务对象包括居民个人、企事业单位、旅游者、投资者、政府公务员等，其中，居民个人和企业是基本的用户群体，与居民个人生命周期有关的应用主题有：婚姻登记、生育收养、户籍管理、教育、文化、卫生保健、公用事业、住房、出入境、兵役、就业、社会保障、交通、纳税、死亡殡葬等；与企业生命周期有关的应用主题有设立变更、纳税、年检年审、质量检查、安全防护、商务活动、对外交流、劳动保障、人力资源、资质认证、建设管理、知识产权、破产注销等。此外，某些地区政府网站还应重点面向农村用户提供服务，政府网站还要考虑对外国人的服务。对于部门政府网站，还要重点服务好行业用户，体现出领域或行业的特征。

其次，要全面梳理政府各部门的服务事项，最大限度地扩充服务事项数量，提高政府网站的服务整合能力。政府网站的在线服务内容不应仅限于行政审批事项，而必须从政府日常管理办公业务出发，最大限度地为企业和社会公众提供公共服务。由于按用户需求搭建的在线办事的框架打破了传统政府部门的界限，集中了分属各个部门的业务，形成了"一站式"鲜明的特征，这样第一步就需要对各个政府业务部门的服务功能实施梳理，然后进行重组，按照方便用户操作的步骤进行设计，有机集成各部门网上资源，规范办事流程，努力实现"前台一口受理、后台协同办理"的在线办理模式，例如，国内省级政府门户网站中在线办事功能实现最好的当属上海政府网站，其在线服务的落实率高达90%以上，在行行政许可和在线行政审批也超过90%以上。上海市政府网站是我国最先采用"一站式、一体化"服务模式的政府网站，它的网上办事包括网上受理、办事状态查询、网上投诉、表格下载、网上咨询等几个方面。广州市政府门户网站，截止到2006年一共梳理整合了115个行政和事业单位，共1840项网上办事及服务，其中有576项提供在线受理，约占全市行政许可项目的45%。

第三，按服务深度，可采用办事指南、表格下载、在线咨询、在线查询、在线申报等实现方式。办事指南是最简单的一种实现方式，但应保持及时更新，以便广大群众了解到政府各项办事程序和流程。表格下载将以往需要用户到政府机构领取的纸质表格，变成电子表格放到网上，用户通过连接微机和打印机可将它还原成纸质表格。实施"表格上网"的过程，也是重新审核行政程序的过程。用户填写完毕后，通过网络上传或实地报送等方式报给有关机构就行了。在线咨询主要受理、解答公民、法人及其他社会组织对相关政策、法规及办事程序的咨询，以提高政府办事效率、增强政府服务社会的职能。在线查询包括对办理事项的状态查询，作为政府提供公共服务的一个深度层次，也包括整合各部门提供的在线查询服务资源。在线申报又称在线受理，可以使用户"足不出户"，就能享受政府提供的服务，是政府网站建设的重点和难点，在线申报需建立网上办事统一受理反馈平台，整合部门资源，搭建服务平台。例如，浙江省政府网站在线办事系统以每个行政事项为基本单元，将办事指南、表格下载、在线咨询、在线受理、在线查询等不同深度的服务按照办事过程整合在一起。

在线办事功能是目前政府网站建设的关键内容，我国许多政府网站都力图积极整合政务服务内容，在门户网站上推出便民的"一站式"服务，取得了一定的成效。北京"首都之窗"政府门户网站在办理全市2400多项行政事务中，提供办事指南的有2000项左右，提供在线受理服务的有453项，提供在线状态查询的373项，14项能实现全程办理，涉及1291种表格，1178种能提供在线下载。

3. 公众参与

公众参与是保障公民享有参与权和监督权的重要手段，建立健全政府网站的公众参与渠道是电子政务建设中的一项重要任务。互动是电子政务追求的目标，而公众参与则是实现互动的最重要方式，只有具有健全的公众参与渠道，丰富的网上互动形式，才能够保障公众意见、诉求和建议得到及时处理与反馈，反映公众参与决策的程度和政府倾听社情民意的水平，促进整个社会的良性互动，团结、协调社会各种力量，及时化解各种矛盾，使整个社会持续健康地发展。

1) 公众参与的基本要求

公众参与目标定位的实现，不仅需要强调政府网站公众参与栏目本身的建设，而且应当注重企业和社会公众与政府交流沟通的效果，使得政府网站真正起到官民互动的"桥梁性"作用。政府网站公众参与的渠道要多样化，以满足用户各种互动需求，恰当地运用网上投诉、领导信箱、在线调查、在线访谈和公众论坛等各种渠道，积极引导公众参与政府公共事务的管理和决策。更为重要的是，应及时处理、反馈公众意见，形成真正的互动，保证用户提出的合理化意见和建议得到回应，使得政府网站的公众参与功能真正具有生命力。

2）公众参与功能设计框架及其实现

公众参与功能主要表现在公众对公共政策制定的参与、民意民愿的表征和公众对政府效能绩效的评议与投诉方面等。政府公共政策的制定需要得到广大民众的反馈，需要更多的普通公民有机会直接参与到公共政策过程中，政府网站作为官民联系的桥梁，可以直接得到百姓的意见和建议，使政策制定所需要的信息更加全面准确，使公共政策得以更好地反映民意，提高政策过程的公开透明，促进政策的公平与公正。利用政府网站直接了解和征集民意民愿，加强政府和民众的交流，以网站留言板、领导信箱、电子邮件等征询收集公民的意见和要求，这将对于提高政府公共服务的质量有着重要的意义。政府网站也是民众对政府工作的效能绩效进行评议和投诉的窗口，从这里政府可以直接了解到民众对政府的满意度，从而不断地改进工作。政府网站的公众参与功能可以通过以下途径来实现。

（1）领导信箱。这是一种多数民众熟悉的参与方式。我国政府网站普遍开设了领导信箱，受理个人、企业或其他组织的信件，体现政府服务为民的思想，为广大群众排忧解难。公众可以通过领导信箱提意见、建议和反映情况等。领导信箱要真正发挥作用，不能仅是一个摆设，应建立制度保障措施，协调各个部门，保证公众意见和建议的处理与反馈，并公开各级政府和部门信件回复情况。

（2）网上听证。2006年8月四川宜宾市政府网站开启了网上听证，将一段时期内群众比较关注、政府正在酝酿的涉及市民切身利益的问题，以及市长信箱中反映比较强烈的问题，以主题讨论的形式集中在网上听证中，供市民针对性地发表自己的观点，让市政府更好地了解民意、集中民智，构建和谐的政务环境，以扩大公众的"知情权、参与权、监督权"为目标，积极开展政民互动。[1]

（3）在线访谈。在线访谈功能在我国政府网站中发展相对较弱，北京、上海、青岛等地的政府网站是比较早实现在线访谈的政府网站。近一年来政府在线访谈功能得到较快发展，据统计，2006年政府网站开展访谈次数超过1000次，整理访谈实录约300万字。[2]在线访谈最好能够事先确定时间，明确主题，做好宣传，实现在线的文字播报、视频点播。

（4）在线调查。主要内容涉及政府服务满意度、网站建设等方面的调查。目前，许多政府网站都开通了在线调查功能，其中，商务部网站的在线调查非常有特色，内容丰富，调查全面，从2002年至今，做了20多次不同内容和主题的网上调查，包括网站公共服务调查、网站功能需求调查、网站主页设计调查、特别主题调查、用户调查等，并且均将调查结果总结分析公布，形成了很好的公共服务的互动效应。在线调查功能的实现关键在于调查主题的设计是否能够得到用户的关注，问卷的内容是否表达简明清楚、便于用户选择，调查的结果是否能及时统计分析，并作为政府网站改进的依据。

---

[1] 四川宜宾市政府网站开启"网上听证". http://tech.qq.com/a/20060831/000288.htm
[2] 陈晓春，吕平，王玄. 政府网站须加强"公众参与". 中国国情国力，2007（6）

（5）民意征集。政府网站应结合政府当前工作的热点、难点问题，设计发布一些主题，通过民意征集，向群众征求意见，并将征集结果进行反馈，使网站的公众参与真正达到公众与政府交流沟通的目的。北京首都之窗的民意征集栏目就是一个典型的代表，征集内容比较丰富，包括"《北京市食品安全条例（征求意见稿）》公开征求意见"、"市科协在全市范围征集科普资源项目"、"密云农业品牌标识征集"等，首都之窗公布了电话、传真、电子邮箱、网络等多种反映意见和建议的渠道。另外，还专门设立了征集反馈栏目，总结征集结果，公告征集进程，将民意征集工作真正落到了实处，也使民众看到了政府的诚意，更好地激发了公众参与政府管理和社会事物的热情。而目前在不少的政府网站上，只有民意征集的内容，而没有民意征集的结果，这在很大程度上影响了民意征集功能的真正发挥。

（6）公众留言或论坛。它是政府网站与公众联系的重要窗口，是公众对政务公开进行监督评议的重要渠道，是广泛地听取社会公众意见的园地。多数政府网站都具备公众留言或论坛功能，形式灵活，但回复留言的时效性和对留言的整理分类并不十分理想。对于公众留言或论坛功能的实现，应着重建立公众留言的回复制度，规定办理的时限要求，派专人负责，针对特别重要的留言、突出问题的建议和意见要形成日报、周报和月报制度。例如，商务部的公众留言栏目就非常有特色，首先，留言提交渠道多样，可直接提交至留言板，可发至邮箱，也可电话留言；其次，留言组织有序，查找方便，可以按商务部主网站和各个子网站来源查看留言，也可以按内容类别查找留言，类别分为内贸咨询、外贸咨询、援外与合作、工作表扬、工作建议、批评意见、其他评价及全部，还可以按照时间浏览每个月的热点留言，更可以用关键词直接搜索；第三，留言显示格式规范，每条留言均有留言序号、留言编号、留言分类、欲咨询部门、留言内容、留言者信息，以及留言答复的内容和时间等；第四，有清楚的公众留言须知和留言处理程序，明确规定留言回复时限为五个工作日，这也是商务部的公众留言受到欢迎的最重要原因之一。

此外，网上信访、网上评议也是政府网站实现公众参与功能常用的形式。努力实现政府网站的公众参与功能，有助于政府及时了解社情民意，提高工作效率和服务水平，体现电子政务惠及全民的理念。

5.5 电子化公共服务的发展

5.5.1 电子化公共服务的发展趋向

即使在世界范围内，电子化公共服务应当说也还是一种新生事物，它的基本存在方式虽说在过去就有，但系统的、表现新型关系的电子化公共服务大多也是近些年刚刚出现的。因此，它的表现形态可能还比较初级，它的实际水平还很不尽如人意，它的基本规律还有待我们去进一步研究和认识。但是尽管如此，在这几年中，电子化公共服务在世界范围内所表现出的勃勃生机和巨大活力，在发展政府公共服务职能中所产生的不可替代的巨大影响，却使世界各主要国家的政府，几乎都看到了它的极端重要性和巨大的发展潜能，并以切实的措施不断推动着它的发展。"电子化公共服务代表着政府管理发展的方向"、"电子化公共服务是电子政务的核心和本质"、"电子化公共服务前途无量"日益成为政府管理领域的共识，优先和重点发展电子化公共服务日益成为各国电子政务发展的必然选择。

根据对电子化公共服务基本发展线索的初步研究，我们认为，电子化公共服务有着巨大的发展空间和发展潜能，最近一个时期，它无论在广度上还是深度上，都会有一个比较大和比较快的发展。

电子化公共服务的发展首先表现在广度方面。随着电子政务的不断扩展，电子化公共服务将同步实现服务领域、服务方式、服务提供者范围的扩展。

在服务领域的扩展方面，电子化公共服务将很快向更加广阔的应用领域开拓。需要由政府提供的绝大多数公共服务，都有通过电子化手段实现的可能性。除了目前在世界各国政府已经普遍开辟的社会事务与经济事务处置领域外，政治事务处置（参政议政、竞选投票等）、文化教育事务处置（文化设施利用、文化服务享受、教育服务选择等）、医疗健康事务处置、劳动就业事务处置、法律事务处置等领域都将比较普遍地应用电子化公共服务。

在服务方式的扩展方面，将呈现有益的多样化局面。现代信息技术已经为多样化的电子化公共服务提供了充分的条件，目前使用最普遍的单向信息提供方式将很快被双向信息交流方式取代；非实时信息提供方式，将很快被实时信息提供方式取代；部分电子化部分非电子化的复合型方式，将越来越多地被全电子化方式取代；完全依赖于计算机网络系统实现的方式，将被以计算机网络系统为主体，以更具普及性的电话网、有线电视网、电力线网为辅的方式取代；只能观其文，不能见其容，不能听其言的单媒体方式，将逐渐被具有一定人性化色彩的，人与人可以间接谋面的多媒体方式取代；以共性服务为主的方式，将不断被越来越具有个性化特点的方式取代。

在服务提供者范围的扩展方面，政府将不再是电子化公共服务唯一的提供者。在世界范围内公共服务民营化的浪潮中，一部分本来由政府直接向社会提供的服务，会改由民间机构代为承担。政府需要做的是通过外包、业务分担等方式把具体的服务转交民间机构，自己则承担必须承担的财政资金筹措、业务监督责任，以及相应的服务业绩优劣责任。公共服务民营化的主要目的，一是利用市场机制改善政府服务的质量；二是缩小政府职能范围，减少对社会事务的直接干预。在客观实际生活中，现在由政府提供的一部分电子化公共服务，则可以也应当由民营机构承担。这一方面在于，电子化公共服务民营化有利于降低政府的投入（电子化公共服务的前期投入大大高于一般公共服务），降低服务成本；另一方面则在于，电子化公共服务民营化可以增加公众对公共服务进行自主选择的机会，极大地促进服务质量的提高。当然，并非所有的电子化公共服务都可以由民间机构提供。为了避免民间机构盈利取向可能造成的不公正和对社会责任和公共利益的忽略，民间机构承担的电子化公共服务项目应当是有限制的，事关国家主权与安全的服务则不能由民间机构负责；明显会造成不公平、不公正服务结果的也不能由民间机构承担，政府确实无法对被委托者的服务提供过程实施有效监控时，更不能将相关服务委托民间机构代为实施。

社会非营利组织[①]也可以成为电子化公共服务的提供者。非营利组织不仅可以成为政府与服务对象间的桥梁，而且可以直接提供公共服务，特别是那些政府无法有效履行的服务项目，如一部分文化教育服务、医疗卫生服务、社区发展服务、社会福利服务等。当然，这些服务中的一部分同样也可以电子化。

电子化公共服务在深度方面的发展将主要体现在服务质量的全面提升方面。具体表现为以下几方面。

第一，各项电子化公共服务切实以顾客为导向。现代政府管理中的顾客是指受政府管理行为和政策行为影响的人或者组织，一般分为外部顾客与内部顾客。外部顾客指政府服务的对象，即各种社会组织和公民；内部顾客指政府内部参与下一阶段工作的机构或者人员。所谓顾客导向，就是要站在顾客的立场上思考问题，视顾客为自己最重要的财富，重视与顾客之间建立长期互动关系，正视服务绩效，以追求顾客满意为基本目标。

电子化公共服务在发展过程中，坚持和发展顾客导向就是要做到：以为人民服务作为出发点和归宿，考虑一切问题，要首先关心顾客而不是政府机关自己；以顾客存在为自身存在的前提，充分认识政府与顾客间的依存关系，把顾客看作是最需要积累的财富；要针对顾客的需要，设计、提供理想的服务，加强与顾客的直接互动，不断了解顾客的期望，并以此作为改进服务的方向和依据；要以顾客满意为目标，把工作重点放在满足顾客的合理需求方面。

以顾客为导向的电子化公共服务将确立一整套有效的运行机制，重点解决了这样几个基本问题：顾客确认，即可以非常明确地搞清楚，谁是某项电子化公共服务显现和潜在的服务对象；需求确认，即可以全面准确地搞清楚，服务对象究竟有哪些需要和要求，并将这些需求尽可能具体化、精细化；方法措施确定，即有针对性地制定出满足顾客需求的一系列方法和措施；主动提供，即按照预定的方法措施，及时适时地向顾客提供服务；绩效评审，即对服务过程和效果进行评估和审核，纠正错误，弥补疏漏，找出经验教训；服务发展，根据评审结果，修正对顾客及其需求的认识，建立新的方法措施体系，获得更好的服务绩效，取得顾客的满意。

第二，切实使电子化公共服务产生比传统服务更加优化的服务特性。这里的服务特性是指服务为取得符合顾客需要，达到顾客满意而应当具备的属性，也就是特点。电子化公共服务的价值，主要在于它具有传统政府服务不可比拟的优势，也就是说，它具有更好的服务特性，这些特性主要在于：

功能性。电子化公共服务具有特定的超过传统服务的基本功能。如可以使服务具有必要的交互性；使信息服务获得双向实时性；使服务具有一年365天天天24小时全天候性等。

可靠性。电子化公共服务应当获得服务对象的信任，保证服务内容的正确、准确、真实，相关错漏能够得到避免或者是及时纠正和补救。

安全性。安全是人们的基本需要。电子化公共服务要确保人们在享受各种服务过程中的人身安全、财产安全、信息安全、隐私安全。对电子化公共服务来说，在一定意义

---

① 非营利组织，指设立目的不在于获得利润，净盈余不得分配，由自愿人员组成的，实现自我管理的，具有独立、公共和民间性质的团体

上无安全即无质量。

时间性。电子化公共服务要保证服务的及时、准时、省时。对公众的服务需求能快速做出回应是传统服务所难以做到的，也是电子化公共服务的特殊价值所在。

经济性。电子化公共服务在总体上应当有利于使人们花费最少的时间、精力、机会和费用，享受到尽可能多的优质服务。电子化公共服务要求政府在保证服务质量的前提下，努力降低成本。

可选性。电子化公共服务要保证给顾客提供尽可能多的享受服务的机会和服务通道，保证顾客可以在多种服务通道中自主进行选择。

直接性。电子化公共服务应当使服务过程更直接，使阻隔人们进行跨地域、跨级别、跨行业、跨部门沟通的障碍得到克服。

无缝性。电子化公共服务应当使服务对象感觉服务过程顺畅无缝隙，使其可以在对后台具体繁复的服务提供过程浑然不知的情况下享受服务。

充分性。电子化公共服务必须确保各种服务资源的充分性，使服务对象所有合理需求均能真正得到满足。

公正性。要保证电子化公共服务的服务提供过程与结果公平、公开；服务标准确定、一致；在条件相同、情况相同的情况下，服务结果、服务质量均衡一致。

舒适性。主要是对服务环境、设备设施、软件服务界面等的要求。电子化公共服务应当使人们在更加优化的环境中享受服务。服务应当易于取得，便于操作，能使人感觉愉悦。

周到性。电子化公共服务提供者应当善于体察顾客心理，想顾客所想，急顾客所急，帮顾客所需，不仅能满足顾客的一般要求，而且能满足某些个性化的特殊要求。

有人对电子化公共服务在近期的理想状态做出了描述，实际上这样一种状态正是电子化公共服务特性优化的综合反映：政府可以在任何时候、任何地方、以任何方式为公众提供每年365天、每天24小时的全天候服务；公民不必走进政府机关即可获取丰富的信息；公民只需在单一机关办事，任何事情皆可随问随答，所办事情立等可取；若公民申办事情涉及多个机关，则政府机关可在一处办理，全程服务；公民无需进入政府机关，即可经过其提供的电子化方式申办；各项服务简便快捷；政府可以与公众形成良好互动；服务更为直接、更为公平、更具有较高的附加值。

5.5.2 积极促进我国电子化公共服务的发展

由于我国的电子政务尚处于初期发展阶段，我国电子化公共服务的水平还比较低，因此，积极促进电子化公共服务的发展已经成为电子政务建设的重要任务。要完成这样一个任务，需要我们采取有效措施尽快处理好这样一些问题。

第一，要强化对电子化公共服务的认识。从目前我国的实际情况出发，无论是政府还是社会公众，无论是政府的决策层还是一般的公务员，都需要进一步提高对电子化公共服务重要性的认识。我们知道，我国是在公共服务还很不发达的情况下，进行电子政务建设发展电子化公共服务的。不管是服务还是电子化，我们的起点都不高，我们的认识水平都很有限。甚至对政府公共服务本身的认识还都存在问题。这将构成电子化公共服务发展最大的思想障碍。

现实告诉我们，我国在电子政务建设中，比较普遍地存在着重监控、轻服务，重政府内系统建设，忽视对外公共服务系统建设的倾向。这一现象的思想根源就在于我们还没有真正认识到，政府改革的世界性趋向，都是要使政府职能实现的方式从以管制为主转变到以服务为主；政府发展电子政务的核心价值之一就是改善政府的公共服务，提高公共服务的水平和质量。正因为如此，国外在发展电子政务的过程中，普遍把政府为公众提供电子化公共服务作为优先实现的内容。我国在电子政务建设中，从政府到公众并没有真正认识到这一点。道理非常简单，如果人们根本就没有想到电子政务主要是发展公共服务，那么，没有服务又哪里会有什么电子化公共服务？如果社会公众没有普遍的服务需求，甚至把从政府部门获得的本来就是天经地义的点滴服务也视作"施恩"，更不能以强有力的方式向政府表达自己的服务诉求，那么，又会有多少政府部门会主动放弃传统的管制权，转而热心搞自己本来并不熟悉的东西，发展公共服务并把它电子化？

第二，要重视服务设计。电子化公共服务最本质的是服务。但由于政府部门长期以来是重管制轻服务，因此，服务实际上是政府管理中的弱中之弱。水平低、效果差、投入少、欠账多，这其中的原因除了前面所说的认识问题之外，也与我们不讲究服务设计有关。其实，服务是有特定目标、特殊规律性的活动过程，有着特殊的复杂性，如果我们对服务目标、服务项目、服务方式、服务标准、服务提供过程、服务效果的评定等缺乏整体规划和具体的安排，就难免目标不明、管理粗放、服务质量不高、服务效果差强人意。我们实在很难想得通，人们在物质生产领域，为了保证质量，便于生产和管理，可能对生产小小的螺钉也不敢放弃甚至不敢放松设计，但对关涉因素几乎包括人、财、物、信息等所有方面，过程与结果高度复杂的公共服务却为什么可以不讲究设计，甚至根本就没有什么设计。我们曾经考察过几个由政府机关提供的公共服务项目，凡是水平高、效果好、服务对象满意度高的，几乎没有例外，都是比较讲究服务设计的。在服务方面，政府部门确实需要向企业界学习，特别是要学习企业注重服务设计，把服务设计视为一门科学的精神。电子化的公共服务实际上要比企业为社会提供的服务复杂得多，它也就更需要精细、科学的设计。

第三，要注重电子化公共服务资源建设。资源是服务的根本，如果电子化公共服务缺乏资源，服务就成了空谈。人、设备工具、资金等都是电子化公共服务所需要的资源，但其中的核心资源当然还是信息，因为电子化公共服务所提供的主要还是信息服务。从目前我国电子化公共服务的实际状况看，我们最为欠缺的恰恰就是信息资源。一些政府机关建的网站，技术并不落后，装备水平也不低，但老百姓并不买账。其中的原因非常简单，网站上面没有什么信息可用。这样的服务实际上就不是什么服务，再好的电子化手段也永远是手段，没有内容的服务实际上就是没有服务。政府电子化服务，第一位的是内容，否则，方式再多样，手法再花哨，样子再漂亮，态度再友好，但人们根本得不到所需要的东西，人们就永远不会满意。我们知道，政府并不缺乏信息原材料，社会信息中的70%以上实际上都在政府的掌握之中，关键还在于愿意不愿意、敢不敢、善于不善于把有用的信息拿出来，让它真正为社会公众所用。愿意不愿意的问题，需要通过政府和全社会各个方面不断增强认识、树立正确观念，通过形成必要的社会压力（包括充分的立法）等方式解决；敢不敢的问题，需要政府部门解放思想，同时也需要国家尽快立法，确立信息公开的法律保障，既维护社会公众的合法权益，也给政府部门的信息公开活动确立依据，减少政府机关工作人员的后顾之忧；善于不善于的问题，则完全是政府部门自己的事情，系统地研究和确立信息公开的工作机制，培养出合适的人才，掌握信息公开的一整套方法，这是电子化公共服务资源建设过程中亟待完成的历史性任务。政府部门在这方面，必须尽快完成从不熟悉、不适应到全面熟悉、全面适应的转变。

第四，要警惕"数字鸿沟"现象的继续漫延。数字鸿沟是指在全球数字化进程中，不同国家、地区、行业、人群之间由于对信息、网络技术应用程度的不同以及创新能力的差别而造成的"信息落差"、"知识分隔"和贫富分化，特别是地域、教育水平和种族不同的群体在掌握和运用网络等数字化技术上存在差异，进而导致各群体在信息时代所面临的机遇差别巨大的现象。

我国行政区域非常广阔，30多个省、自治区和直辖市，500多个城市，2300多个县。全国范围内各级政府、各个部门之间的情况千差万别，不同机构的职能差异很大，面向的服务对象也千差万别。此外，中国人口素质差异也很大，既有数千万知识分子，也有数千万文盲；既有3亿多人口的城市人，还有8亿多农民；既有上千万甚至上亿网民，还有占人口绝大多数的非网民。我国在不同地区之间（东部、西部和中部）、不同城市之间（如北京、上海、深圳与西部、北部城市）、城市与乡村之间、不同教育程度的阶层和不同收入水平的阶层之间已经存在着比较严重的数字鸿沟。

中外电子政务发展的经验告诉我们，数字鸿沟不除，电子政务永无健康发展的可能。因为，电子政务在一定意义上就是为克服现有政府管理中的严重不足，为实现最大程度、最大范围的更加公平、公正"无差别"公共服务，建立更加平等和谐的社会形态而存在和发展的。数字鸿沟存在，无疑会进一步扩大事实上已经存在的社会不公平、不平等，加剧社会各方面的对立，妨碍社会的和谐发展。而这些年来，随着我国社会信息化整体水平不断进步，阻碍电子政务健康发展的数字鸿沟问题，却没有从根本上得到缓解，反而有愈演愈烈的发展势头。

我国国内数字鸿沟问题主要表现在不同地区之间、城乡之间、不同人群之间对知识财富占有和享用程度方面存在巨大落差。而目前在这三个主要方面，各种差距都有扩大化趋向。

首先，先看看地区间的情况。我国各地区之间的数字鸿沟一直表现在中西部地区与东部沿海地区的巨大反差上。尽管我国政府一直在采取措施改变这种状况，但实际效果并不乐观。2005年末国家统计局对全国31个省（直辖市、自治区）的行政单位、事业单位、企业和城乡居民家庭的信息化水平进行了一次抽样调查，涉及样本总量近3万个。据测算，2005年我国信息化水平评价总指数为52.80。其中，东部地区信息化水平评价总指数为57.49，而中、西部地区分别仅为49.71和46.90，离全国平均值52.80差距较大。北京市信息化水平评价总指数为72.46，名列各省市之首；上海市信息化水平评价总指数为68.04，居第二位；天津市信息化水平评价总指数为61.49，居第三位；而排在最后三位的省区为贵州、云南和西藏，总指数分别为44.11、43.20和39.37。这次测算结果给我们的突出感受是全国各地信息化发展水平的极差被进一步拉大：信息化水平最高的北京与最低的西藏之间的差异，已由 2004 年的 32.67 点扩大至 2005 年的 33.09。

更微观些的数据可能让我们有更加切实的感受。据 2006 年 7 月中国互联网络信息中心正式发布《中国互联网络发展状况统计报告》，我国信息化的发展水平依旧呈现出从东部到中部、西部依次减弱的明显特征。从网站数量看，华北、华东、华南的网站数比例占全国的 86.0%，东北、西南、西北网站数所占的比例则仅为 11.5%。北京拥有的网站数量是西藏拥有网站数量的 83 倍多，北京、广东、浙江、上海、江苏、山东、福建、辽宁等东部省份网站总数占全国网站总数的 74.3%，陕西、山西、云南、内蒙古、贵州、甘肃、新疆、西藏等省份则只占 4.8%。再看看域名数量，华北、华东、华南的注册域名数占注册域名总数的 83.6%，东北、西南、西北的注册域名数则只占 14.0%。广东省一省拥有 506 087 个注册域名，占全国注册域名总数的 17.2%，而青海只有 3591 个注册域名，只占全国总数的 0.1%，前者数量是后者数量的 140 多倍。显而易见，中部、西部相关基数与东部根本不能相比，而发展势头方面也依旧总是落在东部后边。就以还相对乐观的互联网渗透率为例，与 2005 年末相比，东部继续上升 1 个百分点，中西部上升 0.85 左右。庞大的基数差距，再加上总是不平衡的增长率，使中西部地区与东部地区间的数字鸿沟越来越深、越来越宽。

再看看城乡之间的数字鸿沟。2006 年 7 月发布的《中国互联网络发展状况统计报告》表明，我国网民总数已经超过 1 个亿，但其中农村网民只占 1.6%。近年来我国网络用户的数量持续增长，但其普及和应用主要在城市。2005 年底城市互联网渗透率为 16.9%，2006 年 6 月为 18%，增长 1.1%；2005 年底农村互联网渗透率为 2.6%，2006 年 6 月为 3%，仅增长 0.4%。有关专业部门预测，预计未来一段时间内，城乡互联网发展差距可能会继续加大。

最后再看看不同人群间的数字鸿沟。让我们以全国信息化水平最高的北京市为例。2005 年北京市信息化工作办公室发布了《北京市数字鸿沟研究报告》，该报告按照数字应用程度，将人群划分为高、中、低三个层次。结果表明：数字高端群体占北京市人口总数的 9%，这部分群体几乎全部拥有电脑，并可以上网，平均每周上网时间为 31.1 个小时；都有 E-mail 邮箱，平均每周发邮件 16.5 封。数字中端群体占北京市人口总数的 37.6%，这部分群体电脑拥有率超过一半，网络拥有率近五成，平均每周上网时间为 13 小时；1/3 的人有邮箱，平均每周发邮件 7.66 封。数字低端群体所占人口比例超过半数占北京市人口总数 53.4%，他们的电脑拥有率低，几乎不能上网，没有邮箱。北京市信息化工作办公室的这份报告还表明，与以往相比，北京市数字鸿沟问题不仅没有缓解，相反有加速扩大的趋势。根据调查数据，北京市 2005 年居民数字鸿沟弥合系数为 0.51，距离弥合系数为 1 的状态（即数字鸿沟完全弥合的状态）差距甚大。

由此可以看出，如果我们不尽快采取切实有效的措施，政府的电子化公共服务就有可能只为少数人服务，而处在"数字鸿沟"另一端绝大部分社会成员将享受不到这种服务。为此，如何关注信息时代的弱势群体，消除数字鸿沟，将是发展电子化公共服务的重要课题。

为了能尽快消除"数字鸿沟"现象，至少是尽快阻止这种现象的漫延，应注意在发展电子化公共服务的同时，采取一些积极有效的措施。比如，不同地区可以制定不同的电子化公共服务政策，如西部地区就需要强调电子化公共服务的实用性，东部地区可以在有用、适用的基础上更强调服务系统的好用性。对于向广大农村提供的电子化公共服务，政府可以制定政策，吸引企业和民间投资，使部分电子化公共服务民营化。另一方面，中央政府应该在力所能及范围之内，投入专项资金，帮助经济落后地区优先发展成本低、效益好的电子化公共服务项目。另外，我们还可以学习韩国、印度等政府消除"数字鸿沟"的做法，开展"全民信息化教育"活动，鼓励社会各界以所有忽视信息化和接触不到信息化的阶层为对象，包括家庭主妇、老人、残疾人、农民、下岗工人等进行信息化普及教育，在全国所有邮局配备互联网计算机站，人们可以免费或低费使用到互联网。

第五，要关注电子化公共服务的成本控制。任何服务都是需要有支出的，也就是有成本的。对电子化公共服务来说，无论服务提供方的政府机关，还是服务受用方的公众，都需要支付一定的时间成本、机会成本、人力成本、金钱成本等。我们知道，电子化公共服务与传统服务方式相比的重要优势，就是它的综合成本低。也就是与传统公共服务方式相比，人们通过电子化公共服务方式获得相同数量和质量服务的总体投入一定要低于传统方式。这里的成本问题不是一个简单的经济问题，如果我们提供的电子化公共服务在总体成本上不具备优势，它自身可能会难以为继。一方面，在可以获得等量等值服务的情况下，趋利的本能会帮助人们选择成本最低的方式，在这一点上，从长远方面看，无论政府机关还是社会公众最终的选择是一致的，人们不会永远选择赔本的方式；另一方面，电子化公共服务的成本如果较长时间内居高不下，势必会加剧"数字鸿沟"现象造成的危害，在客观上形成事实上的新的更加严重的社会不公平。如果电子化公共服务事实上只能被少数人享用，社会绝大多数人被排斥其外，那么，电子化公共服务也就失去了存在的价值。

关注电子化公共服务的成本控制，要求我们在电子化公共服务规划设计中，建立成本控制观念，完善成本控制制度，争取能像企业家经营企业时那样，精打细算，把成本尽可能降下来。我们知道电子化公共服务建设从开始的高投入到建成运行及维护，是一个复杂的过程，需要大量资金的支撑，这些资金都是来源于纳税人，来源于公众，所以强调最大限度地降低电子化公共服务的成本，就是要求我们一定要重视电子化公共服务建设与管理中的经济效益，重视所提供的电子化公共服务能否为公众带来直接或间接效益，这是真正对纳税人，对公众高度负责的表现。

电子化公共服务不能贪大求洋，不能搞花架子，更不能搞不切合实际国情的"高、大、全"。电子化公共服务是公共服务的电子化，是信息技术的实际应用项目，它面向的是大众，面向的是全国各地各级各类处于不同发展水平的政府机关，它所讲究的是"够用"、"能用"。为此，无论硬件建设，还是软件建设，都要从国情国力、省情省力、市情市力、县情县力、乡情乡力出发，一定要在保证质量、保证安全的前提下，尽可能降低投入，让老百姓用得起，让基层政府用得起。能通过现有基础设施实现的，就尽可能不再建新的。西方一些比我们发达得多的国家在为公众提供电子化公共服务时，都选择用现有的电视网、电话网实现。实际上，我国的有线电话网、有线电视网、电力网具有非常强的普及率，而其中许多潜在的能力都还没有利用起来，因此，我们的一部分电子化公共服务完全可以考虑用已经到村到户的电力网、有线电话网、有线电视网实现，而不必另起炉灶，再费时费力费钱搭建新网。网上的终端设备也不必一定是纯粹的计算机，电视机顶盒、普通电话机、特殊功能电话机等投入更少，也更易于普及。纳税服务等缴费服务一定需要通过计算机网络系统吗？用普通电话轻按几个键就不能更省事、更安全地完成相同过程吗？政府公布的例行常规信息，用电话接听的效果就一定不如网上看的效果好吗？中国政府提供的电子化公共服务一定是一种"亲民服务"、"平民服务"，一定是全国人民、各地各级政府都用得起的优质服务。

为了公众利益最大化，降低电子化公共服务成本，政府还可以考虑把一些通过市场化运作方式更能有效为公众服务的服务项目交与市场。如以委托、代理、承包、合同等一些市场经济中惯用的做法，有限度地把社会力量引入到电子化公共服务中来，从政府独家投资变为多家投入，调动社会闲置资金和企业的积极性，改变由政府大包大揽的局面。在服务提供过程中也要学会运用市场化的管理手段，提高电子化公共服务管理运行的有效性，达到既降低服务成本，又确保电子化公共服务高质量的目标。

第六，要加强电子化公共服务管理体系建设。几十年来，我国的政府机关主要靠管制实现自己的职能，因此，公共服务对于多数政府机关来说是一件不能算陌生，但也并非得心应手的事情，电子化公共服务更是一个全新的领域。今天，究竟我们应该怎样面对从管制为主到服务为主的转变，怎样一下子跨越世界主要发达国家"先有普遍的公共服务再实现其电子化"的发展道路，一下子就普遍实现电子化的公共服务？在这其中需要我们做的工作有很多，抓住机会，从电子化公共服务起步阶段就加强真正科学意义上的管理至关重要。我们认为，在电子化公共服务刚刚起步的阶段，也就是在各方面关系处于新的调整变化时期，方方面面阻碍公共服务发展的陈规陋习难以产生效用的时候，抓住大好时机，用科学方法建立起电子化公共服务管理体系是非常重要和必要的。比如说，我们完全可以借助国际标准化组织制定的 ISO 9000 族标准，以这套标准所依据和弘扬的全面质量管理的原理和方法，建立起以服务质量为核心的政府电子化公共服务管理体系。有了这样一个体系，我国政府的电子化公共服务就可以建立在规范化、科学化管理的基础上，确保服务质量，确保服务效能，确保电子化公共服务的健康发展。ISO 9000 族标准在制定之初，就考虑到了对政府机关的适用性，特别是对政府服务性活动的适用性。国际上已经有为数不少的国家在公共服务管理体系建设过程中采用了这套标准，甚至直接接受按这套标准进行的质量管理体系认证，取得了非常好的效果。我国深圳市的一部分政府机关，部分地区的税务、工商管理部门，也在构建相关服务体系的过程中通过了 ISO 9000 质量管理体系认证，同样获得良好的社会反响。因此，采用这套标准，用这套标准提供的原理与方法建设电子化公共服务管理体系是可行的。

第七，要建立科学的电子化公共服务绩效评价机制。电子化公共服务要发展，离不开对它的绩效管理，因为好的绩效管理不仅能使政府部门明确自身在电子化公共服务中的责任，激发政府工作人员的工作热情，提高资源的有效利用率，而且可以使公共服务对象的服务需求和对服务的满意度得到有效表达，从而推动电子化公共服务更讲质量、讲效能。而我们知道，绩效管理的核心环节是绩效评价。道理很明显，如果电子化公共服务的绩效不可知，好与不好说不清道不明，努力也就失去了方向和依据。为此，对电子化公共服务绩效进行管理的关键是建立绩效评价机制，而绩效评价的关键点就在服务绩效的评价指标体系。

国外一些学者[①]在评价公共服务绩效时，主张服务绩效指标应包括：经济、效率、效果、公平。我们认为，这四项指标同样基本适用于对电子化公共服务的评价，我们应当以这四项指标为基础构建出更加具体的、精细化的指标体系。

表 5.4 反映了 ACCENTURE 公司的专家们对加拿大、新加坡、美国等 23 个国家级政府网站电子化公共服务进行评价的情况，内容涉及这些服务的质量和成熟度。他们一共评定了 169 项不同的服务，这些服务由 9 个政府职能部门提供，这 9 个部门是：人力资源服务、司法与公共安全、税收、国防、教育、交通与机动车辆、政府条例与民主、政府采购、邮政。该评价系统包括服务成熟度和客户关系管理两个指标，其中服务成熟度包括服务成熟广度和服务成熟深度两个方面：广度是政府负责提供的服务中已经在网上实现的比例，深度是指政府服务的完备水平。客户关系管理水平是测量政府将服务提供给顾客时达到的精致程度。

表 5.4 评分系统（ACCENTURE 公司）

服务成熟度				客户关系管理水平				
服务成熟广度	服务成熟深度			洞察力	互动	组织性能	客户建议	网络
各个政府在这一指标的得分将会趋于一致	处于信息单向发布阶段	处于简单互动阶段	处于在线应用阶段	对用户的识别能力	与其他网站的相关连接性	是否按用户需求组织服务	能否对客户的建议给予答复	能否捆绑其他非政府服务，提供增值服务

（资料来源于 http://www.21echina.com）

在此评价系统中服务成熟度被分配 70%的权重，而客户关系管理水平被给予 30%的权重。这两个指标分别的得分进行加权平均后的值为"总体成熟度"。这种权重的分配方案反映了当前电子政务的发展现实，毕竟有无电子化公共服务比服务风格更重要。

本章小结

- 政府公共服务的背景
- 政府公共服务与电子政务的关系
- 电子化公共服务的分类
- 政府网站的功能
- 电子化公共服务的发展趋势

问题讨论

1. 公共服务与电子政务之间的内在联系是什么？
2. 电子化公共服务的主要特点是什么？为什么会形成这些特点？

---

① 张成福. 公共管理学. 北京：中国人民大学出版社，2001

3. 电子化公共服务的主要种类有哪些？
4. 政府门户网站的重要作用有哪些？为什么会产生这些作用？
5. 政府网站公共服务的内容有哪些？
6. 政府网站公共服务的功能如何实现？
7. 电子化公共服务的发展趋向是什么？
8. 当前发展我国的电子化公共服务需要重点处理好哪几方面的问题？

案例分析

政务微博的兴起

微博作为一种新型的网络沟通方式，已经逐渐成为人们信息交流的重要媒介，也有越来越多的政务机构和公务人员开通了政务微博，政务微博逐渐成为政务信息公开、政民互动的重要平台。

2009年下半年，湖南省桃源县政府开通官方微博"桃源网"，这是国内最早开通政务微博的政务部门。同年11月，时任云南省委宣传部副部长的伍皓，开通名为"云南伍皓"的政务微博，成为国内第一个实名开博的政府官员。此后，政务微博迅速发展，诸多政务微博陆续开通，截至2011年12月10日，在新浪网、腾讯网、人民网、新华网四家微博客网站认证的党政机构微博客共32 358个，认证的党政干部微博客共18 203个。[①]

在2009年底昆明螺蛳湾批发市场的群体事件中，云南省政府官方微博"微博云南"就显现了其强大的信息交流功能。随后，在2010年和2011年的全国"两会"期间，政务微博的参政议政功能也初显锋芒。人大代表李东生早在2011年2月8日就在新浪微博上向网友征集提案；人大代表蔡奇更坦言其提交的建议中95%都是来自网友建言。[②]

经过近几年时间的发展，政务微博中传达的信息也越来越与百姓生活密切相关。"上海发布"是上海市最高级别的外宣系统微博，自上线之日起很长一段时间内都稳坐政务微博影响力排行榜榜首。曾有网友将一封癌症晚期患者之子致俞正声书记的公开信告知"上海发布"，"上海发布"贴出书记对于此事反馈的同时，上海市相关主管部门以此事件为契机，在全市17个区县设立舒缓疗护病区关怀晚期癌症患者，并将具体措施发布在微博上。[③]目前，"上海发布"微博内容包括发布型、互动型和参与型，已经形成了菜里乾坤、环保指数、图说上海、连接区县、你问我答、微访谈、微调查、微问答等固定话题，切实为百姓办事，收到了网友的一致欢迎。

[①] http://www.gov.cn/gzdt/2012-02/08/content_2061632.htm
[②] 汪青云，郑雄. "微时代"政务微博问政探析——以2012年全国"两会"为例[J]. 东南传播，2012(7)：34-36
[③] 王思雪，郑磊. 政务微博战略定位评估——以"上海发布"为例[J]. 电子政务，2012(6)：29-37

第6章

政务信息资源开发利用与管理

内容提要

　　本章旨在帮助学习者了解电子政务中信息资源开发利用的意义与重要性，了解政务信息资源的特征和构成，掌握政务信息资源规划与建设的原则和模式。

本章重点

- 政务信息资源的特点、类别；
- 政务信息资源的规划与建设的原则、内容；
- 政务信息资源的开发利用；
- 政务电子文件管理；
- 政务知识管理；
- 政务信息公开。

6.1 政务信息资源概述

信息资源与物质材料、能源一起构成了支撑现代经济和社会发展的三大基础资源。信息资源是当代生产力中最活跃的要素之一，是重要的社会财富和资产。信息资源的开发和利用是国家信息化的核心任务，是电子政务建设能否取得实效的关键，直接关系到我国的经济发展、社会进步和综合国力的提高。政务信息资源是国家信息资源的重要组成部分。政务信息资源的开发和利用是当前我国信息资源开发和利用的重点。电子政务的基本价值，就是促进和保障政务信息资源的开发和利用，充分实现信息资源的战略价值。

6.1.1 资源、信息资源

所谓资源，传统意义下是指那些能够创造物质财富的自然存在物，如土地资源、矿产资源、能源资源、水资源、人力资源等。这些资源作为劳动对象或劳动主体等生产力要素通过有机结合实现了人类社会的生产过程。从历史进程考察，在不同的社会发展阶段，人类生产活动所依赖的资源是不尽相同的。在农业社会，土地、牲畜是农业生产所需的主要劳动条件，因此，那时的"资源"主要是指土地和牲畜。在工业社会，随着工业化的推进，各类原材料和能源对经济社会发展的作用越来越重要，所以各类矿产资源、能源资源以至水资源、海洋资源等都成为了重要资源。因此，在不同的社会生产发展阶段，所谓"资源"有着不同的内涵及构成。从农业社会到工业社会人们对"资源"的理解得到进步和深化。人类对资源的认识是个历史进程。因此，在不同的生产力阶段人们有着不同的"资源观"。20世纪中期以来，"信息"的价值越来越为人们所认识，越来越多的人开始认识到，信息也是资源，而且是在经济社会发展中越来越重要的战略资源。信息资源已经进入了现代经济社会的"资源体系"。目前，国内外对信息资源（Information Resources）这一概念的认识还没有达成共识。综合国内外现有的研究成果，有两种观点具有代表性。一种观点是狭义的理解，认为信息资源是指人类社会经济活动中经过加工处理的有序化并大量积累起来的有用信息的集合，也就是认为信息资源就是资源化的信息内容；另一种观点是广义的理解，认为信息资源是人类社会信息活动中积累起来的信息、信息生产者、信息技术等信息活动要素的集合，也就是认为信息资源不仅包括资源化的信息内容，还包括信息生产者、信息技术、相关设备设施、资金等其他信息活动要素。

实际上，上述两种对信息资源的理解都有一定的道理。为了凸显信息资源的本质和核心因素，同时也为讨论问题的方便，本书对信息资源基本上持狭义的理解。我们认为，信息资源就是指可供人类作为生存发展基础而利用的信息集合。

6.1.2 政务信息资源及其特点

政务信息资源是指由政务信息主体（不仅包括行政机关，还包括党政组织、立法机关、司法机关和承担部分行政职能的社会性组织、政治性团体等）掌控的信息资源，包括：政务信息主体部门为履行管理国家行政事务的职责而采集、加工、使用的信息资源；政务信息主体部门在业务过程中产生和生成的信息资源；由政务信息主体部门投资建设的信息资源以及其他由政务信息主体部门直接占有或者控制的信息资源。

政务信息资源是一个国家信息资源的主要组成部分。从数量看，政务信息资源占到全社会信息资源总量的70%~80%；从地位看，它在一个国家政治、经济、科技、军事、文化领域中具有重要的战略价值；从作用看，它是政府部门、企业单位、公众个人社会经济活动以及信息内容产业发展普遍需要、不可或缺的重要资源。

政务信息资源是政府管理的基础，是科学决策的前提，是改善政府公共服务的重要条件，是提高政府效率的重要途径。开发利用好信息资源是政府能力的重要表现。

政务信息资源是国家资源的重要组成部分，是信息资源的一种。它具备信息资源的一般属性，同时也有一部分有别于一般信息资源的特殊属性。这些特殊属性包括：

第一，政务信息资源在所有权方面具有社会公共所有的性质。从经济学意义上讲，政务信息资源是"公共财货"。作为一种重要的国家资源，政务信息具有全社会所有的公共属性。这使得政务信息资源具有更加充分的可共享性，使政务信息资源对经济社会发展具有战略价值。

第二，政务信息资源具有高度的权威性和可信度。政务主体部门在社会事务处理过程中，具有高度的郑重、严肃性，受到法律法规的更多约束，因此，其所发布和使用的信息，在一定意义上就是其郑重意志的表达，其真实性、可靠性有确定性的保障，因此，信息资源的可信度通常会高于其他信息资源。

第三，政务信息资源具有高度的综合性。政府管理着全社会众多事物，各级政府构成一个巨大的、不停运转的大系统。政府机构的管辖范围广、工作门类多，几乎涉及了工业、农业、商业、贸易、财政、金融、交通、科技、文化、教育等人类社会的各个领域。政府的主要职能是进行宏观管理和宏观决策，政府管理所需要和所形成的信息大多关涉战略性、全局性的重大情况和问题，因此，政务信息资源涉及面宽广，综合性非常强。这一特点使政务信息资源能够更加全面、准确和深入地反映社会事物的面貌，具有更强的普遍价值。

第四，政务信息资源具有更加强烈的时效性。政府所承担的职能，政府管理所涉及事务的重要性质，政府管理对效率效能的追求，决定了政务信息有更加强烈的时效性。也就是说，这些信息资源有效的时间限度更加确定，更加精准，更加讲求敏捷有效地及时提供。

6.1.3 政务信息资源的类型

处于研究和管理政务信息资源的需要，我们可以依据不同的标准对政务信息资源进行类别的划分，其中比较有实际意义的划分如下。

（1）根据政务信息资源所涉及的内容范围上的不同，一般可以分为：政治信息、军事信息、科技信息、经济信息和文化信息等。

（2）根据政务信息资源的来源方面的差异，一般可以划分为：内生信息和外生信息。内生信息是指政府自身形成的信息；外生信息指由政府以外的其他社会组织和个人形成的信息。

（3）根据政务信息资源在政府履行职能中的实际具体功能方面的区别，一般可以划分为：组织信息、决策信息、控制信息、协调信息、指挥信息、监督信息、服务信息等。

（4）根据政务信息资源涉及国家秘密程度的不同，一般可以划分为：对外公开信息、限国内公开信息、内部信息、秘密信息、机密信息、绝密信息等。

（5）根据政务信息资源在政府系统内部传递路线结构方面的差异，一般可以划分为：纵向信息、横向信息。

（6）根据政务信息资源所反映事物的规模和精细程度上的差异，可以划分为：宏观信息、中观信息、微观信息。

（7）根据政务信息资源形成方面的差异，可以划分为：原始性信息、派生性信息。

（8）根据政务信息资源普遍利用价值方面的差异，可以划分为：基础信息、专门信息。

6.2 政务信息资源管理

实际上，人们对信息资源管理的理解也是经历了一个由浅入深的过程。早期人们并没有把信息管理与信息资源管理严格区分开来，甚至至今还有人认为这两者之间并没有截然的不同。随着信息资源战略价值日益凸显，特别是其与原材料、能源并列为支撑现代社会发展的三大资源之后，人们对信息资源管理的理解，开始从对信息的管理，发展到了对信息资源的管理，人们认识到，信息资源管理不再是简单地对信息的管理，不再仅仅是对信息的保管料理（收集、加工、处理、保管、检索、提供利用等），而是要把信息作为资源来进行管理，使信息资源最大限度地产生经济社会价值，通过科学有效的规划、组织、监督、指挥、控制和协调，放大信息资源的功能效用。还有一种观点认为，更高形态的信息资源管理，也不是对信息资源的管理，而是"基于"信息资源的管理。也就是说，信息资源管理就是一种管理形态，一种新型的管理样式。这种观点认为，信息资源管理不仅仅要把信息作为资源来进行管理，而是强调要依托和依靠信息资源来进行管理，包括政府的管理，企业的管理，以及其他各个领域、各个行业的所有管理的发展都需要这种新的管理形态。这种基于信息资源的管理的特点是：从战略层面认识信息的资源属性，强调信息资源在宏观上对经济社会发展的战略价值，强调信息除了可以帮助管理者消除不确定性认识，为实现组织、规划、决策、控制、监督、指挥、协调的有效性确立基本条件之外，更强调信息作为重要管理资源的特性，信息不再仅仅是管理的对象，而是实现管理目的和效果所依托的资源，通过对这种特殊形式资源的配置和运作，特别是通过这种特殊资源对其他管理资源（人、财、物、时间等）效用的放大作用，实现宏观（社会管理、国家管理）、中观（地区、行业、专业管理等）、微观（特定机构管理）意义上的管理目标。

本书作者认同基于信息资源的管理是信息资源管理的更高级形态的观点。从目前世界各国信息化迅速发展的态势上看，政府信息化、企业信息化的发展，一定意义上都是在向构建这样一种与信息社会需要和要求相适应的新的管理形态而努力。但考虑到现阶段我国政府管理的实际状况,本书所采用的信息资源管理概念,其基本内涵是将信息作为资源来进行管理,也就是说,本书所称的信息资源管理就是指:为实现信息的资源价值而进行的规划、组织、监督、控制和协调活动。在这里,管理的对象包括信息内容,也包括与信息相关的人员、设备、资金和技术等。

6.2.1 政务信息资源管理体制

政务信息资源管理体制是指在政务信息资源管理过程中制度化的关系模式。这种制度化的关系模式对信息资源管理有很强的规定性,对包括从管理的基本制度规范到具体管理方法措施在内的各个方面都有重要影响。我国现行的政务信息资源管理体制还在不断建设和不断完善当中,有如下两个方面特点。

(1) 总体上"统一领导指导,分级负责,重属地管理"

全国政务系统从总体上以统一规范制度、统一业务指导的形式进行政务信息资源管理。各级政府直接领导政府信息资源管理工作,具体由本级政府信息化行政主管部门负责本级政府范围内的政府信息资源管理工作,同时对下级政府的政府信息资源管理实施业务指导。实行垂直领导的政府部门接受上级政府部门领导,同时在信息公开等方面接受所在地地方政府统一指导、协调;实行双重领导的政府部门要在所在地地方政府的领导下开展政府信息资源管理工作,同时接受上级业务主管部门的指导。

(2) 政务主体机关内部"直接领导,集中管理"

"直接领导"就是政府机关首长中有人分工领导机关的信息化(包括政府信息资源管理)工作。少部分实行政府CIO制度的地区,政府机关设置了由机关副职首长担任的信息主管(CIO)。

"集中管理"就是由机关内部的综合办公部门(办公厅室),或者在机关单独设置信息中心或者信息资源管理中心之类的机构,由其集中实施政府信息资源管理。

必须承认,我国政务信息资源管理体制是有其明显优越性的,高度的集中统一与分工负责相结合的基本制度,非常符合信息资源管理的内在特殊规律性。政府信息的广泛和深度共享、政府信息资源的优化配置、政府信息资源对整个经济社会发展战略价值的实现,在绝大程度上都需要依靠这种优化体制的力量。我国政务信息资源管理工作的历史不长,但所取得的成效却为世人瞩目,就与这种管理体制方面的优势密不可分。

但同时也必须指出的是,目前我国信息资源管理体制也仍有进一步优化的必要和可能条件。一方面,应当进一步明确各级信息化行政主管部门在信息资源管理方面的职责,强化其协调职能,改变事实上存在的若干政务主体部门多头管理局面,减少和避免对政府信息资源低水平重复建设和开发、信息资源共享水平低下等问题;另一方面,属地管理的力度还应当适当加强,信息资源管理方面的"纵强横弱"现象有其存在的理由,但确实已经成为严重制约信息资源共享、严重影响信息资源价值实现的因素,应尽快通过管理体制的调整予以克服。需要明确:实行垂直领导的政府部门除了信息公开之外,还应当在信息共享、政府信息资源增值开发利用等更多的方面接受所在地地方政府统一指导、协调。

6.2.2 政务信息资源管理的基本职能

政务信息资源管理职能包括：规划、组织、监督、控制、指挥和协调等现代科学管理的所有基本职能，其中最主要的部分是规划、组织、控制和协调。这样的职能构成，决定了政府信息资源管理有着十分丰富的内容。

1. 政务信息资源规划

政务信息资源规划是指从社会经济发展和政府改革的需求出发，基于对未来社会和经济发展趋势的分析和预测，确定信息资源建设与开发的总体目标任务、实现途径和实施方案、重要项目设计等，实现政务信息资源的优化配置。政务信息资源规划要从政务主体信息化建设总体目标需要出发，统筹考虑与信息资源相关的人、财、技术、信息资产和基础设施等资源状况，确定建设项目，统筹相互关系，设定合理的发展"优先级"。政务信息资源规划要与本地区本部门信息化所处的发展阶段相适应，切合本地区政府体制改革和经济社会发展的实际，提出可操作的解决思路和路径，最终效果要体现在有利于社会经济发展和政府效能改进上，要有利于加强政府基础建设、提高公共服务能力，有利于提高包括社会公众和政府内部人员在内的服务对象的满意度。

2. 政务信息资源组织

信息资源管理中的组织职能是指将与信息资源价值实现有关的要素（人、财、物、信息、时间等），集合为一个有机整体的过程。政务信息资源组织工作的主要内容包括：重视并充分发挥人的决定性作用，并以优化组织结构、科学分工、合理配置人员、确立行为规范、全面培训、教育激励等方式扩大这种决定性作用的实际效果；合理配置、充分利用各种设备设施、仪器、工具、材料和能源等，保持供需间的平衡关系，厉行节约，最大限度地避免或减少浪费，降低消耗；确立成本观念和制度，精打细算，合理使用资金，使投入的有限资金产生最大效益；充分发挥时间的利用价值，科学安排时间，合理确定时间配置，维护信息的时效；广泛收集、认真分析加工、系统整理和存储有关信息，使其具备可供有效利用的条件，使信息资源得到充分利用。

3. 政务信息资源控制

信息资源管理中的控制职能是指不断了解管理对象各要素的运行状态，采取措施纠正运行状态与目标之间偏差的行为或过程。政务信息资源控制工作活动的基本内容包括：明确政府信息资源价值实现的目标要求；根据目标需要，以有效方式确定运转过程中各要素应处的最佳状态以及各要素相互间的最佳配合关系，形成具体而明确、可以比较衡量的指标体系；通过对要素内容、形式、数量、质量、流通过程等方面具体的管制监督和调节，不断发现问题、发现差距，不断采取措施调整各要素的实际状态，使其同目标需要趋于一致。

4. 政务信息资源协调

信息资源管理中的协调职能是指统一和调解管理对象各要素所涉及的多种多样关系，有效解决有关矛盾和问题，实现共同目标的行为或过程。政务信息资源协调所针对的关系,最主要的是中央和地方的关系,地方与地方的关系,部门与部门的关系,纵向专业系统与地方的关系,纵向专业系统之间的关系等。这些关系既关涉复杂的利益,也关涉多种责任,需要从整体目标、整体利益出发,以灵活多样的手段化解矛盾关系,克服困难和问题,实现和谐发展。

6.2.3 政务信息资源管理职能实现方式的特点

政务信息资源管理职能实现的具体方式是多样化的,也是独具特色的,这主要表现在以下几方面。

1. 注重发挥政策体系的作用

政务信息资源管理需要依靠行政命令,需要依靠法制的力量,但同时也更加注重发挥政策体系的作用。通过制定和实施紧密配合、衔接配套的一系列政策,依靠成体系的政策力量,推动信息资源的开发利用,是政务信息资源管理职能实现的重要方式。营造有利于政务信息资源开发利用的环境,实现信息资源的合理配置,协调政务信息资源开发利用过程中的复杂矛盾关系,特别是从宏观层面、战略层面实施政务信息资源管理,最佳的实现方式就是发挥政策体系的作用。

2. 注重体现制度规范的重要价值

政务信息资源管理在一定意义上,就是一种规范化的管理。也就是说,它非常注重发挥制度规范的价值,注重充分制定和实施各种制度、程序和标准规范,以规范作为将各种分散的要素集合为有机整体的黏合剂,以规范作为监督控制和协商调整的主要依据,充分发挥其约束管制、指导教育、预测激励、协调控制的作用,通过制度规范来明确各种关系,建立稳定的秩序;明确价值导向,提供方法指引;明确后果,奖优罚劣;明确目标,克服各种偏向。政务信息资源管理不是具体哪一个或者哪几个政府部门的职责,而是所有政务主体部门的共同职责,政务主体机关几乎所有内设机构都有信息资源管理的权利、义务和责任,因此,这是一项跨部门、跨行业、跨层级的上上下下共同参与的管理活动,而这种性质的活动的有效性,将在更大程度上依赖于规范的作用。这也就是信息资源管理将以制度规范的制定和实施作为管理职能实现主要方式的原因。

3. 强化服务而不是管制

政务信息资源管理需要综合运用行政手段、法律手段,需要通过带有一定强制性的管制手段实现管理目标,与管制相比,更重要、更主要、更具根本性的是服务。信息资源管理本质上就是一种服务,甚至信息资源管理就是服务型政府的一种常规形态,它必须真正将管理寓于服务之中,通过为政府内部、为社会公众提供优质的信息服务,才能真正实现管理目标。这也就是政务信息资源管理更多地表现为一种信息提供活动,注重发挥信息引导作用的主要原因之一。

4. 软硬兼施,强调"指导"

政务信息资源管理的服务属性,决定了它的有效性,主要不取决于管理方权力威望的大小，而是它在多大程度上反映了客观规律，具备多大程度的合理性、适用性。这就决定了政务信息资源管理工作，在相当大的程度上，是由管理者对相关方面实施的指导性活动。而且这种指导中有"强硬"的方面，但更主要的则是柔性的方面。也就是说，这种指导中，要求相关方面必须遵照执行的主要是基本精神、基本原则，必须严格把握的是基本目标、基本方向、基本态势，而其他方面，则主要是管理者基于自己对客观规律性的认识，出于为对方着想、对对方有利的考虑，而实施的方向导引、结果预测、方法指导，甚至就是一种非常客观的信息披露。这种靠机制、靠利益推动的"软"管理，在信息资源管理过程中反而常常有比刚性管理更好的实际效果。这实际上也正是政务信息资源管理主体一方，更加频繁地用"指南"、"参考意见"、"参考信息"、"推荐方案"、"推荐性标准"、"最佳实践方案推介"等方式实施具体管理的重要原因。

5. 用看得见与看不见的"手"实现信息资源的优化配置

政务信息资源管理的一个主要内容和目标任务就是实现信息资源的优化配置，也就是要以全面实现政务信息资源的价值为目标，充分利用各种手段，调整信息资源的分布、优化信息资源结构。政务信息资源配置的手段理所当然包括政府部门用看得见的"手"，也就是用行政手段、政策制度手段直接干预、直接分配、直接调整；同时也包括利用利益机制和市场机制这只"看不见"的手，间接实现政务信息资源分布和结构的合理化。实际上，在政务系统信息资源的分布或者分配过程中，都应当在一定程度上，考虑资源实际占有者的利益诉求，以利益作为信息资源重新配置的驱动力，这在特定的情况下对政务系统内部同样是有效的。

6.3 政务信息资源开发利用

政务信息资源的价值当然需要通过广泛地利用才能真正实现，而只有使信息资源始终处于可被利用状态，信息资源才能真正得以利用。信息资源开发就是指使信息资源具备可被利用条件的一系列活动。在信息时代之前，信息资源的利用者同时也就是信息的开发者，他们可以根据自己的需求开发所需要的信息。但是，随着信息技术的飞快发展、信息加工处理专业化程度的迅速提高，信息开发者与信息利用者发生了分离，信息开发的专业化、社会化和市场化已经成为一种必然的趋势。这是现代信息资源产业形成与发展的根本原因和依据。

政务信息资源的开发有相当一部分是由政府自己进行的，包括政务主体部门自己采集、加工、处理以及建立有关数据库或信息应用系统等。同时，还有相当一部分开发工作是由政府组织或者委托其他社会组织进行的。政务信息资源的深度开发需要社会力量的参与，政府部门要组织和鼓励非政府机构从事政务信息资源的开发。政务信息资源的使用者也不仅仅限于政府部门，各种社会组织和公众对政府信息资源有着巨大的需求，也是政务信息资源的使用者。政务信息资源的充分利用，不仅要满足政府部门的需要，也要满足其他各种社会组织和公众的合理需要和要求。

6.3.1 信息采集

政务信息采集是指政务主体部门通过各种方式获取所需要的信息。政务信息采集是政务信息资源建设的关键环节，也是政务信息资源得以利用的基础工作。政务信息采集的方法包括收集、征集、获取、购置等。根据信息采集的具体方式，信息采集分为自动采集和手动采集两种，手动采集就是完全的人工采集，而自动采集主要是采用自动化手段通过互联网等渠道自动抓取。

随着信息技术的飞速发展和电子政务建设的推进，政务信息采集的分散性和无序性问题愈发明显，所以在政务信息的采集工作中应坚持以下几个原则。

1．主动、及时的原则

政务信息有非常突出的时效性，超过一定的时间限度，信息的价值就会大打折扣。因此，信息采集只有主动、及时，才能获得具有更高价值的信息，才能保证信息能全面准确地反映最新的情况，从而使政务活动因获得有效信息而正常、有序地进行。为此，政务信息采集人员要采取积极主动的工作态度，及时发现、捕捉和获取相关的信息。要有敏锐的信息意识，以及高度的自觉性、使命感、洞察力和快速反应能力，同时也要有过硬的工作本领，熟悉各种信息采集的途径，并能掌握先进的信息采集技术和方法。

2．真实、可靠的原则

真实可靠的政务信息是政府部门决策正确、执行有效、监督有力的重要保证。在信息采集过程中，必须坚持实事求是的科学态度，坚持严肃认真的工作作风，坚持采用科学严谨的采集方法，要对各类信息源的信息含量、实际价值和真实可靠程度等进行深入细致的比较分析和鉴别。另外，要尽量缩短信息传递的渠道，减少采集过程中受到的干扰。

3．针对、适用的原则

政务信息数量庞大、内容繁杂，而人们对政务信息需求总是特定的、分层次的、有选择的、有特定范围的。因此，信息采集要注意针对性，要根据政府活动的实际需要，有目的、有重点、有选择地进行，做到有的放矢。为此，信息采集人员必须认真了解和研究来自各方面的信息需求，明确信息采集的目的和所采集到的信息的用途，保证信息的适用性。

4．系统、连续的原则

政务信息是政府活动客观的、真实的反映，政府活动既有空间范围上的横向扩展，又有时间序上的纵向延伸。因此，政务信息采集要符合空间上的完整性和时间上的连续性要求。从横向角度来看，要把与某一政府活动有关的散布在各个部门、各个领域的信息搜集齐全，才能对该活动形成完整全面的认识；从纵向角度来看，要对同一政府活动在不同时间、不同阶段的发展变化情况进行跟踪搜集，才能反映该活动的真实全貌。

6.3.2 信息组织

狭义的信息组织即政府信息资源整序加工，即利用一定的规则、方法和技术对信息的外部特征和内容特征进行揭示和描述，并按给定的参数和序列公式排列，使信息从无序集合转换为有序集合，将信息转为政务信息资源或将潜在的政务信息资源转为显性政务信息资源的过程。信息组织的基本对象就是信息的外部特征和内容特征。信息的外部特征指信息的物理形态、题名、作者、出版或发表日期、流通或传播的标记等方面的特征；信息的内容特征是指信息包含的内容，它可以由关键词、主题词或者其他标记单元表示。

广义的信息组织所包含的内容则要广泛得多，除了信息的整序加工之外，还包括信息选择、信息描述与揭示、信息加工和信息存储。我们在这里对信息组织取广义上的理解。

1. 政务信息选择

信息选择就是从采集到的处于无序的信息中甄别、遴选出有用的信息，剔除无用的信息，它是整个信息组织过程的第一步。信息选择需要对信息进行分析。信息分析是按照一定的逻辑关系对选择过的信息内容、外部特征进行细化、挖掘、加工整理并归类的活动。它是信息描述与揭示的前提和基础，直接影响着信息组织的质量。

2. 政务信息描述与揭示

信息描述与揭示是指根据信息组织和检索的需要，对信息的主题内容、形式特征、载体形态等进行分析和记录的活动。信息描述与揭示主要有两种方式：一是著录，主要用来描述信息的形式特征；二是标引，主要是揭示信息的内容特征。信息描述与揭示是信息组织的重要内容，在信息组织中起着至关重要的作用。

3. 政务信息加工

信息加工是指根据信息用户的需求，通过对信息源的选择、分析、揭示、整理、综合，在原始信息的基础上再生新信息的活动。政务信息加工是政务信息组织的重要环节。

4. 政务信息整序

要实现对政务信息的有效利用，必须对这些信息按照一定规则和方法加以组织整理，形成有序的信息资源，这一过程称为信息整序或信息有序化。信息整序是信息组织的核心内容。常用的信息有序化方法有分类组织法、主题组织法、号码组织法、超文本组织法、元数据组织法、索引法、目录法等。

5. 政务信息存储

信息存储是将信息经过选择、描述、加工、整序后，按照一定的格式与顺序存储在特定载体上的活动。信息存储的目的是为了使信息有一个稳定有效的存储基础，便于信息管理者和信息用户快速准确而持久有效地识别、定位、检索和利用信息。

6.3.3 信息检索

信息检索是指根据特定的用户需求，按照一定的过程、方法和技术，从各种各样的信息资源中查出所需的信息的过程。政务信息检索是一个政务潜在信息资源显性化的过程。政务信息检索的实质是将描述特定用户所需信息的表达式与已组织好的检索系统中存储的检索标识进行比较匹配,从中找出与提问特征一致或基本一致的过程。政务信息检索根据检索对象和目的的不同,可以分为目录检索、全文检索、多媒体检索、数据检索和事实检索五种类型。

(1)目录检索是从存储有标题项、作者项、出版项、文摘项等书目(著录)信息的检索系统中获取标题、作者、摘要、出处、专利号、收藏处等相关信息线索的一种检索方式。检索结果不直接解答用户提出的技术问题本身,而只是提供与之相关的线索以供参考。这是一种间接检索。我们可以利用各种目录、题录和文摘检索系统来进行检索。

(2)全文检索是从存储整篇文献的检索系统中获取全文信息的一种检索方式。它是在目录检索基础上的更深层次的内容检索,是一种直接检索。政务信息通常可以利用各种全文数据库系统来进行检索。

(3)多媒体检索是从存储有多媒体文件的检索系统中获取多媒体信息的一种检索方式。它是随着计算机技术的发展而产生的新的检索方式。检索结果是以多媒体形式反映特定信息的文字、图像、音频、视频等。目前我们可以在网络上利用特定的搜索引擎来进行检索。

(4)数据检索是从存储有大量数据、图表的检索系统中获取数值型信息的一种检索方式。检索的结果是经过评测、评价过的各种数据,可直接用于比较分析和定量分析。

(5)事实检索是从存储有大量知识信息、事实信息和数据信息的检索系统中获取某一事物发生的时间、地点及过程的检索方式。

6.3.4 政务信息资源共享

政务信息资源的种类很多,涉及政治、外交、军事、工业、农业、金融、能源、环境、教育、医疗、社会生活等各行各业,信息内容极其丰富,政务信息资源共享的内容很多,主要包括信息内容、信息技术、信息设备、信息人员、信息机构、信息政策、信息法规等资源的共享。政务信息资源共享的范围也很广,包括各个层次、各种类型、各学科专业、各行业领域等的信息资源共享。总体而言,政务信息资源共享有三个层次:一是,政务主体部门内部职能部门之间的信息资源共享;二是,政务主体部门和企业之间的信息资源共享;三是,政务主体部门和公民之间的信息资源共享。

6.3.5 政务信息服务提供

温家宝总理在十届全国人大三次会议上所作政府工作报告中明确指出要"努力建设服务型政府,创新政府管理方式,寓管理于服务之中,更好地为基层、企业和社会公众服务"。这以后,服务型政府已经逐步成为我国政府管理的基本形态。实际上,政府所提供的服务,基本上是信息服务。政府主要是根据来自社会各个方面的特定的信息需求,通过多种途径、方法,以收集、加工、整理、传播信息的方式,为社会提供公共服务的。

政务信息服务提供的主要形式有:政务信息有序加工服务、政务信息调查开发服务、定题深加工开发服务、政务信息研究集成开发服务等。政务信息有序加工服务是指有关主体对无序信息进行整序加工,使其成为系统化和可利用的信息资源的过程;政务信息调查开发服务是指有关主体对处于运动状态的零次信息[①]进行收集整理加工服务的过程；定题深加工开发服务是指有关主体自选或接受委托选题，进行信息调研跟踪并对信息内容进行研究预测以形成深加工信息产品与服务的过程；政务信息研究集成开发服务是指有关主体对政务信息资源进行技术集成或多种信息内容的集成，向社会提供政务信息数据库产品或其他服务的过程。

6.3.6 政务信息资源社会化增值开发利用

政务信息资源不仅对政府管理具有重要价值，而且对社会生产生活各个领域都有特定的重要价值；政务信息资源是归社会所有的无形资产和社会财富，因此，政务信息资源的开发利用不仅仅是政府的事情，也是全社会的事情，政务信息资源应当广泛开发、广泛利用，这其中就包括政务信息资源社会化的增值开发利用。目前在我国，应当规范和发展政务信息资源社会化增值开发利用工作。对具有经济和社会价值、允许加工利用的政务信息资源，应鼓励社会力量进行增值开发利用。有关部门要按照公平、公正、公开的原则，制定政策措施和管理办法，授权申请者使用相关政务信息资源，规范政务信息资源使用行为和社会化增值开发利用工作。

6.4 政务电子文件管理

政务电子文件是指政府机关在履行职能、处理事务和日常管理活动中形成、处理和保存的电子文件。[②]它是政务活动的主要凭证和真实记录，是政府机构的重要信息资源。随着我国电子政务发展进程的加快，政务电子文件的数量日益增加，其管理问题已无法回避。政务电子文件的出现是一场记录革命，它引发了包括文件、档案管理在内的记录管理的革命。政务电子文件具有与传统纸质文件的不同特性，其管理的理论、原则、方法和模式也不尽相同，与传统的文件、档案管理相比，政务电子文件管理具有变量多、目标复杂、技术含量高、更新快等新的特点，从而对其管理活动提出了更高的要求，需要在科学的管理思想和原则的指导下，从政策、制度与技术方法等不同方面采用新的对策。

了解政务电子文件管理的目标、原则、模式、法律法规、制度与标准等是科学管理的基础，也是建立科学的政务电子文件管理理念和框架的基础。

6.4.1 政务电子文件管理目标

政务电子文件是国家具有战略意义的重要资源，政务电子文件管理目标是确定管理原则、管理方法和管理行为的基础，由于电子文件自身特点和政府机构对文件管理的要求，本书提出的政务电子文件管理目标是在兼顾各类电子文件管理共性的基础上突破了政务电子文件管理的特性，是政府机构电子文件管理策略的指导思想，其目标有以下几

---

① 指源信息，即客观存在于社会生活中，通过人的视觉、听觉、触觉等形成的言语、神情、动作、气氛等表象形式

② 冯慧玲. 政府电子文件管理. 北京：中国人民大学出版社，2004

点：一是，保证政务电子文件的真实性；二是，保证政务电子文件的完整性；三是，保证政务电子文档长期可读性；四是，促进政务部门工作效率的提高；五是，方便查询和利用。前三个目标是实现政务电子文件价值的基础和保障，促进工作效率提高是实现政务电子文件价值的结果，方便查询和利用是实现政务电子文件价值的方式，五个目标相辅相成。

一是，保证政务电子文件的真实性。电子文件的真实性是指文件内容、逻辑结构和背景信息经过传输、迁移等处理后依然保持不变，与形成时的原始状态一致。文件的真实性表现在两个方面：一是文件在形成过程中的真实性，即某一份文件客观反映和真实记录了机构业务活动，只有真实的电子文件才能有效支撑电子化业务活动，保证其有序运行；二是文件在形成之后的真实性，表现为在整个文件生命周期里未被误改或篡改，保持历史说明能力，这样的真实性也称为长期真实性，是电子文件作为社会记忆长久保存的基本前提。电子文件若真实性受损，就无法客观地反映事实的原始面貌，也就会失去利用价值。我国国家标准《电子文件归档与管理规范》（GB/T18894—2002）中，对保障电子文件真实性提出了四项安全保护措施：第一，建立对电子文件的操作者可靠的身份识别与权限控制；第二，设置符合安全要求的操作日志，随时自动记录实施操作的人员、时间、设备、项目、内容等；第三，对电子文件采用防错漏和防调换的标记；第四，对电子印章、数字签署等采取防止非法使用的措施。

二是，保证政务电子文件的完整性。完整性是指文件信息齐备，没有缺失。政务电子文件的完整性主要包括三个方面的含义：其一，每一份电子文件的内容、结构和背景信息没有缺损；其二，作为记录机构活动真实面貌的、具有有机联系的电子文件及其他形式的相关文件数量齐全，文件之间的有机联系得以揭示和维护；其三，与主文件有关的支持性、辅助性、工具性文件及相关参数齐全。完整性是实现电子文件证据价值、情报价值和长期可读性的重要保障，对于真实性、可读性、可用性的保证也有着重要意义。

三是，保证政务电子文档长期可读性。电子文件的可读性是指文件经过存储、传输、压缩、加密、载体转换、系统迁移等处理后能够以人可以识读，可以理解的方式输出，并保持其内容的真实性。电子文档的可读性是其存在和价值的基础，保障电子文件可读性的措施应该贯穿于全部管理工作的始终。文件流转、归档、鉴定、著录、存储、利用、保护时都要遵守相关的规定，并应保存相关记录。任何一个工作环节、一项具体操作的失误都有可能对电子文件造成严重后果，使电子文件处于读不出来或难以理解的状态。

四是，促进政务部门工作效率的提高。政务电子文件管理要充分考虑提高政府部门的工作效率和管理水平，尽可能地简化人工管理，确保电子文件管理能够支撑整个机构工作效率的提高，支持整个机构职能活动的开展。

五是，方便查询和利用。查询和利用的过程是真正实现政务电子资源价值的过程，因此，方便查询和利用是政务电子文件管理的重要目标，方便查询和利用的目标可以进一步细化为更为具体的几个目标：一是广泛，即拓宽利用范围，既要方便机构内部的查询和利用，又要增加机构外部对文件信息的查询和利用，满足社会组织和公民对政务信息的需求；二是高质，既要提供原始文件的利用及保障其准确性，又要对政务信息进行深度挖掘和整理，并提供多种检索途径，提高查全率和查准率；三是及时，要根据用户的需求，及时准确地提供相应的信息；四是合理，即要保护政务电子文档的信息安全，又要避免在利用中遭到破坏和非法用户的访问。

6.4.2 政务电子文件管理原则

政务电子文件的应用为政府部门履行职能、处理事务和日常管理活动等带来了全方位的变革，文件信息借助网络四处漫游，使人类超越时空地实现信息资源共享，节省了人力、财力与时间。与此同时，政务电子文件管理也存在着政务电子文件信息丢失与损毁，政务电子文件真实性、完整性、可靠性遭质疑，政务电子文件长期可读性难以确保等诸多隐患。为了做好政务电子文件从产生到销毁或归档的整个生命周期的管理，必须遵循电子文件管理的五项原则。①

1. 前端控制原则

前端控制是以文件生命周期理论为基础，把文件从形成到销毁或永久保存的不同阶段看作一个完整的过程。在这个过程中文件的形成是前端，处理、鉴定和编目等具体管理活动是中端，销毁或永久保存是末端。电子文件的管理要从电子文件的形成开始。

2. 全程管理原则

电子文件的全程管理思想是一种全面、系统、过程的管理，对电子文件从产生到销毁或永久保存的整个生命周期进行全程管理。电子文件的全程管理原则应该体现在电子文件管理体制与模式的确定，管理系统的设计和运行，管理制度的内容和执行等方面，以保证电子文件在其整个生命周期受到严密控制。

3. 集成管理原则

集成管理是全程管理思想的延伸和深化，政务电子文件的集成管理是将与政务电子文件生成、运行、保管等管理活动有关的要素进行合理的互联与组合，形成具有要素群结构的管理体系过程。集成管理可以增加管理体系的功能度，因精密组合而减少疏漏，提高可靠性；可以增加相关作业的密集度，因减少重复而降低功耗，提高管理效率。

4. 动态管理原则

动态管理是指对电子文件全程加以监控，以动态适应性管理措施实时应对电子文件生成、运转、利用过程中发生的变化和对管理工作提出的新要求，以保证管理目标的实现。总之，以改变文件存在状态及其存在环境，不断追加背景信息等手段来获得完整、真实与可读的电子文件，实现文件管理的目标。

5. 注重效益原则

效益是投入产出比，任何成功的管理都应该有助于提高该项活动的效益。政务电子文件管理的效益既有经济方面，可以量化的；也有社会、文化方面，不易量化的。政府机关在电子文件管理中要注意对全程的投入产出比进行分析，以此评价电子文件管理系

---

① 冯慧玲. 政府电子文件管理. 北京：中国人民大学出版社，2004

统或管理过程的效益状况。注重效益原则不仅仅是单纯的成本核算，还应包括对电子文件管理目标、管理质量、管理理念的综合考虑。

6.4.3 政务电子文件管理模式

电子文件管理模式是指有关管理体制、功能定位等规划性问题。按照管理场所不同，政务电子文件的管理模式分为两种：机构内部电子文件的管理模式和档案馆电子文件的管理模式。

1. 机构内部电子文件管理模式

1）"双套归档制"管理模式

双套归档制管理模式即将政务活动中产生的大量纸质文件和电子文件同时归档保存，形成不同载体类型的档案，即双套归档制。因政务电子文件种类繁多，涉及部门多，双套归档制更应该实行统一管理，保证两种文件的管理内容和管理方法一致，保证文件的真实性、完整性、长期可读性，方便查找和利用，实现政务电子文档的价值。

2）文档一体化管理模式

所谓文档一体化管理，就是由统一的文档管理机构从文件和档案工作的全局出发，统筹规划，科学管理，实现文件管理部门由文件形成、收发、登记、编号、存储、检索、利用到档案部门的收集、整理、鉴定、著录、保管、统计、利用等管理的全过程控制。从理论上说，文档一体化管理不仅仅是政府机构内部对处于现行期、半现行期电子文件的管理模式，也应该包括处于非现行期的电子档案。也就是说，一体化的口径应该设在电子文件生命周期的从始至终。档案馆对电子档案的管理要求也应该渗透到电子文件管理体系中。

2. 档案馆电子文件管理模式

1）集中式管理模式

集中式管理模式就是政府机构将失去现行使用价值的电子文件由特定的信息化主管部门对其进行集中统一的管理模式。其优点在于：由于信息化主管部门具有较好的技术条件和高素质的业务人员，一方面可以保证政务电子文件实体得到妥善保管，尤其是对具有永久保存价值的电子文件实现长期有效的管理，从而实现政务电子文档保存社会记忆、维持历史原貌的职责；另一方面，可以有效地防止档案被删改和随意销毁，以保证政务电子文件的真实性和可靠性。

2）分散式管理模式

分散式管理模式就是政府机构将失去现行使用价值的电子文件由各机构自己管理，特定的信息化主管部门只对其信息进行控制。分散式管理的优点，表现在其有利于保证政务电子文件的可识读性和完整性，众所周知，电子文件具有系统依赖性和非人工识读性等特点，技术和资源的有限性使得特定的信息主管部门不能保存所有机构的政务电子文档，特别是那些需要特定的软硬件才能识别的文件，若特定的信息主管部门和文件形成部门之间建立相似的保管电子文档的运行设备，可能会引起资金和技术上的困境，并且要由信息主管部门来实现大量电子文件的转换，不但技术难度大，而且费用高，文件的形成部门却可以有效地解决这一问题。

3）集中与分散结合的管理模式

集中与分散结合的管理模式是采用折中的方法，将集中式与分散式两者结合，发挥各自的优势的一种管理模式。将大量的电子文件及需要短期保存的电子档案，由形成单位按信息主管部门提出的要求保存，并接受信息主管部门的监督、检查、审计，将重要的、长期保存的电子文件上交信息主管部门集中保存，对于那些在运行环境上具有特殊性的电子文件也可以委托文件形成机关保存，但是，需要事先与被委托机关签订详细、具体的委托契约，信息主管部门的工作人员还必须以足够的技术能力和专业知识监督这些文件形成机关是否按照契约、按照国家对永久性档案的有关规定实施管理。

6.4.4 政务电子文件管理的流程

文件管理流程是指文件生命周期中施加于文件的一系列相关的管理活动的有序组合。本书的政务电子文件管理流程指的是对政务电子文件组织、控制的过程，不包括产生、处理文件的业务过程。电子文件管理流程不是对手工管理流程的复制和模拟，而应根据政务电子文件的技术特点，利用计算机系统高效处理数据、一次输入多次输出、可以同时作业等优势，构建更为科学高效的新流程，具体落实全程管理和前端控制。具体来说，政务电子文件管理流程是由目标、文件管理活动、文件管理活动之间的关系、文件管理活动的开展方式构成的系统。

1. 目标

目标是文件管理流程的灵魂，总体上讲，文件管理的目标为构建文件业务流程提供指引，为促进文件的形成提供规范，为利用文件提供服务，为实现文件的参考、证据价值提供保障，为向公众提供服务，实现社会、文化价值提供支持。

2. 文件管理活动

文件管理活动是构成流程的基本单元。政务电子文件管理活动包含政务电子文件的鉴别、文件鉴定、文件归档、管理对象的信息安全维护、管理对象的实体保护等。

3. 文件管理活动之间的关系

政务电子文件的文件管理流程不是文件管理活动的随意组合，而是有序的组合，不同的秩序形成不同的文件管理流程。政务电子文件的文件管理活动秩序就是文件管理活动之间的关系，涉及多个方面，从时间上看，有先后关系、并行关系等；从空间上看，存在排他关系、反馈关系、合并关系、循环关系等，如图6.1所示。

4. 文件管理活动的开展方式

政府部门内及其机构间在不同业务、技术等环境下，文件管理活动的开展方式不同，比如，在手工环境中，登记、著录等信息输入工作都是人工进行的，而在电子环境中，这些管理活动的全部或者部分可以实现自动化。可以说，文件管理活动的开展方式是决定政府机构中文件管理活动之间关系的重要因素之一，继而影响文献管理流程的具体结构。

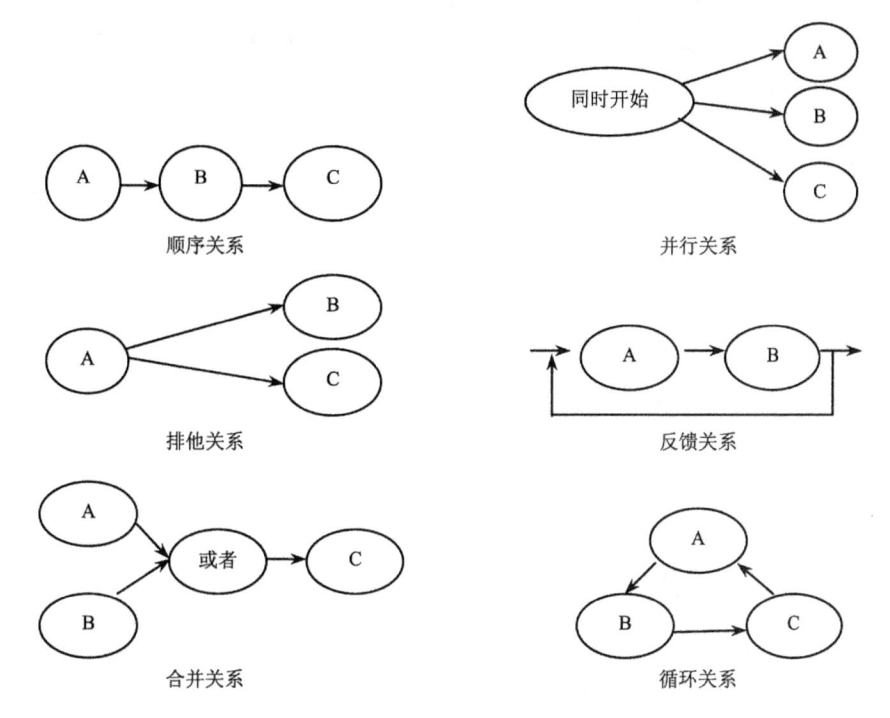

图 6.1 文件管理活动之间的关系

6.5 政务知识管理

政务知识管理是政务信息管理发展的高级阶段，以系统化地运用知识是政务信息管理的最高目标。目前，我国许多政府部门信息化建设的困境已经不再是通信网络、计算机选型、网站建设等问题，而是如何才能够分析梳理业务流程，将分散、孤立、庞杂的信息变成知识资源，避免信息需求与信息供给双方的矛盾；如何才能将政府业务流程中的无序知识进行系统化有效管理，实现知识共享和再利用；如何才能充分挖掘政务信息资源内在的潜力，为公民提供便捷、快速的知识，因此，政务知识管理的本质是：政务信息资源整合、政务信息资源共享，政务信息服务提供。

6.5.1 政务信息资源整合

政务信息资源整合是指在电子政务的实施过程中，利用信息通信技术对分散在不同层次和机构的政府信息资源进行有机的集成，实现相互渗透、高度协同和有效控制，从而最大限度地开发和利用政府信息资源价值的过程。

目前，由于我国电子政务是在各级政府、不同部门中分别进行的，没有统一的战略规划，各部门之间相互封闭，相当一部分已建成的电子政务系统模式不统一，这些独立的、异构的、封闭的系统彼此之间难以实现互联互通，从而成为一个个"信息孤岛"。信息孤岛使得各部门之间的各种系统难以兼容，信息资源难以共享，相互封闭、互不相通，不仅浪费了大量的财力和时间，而且大量的信息资源不能充分发挥应有的作用。然而，随着政府管理职能的深化，政府部门内部和政府部门之间要求信息共享的呼声日益提高，这就需要政务信息资源能有效地整合。《2006—2020 年国家信息化发展战略》把政务信息资源的整合列为电子政务建设的首要战略行动。政务信息资源整合将在未来若干年内持续成为电子政务的战略重点和建设热点。

政务信息资源整合是一项复杂的系统工程，它涉及技术、经济、人文等多方面的因素。信息资源的整合不能仅限于技术或物理层面的整合，应当用信息资源管理的思想指导整合的全过程，要包括对政务信息资源整体架构体系的整合，对政务信息资源管理组织体系的整合，对政务信息管理技术的整合，对政务信息资源管理环境的整合以及对政务信息服务内容和方式的整合，通过统筹和全面的整合，实现政府信息资源的合理配置及有效利用。

因此说，不能把政务信息资源整合问题简单看成是一个专业或技术层面的问题，它是一个综合治理的问题，应当在政府统一规划和统筹协调下组织实施。

6.5.2　政务信息资源共享

所谓政务信息资源共享就是在有效的政务信息资源整合的基础上，各政府部门之间、政府部门和其他公共服务组织之间，充分利用各种技术、方法和途径，开展共同提示、共同建设和共同利用政务信息资源，以最大限度地满足社会和个人信息资源需求的全部活动。推动政务信息资源共享是我国电子政务深入发展提出的客观要求，随着电子政务工作的全面推进，我国各级政府的工作方式不断创新，服务型政府理念得到不断深化，服务的内容和范围得到不断拓展，服务过程中新的需求不断出现，这为政务信息资源共享的发展提供了良好的发展环境和强大的动力。

首先，信息资源共享是新形势下政府业务协同的必要条件。政府的基本职能是进行经济调节、市场监管、社会管理和公共服务，随着我国行政体制改革的深入，社会公众在与政府关系中的主导地位日益增强，不再是按照政府职能分工被动地接受管理的一方，而是对政府职能部门的服务和管理工作提出了越来越直接的、强烈的业务协同要求。政府管理和服务对象呈现出多样性、流动性、跨区域性等新特征，而政府职能部门在履职过程必须适应这些特征。

其次，信息资源共享是解决政务信息的职能分割性与服务需求整体性之间日益突出的矛盾的关键途径。政务信息的职能分割性与服务需求整体性之间的矛盾要求政府必须借助于电子政务的发展实现政府职能部门间的信息共享，也只有通过信息共享才能将政府管理和服务中的综合性信息反馈给政府决策机构以优化和调整相关行政法规、政策和制度，从而提高行政执行力，保证政策实施的准确性和有效性，不断改善政府的管理和服务能力。

最后，从我国各地的实践看，政府信息共享已经成为政府在履行社会管理和公共服务职能时的重要基础条件，政府信息共享的应用覆盖了政府应急指挥、城市运行监测、房地产市场综合治税、社会保障、食品安全信用管理、医疗机构协同监管、企业信用管理、行政联合审批、流动人口管理、城管综合执法等各种公共服务领域。政务信息资源共享机制顺畅与否很大程度上影响着政府社会管理和公共服务职能的实现。

我国政务信息资源共享面临的最大问题是标准化问题。在推动政府信息化过程中，发达国家普遍通过加强制定统一的技术标准来规范电子政务信息共享。我国电子政务发展了近20年，但目前仍未制定统一的标准与规范，具体表现为：数据概念不统一；指标口径不一致；数据要素不完备；数据编码缺乏唯一性；缺乏统一的信息交换标准；没有形成可以互联互通的统一电子政务网络和平台标准；各部门信息采集、处理、加工和维护等都是自成系统，平台标准过多、过泛、标准间相互兼容性差。这就导致部门间数据互用性较差，也成为了推动信息共享和业务协同、统一数据标准的最大障碍。所以要实现高效的政务信息资源共享，必须高度重视和加快推进信息化标准的制定工作。

6.5.3 政务信息服务提供

信息技术给政府的公共治理带来了前所未有的机遇与巨大的挑战。各国政府都在试图通过应用新兴信息技术和互联网技术来积极推进电子政府建设，对传统的公共服务方式和内容进行再造和改革，实现以提升公共服务水平为导向的政府改革，在此背景下，电子公共服务的提供成为各国电子政务建设的重要趋势之一。政府部门通过不断地强化政府网站应用服务功能来加强政府网站建设和管理，促进政府信息公开，推动网上办事服务，加强政民互动；通过加大政府网站信息公开力度，不断丰富公开信息内容，提高公开信息质量，增强信息公开的主动性、及时性和准确性；通过梳理政府部门业务流程，大力提升政府网站网上办事能力，以社会公众为中心，扩大网上办事服务事项，优化办事流程，不断提高网上办事事项的办事指南、表格下载、网上咨询、网上申请、结果反馈五项服务功能覆盖率，提高便捷性和实效性；通过推进政府网站政民互动服务发展，建立健全公众意见及问题的受理、处理及反馈工作机制，实现网上信访、领导信箱、在线访谈等互动栏目的制度化和规范化，注重民意收集与信息反馈，保障人民的知情权、参与权、表达权、监督权。通过加强政府网站服务保障和运行维护保障，建立相关制度，明确各方责任，加大管理力度，开展绩效评估和考核，大力提高政府网站服务能力。

6.6 政务信息公开

政务信息公开是指为提高政府工作透明度，保障公民、法人和其他社会组织的合法权益，监督政府机关依法履行职责，根据有关法律、法规规定，政府机关向社会公开有关政务信息。我国国务院于2007年1月通过了《中华人民共和国政府信息公开条例》，自2008年5月1日起施行。依据该条例，所有行政法规、规章、行政决策、行政决定以及行政机关据以做出相应决定的有关材料、行政统计资料、行政机关的某些办事规则及手续等涉及行政相对人权利义务的，只要不属于依法应保密的范围，行政机关和其他有关机构都应向社会公开，任何公民、法人和组织均有权依法查询和复制。

政务信息公开有利于实现信息资源在政府与公众间的再分配。由于现代政府拥有强大的行政权力和庞大的组织体系，并且掌握着高科技手段，因此，在行政管理过程中大量的信息都在其垄断之下，而公民在行政管理中的劣势地位，决定了公众在信息资源分配中的不利形势。政务信息公开可以使信息资源在政府与公众之间重新优化分配,改变过去公民与政府之间的不对等、不平衡的状况,使公民与政府能够共享一部分政务信息资源。公民可以通过及时、准确地获取政务信息,了解政府工作,可以依据公开的信息与政府进行及时、有效的沟通,从而能更好地保护自己的权利。同时,政务信息公开使得公众对政务的参与度大大提高,公众对政府的监督能够落在实处。

为加强信息公开工作,我们应对政务信息资源进行总体梳理和规划,界定政府保密信息、内部共享信息、公共信息的范畴,根据信息的不同性质制定不同的公开与保密级别,凡不属于保密的都应列在公开的范畴。要把及时公开有关信息列入政府部门的职责。对于在政府部门之间公开的信息,相关职能部门必须及时、准确地公告和发布,以方便其他部门共享。

6.6.1 政务信息公开制度的形成

为适应信息化社会发展的需要,政务信息公开越来越受到重视,成为历史发展的必然,正如托勒夫所言:"信息化浪潮是上帝送给中国的礼物,这是中国和世界同步的难得机会。"我国政务信息公开相应制度的完善配置,也经历了一个渐进的过程,最早由中办、国办于2002年8月5日转发的17号文件《国家信息化领导小组关于我国电子政务建设指导意见》指出,"各级政务部门要加快政务信息公开的步伐",第一次提出政府信息公开;中办发17号文件《关于我国电子政务建设指导意见》指出,"各级政务部门要加快政务信息公开的步伐"。2003年,国务院把《条例》列入当年的立法计划。2004年4月国务院印发《全面推进依法行政实施纲要》,明确要求推行政府信息公开。2004年中办发34号文件《关于加强信息资源开发利用工作的若干意见》指出,"加快推进政府信息公开,加快制定政府信息公开条例,编制政府信息公开目录。充分利用政府门户网站、重点新闻网站、报刊、广播、电视等媒体以及档案馆、图书馆、文化馆等场所,为社会公众获取政府信息提供便利"。34号文件对我国的信息资源开发利用工作做出了战略性部署,提出了加强信息资源开发利用工作的指导思想、主要原则和总体任务。34号文件发布之后,高度创新性的判断成为我党我国政府观念创新、理论创新的典范,提高了全党全国各方面的认识水平,政务信息资源开发利用取得重要进展。基础信息资源建设工作开始起步,信息资源数量增长迅速,信息资源质量提升,信息资源开发利用水平稳步提高,政务信息资源对政务管理的支撑程度,对经济社会发展提供的支持程度,均有所增强。2005年,中办、国办《关于进一步推行政务公开的意见》,明确要求抓紧制定《政府信息公开条例》。同年,中央印发了《建立健全教育、制度、监督并重的惩治和预防腐败体系实施纲要》,要求加强制度建设,明确提出加快制定《政府信息公开条例》。2006年中办发19号文件《2006—2020年国家信息化发展战略》指出,"规范政务基础信息的采集和应用,建设政务信息资源目录体系,推动政府信息公开"。2006年国家信息化领导小组发2号文件《国家电子政务总体框架》提出:"政府门户网站成为政府信息公开的重要渠道"。我国国务院于2007年1月通过了《中华人民共和国政府信息公开条例》,自2008年5月1日起施行。该条例介绍了政府信息公开的基本概念和立法目的,以及条例的适用与效力；政府信息公开的原则，包括公正、公平、便民原则，及时、准确原则，保障公共利益原则；政府信息公开的体制，包括组织领导机关、主管部门、工作机构、公开主体和协调机制；政府信息公开的范围，包括主动公开的范围和依申请公开的范围，以及保密审查机制；政府信息公开的方式和程序，包括主动公开的程序和依申请公开的程序；政府信息公开的监督和保障，包括内部监督保障制度和外部监督保障制度及其法律责任。其带来的重要意义为：一是，加强依法执政理念、有效促进廉政建设，从利益型政府向廉洁高效政府转变；二是，推行政府信息公开是保障公民知情权、监督权、参与权的重要举措，从神秘型政府向阳光政府转变；三是，提升政府公信力、推动以人为本的和谐社会建设，从管制型政府向服务型政府的转变。2010年1月份，《国务院办公厅关于做好政府信息依申请公开工作的意见》（国办发〔2010〕5号）更是强调加大政府信息公开，《意见》规定全面、及时、准确地主动公开政府信息，可以大大减少依申请公开数量。各地区、各部门都应加大政府信息主动公开工作力度，增强主动性、权威性和实效性。凡是《条例》规定应该公开、能够公开的事项，都应及时、全面、主动公开。这些制度的形成，促使政务信息公开不断发展，可以保障公民、法人和其他组织依法获取政府信息，提高政府工作的透明度，促进依法行政，充分发挥政府信息对人民群众生产、生活和经济社会活动的服务作用。

6.6.2 政务信息公开的原则

政务信息公开是建设高效廉洁透明政府的重要内容，正确的政务信息公开原则是政府部门实践活动的思想和行为指南，政务信息公开是提高科学执政、民主执政、依法执政能力和水平，构建社会主义和谐社会的必然要求；是推进社会主义民主，建设法治政府的重要举措；是建立行为规范、运转协调、公正透明、廉洁高效的行政管理体制的重要内容。《中华人民共和国政府信息公开条例》，第五条明确说明行政机关公开政府信息，应当遵循公正、公平、便民的原则。

所谓公正，即指行政机关应当及时、客观、准确地公开政府信息。行政机关发现影响或者可能影响社会稳定、扰乱社会管理秩序的虚假或者不完整信息的，应当在其职责范围内发布准确的政府信息予以澄清。政府信息，不得危及国家安全、公共安全、经济安全和社会稳定。

所谓公平，正如胡锦涛在第五届亚太经合组织人力资源部长级会议上提出：应该坚持社会公平正义，着力促进人人平等获得发展机会，逐步建立以权利公平、机会公平、规则公平、分配公平为主要内容的社会公平保障体系。胡锦涛同志的科学公平观也同样适用于政务信息公开，这就意味着在政务信息公开过程中，政务信息公平惠及全体社会公众，社会公众平等地享有各项公民权利。政务信息公开不仅仅要保证在信息公开的制度和规则面前所有社会公众是平等的，也要保证社会公众享有平等的规则。同时，政府信息公开中要顾及全体社会公众的利益，能满足公众获取信息的需求。

所谓便民，即提供方便、快捷地对已公开的现行文件的利用和政务信息查询服务。

6.6.3 政务信息公开在实践中的问题

1. 政府和广大人民群众的政务信息公开意识不强

首先,政府部门对政务信息开放没有实施有效的规划和管理,缺乏有效的执行力,政务信息资源整合力差,制约着政务信息公开。因此,政府应该积极转变官本位思想,强化他们的公共服务意识,促进整个政府向服务型政府转变,在政府工作中贯彻阳光工作理念,对各项工作都必须本着透明化和公开化的原则,切实接受人民群众的监督,提升政府公共服务效率。积极主动通过多种媒体向广大人民群众宣传参与政府管理和决策的理念,切实提高他们的积极性和主动性。对他们了解政府信息的方式和技能进行培训,而广大人民群众也可以从中亲身了解到政府的履行职能和信息公开过程。

其次,公众缺乏主动获取政务信息的意识,公众对那些本应当为公民共同享用的政务信息资源缺乏认知,遇到相关问题不知道如何通过信息公开解决问题,因此,公民要树立主人翁意识,积极更新自己的观念,积极热情地投入到了解和反馈政府履行职能效率的活动中来。从法律角度来看,公民是权利的主体,对政府公开信息享受知情权是其应有的基本权利。公民要通过多种途径积极参与到政府信息公开中来。比如,利用政府新闻发布会上积极现场提问,或者通过政府门户网站直接留言提问,并对其执行效率和效果进行监督,加强政府与公民的交流与合作。

2. 保密问题或成为政务信息公开的阻碍

首先,政务信息公开与保密信息的问题始终围绕着执政部门。美国的《信息自由法》在其执行早期,就曾经因为对信息豁免的定义过于模糊而使政府在公开信息时阻力很大,也引起了不少对《信息自由法》的非议。政务信息公开很难既维护国家安全、个人隐私又能保护公民知情权;很难在"保密"与"公开"之间划分明确的原则;很难在保证国家安全和个人隐私的前提下,尽可能地公开一切可以公开的政府信息。

其次,政府信息公开与保密的问题还涉及《信息公开法》与相关法律法规的协调问题。比如,《信息公开法》和《信息公开规定》解决的是信息自由获取的问题,在某些情况下,获取了政府信息并不意味着就可以自由使用该信息,此外,《档案法》规定归档后的归档文件一般都必须在档案馆保存满30年、甚至更长的时间后才能对外公布,这无疑限制了政府信息公开。

再次,在网络环境下,由于黑客、网络犯罪等事件频频发生,电子政府开展信息公开服务面临着更加严峻的形势。因此,政务信息保密问题或成为政务信息公开的阻碍,如何准确掌握政府的电子信息公开与保密间的关系,是政务信息公开必须解决的问题。

因此,政府部门应该厘清各类行政机关的政府信息,分门别类、全面梳理、细化政府信息、建立信息目录,再在此基础上编制政府信息公开目录和公开指南,避免保密范围的随意化;自下而上,从老百姓利益、社会热点与政府部门利益的密切度出发,明确不同层级政府的公开内容,根据信息准备成熟度确定信息公开的重点。

3. 政务信息公开质量令人担忧

全国各层级、各地行政机关及其部门公开各类政府信息之后,数据的可读性差,有些数据的意义依然看不懂，或者不同部门公开的信息不一致，导致信息混乱，使政府工作更加被动，信息公开质量令人担忧。因此，需要从同一政府层面建立健全政府信息发布质量协调机制，在行政机关之间进行信息确认和标准转换，保证行政机关发布的政府信息格式和内容基本一致，满足公民的可读性要求。在条件成熟时，国家出台各类信息公开标准，规范信息采集、加工、清洗、统计、时效、发布格式等。总之，需要逐步建立信息公开规范，完善信息公开质量标准。

本章小结

- 政府信息资源建设与开发利用是电子政务有效运行的基础
- 政府信息资源有特殊的属性和特殊重要的价值，政府信息资源的建设与开发利用有自身特有的规律和要求
- 政府信息资源价值的实现，离不开科学有效的管理
- 政务知识管理的本质是：政务信息资源整合、政务信息资源共享，政务信息服务提供

问题讨论

1. 政务信息资源的特点是什么？为什么会形成这些特点？
2. 什么是政务信息资源规划？它有什么重要价值？
3. 目前我国政务信息资源建设的主要内容是什么？
4. 什么是政务信息资源开发？它的意义是什么？

案例分析

"数字北京"的建设

为全面推进信息化建设，北京市早在2001年便提出了建设"数字北京"的战略口号。该口号由时任北京市市长刘淇首先提出。"数字北京"是首都信息化的全面推进，即整合首都信息资源，建立电子政务、电子商务、科教信息系统、劳动和社会保障信息系统等，逐步实现国民经济和社会信息化。[①] "数字北京"的核心工作就是深度开发和综合应用各种信息资源，进而实现以信息化带动工业化、以信息化推动现代化、增强城市竞争力、提高人民生活质量的战略目标。

北京市在"数字北京"建设方面的经验可以总结为以下四点：[②]

---

① 数字北京[R]. 新华网
② 政务信息资源共享案例研究——研究综述[R]，2009

（1）起步早，起点高

早在2001年，北京市就以"数字北京"专项形式启动了市级信息开发和利用建设。到2005年，北京市在管理体制、项目实施和应用服务中积累了大量经验，为政务信息资源共享打下良好基础。

（2）力度大，推进快

北京市政府以行政命令推动政务信息资源共享，取代部门之间的自发协调，在从2005年到2006年的短短两年时间内，就完成了市级和县区两级的平台部署、半数以上市级部门的资源梳理、目录编制和平台接入。

（3）成立专门机构，推行统一管理

北京市在2002年就成立了市级信息资源中心，统一负责平台运营、资源开发和协调，实现了政务信息资源的物理分散、逻辑集中，便于建设和运营中的统一协调和管理。

（4）空间信息资源开发利用成效显著

北京市在空间信息资源开发利用方面成效显著，推动了数字城市建设进程，同时也推动了电子政务建设中的空间信息资源共享。

截止到2008年为止，"数字北京"的建设已取得了不小的成果。首都公用信息平台（CPIP）初步建成。首都之窗网站群已建有北京市各级机关网站142个，包括市委主要部委、市人大、市政协、市政府各委办局、各区县政府、检察院、法院及工、青、妇等组织。除此之外，社区信息化工程、医疗保险系统也取得了阶段性进展。[①]

---

① 丁燕申 王适春．"数字北京"取得阶段性成果[R]．中国电子报-赛迪网，2002

第 7 章

政府信息治理

内容提要

　　三分技术，七分管理。确立电子政务安全保障的关键在于管理。政府信息治理需要构筑坚实有效的基础设施平台，尤其不可缺少法规、标准和认证这三大基础设施。

本章重点

- 政府信息治理内容与对象；
- 政府信息治理的方式；
- 政府信息治理活动。

7.1 政府信息治理内容与对象

电子政务是政务方式适应社会信息化发展而进行的全面变革，换句话说，发展电子政务就意味着必须进行政务治理方式的改革，既包括政务流程的优化，也包括政务处理方式的变化，还包括政务组织结构的调整和优化。

案例：某政务机关建设舆情监测系统改变了什么？

过去，某社会管理机关获取社会信息主要是依靠设立在本机关系统内部的报告制度。该报告制度规定基层组织要定期、定时地报告突发事项。但是，随着我国经济社会的快速发展，社会群体在社会利益诉求、行为方式取向上呈现出越来越大的差异性，使得该机关在管理社会事务，特别是管理社会突发事件时的决策和处置常常滞后于事态的发展，也不能够掌握全面、实时、具体的信息，常常导致决策和处置失当。很显然，传统的内部报告制度和机制已经不能有效地支持当前的管理需要。因此，该机关需要为其社会管理活动建设新型的信息渠道。这个信息渠道应该是非内部性的，宽口径的，而且能及时、准确和客观地获得社会信息动态，并能够掌握社会事件总体和局部态势，一定程度上预见社会事态的发展趋势，及时确定突发事件的事态特征和性质，为决策和处置提供充分的信息依据。

近年来，基于互联网的舆情监测系统，为组织机构改善信息获取渠道，了解社情民意发挥了很大的作用。基于此，该社会管理机关也拟建设一个舆情监测系统来改善本机关的信息滞后和不准确的问题。

拟建的舆情监测系统由三个基本模块构成：一是信息捕获和抓取模块，主要是自主从互联网上获取需要的各类信息；二是信息分析模型，主要是将采集的信息转化为可用的信息；三是知识库模块，负责存储和积累事态信息以及决策和处置信息。该机关力求通过建设舆情监测系统与传统的内部报告制度相结合，全面改善机关的决策能力。

该机关通过建立舆情监测系统是否能实现全面改进其管理能力的目标呢？如果回答是肯定的，那么使得管理能力提高的道理是什么呢？

7.1.1 治理概念

"治理"一词，译自英文的 Governance，原意是指控制、引导和操纵的行动或方式。管理中应用的治理概念是伴随着全球化进程的发展和新公共管理理论的兴起而提出的，20 世纪 80 年代初的"地方治理"和 80 年代后期的"公司治理"，是两个最早应用治理概念的领域，进入 20 世纪 90 年代后，又出现了更广泛的概念——"公共治理"。

对于什么是治理，并没有形成一致的定义，治理概念的重点是关注制度的内在本质和目标，推动社会整合和认同，强调组织的适用性、延续性及服务性职能。治理包括掌控战略方向、协调社会经济和文化环境、有效利用资源、防止外部性、以服务顾客为宗旨等内容。全球治理委员会认为，治理是个人和制度、公共和私营部门管理其共同事务的各种方法的综合。它是一个持续的过程,在其中,冲突或多元利益能够相互调适并能采取合作行动。它既包括正式的制度安排也包括非正式安排。世界银行在1997年的年度发展报告中这样阐述"治理"概念:在管理一国经济和社会资源中行使权力的方式。并概括治理的内容主要有:构建政治管理系统;为了推进发展而在管理一国经济和社会资源中运用权威的过程;政府制定、执行政策以及承担相应职能的能力。

在公司治理理论中,治理概念可以概括为:以现代公司为主要对象,以监督与激励为核心内容,研究公司结构中对经营者的监督与制衡作用,强调如何通过公司治理结构和机制来保证公司决策的有效性和科学性,从而维护公司多方面利害相关者的利益。

在公共治理的概念界定上,不像公司治理理论的概念那样形成明确、一致的结论,其关注的主要问题是:如何在日益多样化的政府组织形式下保护公共利益,如何在有限的财政资源下以灵活的手段回应社会的公共需求。

综上所述,治理可以理解为:社会组织为改善管理能力,发现、认知既有管理问题,运用权威和各种管理手段,构建更合理、有效的管理结构,推行科学合理的资源分配方式,以最大程度满足各方利益的权力行使过程。

7.1.2 电子政务与信息治理

从一般意义上而言,政务活动就是政务机构运用社会赋予的权力,公平分配社会资源,促进社会健康发展,提供公共服务的过程。政务活动的一个基本形式特征是政务机构主要依靠信息来履行其职能,因此,对政务活动中的信息及其信息方式的治理,意味着对政务活动的治理。

电子政务的基本目的是政务机构为适应社会的需要和发展,在信息技术基础上对政务运行方式、模式实施适应性变革,提高政府运行效率,实现业务合理化,全面改善公共服务的内容和方式。实现业务合理化、运行方式适应性变革和公共服务改善等电子政务主题内容的基本途径就是通过信息治理。电子政务建设以政务绩效优化为指向,发现和认知在信息的采集、处理、存储、运转和提供利用过程中的问题,依靠信息技术构建新型的政务信息系统,实现政务活动改革目标,有效地履行职能。我们以政府机构履行行政许可权为例来说明。政府行使行政许可权,是政府机构履行对某项社会资源的公平分配职责,政府机构首先要根据社会公平或社会发展的需要设定许可条件、要求,并借助于信息媒体公布、公开这些规则,让社会充分知晓,使得社会能认同其提供规则的社会公平价值或社会发展价值。同时,要提供公平便利的申请和获取资源的方式,保证资源获取申请过程的公平和公正。从该过程中我们可以发现,从许可规则的设定,到许可事项的申请、核定和处置,都是信息过程,政府机构的行政许可权履职过程是否合理、有效,取决于信息过程的合理性和有效性。换言之,电子政务对行政许可过程的构建过程要充分体现信息治理的结果。政府机构的行政许可权履职过程是建立在政府与社会之间的信息流和信息交换基础上的,政务过程体现为信息采集、处理和传递过程。因此,政务价值的实现受政务信息效率的影响,电子政务面对的基本问题是政府与社会之间如何利用现代信息技术手段提高相互之间的信息交换效率的问题,换言之,电子政务建设也可以归结为信息治理问题,见图7.1。

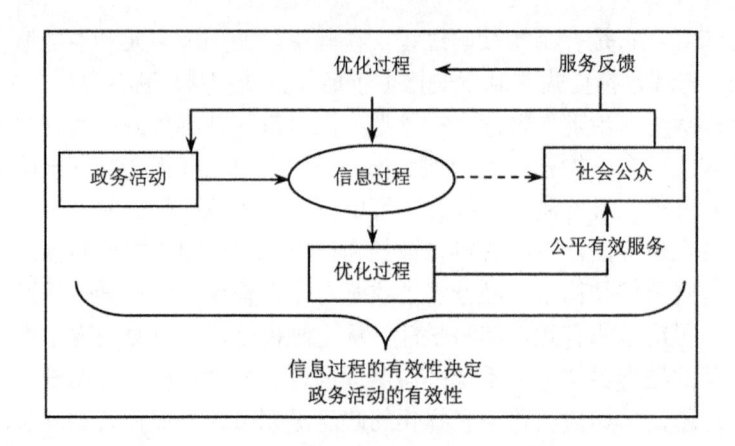

图 7.1　信息治理在电子政务中的意义

我们再从以下不同的视角进一步了解电子政务与信息治理的关系。

从政务活动的服务属性看，服务型政府强调以客户为导向并通过服务于客户取得行政绩效，行政绩效的衡量标准是服务对象的满意度。因此，政府必须在履行职责过程中，充分获取公众的服务需求信息，并依据公众的需求来提供服务和构建服务过程，同时，还需要公众参与对政府服务过程的监督和评价，作为改进服务的依据。电子政务是优化服务过程、提升服务绩效的必然选择，要解决的核心问题是通过电子政务系统构建适宜的政府与公众的信息关系，提高政府与公众之间信息交换的有效性。在网络环境下，政府机构通常采用网站方式来实现政府与公众之间的服务关系，因此，信息治理要为政府网站建设制定出适合服务型政府的信息运用战略、政策和方式，以实现"按公众的服务需求，以适当的方式、在恰当的时间、提供适宜的服务给需要的客户"，见图 7.2。

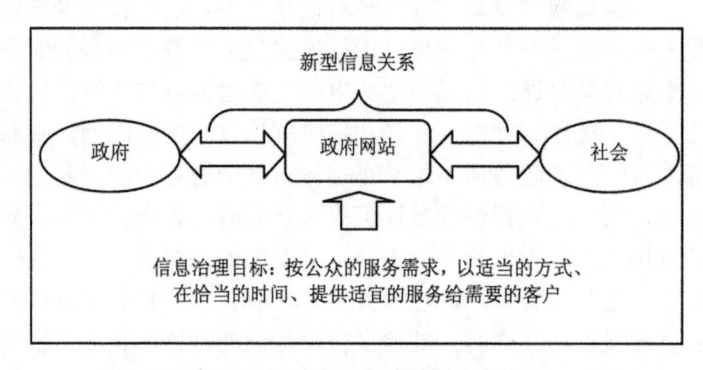

图 7.2　电子政务服务体系的信息治理

从政务活动的过程结构角度看，政务活动是由政策输入、政策输出、政策反馈三个过程构成的。其中，政策输入是由利益表达和利益综合这两个信息功能实现的，现代信息技术为提高利益表达和利益综合这两项政策输入功能的有效性提供了充分的技术条件，信息治理就是根据政务决策对信息输入的要求，通过调整和改革既有的信息输入过程，改善政策输入的信息质量，从而提高政策决策水平。在章首案例中，某政府机关建设的舆情监测系统，就是针对传统的政府内部报告制度存在的信息迟滞、失真和含糊等缺陷，通过建立新的信息输入系统，采集外部信息，作为内部系统报告制度的有益补充，从而优化政策输入信息的质量，改善政策决策水平。在这一过程中，通过信息治理活动，发现影响政策决策的关键问题是政策信息输入方式的落后以及输入信息存在着滞后、失真等缺陷，政策输入过程不能保证政策决策的有效性，从而通过信息化手段优化信息输入方式，改善信息输入的质量。在这里，电子政务是信息治理的自然结果，是建立在信息治理基础上的，对政策输入过程的优化和改善，离开了信息治理电子政务就缺少建设的方向和依据。

政策输出和政策反馈是政策循环的基本过程，而推动政府信息公开，推进政府决策民主化，改善政府治理结构，是优化政务活动结构、开展电子政务的前提条件。

从电子政务提高政府运行效率的作用方式来看，电子政务系统建设不能被简单视为技术系统构建活动。例如，把应用办公自动化技术来处理办公事务，仅仅看作是技术平台的转换，技术系统构建活动，这样的系统并不一定能带来政府运行效率的提高，也不意味着业务的合理化。政府运行效率和业务合理化目标的实现，有赖于通过信息治理为信息技术手段的应用提供优化的方向、方式和途径，电子政务活动必须以信息治理作为前提。

以美国电子政务发展为例，美国政府在推动电子政务建设过程中，信息化建设一般都有业务改革和优化目标，把信息化建设作为政府改革和绩效优化的实现手段，以政府治理活动推动信息化建设，全面提升政府绩效。例如，针对官僚主义和政府服务中存在的问题，以"下放智能"为治理方式来推动行政运行机制改革。该项改革的重点是运用网络化技术使基层公务人员能更多地获取和共享决策需要的信息，而不是让信息集中在政府组织高层，使决策不完全由高层做出。让政府系统中的信息向基层流动，使公务人员更有利于获取和共享信息，改变政府自上而下的决策模式，使政府机构能更好地响应公众需求，见图7.3。

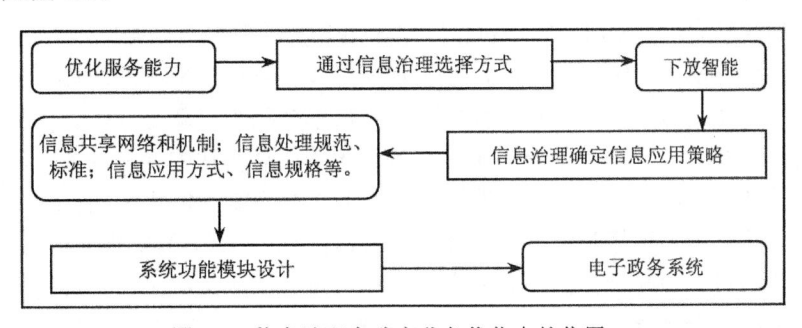

图7.3 信息治理在政府业务优化中的作用

再如，为优化政府职能，引导和推动电子政务的健康发展，在电子政务建设过程中，美国政府在联邦政府层级推动联邦事业框架（Federal Enterprise Architecture，FEA）的应用。联邦事业框架是一个由业务使命和绩效导向的职能分析参考模型，其基本分析逻辑是所有的业务活动是由业务使命和业务目标驱动的，即从"整体绩效"出发，以顶层设计方式，根据优化的业务目标设定业务职能，再根据业务职能来优化信息流和业务数据，进而依据信息处理的需要设计技术功能和模块，由此，电子政务建设活动就转化成一项政府治理活动。在该模型中，政务信息的生成、处理和利用及其过程，不是由技术的便利性驱动的，是由业务使命和政府绩效驱动的。同时，对政府信息资源采集、处理、存储和开发应用活动方式的变革，就成为优化政府业务功能的基本途径，电子政务活动是与政府整体绩效具有有机联系的活动，电子政务也就成为一种信息治理活动，见图7.4。

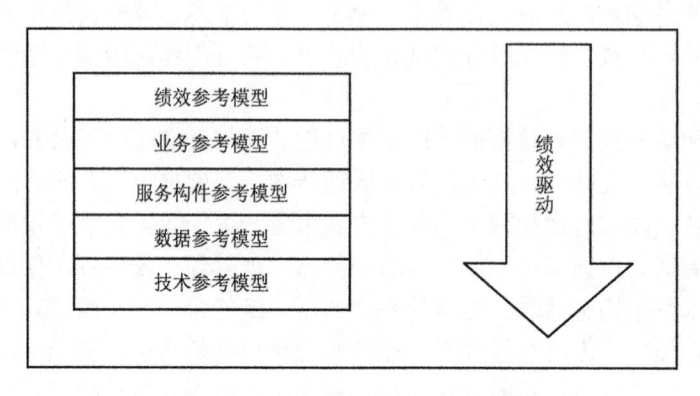

图 7.4 美国的联邦事业框架示意图

7.1.3 政府信息治理的内容

政府信息治理（Information Governance）是指对政府信息资产进行的规划、管理和控制活动。信息治理的目的是在理解政务机构的业务目标和业务战略需求的基础上，构建科学合理的政务信息管理和开发利用的制度、框架和流程，并通过电子政务系统建设，提升政务信息资产的价值。

政府信息治理的内容可以理解为：围绕着政务信息资源的开发利用和信息资产价值的提升而展开的一系列活动。

信息战略契合。政务信息资产价值产生于政务活动并通过政务活动体现出来。因此，信息治理首要体现为战略契合活动，即制定和形成政务信息资源的管理和开发利用的战略和目标，并使之与政务战略和目标相契合。信息战略契合就是要确认政务组织中是否有明确的信息战略，同时，要分析研究政务组织的信息实践中存在的基本问题，依据政务组织目标和战略，发现信息战略或信息实践中的不适宜、不相关，甚至相背离的方面，形成与政务战略和目标相契合的信息战略和目标。举例来说，为实现向服务型政府转型，全面改善政府机关面向社会的服务能力是政府改革的战略方向。这种转变给政府机关运行方式带来的冲击是全方位的，既要发展政府的信息共享和业务协同能力，还要重新评估信息价值，调整信息管理、应用方式，确立新的信息结构和管理标准。这些变革需要政府机关从战略上、文化上、制度上改变政务信息资源的"职属观念"——独占方式，通过构建新的信息战略，拓展政务信息资源的应用价值，促进其向服务型政府转变。信息战略契合，要以政务组织的发展战略为依据，形成信息战略愿景和目标。例如，以互联网信息为中心业务的谷歌公司提出的愿景："组织全世界信息，使之人人可获取、可利用。"再如，推特公司的愿景："成为地球的脉搏。"商业企业可以为公司设定信息战略愿景，政府机构依据组织自身的业务发展战略同样需要。政府机构为提升自身的服务效率，下放决策权,提高业务人员信息可获取性和可利用性是必要条件,因此,必须在政府组织层面形成信息战略,创造信息共享的局面,构建人人可用的知识处理系统,形成"人人可获取、可利用"的信息战略愿景是十分重要的。

信息资产估值。信息资产对于政务机关而言具有有形和无形的价值,是实实在在的组织资产。但是,政务机构对信息资产价值的评估,往往是粗放和不够全面系统的。政务机构在传统档案管理活动中,包含有档案价值鉴定的工作环节,但档案价值鉴定是以信息的保存为导向的,评估的结果是确定档案的分类保存期限,以区分具体档案保管期限的长短,作为档案销毁和存留的依据。档案价值鉴定是信息资产价值评估的一种类型,可以在某种程度上使人们认识具体信息的价值大小或价值类别,影响信息的保存和应用,但对信息综合价值的开发利用的作用相对有限。信息治理要求的信息资产估值,应作为信息资产增值开发利用的前提条件和前项工作,是政务机构对其所有的信息资产价值进行的全面、系统和具体的评估活动。某地政府的信息共享和业务协同进程存在着诸多障碍,各个政府机构向其他机构提供信息或数据的态度并不积极,各方都强调提供信息存在一定的困难。相关主管部门在调研后发现,某些困难是客观存在的。例如,机构为实施信息共享,预期将要投入大量人力和资金对可共享信息进行整理准备工作,信息共享的损失是可预见的,但收益却是不确定的,因此,信息共享行为很难列入政府机构的长期工作安排。政务信息共享实践中信息共享困难的现象,实际上反映出政务信息资产估值活动的缺失。

政务信息资产估值一般有两种方式:一种方式是定量估值,另一种方式是定性估值。定量估值就是确定由信息利用所带来的直接和间接的收益或利益,或者是识别信息如果不具有当前的数量或质量水平时所带来的不利影响或损失。由于信息资产价值属性的特殊性,信息资产的定性估值同样具有意义。

信息的价值主要是通过与业务需要的相关度体现的,因此,定性估值就是评估信息资产与政务机构的战略目标的一致性,与政务活动的相关度,与信息来源的相关度,并区分出信息资产的不同价值标度的过程,见图7.5。

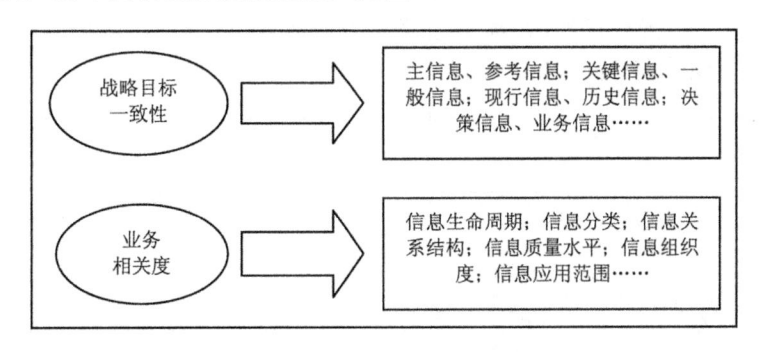

图 7.5 信息资产定性估值

信息质量维护。保障政务信息质量,是信息治理的核心内容。低质量的信息对政务活动的有效性以及信息本身的有效性有着根本性的影响,电子政务的基本目的之一就是要改善政务活动的信息质量。对政务信息的质量,一般有三项基本要求,即准确性、可靠性和可用性。

政务信息来源广而内容复杂，不乏信息重复、信息缺失和信息虚假等问题，信息治理，就是要将无序的政务信息整合成有序的信息，去粗取精，去伪存真，保证政务活动应用信息的针对性、适用性和确定性。

政务信息存在着被篡改、窃取、转载、传播以及泄密等情况造成信息不可靠的问题。信息治理要使得政务信息的可靠性得到持续的保障。通过建立信息授权使用制度，控制政务信息的使用权限；建立政务信息的"全程管理机制"，保证政务信息可靠性管理措施的系统性；建设具有系统性的元数据体系，保障信息过程可记录、可说明，以确保政务信息的可靠性；增强电子政务系统抵抗人为破坏、灾害损毁的能力，以及防篡改、防滥用和可恢复能力，这些都是信息治理的重点内容。

基于授权主体而言的可用性，分为两种情况：一种是授权主体根据自己对信息的使用目的提出要求，具有多样化的应用诉求，包括对信息的及时性、真实性、适用性、完整性要求；另一种指的是系统对信息资源访问的可持续性保障和信息获取的稳定性保障。信息治理要针对政务信息的可用性开展持续的管理活动，包括建立健全适宜的信息检索工具，提高信息利用的查准率和查全率，满足政府工作的各项需要；加强政务信息的知识应用体系建设，挖掘和利用政务信息资源的更大价值，提高政府管理活动的有效性。

信息问题诊治。从一般意义上说，信息治理就是识别、管理和改进政务活动中各种与信息相关问题的过程。主要包括：信息质量问题；业务规则与信息规范协调的问题；信息管理策略、标准、架构和规程方面的问题；信息共享的协议谈判以及冲突解决；信息安全、隐私与保密问题；信息相关法规及其执行问题；信息利益的冲突问题；组织和文化变革的管理问题；信息规则的决定权问题等。

信息治理面对的问题，也同组织中其他业务问题一样，具有不同的层次，既有战略层的问题，也有战术层的，还有操作层的问题。战略层的问题，如信息规则的决定权问题、组织和文化变革的管理问题、信息利益的冲突问题等，需要政府机构建立信息治理委员会或专门的信息管理决策机构来解决；缺乏信息治理的高层决策机构或机制，信息治理只解决战术层或操作层的问题，常常是无法在根本上解决信息相关问题的，信息资产的价值就不可能得到充分挖掘，见图7.6。

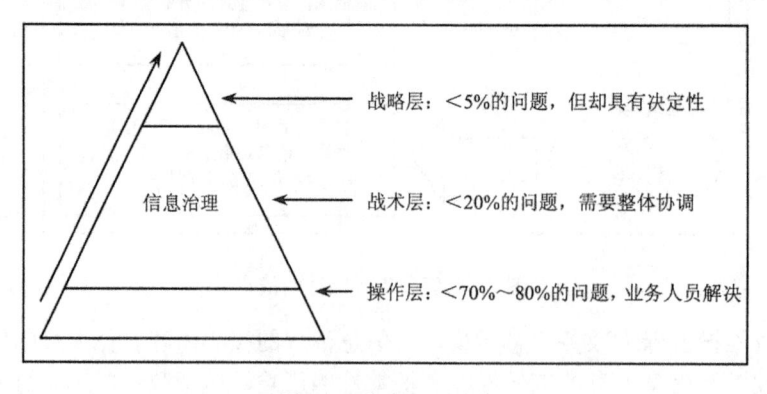

图7.6 信息问题诊治

7.2 政府信息治理的方式

政府信息治理是对信息资产管理行使权力和控制活动的集合，完成信息治理的最有效方式需要通过连续性的计划和持续改进的过程。

7.2.1 推行信息管理制度

通过信息管理制度确立政府机构内信息治理的相应职责，以对信息资产进行有效控制和使用。

信息管理制度要在组织中确立信息资产管理的总负责人，规定其职责，赋予其权力，明确其责任。政府机构应仿照企业设置 CIO（Chief Information Officer，首席信息官），以保障政府机构的信息治理活动的开展。

信息治理活动并非只是信息管理专门人员的工作，而是牵涉到组织全局，涉及机构内各项业务活动的工作。因此，建立信息政策及管理委员会制度，是保证政府组织信息资产得以有效管理和利用的必要条件，也是政府 CIO 能在政府组织中有效开展工作的组织保障。

信息治理是高层次的、规划性的信息管理制度活动。换句话说，信息治理主要是由政府 CIO 以及协调型信息管理专责人员制定信息管理制度的决策活动。信息管理制度要规定信息治理规划或计划的方式和程序，要规范信息管理规划和计划制定、推行和实施的流程和方法，为信息治理提供法定的程序保障。

此外，信息管理制度还应该包括下述内容。

数据架构管理规范：数据架构的评审、验证、批准与完善的程序；数据架构的数据要求和规范；数据架构的设计、使用和维护规范。

数据开发规范：数据的要求和规范；数据模型和数据库的规范和要求；数据开发应用的管理要求和规范。

数据操作管理规范：对数据的修改、恢复、保留、迁移，以及数据性能要求等方面的要求和规定。

信息安全管理规范：关于信息的安全、保密和隐私方面的规范，识别和解决信息安全问题的要求，安全审计流程，信息密集规定等。

元数据管理规范：业务元数据定义、维护、使用的规则。

信息质量管理规范：具体规定信息质量的基本要求和质量指标，各个职能部门和岗位对信息质量的责任，数据创建、维护和使用中的信息质量管理规定，测试、验证和审核规定。

7.2.2 行政推动信息治理

政务机构的信息治理活动，在很大程度上要依靠政务机构的信息管理组织通过行政方式来积极推动。

信息治理有不同的行政推动模式，包括集中统一治理模式、项目治理模式、分散治理模式以及多种模式结合。

集中统一治理模式，即在政务机构设置统一的管理机构，制定统一的管理制度，形成一致性的信息管理策略和标准，统一实施信息的管理和服务。这种治理模式推动信息治理，战略意图明确，治理工作全面和系统，但也会造成对局部或具体业务中的信息问题的反应不灵敏或缺少适当的灵活性。

项目治理模式，针对机构出现的信息问题或者要发展的信息开发利用内容，采用设立项目的方式，依靠既有的行政体制和机制，以一事一议的方式开展信息治理活动。项目治理模式，治理目标比较明确，治理的问题容易把握，治理过程的起点、终点清楚，具有可控性。但项目治理模式容易造成信息战略目标模糊或缺失的问题，产生信息资产整体性价值零碎化倾向，信息利益相关者的关切不能均衡体现等问题。

分散治理模式，从"无政府状态"到"部门优先"，有不同的分散程度。"无政府状态"是指由业务人员或者由信息管理专职人员自行安排和解决信息问题。"部门优先"，是指有些政务机构按职能或部门自行计划或开展信息治理活动。

我国政务机构鲜有设置CIO岗位以及信息政策及管理委员会的，因此，信息治理活动往往是伴随着电子政务项目附带进行的，信息战略目标和统一的信息政策缺失是常见的情况，产生的问题也比较多，亟待从根本上改善。

信息治理有相互关联的三个层次的内容，需要政务机构建立健全完善的信息治理组织，通过行政方式予以推动。其中，战略、策略和标准的制定是一个层次，需要政务机构建立信息政策与管理委员会，设置CIO职位并统筹规划。信息问题发现、治理和政策调整，需要信息专业管理组织与各个业务部门或业务线人员来共同开展工作。信息的服务、维护和合规管理，也需要信息专业管理人员和业务岗位人员配合完成工作。

在完成各项信息治理的职能时行政推动的方式是不同的。

在制定信息战略和策略时，主要通过定义信息的概念、关系和结构等，为信息治理的操作提供基准和依据，确定问题的内容和性质。举例来说，不同的部门可能使用相同的信息项开展工作，但采集渠道、处理方式、应用对象的不同，可能出现相同信息项内涵描述不同、格式不同或形式不同，造成在一个机构信息混乱，共享信息难度大，信息资产价值低。信息治理战略和策略是涉及政务机构全局的事项，因此与各个业务机构和人员充分地沟通，不仅使业务线的人员理解信息治理的战略目标、意图和做法，更需要通过沟通使信息治理战略涵盖业务线的发展和改善，信息治理策略能有效解决业务线包含的信息问题。沟通，包括制定信息战略和策略过程中广泛参与的沟通，以及战略和策略形成的宣传贯彻、实施中的沟通。制定实施细则和程序，并进行信息战略的监控，是保障信息战略和策略得以有效实施的基本措施。

信息标准和信息框架管理程序，主要有评审、审批、监督和改进。信息标准和信息框架是信息治理的基础，因此，其制定形成过程一定要充分讨论、评议，并经正式的审批程序通过。

信息问题管理是一项持续性的信息治理工作，需要制定规范和流程，全体政务人员都能参与管理活动，通过识别、界定、上报、解决和规则修订，不断提升政务机构的信息质量，提高信息资产价值。

7.3 政府信息治理活动

政府信息治理的职能和活动主要包含以下内容：制定信息战略、形成信息政策、信息架构规划、信息和数据标准与规程的制定、信息问题管理、信息与数据项目管理、信息管理服务、信息资产估值以及沟通与推广活动。

7.3.1 信息战略规划

战略是选择和决策的集合，是组织中共同制定出高层次的行动方案，以实现高层次目标。政务机构一般会有业务发展战略，但很少单独制定信息战略，信息治理需要转变这种状况，要根据政府的战略目标和业务的需要制定信息战略，要在较高层次上规划如何管理和开发利用信息资源，使得信息资源能更有效地服务于政府的总体目标。

政府信息战略大致应包括如下内容：
- 制定政务信息资源开发利用和管理的愿景。
- 确定信息治理的指导原则。
- 确定信息治理目标、指标和要求。
- 信息战略的阶段目标和信息治理方案。
- 提出信息治理的优化基本措施。
- 说明信息管理的角色、职责和组织方式。
- 提出信息管理的实施路线图，包括实施的项目和工作内容。

信息战略规划要形成以下 3 个交付成果：

（1）信息战略规划文本。内容包括：总体愿景、目标、指导原则、成功的衡量指标、关键成功因素和已识别的风险等。

（2）治理组织体系说明。内容包括：对信息治理各项内容和各个阶段的责任机构和人员、角色、职责和领导机制。

（3）信息治理的实施路线图。内容包括：识别具体的项目群、项目、任务分配和交付里程碑。

规划信息战略，目的是把信息治理活动从信息管理专门机构的工作层面，提升到具有全局性工作的战略层面，把信息治理活动从对业务信息问题的管理提升为从政务活动整体优化的高度开展的活动，把信息治理活动面向问题的、不系统的管理活动转变为系统性的、有持续治理目标的活动。

7.3.2 形成信息架构

架构（Architecture）是在信息技术领域应用比较广泛的术语之一，是指对事物的结构、功能、性能以及相互关系进行描述的综合视图，是对复杂的技术对象或系统的设计。

架构为人们了解和认识复杂的系统对象，对复杂事物从总体到局部进行解析，并认识各个构成要素的关系提供了一个蓝图。理解架构有助于人们在成本和时间要求的范围内，构建起可靠实用的功能，设计实施一个业务系统。理解架构，也可以让人们比较容易地发现现实系统中存在的问题，并通过在架构层面上的操作，找到问题的症结和处置方式方法，有效地解决问题。

架构的一个重要功能是整合组织中的不同业务系统。一个组织架构包括对业务流程、业务目标、组织结构、组织角色和业务职责的通用设计和标准，根据架构可以对各个孤立的业务活动进行整合，特别是可以使数据和信息在各个孤立业务系统之间进行传递和共享。

人们一般通过架构框架（Architectural Framework）来描述架构，来解决组织架构比较复杂的问题。一般有分类框架或流程框架两种方式来描述架构，为人们提供理解和研究架构的方法。信息架构（Information Architecture）是组织架构的重要部分，而信息架构框架可以用来描述组织信息所对应的业务实体、关系，以及相应信息的属性、定义和代码的体系。

John Zchman 于 1987 年提出的 Zachman 企业框架，是业界广泛采纳和使用的描述组织架构的框架范本。在政府领域，美国联邦政府的联邦企业架构框架（FEAF）、美国国防部架构框架（DODAF）等，对政务领域编制政务组织的架构框架提供了参考。在这些政府架构框架中，对信息架构的描述都有专门的参考模型，如美国的"联邦企业架构"包含有政府数据信息参考模型（Data and Information Reference Model, DRM），为描述政府信息和数据，建立政府的组织信息架构提供了参考模型。

组织架构描述框架一般包括三个组件：政府信息模型、信息价值链分析、信息应用架构。

1. 政府信息模型

政府信息模型主要描述政府组织的主题域、业务实体、业务规则、业务信息属性。主题域是指政府组织的基本业务类，如政府基层民政部门的主题域有：民生保障、社会救助、减灾防灾。业务实体，是对主题域内具体业务内容的识别、确定和概念描述，如低保服务、伤残优抚、三无人员管理等。业务实体有不同结构层次，因此，需要建立业务实体的层次分类表，最终使业务实体描述成为元素概念。业务规则，是指描述控制业务元素的关系要素，如说明某业务实体为其他业务实体的前项业务。业务信息属性，是表明重要业务实体的信息属性的，包括信息权威来源、数据形态、时间、处置方式、结构关系等。

2. 信息价值链分析

信息价值链分析主要描述信息模型与组织其他业务架构的衔接关系，以及信息实体与其产生价值的业务流程关系。例如，组织机构与信息实体，职能、角色与信息实体，工作项目与信息实体，业务流程与信息实体，等等。

3. 信息应用架构

信息应用架构主要是指信息在特定的应用中具有的结构与关系，如数据技术架构、信息整合架构、数据仓库架构、文件档案分类表、元数据架构等。

信息架构是政务组织重要的信息资产，其作用包括：有效地整合业务流程、技术和相关的信息和数据；使信息系统与业务策略保持一致；使政务组织有效地利用和协调信息资源，有利于改善跨组织的沟通和理解；为业务流程的改进提供指引，为信息系统建设提供基础依据。

7.3.3 制定信息标准与规程

信息治理的重要环节就是要为政务机构的信息及其信息活动制定相关的标准和规程，以保证政务信息活动在一定的准则下运行。

我国的电子政务建设一直比较重视标准的建设，2004年正式启动了"电子政务标准体系建设一期工程"，并发布了"电子政务标准体系结构"。该标准结构由六个部分构成：

1．电子政务总体标准

电子政务总体标准是指电子政务总体性、框架性、基础性等方面的标准和规范。

2．电子政务应用标准

电子政务应用标准是应用于电子政务之上的相关信息标准，包括数据元标准、信息分类编码标准、文档格式标准、业务建模标准和元数据标准等方面的标准。

3．电子政务应用支撑技术标准

电子政务应用支撑技术标准是为电子政务的各项应用提供技术支撑的相关标准，主要有：信息交换平台、电子公文交换、电子记录管理、日志管理和数据库等方面的标准。

4．网络基础设施标准

网络基础设施标准指为电子政务提供基础通信平台的技术和系统的相关标准。

5．信息安全标准

网络基础设施标准是指为电子政务提供安全保障所需的相关标准，主要有：安全级别管理标准、身份鉴别、访问控制管理、数字签名与公钥基础设施等标准。

6．管理标准

管理标准主要是保障电子政务建设过程的一系列标准，如工程验收和监理标准等。

在上述标准体系中，很多方面涉及信息标准和规程，而电子政务的主要应用是以信息应用或以信息为基础的。同时，国家和地方各级行政部门的信息交换与共享作为电子政务的主要应用，也需要制定一系列信息相关标准作为保障。为此，国家有关部门主力推进了信息标准的制定工作，形成了一系列电子政务应用标准，主要包括：数据元、信息分类编码、业务文档格式、业务建模、元数据和数据维护与管理等标准。

1）基础数据标准

基础数据标准包括数据元和信息分类编码两类标准。

数据元是指政务活动过程中涉及实体的单元概念，以数据单元形态存在。数据元标准化是指对数据元及其属性进行规范化，使不同用户对同一实体的概念具有一致的理解、表达和标识，据此，实现信息的有效使用、交流、共享和管理。

信息分类是指分析事物的属性和特征，对反映事物属性和特征的信息进行概念化、结构化处理，以及依据形成的标准归并和区分信息的过程。通过信息分类，可以使人更清晰地把握政务信息的总体结构，了解具体信息与其他信息的关系，以便分门别类地处理、应用和管理信息。信息编码是指赋予事物或概念标识符号的过程，给信息类目赋予信息分类编码。编码符号可以是多种多样的，符号本身一般具有一定的体系性，并且易于被人或计算机识别和处理，如数字序列、字母表等。

2）业务文档格式标准

业务文档格式标准主要包括纸面文档格式标准和电子文档格式标准。电子文档格式设计需要按照相关的标准，形成在文档结构、内容、内容描述等方面经过规范的电子业务文档。XML 表达的电子业务文档由具有层次结构的数据元和相关代码构成文档格式逻辑结构，并按照映射规则将该结构转化为 XML 模式的电子文档。XML 电子文档的设计和形成过程需要标准规范。

3）业务建模标准

业务建模是指采用业务建模方法和技术，对现实业务需求、业务流程和业务信息进行抽象分析，形成满足需求的电子政务业务模型和信息模型。业务模型和信息模型是管理、处理信息，建设相应信息系统的基础。

4）元数据标准

元数据就是所谓的"数据的数据"，即作为说明数据、信息的数据。元数据具有识别、管理、检索和描述信息的多种作用，在不同的应用领域，元数据的元素集合和构建方式是不尽相同的，因此，要针对元数据的应用目的和应用领域的特殊性制定元数据标准，这是元数据应用时的必要工作。元数据标准多以元数据方案作为标准形式。最为著名的元数据方案是"都柏林元数据核心元素集"（Dublin Metadata Core Element Set，DC），其制定的目的是希望建立一套适合描述网络信息资源的方法，用来识别、查询、组织、检索信息。

我国的《电子文件元数据标准》是在电子文件领域的元数据标准。该标准的制定采用国际标准 ISO 11179-3：2003《信息技术——元数据元素的规范与标准化》和国际上元数据开发应用的最佳实践来完成。

该标准规范了 112 个元数据元素，元数据元素的语义构成采用 11 个属性来描述（见表 7.1 和表 7.2）。

表7.1　电子文件元数据总体框架表

序号	元素集	元　　素	元素标识	限定元素	限定元素标识
1	1 文件实体 Record Entity	1.1 文件层级	RecordCategory		
2		1.2 文件标识	RecordIdentifier	1.2.1 文件标识码	RecordIdentifier
3				1.2.2 文件编号	RecordNumber
4		1.3 文件题名	RecordTitle	1.3.1 正题名	RecordTitle
5				1.3.2 并列题名	AlternativeTitle
6				1.3.3 副题名	AnnotationTitle
7				1.3.4 缩略题名	AbbreviatedTitle
8		1.4 文件分类	RecordClassification	1.4.1 职能分类	FunctionClassification
9				1.4.2 主题分类	SubjectClassification

续表

序号	元素集	元素	元素标识	限定元素	限定元素标识
10		1.5 文件主题	RecordSubject	1.5.1 主题词或关键词	Subject/Keyword
11				1.5.2 次关键词	SecondLevelKeyword
12				1.5.3 第三关键词	ThirdLevelKeyword
13		1.6 文件摘要	RecordAbstract		
14		1.7 文件日期	RecordDate	1.7.1 创建日期	CreationDate
15				1.7.2 登记日期	RegistrationDate
16				1.7.3 传输日期	TransferingDate
17		1.8 文件语种	RecordLanguageType		
18		1.9 文件种类	RecordForm		
19		1.10 文件覆盖范围	RecordCoverage	1.10.1 覆盖时间	CoveragePeriod
20				1.10.2 覆盖区域	CoverageArea
21		1.11 文件技术环境	RecordTechnicalEnvironment.	1.11.1 媒体格式	MediaFormat
22				1.11.2 数据格式	DataFormat
23				1.11.3 载体类型	MediumType
24				1.11.4 扩展名	Extent
25				1.11.5 原始创建环境	OriginalCreatingEnvironment
26				1.11.6 载体到期时间	MediumDueDate
27		1.12 文件位置	RecordLocation	1.12.1 当前位置	CurrentLocation
28				1.12.2 存储位置	StoreLocation
29				1.12.3 存储日期	LocationDate
30				1.12.4 存储说明	StoreStatement
31		1.13 文件权限	RecordRights	1.13.1 访问控制	RecordAccess
32				1.13.2 使用条件	RecordUseCondition
33				1.13.3 安全等级	RecordSecurityClassification
34				1.13.4 存取警告	RecordAccessCaveat
35				1.13.5 存取说明	RecordAccessStatement
36				1.13.6 存取时间	RecordAccessDate
37				1.13.7 到期时间	RecordDueDate
38		1.14 文件处置	RecordDisposal	1.14.1 处置授权	DisposalAuthorisation
39				1.14.2 处置内容	DisposalSentence
40				1.14.3 处置状态	DisposalStatus
41				1.14.4 处置日期	DisposalDate
42				1.14.5 处置说明	DisposalStatement
43		1.15 文件管理历史	RecordMangementHistory	1.15.1 事件标识	EventIdentifier
44				1.15.2 事件类型	EventHistoryType
45				1.15.3 事件描述	EventHistoryDefinition
46				1.15.4 事件实施日期	EventHistoryDate

续表

序号	元素集	元 素	元素标识	限定元素	限定元素标识
47		2.1 责任者层级	AgentCategory		
48		2.2 责任者标识	AgentIdentifier	2.2.1 责任者标识码	AgentIdentifier
49				2.2.2 责任者数字签名	DigitalSignature
50		2.3 责任者描述	AgentDescription	2.3.1 责任者名称	AgentTitle
51				2.3.2 责任者简称	AbbreviatedName
52				2.3.3 责任者职责范围	AgentDomain
53				2.3.4 责任者办公地址	AgentBusinessAddress
54				2.3.5 责任者联系地址	AgentContactAddress
55				2.3.6 责任者建立日期	AgentCommencementDate
56				2.3.7 责任者撤销日期	AgentCessationDate
57				2.3.8 责任者行为日期	AgentOperationalPeriodDate
58	2 责任者实体 Agent Entity	2.4 责任者权限	AgentRights	2.4.1 责任者存取安全等级	AgentAccessSecurityClassification
59				2.4.2 责任者存取警告	AgentCaveat
60				2.4.3 文件保管许可	RecordkeepingPermissions
61				2.4.4 责任者存取说明	AgentAccessStatement
62				2.4.5 责任者存取生效日期	AgentDeterminationDate
63				2.4.6 责任者存取到期日期	AgentReviewDueDate
64		2.5 责任者行为历史	AgentActivityHistory	2.5.1 责任者行为标识	AgentActivityIdentifier
65				2.5.2 责任者行为类型	AgentActivityType
66				2.5.3 责任者行为定义	AgentActivityDefinition
67				2.5.4 责任者行为日期	AgentActivityDate
68		3.1 业务层级	FunctionCategory		
69		3.2 业务标识	FunctionIdentifier	3.2 业务标识码	FunctionIdentifier
70		3.3 业务法规依据	FunctionMandate	3.3.1 业务法规类型	FunctionMandateType
71				3.3.2 业务法规题名	FunctionMandateTitle
72				3.3.3 业务法规标识	FunctionMandateIdentifier
73				3.3.4 业务法规描述	FunctionMandateDescription
74	3 业务实体 FunctionEntity			3.3.5 业务法规有效日期	FunctionMandateValidDate
75				3.3.6 业务法规赋予权限	FunctionMandateJurisdiction
76		3.4 业务描述	FunctionDescription	3.4.1 业务范围	FunctionActivityArea
77				3.4.2 业务名称	FunctionTitle
78				3.4.3 业务说明	FunctionStatement
79				3.4.4 业务执行日期	FunctionExecutiveDate
80				3.4.5 业务完成日期	FunctionCompletedDate.
81				3.4.6 业务失效时间	FunctionInvalidDate

续表

序号	元素集	元 素	元素标识	限定元素	限定元素标识
82				3.5.1 业务存取安全等级	FunctionAccessSecurityClassification
83				3.5.2 业务存取警告	FunctionCaveat
84		3.5 业务权限	FunctionRights	3.5.3 业务使用条件	FunctionUseCondition
85				3.5.4 业务存取说明	FunctionAccessStatement
86				3.5.5 业务存取生效日期	FunctionDeterminationDate
87				3.5.6 业务存取到期日期	FunctionReviewDueDate
88				3.6.1 业务处理标识	FunctionEventIdentifier
89		3.6 业务处理过程	FunctionHistory	3.6.2 业务处理类型	FunctionEventType
90				3.6.3 业务处理定义	FunctionEventDefinition
91				3.6.4 业务处理日期	FunctionEventDate
92		4.1 关系实体标识	RelationEntityIdentifier		
93		4.2 关系实体类型	RelationEntityClassification		
94	4 关系实体 Relation Entity	4.3 相关实体标识	IdentifierOfTheRelatedEntity		
95		4.4 相关实体类型	TpyeOfTheRelatedEntity		
96		4.5 关系定义	RelationshipDefinition		
97		4.6 关系时间	RelationshipTime		
98				5.1.1 签名格式描述	SignatureFormatDescription
99				5.1.2 签名算法	SignatureAlgorithm
100		5.1 签名信息	SignatureInfo	5.1.3 签名日期	SignatureDate
101				5.1.4 签名者	Signer
102				5.1.5 签名	Signature
103				5.1.6 证书链	SignatureBlock
104	5 保存实体 Preservation Entity			5.2.1 锁定签名格式描述	LockSignatureFormatDescription
105				5.2.2 锁定签名算法	LockSignatureAlgorithm
106		5.2 锁定签名信息	LockSignatureInfo	5.2.3 锁定签名日期	LockSignatureDate
107				5.2.4 锁定签名者	LockSigner
108				5.2.5 锁定签名	LockSignature
109				5.2.6 锁定证书链	LockSignatureBlock
110				5.3.1 编码文件格式	RenderingText
111		5.3 编码	Encoding	5.3.2 当前编码关键词	RenderingKeyWord
112				5.3.3 文件编码	RecordEncoding

表 7.2　元数据元素的语义构成

元素名称	元素描述
定义	对元素概念与内涵的说明
用途	表明元素的作用
必备性	说明元素必选、可选、条件必选
可重复性	说明元素是否可以重复出现
取值范围	元素取值的允许范围，有可能从编码体系中获取
适用性	元素适用范围
限定元素	对现有的元素语义进行细化或者限定
默认值	一般情况下元素的取值
使用条件	使用该元素需满足的条件
来源	元素取值信息来源
注释	对元素的补充说明

每个元数据标准元素还可以采用 XML 方式表述，以下是一个以 XML 表达的 RDF 模式的元数据例子：

```
<?xml version="1.0"encoding=""GB2312"?>
<rdf:RDF xmlns:rdf=http//:w3.org/1999/02/22-rdf-syntax-ns#"
xmlns:dc=http://purl.org.dc/elements/1.0/>
<rdf:Description rdf:about=http://www.edu.ruc.com.cn/>
<dc: title>数字人大首页</dc:title>
<dc:creator>中国人民大学网络中心</dc:creator>
<dc:subject>新闻图片</dc:subject>
<dc:publisher>人大新闻</dc:publisher>
</rdf:Description>
</rdf:RDF>
```

5) 数据维护与管理标准

数据维护与管理是指经某一标准化主管部门授权的维护机构，依据既定的技术评审指南和维护程序，对数据类标准（数据类标准包括数据元和代码标准、业务文档格式标准、业务建模标准以及元数据标准）中的数据项实施连续不断的注册、维护和管理功能的动态过程。

7.3.4　法规遵从

政务活动是在相关法律法规环境下进行的。在政务活动的法律法规中，许多都规定了数据和信息应如何管理和使用。法规一般而言具有强制性，而非选择性。遵守法规不仅是对政务活动本身，也是对信息工作的基本要求。因此，信息治理的部分职能就是要监督和保障信息活动合规遵法。

我国 2008 年 5 月 1 日起施行的《中华人民共和国政府信息公开条例》，是我国各级各类政府机构都必须遵行的信息公开方面的行政法规。信息治理工作的一个基本内容是确保须公开的政府信息应采取有效的措施予以公开，并接受公众对公开信息的获取和利用。信息治理不仅是监督信息公开的施行情况，同时还有职责发现、识别在政府信息公开过程中出现的问题，并对问题做出制度上、组织上、工作方式上的改进和调整，创造更加适宜的公开环境，提供适合的公开条件。

《中华人民共和国政府信息公开条例》中规定了政府信息公开工作机构的具体职责：

（一）具体承办本行政机关的政府信息公开事宜；

（二）维护和更新本行政机关公开的政府信息；

（三）组织编制本行政机关的政府信息公开指南、政府信息公开目录和政府信息公开工作年度报告；

（四）对拟公开的政府信息进行保密审查；

（五）本行政机关规定的与政府信息公开有关的其他职责。

这些具体的职责，就是信息治理工作的基本依据。根据这些具体规定，监督和改进本机构的信息公开工作。

信息治理中的法规遵从活动，不仅仅是信息主管领导或部门的工作，还需要信息管理部门与业务部门密切配合，共同发现问题，寻找到解决问题的有效办法。信息治理的法规遵从职责大致包含以下措施：

- 了解法规与业务之间的相关性，阐明遵守法规的具体意义。
- 对法规进行知识化处理，并阐明法规遵行的策略和规则。
- 记录遵从法规的行为，使得遵从法规行为具有可说明性。
- 制订新法规遵照执行的计划和动议。
- 对法规遵从行为进行监督，并形成日常性评估评审规则。
- 对不遵守法规行为有相应的报告制度。
- 形成明确、具体的管理和纠正不遵守法规的措施以及奖惩制度。

7.3.5 问题管理

信息治理活动从原本意义上说，就是识别、管理和解决政务信息及其活动中存在的问题。

1. 信息治理问题的层次

信息治理对问题的管理，既包括政务机构中的数据层面的问题，如数据的质量问题，也包括信息层面的问题，如信息安全、信息保密和隐私问题。数据层次的问题是信息治理的基础，主要是指对政务活动过程和系统中存在于业务报表、台账、网站、数据库中的数据值、数据元素、数据记录、数据表等数据集合问题的治理。信息治理的关键是提高和保障政务活动中数据的质量，数据质量的指标包括：准确性、完整性、一致性、时效性和有效性。

1）准确性（Accuracy）

数据的准确性是指数据正确、真实地反映对象实体的程度。度量数据的准确性一般通过比较数据值与确定的、正确的信息参照源的一致性来实现。例如，在我们乘坐飞机旅行时，安检人员会将我们的个人身份数据与来自公安系统数据库中存储的个人身份数据相比对，同时，再将身份数据与被检人员的概貌信息比对，以确定身份数据的准确性。其中，公安数据库是保证个人身份数据准确性的可信的信息参照源，而现场真实人是真实、确定的信息参照源。安检人员将被检人员的个人身份数据值与公安数据库中所载数据，以及与当场提取的现场真实人数据进行一致性比对后，可以确定被检人员身份数据的准确性，进而做出其他的判断。

2）完整性（Completeness）

数据完整性是指一个数据集的特定属性都被赋予了数值，以及一个数据集的行记录不存在缺失的情况。还是以人口数据中身份证数据而言，完整的身份证数据应该包括姓名、性别、民族、住址、公民身份证号以及标准照六项数据，每个公民的身份记录中这六项数据属性值都应完全，同时，每一个属性值都应该是真实、正确的，才能表明公民的身份证数据是完整的。身份证数据的完整性还意味着身份证数据值的可用性和适当性，由于人口情况是处在变化之中的，因此人口数据值具有动态性，如因实际住址的变更会使得该项数据值不准确，从而损失一定程度的可用性和适当性，导致身份证数据的完整性降低。

3）一致性（Consistency）

数据的一致性是指不同数据集之间相关数据值所具有的同一性或非冲突性。数据的一致性可以理解为在两个数据集中，反映相同实体的属性或数据值是一致的，不能有冲突；更广泛的意义是指在特定约束条件下对数据定义的一致性。一致性适用的范畴可以是同一条记录的不同属性值之间的一致性，也可以适用于不同记录中的属性值之间，还可以适用于同一条记录在不同时点上同一属性值之间的一致性。例如，在相同的政务活动记录中，日期数据记录的一致性要求不能有不同的表示方式；对性别属性的取值应采用相同的取值名称，或者统一用汉字"男、女"，或者统一使用英文字母"M\F"，或者使用"1,2"。再如，在一个民意调查中，对某种现象的判断，在一个数据集中采用 5 级划分，"坚决拥护、拥护、弃权、反对、坚决反对"，而反映相同现象的调查则采用 4 级划分，"非常赞同、赞同、反对、坚决反对"，调查结果数据就缺少一致性。

4）时效性（Currency）

数据时效性是数据反映实体当前真实状况的程度以及在时间变化中的正确程度。数据的时效性与及时性（Timeliness）概念是有区别的，但在实际应用时，这两个概念常常混淆。数据的及时性一般是指数据的可访问性和可用性的时间预期，换言之，就是当人们需要数据时，多长时间能获得此数据。数据是记录现实世界信息的符号，它会随着其反映对象的变化而变化，同时，每个数据值都有一定的生命周期。时效性考察的是数据更新频率和是否是最新数据，以及数据失效和更新的时间长度。

在开展政务信息资源共享的治理时，就涉及对共享数据时效性的管理，一个机构提供给其他机构或系统用以共享的数据都存在时效性问题，经过一段时间后某些数据需要更新，某些数据可能会失效，因此，政务信息资源共享必须确定数据的更新频率、更新方式，以及对数据失效的处理规则。在很多政务信息共享实例中，采用一次性的数据交换提供或者没有更新频率和更新方式的约定，使得政务信息资源共享的有效性受到影响。

5）有效性（Validity）

有效性是指具体数据与数据属性或值域的一致程度，换言之，数据有效性是指数据是否遵从了数据类型、精度、格式、值域范围及存储格式等数据形式属性的相应规范，从而使得数据能被更有效地处理、存储、交换和展现。

数据的形式属性对数据的有效使用具有决定性的影响，试想，一项行政事务需要比较精细的数据来反映，而数据精度是比较简约的，本来需要数值精确到小数点后两位，而数据值却是取整数据，数据的有效性就受到影响，不能满足该项行政事务的要求。再如，政务机关对电子文件的使用有特定的保护要求，不允许非授权的修改，为此，就要选择不可修改的文本存储格式作为数据存储格式，否则，数据的有效性就受到质疑。

2. 信息治理的范畴

信息治理既要针对政务信息本身的问题，也要针对信息活动中的问题，把信息活动作为治理活动的主要对象。例如，针对政务信息资源共享的治理，既要从信息格式的标准化、信息语义的标准化等信息本身的规范化、结构化建设中发现问题，了解信息结构、格式的标准对共享实践的影响，了解分类体系或目录体系在实际应用中存在的问题，更要从共享文化的状况、信息共享中信息价值的体现和维护，以及信息共享对政务活动过程的具体影响等政务信息活动发现问题、进行治理。我们在对我国的政务信息资源共享实践活动的研究后发现，许多阻碍信息资源共享顺利开展的问题，并不是目录及标准的有效性问题，而是政务信息资源共享的体制和机制问题，有信息却不愿意拿出来共享、信息资源共享的安全风险无法保证、信息资源共享中的成本和收益缺乏有效机制保障等方面的问题，往往成为进行政务信息资源共享的真正阻碍因素。

在政务信息资源共享的治理中，一方面，政务机构要从信息格式、信息语义等标准化建设入手，做好信息本身的规范化、结构化，为信息的共享奠定基础。例如，对政务信息进行标准化建设工作，包括基础数据标准、业务文档格式标准、业务建模标准、元数据标准、数据维护与管理标准等标准建设。另一方面，要构建起政务信息资源共享的整体管理框架，并据此框架来推动信息共享活动的开展，改善信息管理和信息活动。很多国家的政府为推进政务信息资源共享都规划了《政府信息互操作框架》（见图7.7），以规范政务信息资源共享，系统性地推动和改善政务信息活动。

3. 信息治理的管理层次

有些信息治理问题是由信息管理专业人员来解决的；有些治理活动涉及信息管理的整体层面，需要协调和综合治理，则可以由信息管理的主管部门统筹安排；有些信息治理问题涉及政务机构的整体战略问题，必须由政务机构高层审议批准相关的议题和议案。首先，要建立健全信息治理的组织机制；其次，必须形成具体规程，划分清晰信息治理的职责。

当前，我国电子政务建设的组织体制是不健全的，信息管理机制在政务机构内部多数处在技术管理层面，这种体制机制对管理和开发利用政务信息资源十分不利。政务机构的信息治理组织体制和机制的核心问题是建立健全信息治理职能，清晰划分信息管理职责。政务机构的信息治理体制应由战略决策层、专业管理层和信息服务执行层三个层次分别构成。战略决策层应作为政务组织信息管理的最高决策机构，拥有政务机构信息管理的权力，站在政务机构的战略高度行使信息管理权，审核批准政府的政策、策略和标准。专业管理层负责信息政策、标准和规程的管理工作，管理和实施信息架构、共享、开发利用活动，维护政府机构的信息资产和利益。信息服务执行层负责具体维护信息质量，进行信息管理和开发利用以及提供信息服务。

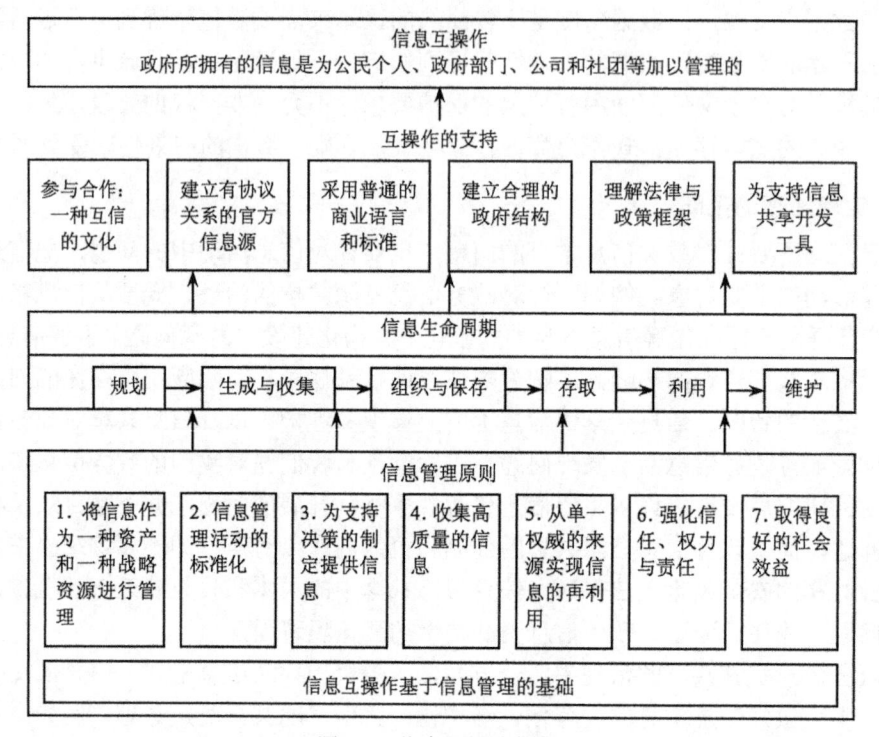

图 7.7 信息互操作框架

本章小结

- 信息治理
- 信息治理的对象
- 如何进行信息治理
- 信息战略规划
- 信息标准的制定与维护

问题讨论

1. 如何认识政府信息治理的重要意义？
2. 如何理解电子政务安全保障的关键在于管理？

3. 作为实际管理者，应如何进一步完善和落实信息治理的制度？
4. 如何对电子政务系统实施问题管理？
5. 如何建设与完善我国的信息标准体系？

案例分析

案例：我国长假制度的决策

1999年初，国家根据我国经济社会发展状况、社会公众不断增加的休闲需求，以及发展消费、旅游、服务业等三产比重现实需要，决定增加公共假期时间。为此，国务院组织相关部门调查了世界各国公共假期的惯例，在征求了国家多个部门意见的基础上，增加了春节、五一、国庆三个假日的时长，形成了三个长假日，并在当年开始实施。

长假制度实施后，社会各界反响不一，有赞同、有批评，在政府内部也存在两种意见：一是认为长假日使得交通、住宿、旅游景点压力陡增，忙闲差太大，还造成旅游景点损害，因此，有人主张还是应该推行带薪休假。二是认为春节、五一、国庆三个长假太多，主张减少一个长假而增加清明、端午、中秋等中国人传统节日休假。两种意见激烈交锋相持不下，为此，政府主管部门在网上进行了民意调查。民意调查结果是，赞成取消五一长假，设立清明、端午、中秋小长假的占多数，于是，国家有关部门以网络民意调查结果为依据，通过了调整长假的方案。

但是，主张保留五一长假的政府部门有关人员认为，网上民意调查的结果并不代表大多数人真正的意愿，只代表了一部分人员的意见，如学校老师和学生，这部分人群有寒暑两个假期，所以对五一长假的意愿低，而另外更广泛的人群，如农民工，有长假则可以回家，对长假有需要，而网络恰恰不能反映这部分人的意愿。

我国长假制度的实施过程，是一个政策输入、政策输出和政策反馈的连续过程，政策的合理性是在政策的输入、输出和反馈的连续过程中逐步完善的。其中，如何体现公众对该政策的真实意愿，取决于对公众信息的获取及其方式。虽然在对长假制度进行调整时，通过网络开展了民意调查并作为政策调整的依据，但政策确立过程缺乏必要的信息治理活动，以致没有信息输入和反馈的法定渠道、方式和过程规定性要求，对决策信息缺少相关的范围、质量要求和评价取舍标准，使得政策民调结果作为政策依据的可靠性受到质疑。在政策形成过程中，持续地和广泛地吸取公众意见，是保证政策有效性的必要条件，但如果缺乏信息治理这一环节，不能建构适宜的政策信息循环方式，就好像商品生产过程中价值链不完整一样，就不能保证政策决策的可靠性。

第8章 电子政务业务系统

内容提要

- 电子政务业务系统是以信息为处理对象的系统，电子政务业务系统是人机协作的系统，电子政务业务系统是具有统一性的系统，电子政务业务系统是自动的工作流系统，电子政务业务系统是智能性信息系统，电子政务业务系统是一个开放的系统。
- 电子政务业务系统的结构是指系统组成构件之间的构成关系。构件可以从不同的角度反映系统组成部分的性质，因此，人们也可以从不同的角度描述系统的结构。
- 电子政务业务系统规划具有综合性、系统性、变革性和可持续性的特点和要求。
- 电子政务业务系统规划的基本规则是：以公众需要为目标，整体规划、分步实施，以信息资源规划为先导，以标准化为基本尺度，规划要确立正确的发展方向，规划要确定发展优先级，系统安全是规划的基本要素。
- 电子政务业务系统设计的基本要求是：合理体现政府职能是关键，充分信息化是重点，系统安全性是难点，人、管理、技术应协调，解决问题要注重有效性，整合通信是基本模式，整体稳健、局部创新，积极采用外包方式，要进行标准化。
- 电子政务业务系统设计与实施过程包括：准备阶段、系统分析阶段、系统设计阶段、系统技术实现阶段。

本章重点

- 电子政务业务系统的性质；
- 电子政务业务系统的结构；
- 电子政务业务系统规划设计与实施的特点、过程；
- 电子政务业务系统规划设计与实施的基本规则与方法。

8.1 电子政务业务系统概述

8.1.1 电子政务业务系统的基本性质

所谓电子政务业务系统，是各类政务机构基于现代信息技术实现政务活动目的的应用系统。现代信息技术已经逐渐演变成新的社会技术基础，因此，电子政务业务系统不是对政务机构的业务模式、管理模式和服务方式做简单技术移植的系统，而是具备现代信息技术特征的新型政务系统。

电子政务业务系统有下述方面的性质。

1. 电子政务业务系统是以信息为处理对象的系统

电子政务业务系统的基本工作对象是信息，它决定了电子政务业务系统的基本性质是一种信息系统。信息系统的基本目的是输入数据而输出有用信息或形成有用知识。政务机构出台的行政法规、行政政策、行政决策和各类信息，无疑都是以信息为形式的。作为以信息为基本处理对象的电子政务业务系统，系统结果要体现信息的基本特点：

完整性——是对信息结果中包含信息要素的完备性要求。如电子政务业务系统输出的某项决策结果，从内涵和外延方面能够包含做出满意决策的必要的相关信息；从内容上不能缺少必要的事项，从形式上也不能缺少必要的条件。电子政务业务系统的输出是有目的的输出，因此，完整性体现为信息内容的完整、时序相关的完整、过程相关的完整和形式相关的完整。

从政务的信息性质上，可以将政务信息大致分为：法律法规信息、知识性信息和相关数据。法规信息使任何政务活动有据可依；知识性信息使政务行为逻辑正确；相关数据使政务行为符合环境和变化要求。

确定性——是指对信息的背景、条件参数、形式、内容对应性和行为结果等方面的确信程度。这也是信息具有价值的重要条件之一。政务系统是在比较严格的法律环境下运行的系统，对系统信息的确定性有格外的要求。大多数政务决策需要在确定性信息条件下做出。

经济性——信息的价值整体上高于其生成的成本的特性。电子政务业务系统经济性体现的基本方式是政务信息资产管理。通过对政务机构整体信息资产的管理，实现政务绩效最大化。电子政务业务系统通过分类和识别信息资产价值，对信息的全生命周期实施有效管理，面向政务的需要，充分发挥政务信息的价值特性，促进政务绩效的实现。

可验证性——信息是可验证的，通过检验可以确认其正确性。

可访问性——对于授权用户，通过正确的方式在正确的时间可以访问到。

安全性——信息安全是信息不被盗取、不被篡改与破坏、防止无授权使用，以及无缺损保存和还原等。

电子政务业务系统也具有与政务特点相适应的信息生命周期特征。电子政务业务系统必须能有效地实现政务信息的规划、生成与收集、组织与保存、存取、利用、维护等生命周期过程。

2. 电子政务业务系统是人机协作的系统

电子政务业务系统不是纯粹的技术系统，也不是纯粹的社会系统，它是技术系统和社会系统相结合的系统，或者可以说是人机系统。电子政务业务系统的人机系统性质表现为：首先，从"机"的角度看，电子政务业务系统是建立在电子计算机技术、网络通信技术等现代的信息技术基础上的。现代信息技术融入政务活动，使得电子政务业务系统与传统的政务系统相比较，从组织方式、工作方式到运行机制都产生了本质的改变。譬如，信息载体形式由电子和磁性载体取代了传统的纸质载体，随之而来的政府文件格式、信息处理、传递、储存方式等都发生了变化。其次，从"人"的角度看，政府人员必须清楚机器的价值和作用，了解人与机器各自所长，知道通过什么途径才能与机器友好结合，发挥机器最佳性能。电子政务业务系统所应用的技术无论如何先进，都是一种工具和手段，必须以政府信息化目标为出发点，与政府人员及政府职能有机结合，电子政务业务系统才不会成为仅能处理简单事务的机器系统，而会成为履行信息化时代政府职能的有机系统。

电子政务业务系统作为典型的人机系统，系统核心问题是如何实现最优化的人机结合。但从我国的电子政务业务系统发展和建设的现实看，有两种偏向性。其一，技术简单化：一种是用计算机系统去模仿传统的政务处理模式；另一种是简单地把电子政务等同于政府上网，以为把政府一些政策、法规搬上网络就万事大吉。其二，技术夸大化：意图通过为政府引入技术系统，一次性地改造现有政府结构，对政府组织结构、工作方式、政府业务流程彻底地实施重组、重构。作为人机系统的一方，政府机构的文化传统、行为模式等方面的转变不是一朝一夕就能完成的，与系统的另一方的互适应过程有时甚至是缓慢的。电子政务业务系统作为目的连续的系统，与目的相适应的手段及其环境中部分因素的转变，往往不能使系统形成跨越等级的系统功能突变，而需要时间或条件的积累。因此，把电子政务业务系统的发展，当作一个有统一规划和设计的阶段性的渐进过程，是符合人机系统性质的。

3. 电子政务业务系统是具有统一性的系统

电子政务业务系统的统一性是指电子政务业务系统在时间和空间上打破行政行为的主体和受体之间的物理隔阂而构成统一体的性质；是指客观条件上为政府机构与机构之间、政府机构与社会之间实现信息资源共享，从而提高行政行为的科学性而构成统一体的性质；是指历史延续性上的和各个子系统之间的标准的统一性，离开标准的统一性，电子政务业务系统就无法体现出系统应有的功能，变得一无是处；是指政府各个部门对社会服务及相关信息的统一性质。这种统一性也被人们称为虚拟性，通过现代信息技术，政务机构要转变成虚拟型政府。这些性质具体表现为：

第一，网络互联与实时通信使系统空间联系实现统一。法人机构如公司，可以通过互联网与政府机构建立即时的通信关系，消除政府和企业之间的空间距离，以完成政府对企业的管理以及企业履行社会责任和义务。社会民众可以通过互联网与政府实现每天24小时、每周7天无间断通信关系，以获得政府提供的必要信息，接受政府提供的服务，同时履行监督政府工作的权力。政府机构与政府机构之间通过互联网或者是专网建立无缝通信关系，以使政府之间交换信息、协同工作。虽然各级各类政府机构的职责不同、任务范围不同，电子政务业务系统通过网络途径和实时通信关系的建立，使传统政务系统中政府机构与社会之间，政府机构之间的物理隔阂得以打破，构成统一体。

第二，信息资源共享使系统在信息联系上实现统一。电子政务业务系统优于传统政务系统的一个重要方面就是能够实现信息资源共享，这是电子政务业务系统的基本性质。信息资源共享对各个信息源子系统的必然要求是，信息生成和利用是统一布局、统一设计的，信息形式上是具有统一性和一致性的，内容上也是一致的和极少冗余的。再者，通过大型的政府信息资源库实现信息资源共享，也是电子政务业务系统的基本性质，它有着传统政务系统无可比拟的信息资源集中能力，特别是信息共享能力。

第三，电子政务业务系统由标准实现历史的统一。政府组织目的和形式一般是稳定的和时间上长期延续的，而政府为保持其行为的历史延续性，就必须使其信息具有延续性，因此，客观上要求电子政务业务系统在时序上以标准保持一体化，简单说，就是今天系统产生的信息在未来也具有可读性、可用性。

第四，电子政务业务系统由标准实现子系统的统一。如果电子政务业务系统在技术上是各自独立的，没有统一标准，将使我国电子政务业务系统的整体功能丧失。各行政系统和各地区的电子政务业务系统各自为政建设，不同技术标准之间的冲突在系统建成后就会全面凸显出来，各个系统之间的纵向或者横向信息交流将无法进行，信息共享无法实现，电子政务业务系统无法发挥应有效用。

第五，电子政务业务系统是多部门、多领域的综合和统一。电子政务业务系统不是原有政府结构的电子化翻版，建立在统一规划、分步实施的整合和统一的系统，才具有电子政务业务系统的基本性质。政府机构、政务信息应由统一门户整合，形成内外既有分别、分割，又有统一入口、协同服务、信息互动的统一系统。统一建设跨部门的信用信息库、人口信息库、地理信息库、法人信息库等信息资源库，是符合信息化趋势的，也是对电子政务业务系统性质的体现。

4. 电子政务业务系统是自动的工作流系统

电子政务业务系统与传统政务系统的主要区别是电子政务业务系统是具有事务自动处理性质的工作流系统。工作流在这里有特指的含义。成立于1993年的国际工作流管理联盟（Workflow Management Coalition，WFMC）对工作流的定义是：凡是由计算机软件系统（工作流管理系统）控制其执行的过程都称为工作流。政府机构早在计算机技术、网络技术的应用范围和工作能力远未达到现在的水平时，就已经开始尝试办公自动化。早期的政府办公自动化是以传统的信息载体的输出为最终结果的，处理过程只是改变信息的形式和内容。但是工作流的实现是以网络技术和计算机技术能够满足组织的适当的协同能力、信息的大容量快速存取能力以及在上述技术背景下的流程规划能力等为基础的，它可以使用信息和行政规则作为工作流程的自动发起者和推动者。随着计算机技术、网络技术和通信技术的应用能力的极大提高，在电子政务业务系统中自动地实现某些办公过程，如公文运转流程、审批流程等，是系统建设的基本目的，也往往是电子政务业务系统成败与否的基本衡量标准。

5．电子政务业务系统是智能性信息系统

电子政务业务系统的基本目的之一，就是将政务数据转化成政务信息。这也是所谓信息化的基本内容之一。电子政务业务系统为达成这一基本目的，它的构成中包含了由数据到信息的智能化机制，这是电子政务业务系统的基本性质。

电子政务业务系统的智能化对办公环境而言，可以将相关的办公设施如打印机、投影仪、摄像头、电子白板、会议室等智能地互联应用，可以实现"自动识别、自动连接、动态组合、无线互联"等功能。

Web 机制已经对信息的链接发挥了巨大的作用。但是信息化过程带来的信息巨量化，已经日益成为信息化的最大障碍。智能地搜索有效信息，有结构地存储大量信息，发现数据群体中蕴涵的有价值的有机联系，在系统的基础构架上共享信息资源，实现应用和服务的有效衔接互动，为用户提供高效、贴切的信息服务，这些都是电子政务业务系统基本性质的体现。

6．电子政务业务系统是一个开放的系统

安全是电子政务必不可少的环节，电子政务特别需要加强信息安全和系统的安全管理。但从本质上说，电子政府不是一个封闭性质的系统，而是与社会具有充分信息交流的开放系统。之所以说电子政务业务系统是开放性质的系统，首先，因为电子政务业务系统是面向服务的，其系统输出是面向社会的。随着社会信息化程度越来越高，政府的职能由管制控制转向服务和信息交流，政府行政能力的最终衡量指标是对社会公众的服务好坏，不能够给社会提供良好的服务，电子化程度越高，就越是"信息孤岛"，电子系统的高度发达也就变得毫无意义。其次，电子政务业务系统工作的输入来源于社会公众，电子政务业务系统在与社会的互动过程中产生动力来源。在行政决策过程中只有不断地获得系统外的信息反馈，决策才能导向正确。在政务活动中引入网络和计算机系统，将更加全面和深入地为电子政务业务系统从社会获得系统输入提供最佳条件。电子政务业务系统作为开放性质的系统还表现在网络环境使电子政务业务系统的工作过程是开放的和可以受到监控的。传统政务的技术环境，由于物理空间和信息载体的限制，即使主观上愿意，政务活动过程的开放度和受监控度，也不可能像如今在电子平台和网络环境条件下一样。政府采购过程电子化、政府审批程序电子化等都是电子政务业务系统开放性质的最好体现。

8.1.2 电子政务业务系统的基本结构

电子政务业务系统的结构是指系统组成的构件和构件之间的构成关系。构件可以从不同的角度反映系统组成部分的性质，因此，人们也可以从不同的角度描述系统的结构。

1．电子政务业务系统的概念结构

概念结构是对现实世界的一种抽象，即对实际的人、物、事等进行概念抽象，抽取人们关心的共同特性，忽略非本质的细节，并对这些概念及概念特性精确描述，反映出事物和事物之间的各种本质联系。

电子政务业务系统作为一个政务信息处理系统而言，系统的结构组成部分包括信息

技术环境、信息管理者、信息利用者、政务信息处理系统、信息交换平台、信息管理规则、信息源、信息资源库等（见图8.1）。这个概念模型的核心是网络交换平台，它把电子政务各个系统要素整合起来，构建在一个虚拟型的平台之上，彻底转变了政务机构与社会机构之间、政务机构相互之间、政务机构与信息源之间的信息关系，为电子政务创新方式奠定了基础。

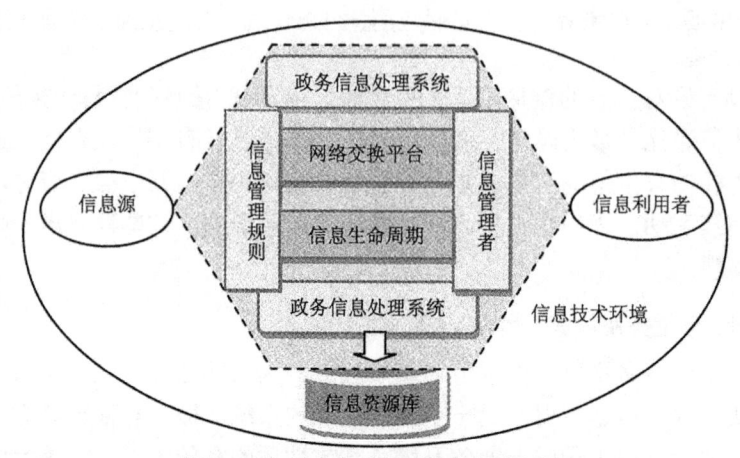

图8.1 电子政务业务系统的概念结构

2. 电子政务业务系统的发展模型

电子政务是政务机构适应社会技术基础的演变而进行的一场政府制度变革，需要确立比较明确的战略使命和目标逐渐发展完成，因此，规划电子政务业务系统的整体发展模型十分必要。我国于2006年发布的《国家电子政务总体框架》就是一个电子政务业务系统的发展模型。这个框架从战略高度明确了电子政务发展的思路、目标和重点，为加快我国电子政务建设打下了重要基础。该框架科学地将电子政务的社会功能、技术关键、管理要素有机组成统一的、动态的整体并划分为五个部分。该框架用一句话概括就是：服务是宗旨，应用是关键，信息资源开发利用是主线，基础设施是支撑，法律法规、标准化体系、管理体制是保障（见图8.2）。

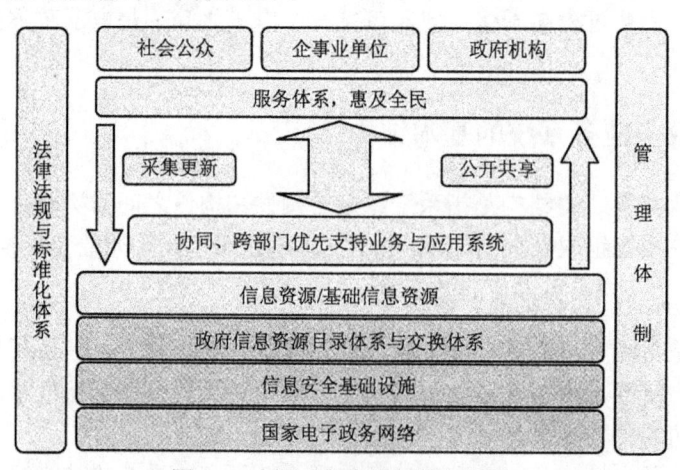

图8.2 电子政务总体架构参考图

3. 电子政务业务系统的层次结构

电子政务业务系统是构成庞大、联系复杂和多级层次的系统。从国家一级到乡镇、街道各级各类政府机构的政务系统，既有纵向联系，也有横向联系；既有通过内部网络或专线建立连接，也有通过公共网络建立连接，形成条块交叉的层次结构（见图8.3）。

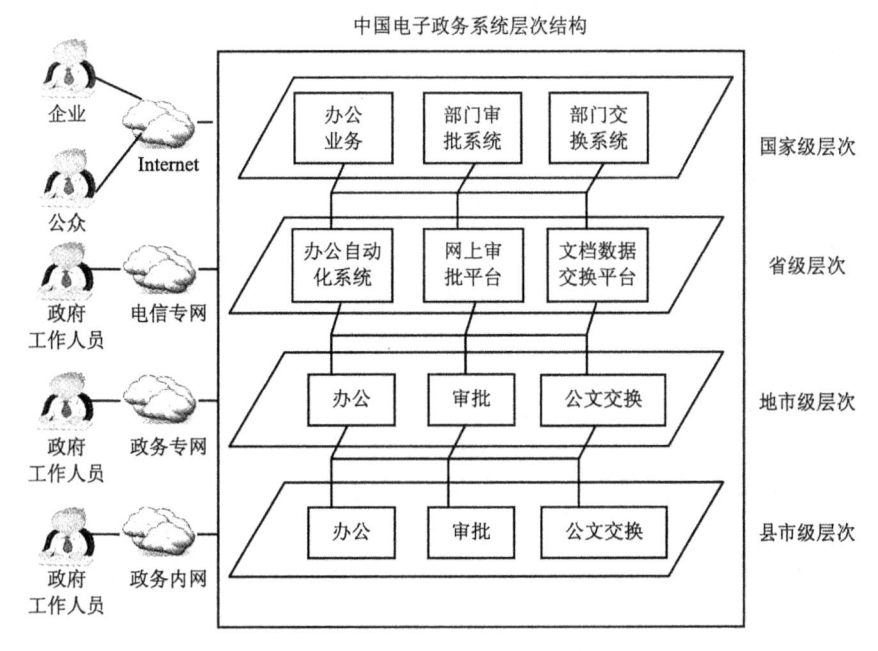

图 8.3　电子政务业务系统的层次结构

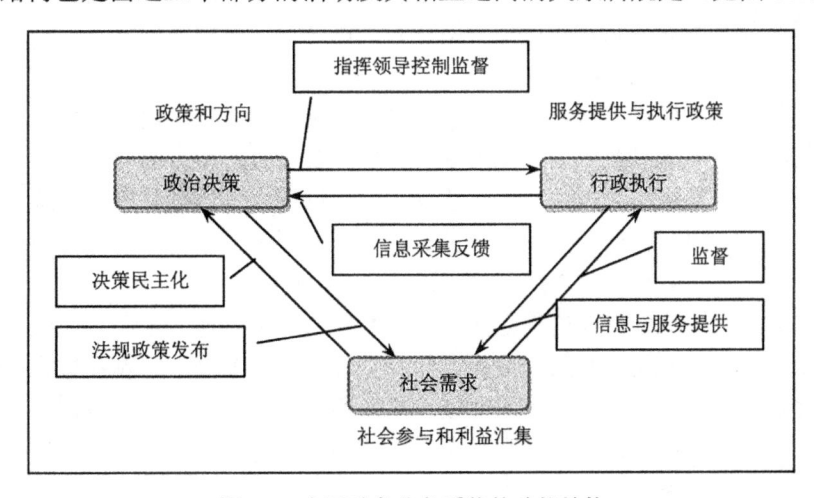

4. 电子政务业务系统的功能结构

电子政务业务系统是以政务整体过程的信息化为目的的。从总的方面来讲，政务活动由政治决策、行政执行和社会需求的形成与实现三大部分构成。电子政务业务系统的总体功能结构也是由这三个部分的活动及其相互之间的关系所规定（见图8.4）。

图 8.4　电子政务业务系统的功能结构

在政治决策方面,党的十七大报告对电子政务业务系统的任务结构有明确规定:"推进决策科学化、民主化,完善决策信息和智力支持系统,增强决策透明度和公众参与度,制定与群众利益密切相关的法律法规和公共政策原则上要公开听取意见。"

在行政执行方面,电子政务业务系统主要通过政府办公系统、政府间协作系统、政府职能服务系统、政府公共信息库、政府公共服务系统等实现其功能。

政务与社会需求之间的关系主要通过政务网站等方式建立新型的联系。

总体上,每个过程及其之间的联系都需要建立相应的电子政务业务系统来推动运行。具体包括:信息发布子系统、公文流转子系统、档案管理子系统、会议管理子系统、公文交换子系统、报表统计子系统、发文管理子系统、收文管理子系统、机要管理子系统、资产管理子系统、人事管理子系统、决策支持子系统、政府采购子系统、政策法规子系统、公共信息发布子系统、公共服务子系统、企业服务子系统、企业税务核查子系统、劳动保障子系统、农贸管理子系统、资源管理子系统、文化管理子系统、地籍管理子系统、系统管理子系统,等等。

5. 电子政务业务系统的逻辑结构

电子政务业务系统的逻辑结构表明系统各部件在构成系统整体时的逻辑关系。

电子政务业务系统的逻辑结构首先是政务活动的业务过程结构和管理决策运用结构,技术实现是根据业务结构关系来进行的。政务内容千差万别,过程也不可能整齐划一,因此,电子政务的业务过程结构只能根据业务过程的结构性程度划分为:循环和明确的过程、个性化决策、协商过程和民主商讨等类型。

循环和明确的过程,主要是指具有政务运行所依据的法规明确、知识关系清楚、处理步骤的因果逻辑可预知等特征的政务过程结构。典型的如公文处理流程,该类过程厘清步骤及关系的合法性、合规性、逻辑有效性、知识的完备性等,如图8.5所示的公文流转过程就属此类。

个性化决策是在不改变业务系统规则的前提下,处理有特殊信息输入的业务过程。业务系统逻辑环节中要增加对例外事件和信息的判定环节。判定环节需要有相应的法规或业务知识作为主要的参照,系统逻辑结构必须保持开放性,能引入新的信息依据或更改业务处理环节及流程顺序。

协商过程和民主商讨过程,虽然在政务过程中会有相应的法定程序作为业务合规性的保障,但由于相关信息在范围、完整性、准确性及有效性等方面存在不确定性,法律规范的适用性不够具体,知识关联性不够强,政务过程内容结果不确定,政务活动的时效性也不够确定。因此,这种类型的政务过程的业务逻辑,需要根据具体政务活动中信息的性质、条件、应用方式和作用来确定,如图8.6所示。

电子政务业务系统各组成构件之间也存在着支持与被支持、服务与被服务的逻辑关系,如图8.7所示,系统的底层为数据存储和管理层,是各类数据库和数据调用管理、服务;在此之上是应用层,通过中间件技术构建起系统汇聚接入、业务定义、业务运行和业务管理的体系结构;最上层是客户层,构建局域网连接各类应用,通过各种手段接入服务,建立良好的用户界面等。

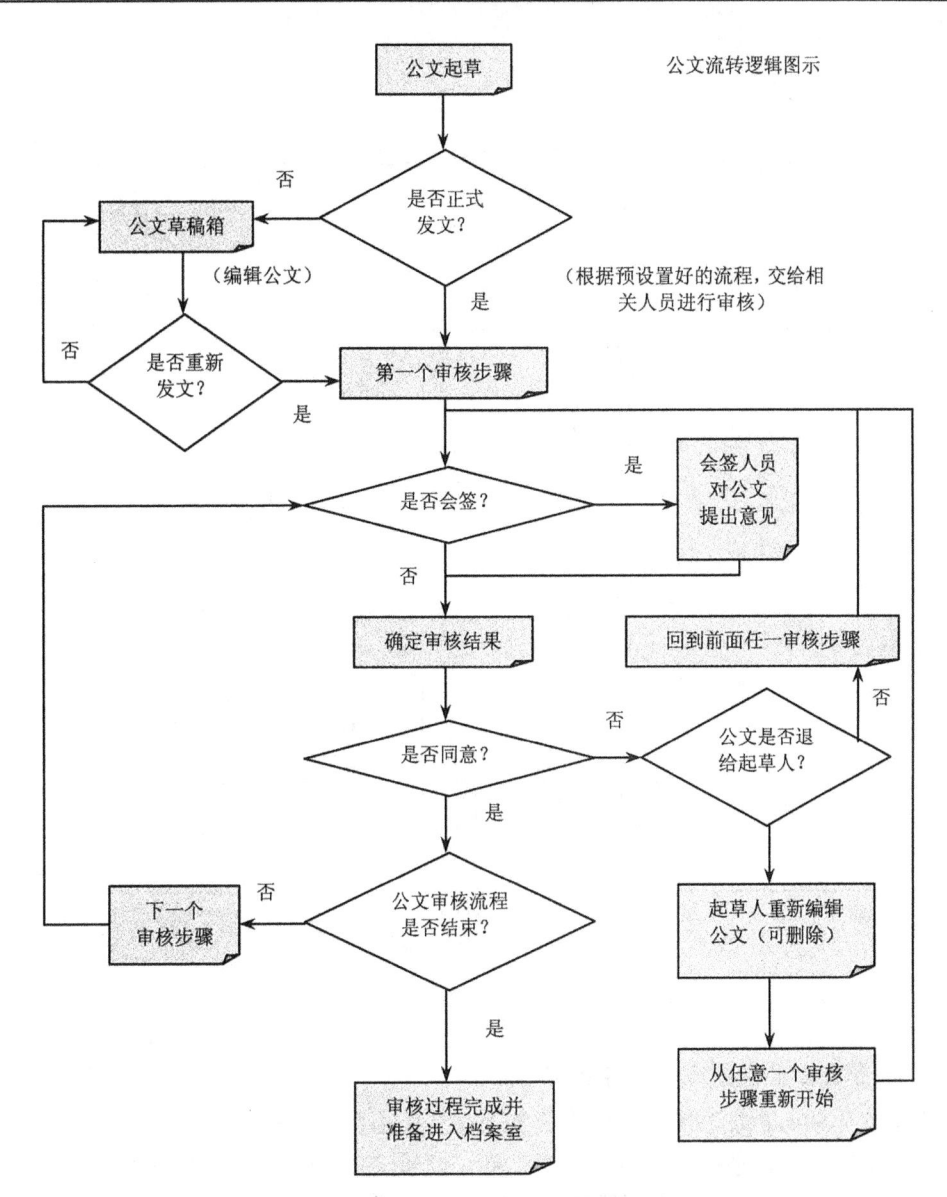

图 8.5　电子政务业务系统的逻辑结构 1

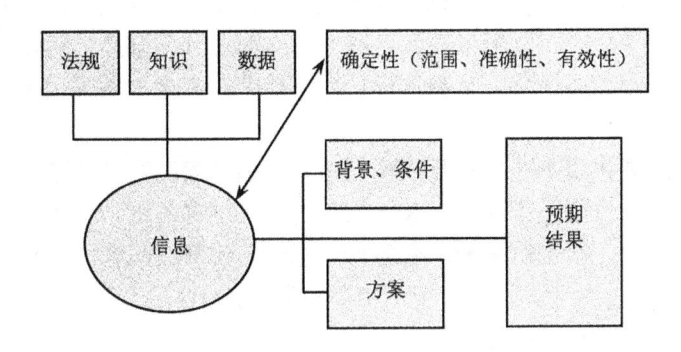

图 8.6　电子政务业务系统的逻辑结构 2

电子政务系统的逻辑结构

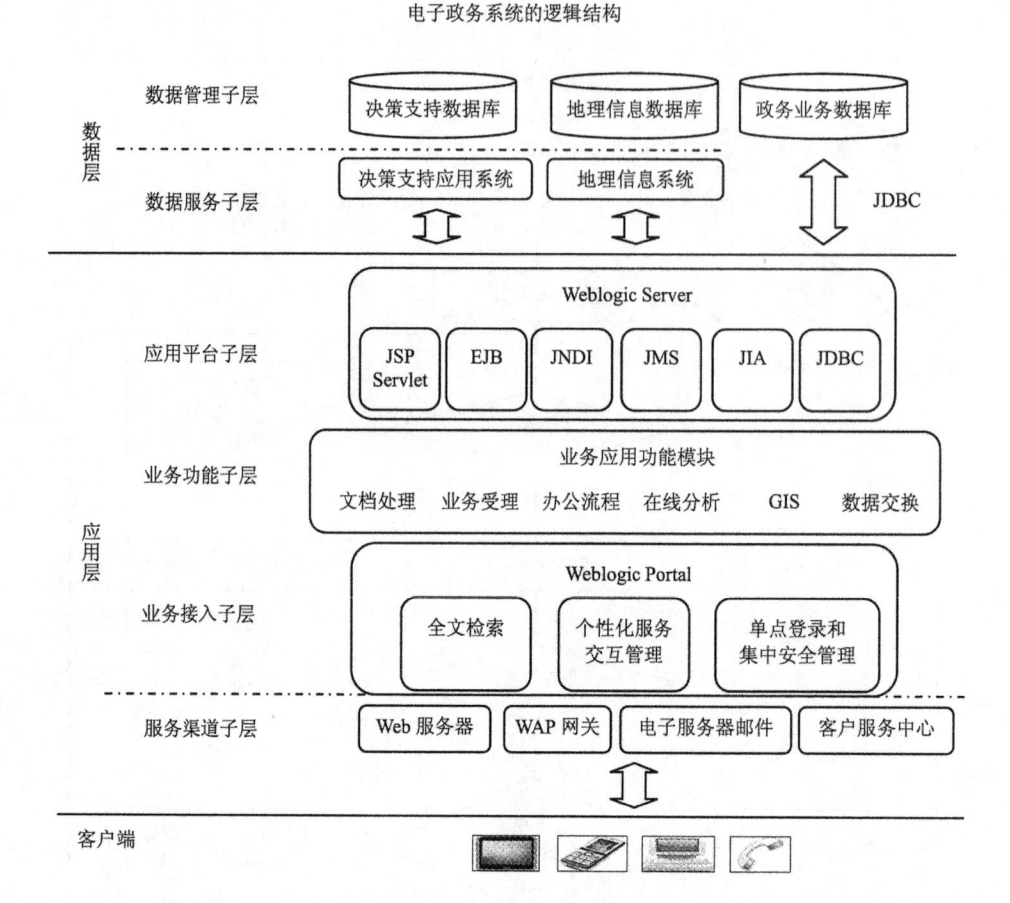

```
数据层
├─ 数据管理子层：决策支持数据库  地理信息数据库  政务业务数据库
└─ 数据服务子层：决策支持应用系统  地理信息系统         JDBC

应用层
├─ 应用平台子层：Weblogic Server
│   JSP Servlet | EJB | JNDI | JMS | JIA | JDBC
├─ 业务功能子层：业务应用功能模块
│   文档处理  业务受理  办公流程  在线分析  GIS  数据交换
├─ 业务接入子层：Weblogic Portal
│   全文检索  个性化服务交互管理  单点登录和集中安全管理
└─ 服务渠道子层：Web服务器  WAP网关  电子服务器邮件  客户服务中心

客户端
```

图 8.7　电子政务业务系统的逻辑结构 3

6. 电子政务业务系统的硬件结构

电子政务业务系统的硬件结构揭示电子政务业务系统的机器设备的组成及其连接方式。硬件结构是进行系统设计时的重要工具。电子政务业务系统的硬件结构取决于其系统目的和系统功能，需要与互联网连接接受公众的访问，自然要在系统中配制 Web 服务器，如果访问量比较大，则还要强化它的功能。硬件结构也取决于技术的能力和技术的限制，如果防火墙等软件措施无法真正保障政府内部系统的安全，可以在结构上设置双网卡等硬件措施隔离内外网络，如果这样仍然不能确保安全，则采用完全没有连接的物理隔离方式。

硬件结构的重要表现形式是拓扑结构。拓扑结构是表示系统中各个设施的物理位置关系、物理布局的一种图示方法。在表示网络的硬件结构时常常使用这种图示方法，例如该方法可以表示出一个系统中网络服务器、工作站的网络配置和互相之间的连接（见图 8.8）。

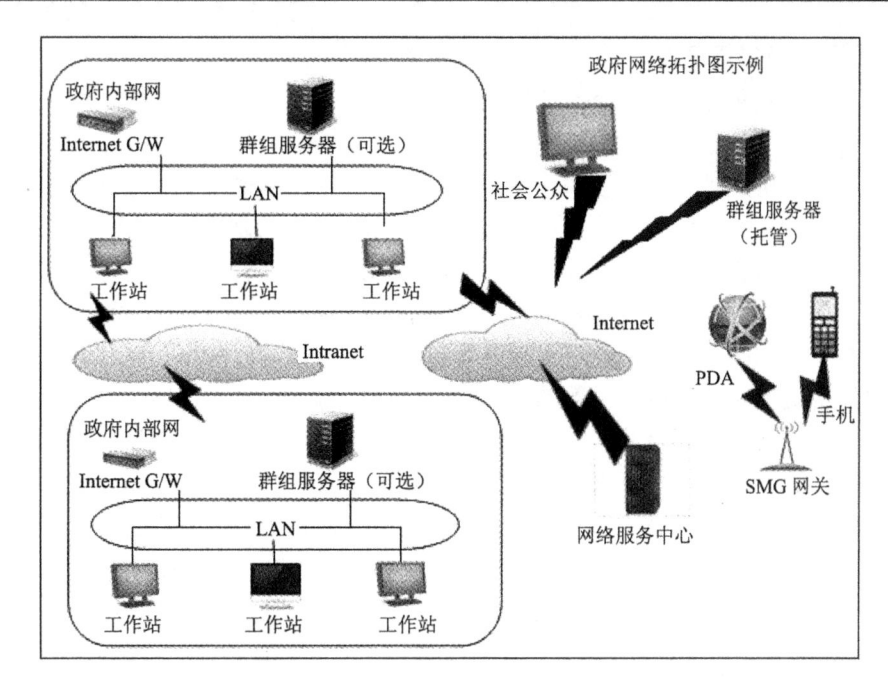

图 8.8 政府网络拓扑图

系统的拓扑结构影响系统的性能。选择哪种拓扑结构与具体的系统要求相关。如网络拓扑结构可以影响网络设备的类型、设备的能力、网络的扩张潜力、网络的管理模式等。

8.2 电子政务业务系统平台与系统集成

8.2.1 电子政务业务系统设计的基本要求

电子政务业务系统设计与系统规划是一个连续的过程。电子政务业务系统设计是在规划所确定的电子政务业务系统的整体建设目标、战略和资源计划的指导下,在总体结构和系统各部分的逻辑关系框架内,以系统基本技术实现方式为技术指导蓝本,为建设具体的电子政务业务系统而进行的包括调查研究、系统分析,以及描绘系统的结构、流程、模型,比较、分析和选择各种系统构建技术与实施技术、方法,制定设计方案等任务的工作过程。

1. 合理体现政府职能是关键

进行电子政务业务系统的设计,最为困难也是最为关键的是要真正体现政府的职能,合理地实现政府目标和工作过程,准确科学地体现政府中各职能体系以及各管理层次(战略计划层、管理控制层、执行层)的需求,并将横纵两方面的需求整合在系统整体之中。

要透过现行的职能,了解职能背后的目的和职能所要完成的任务,而不是一五一十地将构成原有职能的工作环节、信息模式和流程照搬到电子平台上。

实际系统工作流程中,要透过职能、环节把握住背后的目的、任务的意义。

2. 充分信息化是重点

电子政务与传统政务的一个重要区别在于电子化过程具有更快的信息处理、执行速度，可以更快、更好、更全面准确地为决策提供所需要的信息。

如果电子政务业务系统仅仅是一个政府组织的网页，或者仅仅是一个政府机构的内部电子公文处理系统，那么，这种电子政务是缺乏价值的。因此，政府网站不仅是可供大众访问的，而且必须是可以交互的。与社会之间进行深度的交互，需要政府内部职能之间的良好的协同性，信息共享机制、信息交换和信息处理规则是设计的关键。为此，要求相关技术必须是开放的，而且可以兼容各种接入方式，如网络、移动电话等；对公众的信息服务是整合的和统一一致的。

电子政务业务系统还是基于知识管理的。一个好的电子政务业务系统应该能够筛选、鉴别、收集、存储和利用信息来支持政府决策和处理政务。譬如，对社会申报项目的规则信息支持、相关信息检索和信息匹配；再如公文处理系统的生成和处理等环节的自动信息支持。在电子政务业务系统设计中，知识管理程度应该与政府任务的复杂性对应考虑。

3. 系统安全性是难点

无论是来自政府需求一方的诉求，还是系统设计者的体会，系统安全问题往往都是系统建设中最多提及的方面。安全问题实际是两大类问题，一是信息本身的安全问题，再一个是系统的安全问题。信息是利益的外化物，政府信息中既有国家利益，也有集团利益，可能还包含有一部分个人利益或隐私。对于信息方面的安全，在系统设计中要遵循有关的信息法律和法规，不能只强调安全。

关于系统本身的安全，由于世界上不存在绝对安全的信息系统，所以，这类安全问题可以转换为"性能价格比"的问题，即系统的重要性与可维护性、快速恢复能力等投入的比率问题。其实，最大的安全隐患来自于系统的内部。

政务系统建设中，对安全性必须有平衡观念。

4. 人、管理、技术应协调

每个政府机构都有各自长期形成的氛围、风格、习俗，个人也会有各自的方式、性格、习惯；任务相似，但管理模式和风格可能会有所不同；信息技术肯定会带来新的工作方式。在设计中，由于人、管理、技术肯定会在新的环境形成新的规则，因此，不能仅仅强调技术和管理适应人，完全照顾人的能力和偏好模拟手工方式；也不能只强调人要适应新技术，使人在完全新的工作方式下工作。新的工作方式，必须是人性化的，是符合人的应用习惯的，必须将两者协调作为设计的基本视点。

当然，系统建设后的培训和适应是必须放在设计计划中的。

5. 解决问题要注重有效性

在设计中一个特别难于抉择的问题是采用何种技术的问题。一是信息技术的更新换代速度快，必须考虑长期投入成本问题；二是繁纷复杂的技术中选择什么技术的问题，是选用最先进的技术，还是采用最通用的技术；三是根据自己的需求定制，还是利用现成的解决方案；解决问题的有效性、扩展性、价值延递能力是三个原则点，但要特别强调解决问题的有效性。

6. 整合通信是基本模式

电子政务业务系统的设计中特别应注意系统不是孤立运行的，而应把设计置于能够与中央或地方各级各类政府组织顺畅通信的基础上。

7. 整体稳健、局部创新

电子政务业务系统基本的建设模式就是：总体规划、分步实施、效用驱动。系统设计也是一个设计、实施、运行、反馈、修改设计的反复过程，使建设的系统发挥出最大的效用，并逐渐强化正效用调整副效用。一旦发现信息化建设方面的任何一个新机会，不轻易放过，选择在机构内部的一个适当的局部进行试点，如果试点成功，就着手在更大范围推广。设计应强调集成应用，逐步完善功能点。不需要在设计的一开始就把功能点考虑得非常仔细。开始可以粗一点，但一定要强调业务流程的完善。因为如果不集成，光是强调某一个功能点，对政府未来的信息会产生非常大的局限性。

8. 积极采用外包方式

采用外包设计，利用政府外部力量，是国际上电子政务业务系统建设的惯例。应利用外部专家，但是同时要培养内部人才。因为仅靠外部力量，不仅投入比较高，最主要的是外部力量对政府状况和政府职能的认识有一定的局限性，常常会简单化地用一般模块代替特殊应用，或者出现设计不到位等情况。

采用外包设计不是一包了事，最好还要延聘第三方的专门咨询顾问和专家，对设计审核，对实施过程监督、评估。这往往是电子政务业务系统建设中被忽略的。

不能把系统设计和实施变成是交"钥匙"式工程。应该做长期投入的准备，与开发者真正形成一种伙伴模式。不管是何种付费方式，当准备引进一套系统时，就不可能只是一次性购买，而要和软件供应商形成一种长期的合作。

9. 标准化

标准化是系统设计的基本要求，从信息表示、信息结构到业务模块、通信接口、系统平台，都要力求标准化。

8.2.2 电子政务业务系统设计与实施过程

1. 准备阶段

准备阶段的主要工作包括：

（1）建立有力团队。按照通行的做法，电子政务业务系统的开发工作一般是通过工程外包由计算机公司来做。但是，绝不能一包了事或仅以需求提供者的角色出现，应当有本机构的人员领导和参与，与开发机构共同建立起一个专门的有力团队。并且，在调查研究、系统分析阶段，最好在开发团队中另聘与参与开发的计算机公司无关的顾问咨询公司参与对本机构的系统分析工作。

(2) 调查研究。主要是真正确认系统建设的目的，明确新系统要完成的任务和达到的目标。要全面梳理和了解本机构组织结构、工作职能、工作任务、部门设置、岗位设置、部门联系、人员状况、基本制度、决策方式、业务流程、管理方式、信息状况等。

(3) 制定电子政务业务系统建设方案。在调查研究的基础上，从现有系统状况、基础设施建设情况、基本的问题和需求、相关工作基础、人员情况等多方面对现状进行分析；确定系统建设的基本目标，并且使目标明细化、具体化和指标化；形成系统和各子系统基本功能的概括描述；对系统目标和系统功能，从满足政府工作需求、社会需求的角度，从效益和投入比较的角度，从可用技术的难易度、技术投入大小等角度多方面进行论证；确定系统建设的基本范围、方式和实施计划。

2. 系统分析阶段

本阶段主要的工作是分析和研究政府的基本任务和工作目标与其组织结构、工作职能、业务流程、信息资源的合理关系，以及结构、职能、流程和信息相互之间的合理关系，最终形成设计系统时能够依循的基本工作模式。

(1) 组织结构与职能分析：主要分析围绕着政府机构的基本任务，考察组织的构成情况，分析组织结构与基本任务的关系，分析职能与部门设置的关系，分析职能与岗位的设置的关系。分析的目的是认识政府的工作任务、履行任务的职能与部门设置、岗位设置的对应关系、合理性和存在的问题，了解电子化过程对组织结构的可能影响，并为设计提供可能变革的依据。

(2) 工作流程分析：任何工作目标的达成，都是由一系列的环节、步骤串联起来实现的。工作流程分析有助于设计者认识工作任务在过程中的分解情况，有助于认识各个部门、岗位在任务完成过程中的作用，有助于认识各个工作环节对任务的增值和改变的情况，有助于认识各个环节和整个工作过程的工作效率、工作质量、工作时间等要素。

(3) 信息资源分析：政府是信息加工厂，政府机构的输入是信息，输出也是信息。因此，系统分析的重点是信息资源分析。信息资源分析，就是要全面收集政府机构内的各种信息，首先对信息进行分类整理，可以从系统信息输入、系统信息产生、系统信息存储和系统信息输出的角度进行信息分类。对初步分类整理出的信息还要进行系统的分析，对信息与任务的关系，对信息的形式与目的的关系，对信息在各部门、岗位的输入、产生、处理和利用的状况和分布，要从信息的真实性、完整性、有效性、冗余性等方面进行分析。通过信息分析使政府信息结构化。

(4) 信息流程分析：对各项职能涉及的收集、处理、传递、储存、输出等信息的流动过程进行的分析。目的是发现和解决信息流动过程中的问题，如信息传递方式的问题、信息处理环节合理性的问题等。

3. 系统设计

系统设计就是把需求分析的结论用简易、通用的表示方法或程序设计语言具体描述系统整体功能、结构、关系和任务等。

1) 体系设计

体系设计一般是在进行了结构、流程和信息资源等分析的基础上，参考国家的相关标准和要求，在比较国内外成功的电子政务体系和成熟的 IT 技术应用后，找出本机构电子政务建设要解决的关键问题，确定政府机构运作的核心功能模块，并结合通用功能（如干部管理与人事管理、公文管理、财务管理等）形成功能体系架构。

在确定功能体系架构之后，还要确定电子政务建设的目标体系。不同政府机构根据其职能和地域特点，建设的目标体系在内容上不尽相同，一般既包括总体目标，也包括分阶段建设目标。

在确定了目标体系和功能体系架构后，就可以据此规划出相应的总体系统技术架构。总体系统架构包括：系统技术结构和基本网络通信等的技术方案，各系统之间的关系描述，相关各系统的性能指标要求。例如，通信系统的数据流量、网络拓扑结构、管理软件系统的应用平台设计等。

在明确了系统体系后，就要明确技术选型。技术选型要从对系统体系适应度，技术的通用性和可用性，对软硬件的投入大小等方面综合考虑。一般技术选型要明确以下信息：主要硬件环境，如数据库服务器和应用服务器采用何种产品；操作系统，包括服务器和客户机的操作系统；应用系统内的各种服务器软件；开发语言及开发工具。

一般在委托设计或招标设计的情况下，由投标的标书转化形成的《方案设计书》要对系统体系进行基本描述。

2）功能模块设计

功能模块设计是对政府的各项职能及其流程进行分级、分解、描述和设计的过程。

对政府所涉及的决策、管理和申报审批的职能活动，由流程图和结构图两个角度明确了系统内部的关系，表明各功能模块之间的调用关系，并进一步进行功能模块的细化和具体的模块描述。要明确模块运行的程序、外部引用模块程序、程序的总体功能和具体功能与目的、程序运行条件，以及模块标识符、功能描述、输入、输出、内部算法等信息，并写出相应源代码。

3）数据库设计

数据库设计是系统设计的重要组成部分。数据库设计首先是构建数关系结构，通过 E-R 方法（Entity-Relationship Approach）设计实体、实体属性、实体联系、主键定义、属性域等信息，来表示信息的实体概念及联系，即生成具体的数据模式。再利用数据工具生成相应的脚本及生成相应的物理数据库结构。此外，还要对数据库的存储过程、触发器等功能模块进行设计。

4）界面设计

首先要明确系统界面的风格，可以先做一个系统原型听取意见，明确界面色调、文字的字体和字号等。根据流程图及功能框架图设计界面的风格、色调，进行窗体层次图及窗体功能说明，明确每个窗体内的控件、事件及属性，将要完成什么功能及调用哪些功能模块。最后，使用相应的编程工具（如 VB）将界面表示出来，并完成后台相应的功能模块及调用代码，使系统运转起来。

4. 系统技术实现

在本阶段，要将系统设计的结果在系统中实现，为系统上线运行而进行数据准备、系统测试及剩余问题解决、工作人员培训和角色转换、系统正式上线运行及局部调整、接收系统移交、系统日常维护和系统建设总结等一系列的工作。主要工作步骤有：

（1）系统设计收尾与上线准备。主要的工作是制定系统测试与数据准备的文件，对主要和关键的系统功能和流程进行审核、确认，制定和确认系统配置、系统管理方案、数据转换策略等，以及数据转换程序、应用接口程序、外挂或扩展程序的最后开发工作，开发文档的整理补充，用户手册及用户培训资料的制定。

（2）测试与数据准备。主要任务有完成对系统的全面测试，完成数据的准备，完成系统上线的准备，解决剩余问题，进行系统测试。

（3）工作人员培训和角色转换。这是关系到电子政务业务系统是否成功的重要因素。不仅要使政府工作人员使用新的系统，提高能力水平，更重要的是让他们深刻理解新的业务流程以及在新的流程中所担任的岗位和角色。

（4）系统上线和接收。主要工作有：从开发商手中接收系统，包括系统的全部文档，在规定的期限内由开发商维护系统正常运转和技术支持，确认系统功能和业务流程的正确性、有效性，进行系统建设总结。

8.3 通用电子政务业务系统的应用

通用电子政务业务系统指的是政府部门具有通用性质的管理活动如计划、组织、决策、领导、控制的电子化系统。主要包括办公自动化系统、政府决策支持系统、政府信息资源管理系统等。

8.3.1 办公自动化系统

办公自动化（Office Automation，OA）是信息社会的一种新型办公方式，它将现代化办公和计算机网络功能结合，实现办公室内事务性业务的自动化，办公自动化没有统一的定义，凡是在传统的办公室中采用各种新技术、新机器、新设备从事办公业务，都属于办公自动化的领域。

1．办公自动化系统的基本内容

1）公文处理

实现收文、发文电子化、自动化，对收发文的整个流程进行跟踪，详细记录收发文的当前状态、办理过程和领导审签、拟办、批示意见及办理结果。解决传统公文传递速度慢，信息不及时、不同步、不易于查询等问题。

（1）发文管理

包括发文拟稿、核稿、会签、流转、签发、分发、归档等操作，提供进程查询、催办、督办功能，允许收回重新处理，保留修改痕迹，规范公文格式。

（2）收文管理

包括来文登记、拟办、批办、批示、传阅、反馈办理结果、整理和归档等操作，收文自动顺序编号，逾期自动催办，全程跟踪文件处理，自动归档。

（3）档案管理

包括对电子文件、电子档案及实体档案的管理，实现文件收、发、起草、会签、归档、整理、统计、检索、利用等的一体化管理。

2）日常办公

主要实现内部请示报告、信息报送、电话记录、会议通知、值班管理、信访管理、支票申领、借款申请、出差申请等事务处理，与公文处理相比，流程上没有严格限制，可自由流转，满足内部办公和交流需要。使用时，工作人员填写有关申请表，发送至部门负责人，签批后根据需要反馈给申请人、分管领导或相关办理人员。相关办理人员具有登记、查询的权限。

3）行政后勤

固定资产管理：按部门和单位实现对固定资产的基本信息登记、查询、采购、报废、调拨、维修管理等，提供查询和统计功能。

车辆调配：车辆档案登记（车型、牌号、座位数、维修保养记录等），驾驶员档案（驾驶员的基本信息和驾驶记录、违反交规情况等），用车申请（填写派车单→部门负责人、办公室主任、分管书记审批→安排车辆），修配审批，统计查询（登记驾驶员出车情况、总里程数、总耗油、月耗油、修配费用、洗车费、过停费等情况，按条件查询车辆信息、驾驶员信息、用车申请、用车使用状况）。

办公用品申购：具备申购审批、入库、发放、库存统计等功能。固定流程为：起草申购单→部门负责人审批→办公室行政人员核价→办公室主任审批→分管书记审批→购买或调用库存→办公室仓库保管员登记入库，属固定资产的办理登记手续→领用人、保管员、行政人员签字发放→自动回单通知相关人员办理情况。物品入库、出库均自动更新库存信息，保留历史记录，提供综合统计功能。

办公用品借用：可借用的办公用品信息、借用申请、批办、借用情况查询等。

接待安排：食宿安排计划的申请、批办。

会议室预定：可查询现有会议室及会议设备的预定情况，提出预定申请，反馈预定受理情况，记录所有使用情况。

故障报修：保修信息、处理情况等。

4）组织人事

人事信息：在职干部职工基本信息的管理，包括人事档案、工作履历、考评信息、培训信息、工资、外事等。

人员变动：人员的内部调动、调出、离退、辞退、辞职等。

考勤管理：考勤信息的记录、上报、汇总、查询，自定义每月工作时间和工作日，人员名单系统自动生成。

请休假：请休假申请、审批、休假，提供请休假情况统计和查询。

考核测评：提供网上年度考核、民主测评，实现快速统计汇总。

5）期刊信息

包括上报信息和上报信息查询处理，刊物发布、刊物维护、刊物阅读、刊物定制、期刊信息批阅等。

信息上传：基层上报动态信息，统一交付上级信息主管人员处理。具备上报信息统计功能，登记处理操作，自动反馈信息处理情况，自动生成统计报表，定制信息通报。

电子期刊：包括政府动态、政府工作期刊及全省基层团组织优秀刊物，基层刊物由系统管理员授权相关单位发布、管理，刊物的最终发布采用 PDF 格式，防止对信息的篡改，用户可查阅刊物，提供批注、批阅功能。

6）文件库

包括文件查询、文件统计、文件维护等，可设立多级目录，分类存放中央、省、市、地方各类文件。用户端可上传、浏览文件，并可以删除修改自己上传的文件。还可设定共享单位，指定共享、不共享或有限共享。所上传的文件末尾显示上传时间及用户名。系统启用时，计划将 2000 年以来团苏委发、团苏委联整理成电子文档（含 PDF 格式）上传。

7）系统管理

包含便捷的用户管理、流程管理、表格设定、Word 模板定制、系统日志查询等，提供字库、阅读软件的自动下载安装，PDF 格式自动转换。

2. 实施办公自动化系统的意义

办公自动化系统可帮助政府部门实现信息资源的共享；增强部门及工作人员的协同工作能力，强化领导的监控管理，有效管理有形设备、无形（业务信息、知识）资产，避免资源流失；实现各种公文、事务、业务流程的流转、审核、签批等自动处理，促进管理的电子化、规范化与现代化，完美整合组织内部的信息流。

1）信息传递与沟通交流顺畅

排除因职能、职位、距离等原因造成的信息联络不畅而带来的企业发展羁绊，通过构建内部通信、信息发布与交流平台，实现多途径的联络与沟通，减少信息在途时间，提高信息的时效性，与此同时，缩短领导与职员之间、各部门之间的距离。

2）规范工作管理，提高整体效率

解决了跨地域、跨部门多岗位间的业务处理诸多问题，有效避免工作中出现的脱节、延误、错办等情况，杜绝职责不清、工作推脱等怠工现象，实现网上协同办公，增强组织协调能力，提高团队协作能力。同时，加强了领导实时了解事务状态，实时掌控工作进度，强化了过程控制与监督，加强了工作管理。

3）整合信息资源，实现知识管理

打破"信息孤岛"，彻底改变文件丢失遗漏、管理分散、查找不方便等现象，解决因人事变动导致经验流失等问题，通过知识管理，有效整合并积累各类资源，实现再利用。

4）增强凝聚力，提高响应能力

在降低管理成本、促进管理进步的同时，能够培养全员信息化关注与参与意识，激发掌握和利用先进信息技术的热情，提高专业素质，形成全新的企业文化。通过网络，组织机构内部的员工可跨越时间、地点协同工作。通过办公自动化系统所实施的交换式网络应用，使信息的传递更加快捷和方便，从而极大地扩展了管理手段，提高了管理与服务水平。

8.3.2 政府决策支持系统

决策支持系统是辅助决策者通过数据、模型和知识，以人机交互方式进行半结构化或非结构化决策的计算机应用系统。它是管理信息系统（MIS）向更高一级发展而产生的先进信息管理系统。它为决策者提供分析问题、建立模型、模拟决策过程和方案的环境，调用各种信息资源和分析工具，帮助决策者提高决策水平和质量。

1. 决策支持系统的发展历程

自从 20 世纪 70 年代决策支持系统概念被提出以来，决策支持系统已经得到很大的发展。在 1980 年初，提出了决策支持系统 3 部件结构（对话部件、数据部件、模型部件），明确了决策支持系统的基本组成，极大地推动了决策支持系统的发展。

至 20 世纪 80 年代末 90 年代初，决策支持系统开始与专家系统（Expert System，ES）相结合，形成智能决策支持系统（Intelligent Decision Support System，I 决策支持系统）。智能决策支持系统充分发挥了专家系统以知识推理形式解决定性分析问题的特点，又发挥了决策支持系统以模型计算为核心的解决定量分析问题的特点，充分做到了定性分析和定量分析的有机结合，使得解决问题的能力和范围得到了一个大的拓展。智能决策支持系统是决策支持系统发展的一个新阶段。

当 20 世纪 90 年代中期出现了数据仓库（DataWarehouse，DW）、联机分析处理（On-Line Analysis Processing，OLAP）和数据挖掘（Data Mining，DM）新技术后，DW+OLAP+DM 逐渐形成新决策支持系统的概念。为此，将智能决策支持系统称为传统决策支持系统。新决策支持系统的特点是，从数据中获取辅助决策信息和知识，完全不同于传统决策支持系统用模型和知识辅助决策。传统决策支持系统和新决策支持系统是两种不同的辅助决策方式，两者不能相互代替，相反应该是互相结合。

把数据仓库、联机分析处理、数据挖掘、模型库、数据库、知识库结合起来形成的决策支持系统，即将传统决策支持系统和新决策支持系统结合起来的决策支持系统是更高级形式的决策支持系统，称为综合决策支持系统（Synthetic DecisionSupport System，S 决策支持系统）。综合决策支持系统发挥了传统决策支持系统和新决策支持系统的辅助决策优势，实现更有效的辅助决策，综合决策支持系统是今后的发展方向。

2. 决策支持系统的主要功能

一般来说，好的决策应具备以下特点：第一，辅助决策解决半结构化或非结构化的问题；第二，允许用户试探几种不同的决策方案；第三，必须具备决策支持模型的管理功能；第四，把数学模型或分析技术与数据存储和检索功能结合起来；第五，系统必须具备友好的人机交互界面；第六，系统必须具备良好的适应能力，可以满足不同环境和用户的需求。

基于此，决策支持系统应该具备以下基本功能。

1）对话部件

（1）提供丰富多彩的可视化对话形式。

（2）输入/输出转换。

（3）控制决策支持系统的有效运行。

2）数据部件

（1）数据库存储的组织形式。

（2）数据库管理系统管理功能。

（3）数据库管理语言体系。

3）模型部件

（1）模型库：①模型的表示；②模型的动态表示。

（2）模型库管理系统：①模型字典的管理；②模型文件的管理；③模型字典和模型文件的统一管理；④控制模型的运行；⑤模型与数据库部件间的接口；⑥模型管理语言；⑦模型的操作语言；⑧模型库管理系统的特定功能。

3. 决策支持系统的主要类型

1）数据驱动的决策支持系统

这种决策支持系统强调以时间序列访问和操纵组织的内部数据，有时是外部数据。它通过查询和检索访问相关文件系统，提供了最基本的功能。后来发展了数据仓库系统，又提供了另外一些功能。数据仓库系统允许采用应用于特定任务或设置的特制的计算工具或者较为通用的工具和算子来对数据进行操纵。再后发展的结合了联机分析处理（OLAP）的数据驱动型决策支持系统则提供更高级的功能和决策支持，并且此类决策支持是基于大规模历史数据分析的。

2）模型驱动的决策支持系统

模型驱动的决策支持系统强调对于模型的访问和操纵，比如，统计模型、金融模型、优化模型和/或仿真模型。简单的统计和分析工具提供最基本的功能。一些允许复杂的数据分析的联机分析处理（OLAP）系统可以分类为混合决策支持系统系统，并且提供模型和数据的检索，以及数据摘要功能。一般来说，模型驱动的决策支持系统综合运用金融模型、仿真模型、优化模型或者多规格模型来提供决策支持。模型驱动的决策支持系统利用决策者提供的数据和参数来辅助决策者对于某种状况进行分析。模型驱动的决策支持系统通常不是数据密集型的，也就是说，模型驱动的决策支持系统通常不需要很大规模的数据库。模型驱动的决策支持系统的早期版本被称作面向计算的决策支持系统。这类系统有时也称为面向模型或基于模型的决策支持系统。

3）基于 GIS 的决策支持系统

基于 GIS（地理信息系统）的决策支持系统通过 GIS 向管理者或商情分析者提供决策支持信息或决策支持工具。通用目标 GIS 工具，如 ARC/INFO、MAPlnfo 以及 ArcView 等一些有特定功能的程序，可以完成许多有用的操作，但对于那些不熟悉 GIS 以及地图概念的用户来说，比较难于掌握。特殊目标 GIS 工具是由 GIS 程序设计者编写的程序，以易用程序包的形式向用户组提供特殊功能。以前，特殊目标 GIS 工具主要采用宏语言编写。这种提供特殊目标 GIS 工具的方法要求每个用户都拥有一份主程序（如 ARC/INFO 或者 ArcView）的拷贝用以运行宏语言应用程序。现在，GIS 程序设计者拥有较从前丰富得多的工具集来进行应用程序开发。程序设计库拥有交互映射以及空间分析功能的类，从而使得采用工业标准程序设计语言来开发特殊目标 GIS 工具成为可能，这类程序设计语言可以独立于主程序进行编译和运行（单机）。同时，Internet 开发工具已经走向成熟，能够开发出相当复杂的基于 GIS 的程序让用户通过 World Wide Web 进行使用。

4）基于数据仓库的决策支持系统

数据仓库是支持管理决策过程的、面向主题的、集成的、动态的、持久的数据集合。它可将来自各个数据库的信息进行集成，从事物的历史和发展的角度来组织和存储数据，供用户进行数据分析并辅助决策，为决策者提供有用的决策支持信息与知识。基于数据仓库理论与技术的决策支持系统的主要研究课题包括：①数据仓库（DW）技术在决策支持系统开发中的应用以及基于 DW 的决策支持系统的结构框架；②采用何种数据挖掘技术或知识发现方法来增强决策支持系统的知识源；③决策支持系统中的 DW 的数据组织与设计及 DW 管理系统的设计。总的说来，基于 DW 的决策支持系统的研究重点是如何利用 DW 及相关技术来发现知识并向用户解释和表达，为决策支持提供更有力的数据支持，有效地解决了传统决策支持系统数据管理的诸多问题。

5）群体决策支持系统

群体决策支持系统是指在系统环境中，多个决策参与者共同进行思想和信息的交流以寻找一个令人满意和可行的方案，但在决策过程中只由某个特定的人做出最终决策，并对决策结果负责。它能够支持具有共同目标的决策群体求解半结构化的决策问题，有利于决策群体成员思维和能力的发挥，也可以阻止消极群体行为的产生，限制了小团体对群体决策活动的控制，有效地避免了个体决策的片面性和可能出现的独断专行等弊端。群体决策支持系统是一种混合型的决策支持系统，允许多个用户使用不同的软件工具在工作组内协调工作。群体支持工具的例子有：音频会议、公告板和网络会议、文件共享、电子邮件、计算机支持的面对面会议软件以及交互电视等。群体决策支持系统主要有四种类型：决策室、局域决策网、传真会议和远程决策。

6）分布式决策支持系统

这类决策支持系统是随着计算机技术、网络技术以及分布式数据库技术的发展与应用而发展起来的。从架构上来说，分布式决策支持系统是由地域上分布在不同地区或城市的若干个计算机系统所组成的，其终端机与大型主机进行联网，利用大型计算机的语言和生成软件，而系统中的每台计算机上都有决策支持系统，整个系统实行功能分布，决策者在个人终端机上利用人机交互，通过系统共同完成分析、判断，从而得到正确的决策。分布式决策支持系统的系统目标是把每个独立的决策者或决策组织看作一个独立的、物理上分离的信息处理节点，为这些节点提供个体支持、群体支持和组织支持。它应能保证节点之间顺畅的交流，协调各个节点的操作，为节点及时传递所需的信息以及其他节点的决策结果，从而最终实现多个独立节点共同制定决策。

7）智能决策支持系统

智能决策支持系统（I 决策支持系统）是人工智能（Artificial Intelligence）和决策支持系统相结合，应用专家系统（Expert System）技术，使决策支持系统能够更充分地应用人类的知识或智慧型知识，如关于决策问题的描述性知识、决策过程中的过程性知识、求解问题的推理性知识等，并通过逻辑推理来帮助解决复杂的决策问题的辅助决策系统。智能决策支持系统的系统目标是：将人工智能技术融于传统的决策支持系统中，弥补决策支持系统单纯依靠模型技术与数据处理技术，以及用户高度卷入可能出现意向性偏差的缺陷；通过人机交互方式支持决策过程，深化用户对复杂系统运行机制、发展规律乃至趋势走向的认识，并为决策过程中超越其认识极限的问题的处理要求提供适用技术手段。根据 I 决策支持系统智能的实现可将其分为：基于 ES 的 I 决策支持系统；基于机器学习的 I 决策支持系统；基于智能代理技术 Agent 的 I 决策支持系统；基于数据仓库、联机分析处理及数据挖掘技术的 I 决策支持系统等。

8）自适应决策支持系统

自适应决策支持系统是针对信息时代多变、动态的决策环境而产生的，它将传统面向静态、线性和渐变市场环境的决策支持系统扩展为面向动态、非线性和突变的决策环境的支持系统，用户可根据动态环境的变化按自己的需求自动或半自动地调整系统的结构、功能或接口。对自适应决策支持系统研究主要从自适应用户接口设计、自适应模型或领域知识库的设计、在线帮助系统与决策支持系统的自适应设计四个方面进行，其中问题领域知识库能否建立是自适应决策支持系统成功与否的关键，它使整个系统具有了自学习功能，可以自动获取或提炼决策所需的知识。对此，就要求问题处理模块必须配备一种学习算法或在现有决策支持系统模型上再增加一个自学习构件。归纳学习策略是其中最有希望的一种学习算法，可以通过它从大量实例、模拟结果或历史事例中归纳得到所需知识。此外，神经网络、基于事例的推理等多种知识获取方法的采用也将使系统更具适应性。

8.3.3 政府信息资源管理系统

1. 政府信息资源概念

政府信息资源是相对于私人信息资源而衍生出的一种资源类型。通常意义上，私人信息资源主要是由私人生产和提供的，其信息成本由私人承担，遵循市场等价交换的供给模式，即"信息付费者—信息使用者"。政府信息资源主要指以政府为主体的一切负有公共事务管理职能的组织（包括行政机关，法律法规授权、委托的组织，来源于纳税人税款的政府财政拨款的社会团体、组织等公务事业法人和社会组织）在行政过程中产生、收集、整理、传输、发布、使用、储存和清理的所有信息，称为公共信息。政府活动过程中会产生大量的原始文件记录，随着政府管理与服务的日益广泛和深入，政府所产生的信息资源日益庞大，如何对其进行有序管理、合理开发、有效利用，是当前各国政府非常关注的问题，在此大背景下，政府信息资源管理逐渐产生与发展。作为一种科学实践，信息资源管理萌芽于 20 世纪中叶，70 年代末之后得到了迅猛发展；作为一种学科理论，信息资源管理从 20 世纪 70 年代起步，90 年代以来趋于成熟。作为现代社会多种因素的综合产物，信息资源管理的产生历史尽管不长，发展却相当迅速。

2. 政府信息资源管理系统的结构

政府信息资源管理系统以信息资源为基础，通过全面整合政府内独立、分散的办公应用系统里的数据，建立统一的电子政务信息资源库处理平台，从而实现政府资源在网上的广泛共享。基于此，政府信息资源管理系统主要包括：电子信息资源库管理子系统、办公业务资源管理子系统和公众信息服务子系统三个模块。

1）电子信息资源库管理子系统

电子信息资源库管理子系统是电子政务网络应用的核心与基础，可以有效地解决政府各个业务部门的数据资源共享、数据综合利用等问题，同时为建立数据中心奠定基础。其具体的建设目标取决于建设单位经济发展情况、电子政务的实际进展及其总体信息化发展规划等因素，一般来说，电子信息资源库管理子系统应具备以下功能：

（1）全面整合与管理各种标准格式的电子政务信息资源，提供统一格式的转换与规范化的文献转换与编辑工具，能够进行分类管理，创建各类海量电子政务信息资源库。

（2）通过 TB 级海量内容管理平台，有效地管理各种结构化与非结构化信息资源，实现文本、图片、音频、视频等信息内容的关联管理。

（3）中宣部内网各类电子政务信息资源库信息内容实时动态地发布到指定的内网网站相关的栏目上，用户可以方便地编辑、修改发布模板。

（4）提供与各类关系数据库系统的接口，方便与中宣部其他应用系统进行信息交换、迁移或同步访问。

（5）提供独立于操作系统的用户权限管理、用户操作审计、分析与统计等功能，能有效地保证各类电子政务信息资源库的安全。

2）办公业务资源管理子系统

办公业务资源管理子系统主要是通过网络，把在不同行业、部门的应用系统连接起来，在统一电子信息资源库的基础上，完成公文交换、信息发布、领导查询、决策支持、信息挖掘以及针对不同用户的个性化服务。通过办公业务资源管理子系统可以达到以下目的：

（1）改变了过去各部门 OA 系统单独作战的方式，逐步减少各部门的信息壁垒和信息孤岛，实现信息、数据的互联互通，提高了工作效率，降低了运营成本。

（2）有利于形成统一的应用标准，全面提高电子政务的应用水平，从而减少重复投资，节约大量成本；

（3）有利于逐步统一的基础平台和应用平台，降低系统复杂度，减少维护强度，降低维护成本。

3）公众信息服务子系统

政府作为公共信息资源最大的拥有者，必然在信息服务方面承担着不可推卸的责任，建立公众信息服务子系统既是政府服务大众的需要，更是民主政治发展的必然趋势。公众信息服务子系统在实现安全认证的前提下通过全面集成政府部门公开的公共信息资源，不仅可以让政府部门实现公共信息资源的分类管理、内容发布的审批流程、政务信息浏览查询和针对公众的个性化服务等功能，并通过全面集成各种网上办公业务系统，实现政府与公众的良性互动。

8.4 专用电子政务业务系统的应用

现代政府虽然历经各种改革，但其基本架构仍以传统的职能分工为基础构建，电子政务具体业务的实现需要以专门业务系统为支撑。专用电子政务业务系统是适应专门公务活动需要、满足特定需求的公务处理系统。根据公务处理系统覆盖范围不同，专用电子政务业务系统可以分为专门机关系统、专门部门系统、专项业务系统和专项功能系统四类。

专门机关系统，主要是各职能部门针对各自业务而开发和应用的系统。主要指各垂直管理的职能部门的业务系统，如公安机关的信息管理系统、工商行政管理部门的红盾信息管理系统、教育系统的校校通等。

专门部门业务系统主要指机关内部各专业部门专门使用的公务处理系统，如政府财政管理信息系统。该系统往往与机关核心业务没有关联性，属于相对独立的系统。

专项业务系统指用于处理某项专门业务的系统，具体分为领域内专项业务系统和跨领域专项业务系统。领域内专项业务系统指特定行业领域的专项系统，如政府人事管理系统。跨领域专项业务系统指跨行业领域、跨专业领域的专门业务系统，如城市应急指挥系统。

专项功能系统指具备专门信息管理和信息服务功能的系统，如我国一些地区和部门的办公业务资源系统。

本章小结

- 电子政务系统的性质包括：信息系统属性、人机协作属性、工作流特征、统一性、智能性、开放性。
- 电子政务系统的多重结构特征。
- 对电子政务系统设计从9个方面提出要求。
- 阐述了电子政务系统设计与实施的过程。

问题讨论

1. 电子政务业务系统的性质是什么？
2. 何为电子政务业务系统的结构？人们从哪些角度对电子政务业务系统的结构进行描述和分析最有实际价值，为什么？
3. 电子政务业务系统规划特点和要求是什么？
4. 电子政务业务系统规划的基本规则是什么？
5. 电子政务业务系统设计的基本要求是什么？
6. 电子政务业务系统设计与实施过程的特点是什么？
7. 举例说明我国电子政务应用的实施情况。

案例分析

某政府医药行政的电子政务应用

某市卫生局下属若干医院，各医院有自己的药品采购渠道和供应商，卫生局计划利用其管理职能，在其电子政务应用网上构造一个网上药品采购管理系统，以促进药品采购环节的透明性和公正性。

应用类型：药品采购。

应用目标：

一、强化对医院药品采购的管理手段。

二、加强卫生局的公众服务职能。

卫生局、各医院、药品供应商、经销商和公众都可以按各自的身份进入卫生局的电子政务网。由医院将药品采购计划发送到采购信息库中，经过认证或获得许可的药品供应商、经销商在通过了身份认证后可以查询上述采购信息，并可以在线输入自己的报价。软件系统可以自动对每个采购项目的报价进行排队，并自动选择几个最优价格。采购方可以进一步地进行人工选择，以确定最终的供应商、经销商。卫生局的管理部门可以监控整个竞价和采购过程。采购意向达成后，医院根据采购价格向公众发布药品的零售价格。公众可以根据药品名称、药品批号、医院名称等对价格进行查询。

试分析：本案例如何通过引入电子政务业务系统改变药品采购中长期存在的暗箱操作问题。

第 9 章

电子政务安全保障

内容提要

本章旨在帮助学习者了解电子政务安全保障体系概况,掌握电子政务安全管理方法与技术措施的基本原理。

本章重点

- 电子政务的安全问题——安全威胁、问题实质、安全需求等;
- 电子政务安全保障体系的构成——技术、管理、服务、基础设施;
- 电子政务安全技术保障体系——核心技术、防范系统等;
- 电子政务安全管理保障体系——技术管理、运行管理和组织管理等;
- 电子政务安全服务保障体系——信息安全管理服务、测评认证服务、应急响应服务;教育培训服务等;
- 信息安全基础设施保障——信息安全法规、信息安全标准和信息安全认证。

9.1　电子政务的安全问题

9.1.1　日益突出的安全威胁

随着计算机信息技术的飞速发展，电子政务在政府实际工作中已经发挥了越来越重要的作用。但与之相应的是，针对各种电子政务资源的安全威胁也越来越严重。无论是外部还是内部，都存在着各种威胁因素。来自外部的威胁有：病毒破坏、黑客攻击、信息间谍、信息恐怖活动及信息战争等。而来自内部的威胁则有：内部人员恶意破坏，内部人员与外部勾结，管理人员滥用职权，执行人员操作不当，安全意识不强，内部管理疏漏，软硬件缺陷及自然灾害等，如图9.1所示。

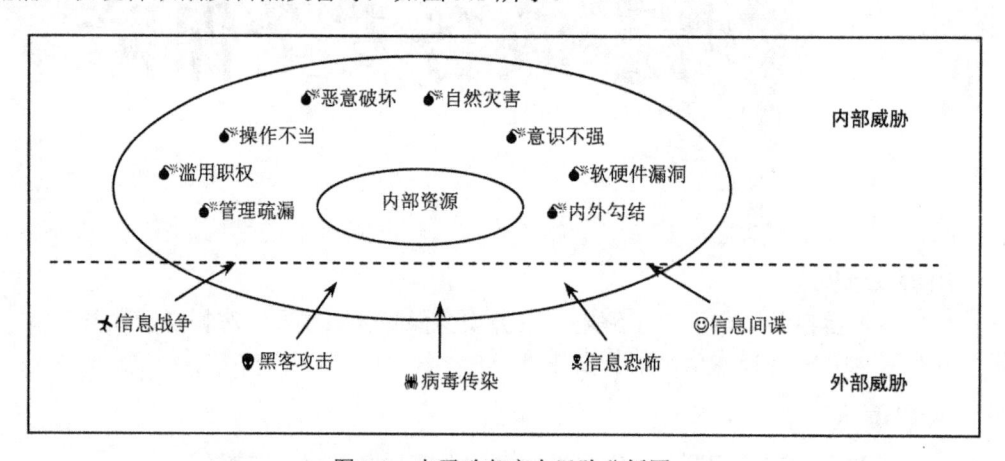

图9.1　电子政务安全风险分析图

9.1.2　电子政务安全问题的实质

安全首先是一种主观感觉，通常表现为不害怕、不焦虑，不觉得有危险和受到威胁等。同时，安全也是一种客观事实，例如平安或远离危险的状态。从主体特征来看，存在着个体安全和群体安全之分。从层次特征来看，存在着国家安全、机构安全、企业安全、系统安全等不同层次。从不同领域来看，又存在着政治安全、军事安全、科技安全、经济安全、文化安全、社会安全、资源安全、环境安全、生态安全等诸多不同的安全。然而，无论如何划分，信息安全问题都将成为信息时代安全问题的核心和基础。

计算机安全，是指计算机系统资源和信息资源不受自然和人为的威胁与损坏，如毁坏、替换、盗窃和丢失等。这些资源包括计算机设备、存储介质、软件和数据等。计算机安全的实施可通过限制被授权人员使用计算机系统的物理范围，利用专用软件和将安全功能构造于计算机操作规程中等方法来实现。网络安全，是指网络系统的硬件、软件及其系统中的数据受到保护，不会因偶然的或恶意的原因而遭到破坏、更改和泄露，使系统能够连续可靠地正常运行，网络服务不中断。从广义来说，凡是涉及网络上信息的保密性、完整性、可用性、真实性和可控性的相关技术和理论都是网络安全所要研究的领域。网络安全涉及的内容既有技术方面的问题，也有管理方面的问题，两方面相互补充，缺一不可。技术方面主要侧重于防范外部非法用户的攻击，管理方面则侧重于内部人为因素的控制。而所谓信息安全，就是指保障信息的机密性、完整性、可用性、可控性和不可否认性等几个方面。机密性意指保证信息不泄露给未经授权的人；完整性意指防止信息被篡改，保证真实的信息从真实的信源无失真地到达真实的信宿；可用性指的是保证信息和信息系统确实为授权使用者所用，防止由于计算机病毒或其他人为因素造成的系统拒绝服务，或为敌手所用；可控性指的是对信息及信息系统实施安全监控管理；不可否认性意指保证信息行为人不能否认自己的行为。归纳起来，计算机安全和网络安全都是信息安全，只是它们的侧重点不同。计算机安全更关心信息的存储和处理方面的安全，而网络安全更关心的是信息在网络传播过程中所涉及的各种安全问题。因此，信息安全既要考虑网络及网络传输中的所有安全问题，也要考虑计算机本身所固有的安全问题，如系统硬件、操作系统、应用软件和操作流程等。

从本质上讲，电子政务安全问题就是一种信息安全问题，并且在宏观和微观两个层面上同时显现出来。在宏观层面上，表现为国家和社会的信息安全问题，涉及政策、法规、文化、基础设施、服务等多方面内容。在微观层面上，表现为政府机关在运行过程中的信息安全问题，涉及技术、标准、管理、措施等多方面内容。

因此，保障电子政务安全的重要性毋庸置疑。首先，这是一个国家安全问题。电子政务安全是在一定的社会环境下，由信息和网络技术与国家安全因素的相关性所构成的国家安全的一种态势。这种态势描述了主权国家免受国外信息和网络优势威胁的能力，以信息维护国家综合安全的能力，以及运用信息手段维护国家安全的能力。其次，保障电子政务安全是维护社会各阶层利益的基本前提。因为发展电子政务是政府转变职能、转换运行机制、提高决策效率与科学性、提升政府的社会服务职能、增加政府行政管理的透明度、促进政府信息资源的共享等方面的共同需求，它所代表的不仅仅是政府部门的利益，更代表了企业和广大民众的利益。此外，电子政务安全是社会稳定的基本保障。电子政务大大增强了政务的社会服务职能，使得企业的经营和广大民众的生活都越来越依赖于电子政务系统的安全运行。一旦某个环节出了问题，势必造成社会秩序的混乱。

9.1.3 电子政务的安全需求

发展电子政务，安全保障是基本前提，具体来讲，需要做好以下几方面工作。

1. 维护电子政府的良好形象

发展电子政务的一项主要任务就是让政府借助于网络系统树立良好的形象。但是，如果政务系统经常遭到攻击和破坏，基本的安全都得不到保障，形象问题又何从谈起。

2. 保证政务系统的稳定运行

政务系统的稳定运行关系到整个国家行政管理秩序、经济运行秩序及社会生活秩序的正常运转。也可以说政务系统的安全运行是整个国家各种运行机制的基础。

3. 保护涉密政务信息的安全

在政府的管理或服务过程中所产生的信息中，有相当一部分涉及不同的保密要求，因此要求电子政务系统保护这部分信息的内容隐秘性。未经授权的人，即使采用各种手段获得了数据的访问权，也无法知悉实际的信息内容。

4. 控制政务系统中的权限

电子政务需要划分成若干个安全域，不同的安全域中，安全的要求、级别是不一样的，因此需要把使用不同级别政务信息资源的用户划分成不同类型，实现不同类型人员对不同级别信息访问的控制策略。

5. 认证政务活动中的身份

为进行电子政务业务的实体定义唯一的电子身份标识，并通过该标识进行身份认证，保证身份的真实性。

6. 确保政务信息传输安全

不仅保密信息在传输中需要保障安全，电子政务系统涉及的各种敏感信息的传输，如各种报关手续、企业财务报表及纳税情况等，也要求传输过程中不被窃听、篡改或损坏。

7. 保障政务信息存储安全

政务信息的存储安全主要是指信息访问的可控性，即只有被授权的、安全级别与数据机密性要求一致的用户才被允许访问相应的数据。而所有未经授权的用户不能对信息有任何的操作，包括读取、删除、复制等。另外，存储安全还包含信息存储不被破坏的意思，如设备损坏、数据丢失等。

8. 系统的安全备份与恢复机制

鉴于政务信息的重要性和特殊性，建立必要的备份制度和有效的系统和数据恢复机制也是保障电子政务安全的基本需求。

9.1.4 电子政务的安全保障

电子政务的安全保障是一个复杂的系统工程，必须建立一个完善的保障体系，它需要从技术保障、管理保障、服务保障和基础设施保障四个方面来构建。其中，技术保障主要涉及信息安全技术的研发、信息安全防范系统的设计、安全技术应用及技术解决方案等内容；管理保障主要涉及技术管理、运行管理和组织管理三个方面的保障体系；服务保障涉及信息安全管理服务、信息安全测评服务、紧急事件应急服务和安全培训服务等内容；而在基础设施保障方面，则主要涉及信息安全法律法规、信息安全标准、信息安全认证等内容，见图9.2。

在这一保障体系中，技术保障是针对信息安全技术的研发、设计、生产和服务类的机构或企业的，服务保障则是针对社会性的信息安全服务机构、咨询机构、培训机构或企业的，基础设施保障则是从国家层面来考虑信息安全的法规、标准、基础设施等问题的，而只有管理保障是针对电子政务的运行主体——政府机关的。

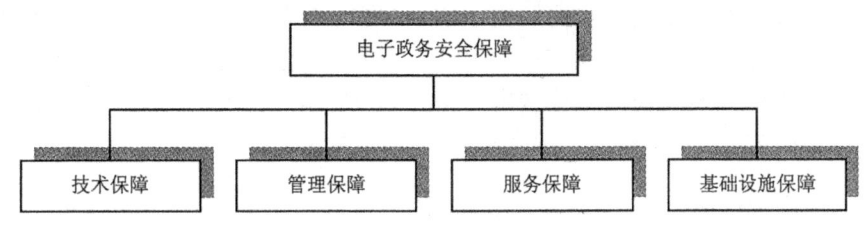

图 9.2 电子政务安全保障体系

政府机关的电子政务安全管理可以看作是微观层面的电子政务安全管理体系。虽然电子政务安全属于技术因素占很大比重的信息安全，但是保障电子政务安全却不能仅仅依靠技术，关键还在于"管理"。技术是一把"双刃剑"，用发展的眼光来看，安全的防范技术与破坏技术总是"势均力敌"、"相互促进"的。就破坏者而言，从技术上寻找突破口，远比从管理上寻找突破口的代价要大得多。因此，有效实施电子政务领域的信息安全管理，才是电子政务安全的关键。所谓信息安全管理，就是指用于指导和管理各种控制信息安全风险的、一组相互协调的活动，它以信息及信息系统为对象，以达到信息系统所需的安全级别，将风险控制在用户可以接受的程度为目标，有其相应的原则、程序和方法。

9.2 电子政务安全技术保障体系

9.2.1 电子政务安全技术核心

1. 数据加密技术

数据加密是把有意义的信息编码为伪随机性的乱码，以实现信息保护的目的，是各种现代安全保护技术或安全防范系统的技术核心。对数据加密的研究已经形成了一个结合数学、计算机科学、电子通信等诸多学科于一身的交叉学科：现代密码学。密码编码学（Cryptography）和密码分析学（Cryptanalysis）是密码学的两个分支。密码编码学研究密码体制的设计，对信息进行编码实现信息隐蔽，而密码分析学研究如何破解被加密的信息，二者是相互对立、相互依存并发展的。

数据加密技术根据其采用的密码体制不同，分为对称密码技术和非对称密码技术。

对称密码技术是采用相同的密钥进行加密和解密运算，这两个密钥都不能公开，因此也称为私钥加密技术。其保密性主要取决于密钥本身的保密强度和密钥传送通道的安全性。常用的私钥密码技术有两类，一类是流密码技术，另一类是分组密码技术。前者是将明文内容按字符逐位地进行加密，而后者是将明文先按一定的大小进行分组，再对各组逐一加密或解密。流密码技术包括同步流密码技术和自同步流密码技术等，分组密码技术包括 DES、IDEA、RC-5 等，其中最著名的两个分组密码是数据加密标准 DES（Data Encryption Standard）和国际数据加密算法 IDEA（International Data Encryption Algorithm）。

非对称密码技术采用两个不同的密钥，一个用来加密，一个用来解密，前者是可以公开的，为公开密钥，而后者是需要保护的，只有解密人自己有，为秘密密钥，且二者不可能相互推导，因此也称为公钥加密技术。这两个密钥的产生通常由解密方完成，然后将产生的公开密钥传送给加密方。由于这个密钥本身是公开的，对于窃密者来讲即便获取也没有任何意义，而用于解密的私有密钥不需要经过任何传送渠道，这样私钥就不存在传送过程的安全性问题，只需要考虑密钥本身的保密强度的问题。常见的公钥密码技术包括 RSA、ELGamal、椭圆曲线密码等技术，其中 RSA 是应用最为广泛的一种方法。

2. 信息隐藏技术

近年来，国际信息安全技术研究领域出现了一个新的分支——信息隐藏技术研究。该技术是利用多媒体信息本身存在的冗余性和人的感官对一些信息的掩蔽效应而形成的。信息隐藏的含义是，把一个有意义的信息隐藏在另一个称为载体的信息中，形成隐秘载体，非授权者不知道这个信息中是否隐藏了其他的信息，即便知道，也难以提取或去除隐藏的信息。

信息隐藏与信息加密是不同的技术，虽然二者都是把对信息的保护转化为对密钥的保护，但其采用的保护手段不同：信息加密是把有意义的信息加密成伪随机的乱码，窃听者知道截获的密文中可能包含重要信息，但无法破译。信息隐藏是把有用信息隐秘在无意义的信息中，非授权者并不知道这个信息中是否隐藏了有用信息，即便知道，也难以提取或去除隐藏的信息。

信息隐藏技术可以分为几类：隐蔽信道技术、匿名通信技术、信息隐写技术和版权标记技术。隐蔽信道是利用系统的安全漏洞来实现秘密信息的传递，即多级安全水平的系统环境中的既不是专门设计的、也不打算用来传输消息的通信路径，虽然它不是一个符合安全原则的传输方式，但却可以成为事实上可利用的隐蔽通道。匿名通信采用各种方式隐藏通信主体——信息发送者和接收者，以达到信息交流主体的隐秘保护。信息隐写是将信息内容进行隐藏，以达到信息保护的作用。版权标记技术是采用数字水印、数字指纹等手段实现对数字音视频媒体、软件、图形图像、文本等数字作品的版权保护。

3. 安全认证技术

除了加密和隐藏，认证也是保障信息安全的一项重要技术，其目的是防止信息被篡改、伪造或信息接收方事后否认，对某些开放环境中的信息系统尤为重要。当前的认证主要采用数字签名技术和身份认证技术。

数字签名是通过一个单向函数对要传送的报文进行处理得到的，用以认证报文来源并核实报文是否发生变化的一个字母数字串。它可以代替书写签名或印章，起到与之相同的法律效用。数字签名算法的基本要求是：签名者事后不能否认自己的签名；接收者能验证签名，且其他人不能伪造签名；双方关于签名的真实性有争议时，应有第三方来解决。需要注意的是，数字签名并不是将手写签名图像化再加以数字化存储，它和用户的姓名及手写签名的形式毫无关系，它实际是用了一个私有密钥来变换所需传输的信息。因此，对于不同的文档信息，发送者的数字签名也并不相同，并且没有私有密钥，任何人都无法完成非法复制。数字签名和手写签名相比，手写签名是所签文件的物理部分，而数字签名是独立的，需要把签名"绑"到所签文件上；手写签名是通过和一个真实的手写签名比较来验证，而数字签名是通过一个公开的验证算法来验证，通过好的算法来阻止伪造签名的可能性。

用于认证身份的技术有多种，其中最简单、最常用的是基于口令的认证，即用户 ID+口令。这种单因素认证的安全性依赖于口令的强度，因此，口令的设置往往有字符长度大于 9、大小写字母混用、至少包含一个数字、至少包含一个特殊字符（如！＠＃＄％＾＆＊）、不是人或物的名称、也不是用户的电话和生日等方面的要求。

数字证书也是一种身份认证技术，它是通过一个包含发信人的公开密钥、发信人的姓名、证书颁发者的名称、证书的序列号、证书颁发者的数字签名、证书的有效期等信息的电子化"证书"，来进行身份认证的技术。基于智能卡的认证方式采用一种双因素的身份认证技术（PIN+智能卡），即使 PIN 或智能卡被窃取，用户仍不会被冒充。智能卡提供硬件保护措施和加密算法，可以利用这些功能加强安全性能。随着科学技术的发展，生物测定技术在安全认证领域逐步得到发展和应用。该技术以人体唯一的、可靠的、稳定的生物特征（如指纹、虹膜、脸部、掌纹等）为依据，采用计算机的强大功能和网络技术进行图像处理和模式识别，以达到身份认证的目的。

9.2.2 电子政务安全技术防范系统

1. 反病毒系统

计算机病毒是某些人利用计算机软、硬件所固有的脆弱性，编制具有特殊功能的程序。反病毒系统是防范病毒的主要工具，通常是一种软件系统。随着计算机病毒的发展，反病毒系统采用的技术也不断发展。

第一代防病毒技术是采取单纯的病毒特征代码分析，将病毒从带毒文件中清除掉。这种方式可以准确地清除病毒，可靠性很高。后来病毒技术发展了，特别是加密和变形技术的运用，使得这种简单的静态扫描方式失去了作用。

第二代防病毒技术是采用静态广谱特征扫描方法检测病毒，这种方式可以更多地检测出变形病毒，但其误报率也较高，尤其是用这种不严格的特征判定方式去清除病毒带来的风险性很大，容易造成文件和数据的破坏。所以说静态防病毒技术也有难以克服的缺陷。

第三代防病毒技术的主要特点是将静态扫描技术和动态仿真跟踪技术结合起来，将查找病毒和清除病毒合二为一，形成一个整体解决方案，能够全面实现防、查、杀等反病毒所必备的各种手段，以驻留内存方式防止病毒的入侵，凡是检测到的病毒都能清除，不会破坏文件和数据。随着病毒数量的增加和新型病毒技术的发展，静态扫描技术将会使反毒软件速度降低，驻留内存防毒模块容易产生误报。

第四代防病毒技术则是针对计算机病毒的发展而基于病毒家族体系的命名规则、基于多位 CRC 校验和扫描机理，采用启发式智能代码分析模块、动态数据还原模块（能查出隐蔽性极强的压缩加密文件中的病毒）、内存解毒模块、自身免疫模块等先进的解毒技术，较好地解决了以前防毒技术顾此失彼、此消彼长的状态。

国内外有许多安全厂商致力于杀毒软件的研制，都开发了不同版本的病毒防范系统。这些系统有单机版的，也有网络版的，有面向不同操作系统的，也有面向不同用户的（个人、企业），有以硬件为主的，也有纯软件的。不同的系统，技术特征会有一定的差异，但其最基本的杀毒原理是一样的。

2. 防火墙系统

防火墙实际上是一种由软件或硬件设备组合而成的网络安全防范系统,通常处于内部网络与外部网络之间,具有过滤进出网络的数据、管理进出网络的访问行为、封堵某些禁止行为、记录通过防火墙的信息内容和活动、对网络攻击进行检测和告警等功能,达到保护内部网络的设备不被破坏,防止内部网络的敏感信息被窃取等目的。

防火墙技术的发展大致经历了四个阶段。

第一代是基于路由器的防火墙。由于路由器本身含有分组过滤功能,使得网络控制功能可通过路由控制来实现,所以具有分组过滤功能的路由器被称为第一代防火墙。但这类防火墙的安全级别很低,安全缺陷明显,因此充其量只能作为一种应急的权宜之计。

第二代是用户化的防火墙工具包,它将过滤功能从路由器中分离出来,加上审计和警告功能,并针对用户需求提供模块化的软件包。这类防火墙不仅价格降低了,其安全性也大大提高了。不过由于它是纯软件产品,在产品实现和用户维护方面都较为复杂,对用户的技术要求较高。同时,在处理速度、差错率等方面仍有不足。

第三代是建立在通用操作系统上的防火墙。这类防火墙可实现分组过滤功能,配有专用的代理系统,监控所有协议的数据和指令,保护用户编程空间和可配置内核参数的设置,因此安全性和处理速度都大大提高了,但它最大的问题在于操作系统及其内核的源代码是保密的,而大多数防火墙厂商并非通用操作系统厂商,因此用户不得不依赖防火墙厂商和操作系统厂商两方面的安全支持。

第四代是具有安全操作系统的防火墙。此类防火墙就是一个操作系统,防火墙厂商具有操作系统的源代码,可实现安全内核,对服务器、子系统都做了安全处理,一旦黑客攻破一个服务器,将被隔离在此服务器中,不会对其他部分构成威胁。

未来防火墙技术的发展将可能有这样一些动向:防火墙将从目前对子网或内部网管理的方式向远程上网集中管理的方式发展;过滤深度会不断加强,从目前的地址、服务过滤,发展到 URL(页面)过滤、关键字过滤和对 ActiveX、Java 等的过滤,并逐渐具有病毒扫描功能;利用防火墙建立专用网是较长一段时间用户使用的主流,IP 的加密需求越来越强,安全协议的开发是一大热点;单向防火墙(又叫作网络二极管)将出现;对网络攻击的检测和各种告警将成为防火墙的重要功能;安全管理工具不断完善,特别是可以活动的日志分析工具等将成为防火墙产品中的一部分。

3. 虚拟专用网

虚拟专用网络(Virtual Private Network,VPN)是指以公用开放的网络(如 Internet、帧中继网、ATM 网络等)作为基本传输媒介,通过附加的多种技术而构建出的具有专用网络性能的逻辑网络。虽然 VPN 的底层传输媒介既可以是 IP 网络(如 Internet),也可以是非 IP 网络(如 FrameRelay、ATM),但是由于目前 IP 网络的广泛使用特别是 Internet 的突出地位,基于 IP 的虚拟专用网技术(IP-VPN)成为了当今 VPN 技术研究和产品开发的一个主流,是 Internet 应用的一个重要的发展方向。

虚拟专用网络的主要特点是：虚拟性和专有性。与传统的专用网不同，VPN 并不是物理上专用的通信网络，它通过共享的而非独占的网络结构来传输数据。VPN 的通信端点之间的连接并没有传统专用网所需的点到点的物理链路，而是架构在公用网络服务商所提供的网络平台之上的逻辑网络，用户数据在逻辑链路中传输。通过在共享的基础通信设施上采用隧道技术和特殊的配置技术措施，VPN 为用户提供仿真的点到点的连接。第二，VPN 作为一种"化公为私"的组网技术，其核心思想是将用户网络从公共网络中隔离出来，正是这种隔离特性提供了通信的保密性和私有性。因此，虽然从物理上来说 VPN 并不是完全独占的网络，但是通过对公共通信网络的逻辑分割，用户可以认为是在自己所专有的排他性通信环境中进行通信。很明显，VPN 的"专用"是一个逻辑上的概念，它为用户虚拟出了一个独占的通信环境来保证其专用性。

虚拟专用网的作用包括：加密数据，以保证通过公用网络的信息即使被截获也不会被破译；信息认证和身份认证，保证信息的完整性、合法性，鉴别用户身份；提供访问控制，为不同用户设置不同的访问权限等。

根据不同的应用需求，虚拟专用网可以用于政府机关垂直体系的网络连接、不同部门的政府机关的横向网络连接，以及工作人员远程访问内网。

4．入侵检测系统

入侵检测系统（Intrusion Detective System，IDS）用于检测出各种形式的入侵行为，是安全防御体系的一个重要组成部分。入侵检测既包括对非法使用系统资源活动的检测，也包括对滥用系统资源行为的检测。

入侵检测系统使用两种基本的检测技术：一是对网络上的数据流量进行分析，找出表现异常的网上交通。这种交通分析是一种对进入系统的信息只读"信封"，不读信内容的做法。通过对信封上信息的分析可以发现与入侵行为相关的某些特征。二是对网上流动的数据的内容进行分析，找出"黑客"攻击的表征。这种表征分析的办法是在网上传递的信息内容中寻找特定的关键字，这些关键字是在已知的入侵实例中使用过的。不过这种技术实现起来有相当的难度，因为，数据在网上传输是分成许多小数据段分别传输的，在做表征分析时需要将所有数据段重新拼装起来才行，这必将导致处理效率低下和系统开销庞大。

入侵检测利用的信息一般来自：一是系统和网络日志文件，因为日志文件中记录了各种行为类型，例如记录"用户活动"类型的日志，就包含登录、用户 ID 改变、用户对文件的访问、授权和认证信息等内容，而黑客经常在系统日志文件中留下他们的踪迹，通过查看日志文件，能够发现成功的入侵或入侵企图，并很快地启动相应的应急响应程序。二是目录和文件中的不期望的改变，因为包含重要信息的文件和私有数据文件经常是黑客修改或破坏的目标。三是程序执行中的不期望行为，因为程序执行的进程中如出现了不期望的行为可能表明黑客正在入侵你的系统。四是物理形式的入侵信息，包括未授权的对网络硬件连接，以及对物理资源的未授权访问。

对检测到的信息进行分析通常有三种技术手段：模式匹配、统计分析和完整性分析。其中前两种方法用于实时的入侵检测，而完整性分析则用于事后分析。模式匹配就是将收集到的信息与已知的网络入侵和系统误用模式数据库进行比较，从而发现违背安全策略的行为。统计分析方法首先给系统对象（如用户、文件、目录和设备等）创建一个统计描述，统计正常使用时的一些测量属性（如访问次数、操作失败次数和延时等）。完整性分析主要关注某个文件或对象是否被更改，这经常包括文件和目录的内容及属性，它在发现被更改的、被特洛伊化的应用程序方面特别有效。

根据检测范围的不同，入侵检测系统通常有三类：一是基于主机的入侵检测系统，其输入数据来源于系统的审计日志，一般只能检测该主机上发生的入侵；二是基于网络的入侵检测系统，其输入数据来源于网络的信息流，能够检测该网段上发生的网络入侵；三是分布式的入侵检测系统，能够同时分析来自主机系统审计日志和网络数据流的入侵检测系统。

5. 物理隔离系统

物理隔离是保障电子政务系统的重要手段，其解决思路是：在同一时间、同一空间单个用户是不可能同时使用两个系统的，总有一个系统处于"空闲"状态，这样只要使两个系统在空间上物理隔离，就可以使它们的安全性相互独立。具体来讲，它要求：在物理传导上使内外网络隔断，确保外部网不能通过网络连接而侵入内部网，同时防止内部网信息通过网络连接泄露到外部网；在物理辐射上隔断内部网与外部网，确保内部网信息不会通过电磁辐射或耦合方式泄露到外部网；在物理存储上隔断两个网络环境，对于断电后会遗失信息的部件，如内存、处理器等暂存部件，要在网络转换时做清除处理，防止残留信息出网；对于断电非遗失性设备，如硬盘等存储设备，内部网与外部网信息要分开存储。

根据实际应用的需求，物理隔离技术也在不断发展。

第一代隔离技术是双机双网技术，即配置两台电脑，分别连接内外两个网络。这种方式具有投资成本高、占用较大空间、使用不便、网络设置复杂、维护难度较大等不足。

第二代隔离技术是双硬盘隔离卡技术，在原有机器上增加一块硬盘和一个隔离卡来实现物理隔离，两块硬盘分别对应内外网，用户启动外网时关闭内网硬盘，启动内网时关闭外网硬盘。此种隔离方式需要在原有基础上再多加一块硬盘，对于一些配置比较高、原有硬盘比较大的机器而言，造成了无谓的成本浪费，而且频繁地加电和断电容易对原有硬盘造成损坏。

第三代隔离技术是单硬盘隔离卡技术，其实现原理是将原计算机的单个硬盘从物理层上分割为公共和安全两个分区，安装两套操作系统，实现内外网的安全隔离。单硬盘隔离卡有严密的硬盘数据保护功能，使用热启动切换两个网络，并有较强的可扩展功能，如可实现数据安全传输功能等。用户可以根据自己的需要在不同的网络环境（内网或外网）中自由切换，操作时感受不到任何区别。

第四代隔离技术是动态隔断技术，内外网自动切换在1秒钟内达到1000次，操作者根本感觉不到有任何延迟。

第五代隔离技术是反射隔离技术，是通过反射的原理代替切换开关来进行内外网的物理隔离，并且能对内外网的信息进行筛选。

9.3 电子政务安全管理保障体系

9.3.1 技术安全管理

1. 实体设备安全管理

实体设备安全管理的起点应该在设备选型阶段，也就是说，在准备购买设备的时候就需要考虑安全问题。其主要原则包括：应选用经过国家信息安全评测机构认可的，并经检测合格的信息安全产品，禁用未经认可和检测的产品；尽量使用我国自主研发的信息安全技术和设备；严禁直接采用境外密码设备；禁用未经国家密码管理部门批准和未通过信息安全质量认证的国内密码设备；新设备应符合国家或行业颁布的各类信息安全技术标准的要求，例如《信息技术设备的安全》（GB4943）等。

设备购置后，需由专业人员进行安装调试，并进行必要的运行测试，以保证设备进入安全运行状态。然后建立设备登记文档，包括设备的购置、移交、使用、维护、维修、报废等环节，都应建立登记项。

设备在使用过程中，安全管理的内容包括：设备运行日志管理；设备订制管理；设备的维护保养；设备的重复利用或报废淘汰处理等。此外，还应包括通信线缆和通信设备管理、防电磁信息的泄露以及场外设备（包括移动设备和固定在工作场所之外的设备）的安全管理，如笔记本电脑的使用、通信设备和通信线路的装置安装要稳固牢靠，具有一定对抗自然和人为因素破坏的能力等。

2. 软件系统安全管理

软件系统通常包括操作系统、网络系统、设备驱动程序、数据库系统、应用软件系统等。由于计算机软件系统本身总存在许多不完善甚至是错误之处，所以在运行时必然会出现一些安全漏洞，因此对软件系统的管理同样不可忽视。

软件系统的安全管理包含以下几方面内容：保护软件系统的完整性，防止软件丢失、被破坏、被篡改、被伪造，其管理问题涉及软件的选择和开发规程、软件安全保密测试、系统漏洞检测与修补、软件加密、防动态跟踪等方面；保证软件的存储安全，包括保密存储、压缩存储、备份存储，以及系统恢复等重要措施；保障软件的通信安全，包括软件的安全传输、加密传输、安全下载、完整下载、用户识别、审计与追踪等要素；保障软件的使用安全，包括合法的使用和合理的使用、用户合法性的管理、授权访问、系统的访问控制、防止软件滥用、防止被窃取及被非法复制、按规程操作等。

3. 系统口令安全管理

口令是系统身份认证的常用方法之一，也是系统安全的重要环节。其主要内容包括以下几方面。

一是用户自己设置口令时应要求：根据信息系统处理信息的密级或系统访问等级，确定合理的口令长度；口令内容上，采用字母、数字、符号混排的方式，至少包含一个特殊字符（!@#$%^&*）；避免使用一定意义的单词或单词缩写；也不要用人或物的名称、用户的电话、生日等资料作为口令。

二是系统要提供口令安全控制措施。例如限制试探次数，重复输入口令一般限制在3～6次，超过限定次数，系统将对该用户 ID 锁定，直到重新认证授权再开启；设定口令有效期，即限定该口令的使用期限，超过时限则作废，以及根据需要产生新口令；系统生成口令，有些系统不允许用户自己选定口令，而由系统生成和分配口令；封锁用户系统，对于长期未登录或口令超过使用期的用户的 ID 封锁，直到用户重新被授权等。

三是安全管理员在口令安全管理方面的职责，包括指导用户正确使用口令；检查用户口令使用情况；帮助用户开启被锁定的口令；对非法操作查明原因；解决口令使用过程中出现的问题；定期向上级管理部门汇报口令使用情况。

4. 存储媒体安全管理

存储媒体安全管理的任务是保障重要数据及其存储媒体不被破坏和不被窃取。它包含两方面的含义：一是指媒体本身的安全，主要是安全保管、防盗、防毁和防霉等；二是指媒体中的数据安全，主要是防止数据被非法复制和非法销毁。

存储媒体的安全管理，首先是要加强对含有敏感信息的可移动媒体（如磁盘、光盘、打印文件、存储卡等）的管理，不需要的要及时删除，携带媒体离开时要有授权，媒体存放要符合技术要求，并防止被窃取；其次要建立信息存储程序，以保护信息免受未授权泄露和滥用，使数据分布尽可能最小，数据复制要标明密级，并定期检查信息分配表和授权人表等。另外，还应针对不同类型的媒体建立不同的媒体安全处置方法、审批程序、处置记录等措施。

5. 运行环境安全管理

环境安全是保证各种计算或电子设备可靠运行的重要因素。如果系统运行环境不能满足要求，就会降低系统的可靠性和安全性，轻则造成数据或程序出错、破坏，重则加速元器件损耗和缩短机器寿命，或发生故障导致系统不能运行，严重时还会危及设备和人员的安全。因此，电子政务系统的运行环境应按照国家有关标准设计实施，须具备消防报警、安全照明、不间断供电、温湿度控制、防盗报警等能力，以保护系统免受水、火、地震、静电、噪声、虫害等因素的危害。

9.3.2 运行安全管理

1. 安全风险管理

在电子政务的运行过程中，风险管理是不应忽略的问题。所谓风险管理，是以可接受的成本费用识别、控制、降低或消除可能影响系统安全风险的过程。它可以分成风险评估和风险控制两个阶段，前一阶段的目的是认知风险，制定风险管理策略；后一阶段的目的是采取措施，降低风险。

电子政务的安全风险评估是确定政府机构面临的风险级别的过程。它首先要识别风险，一方面分析本单位实施电子政务的特点，明确风险分析的对象，标识安全边界，确定风险管理的范围；另一方面找出薄弱环节，分析威胁的来源、类型、级别、出现概率等，以此达到风险识别的目的。然后进行风险度量并确定风险级别，即从完整性损失、可用性损失、机密性损失、责任性损失以及相关保证措施的损失等几个方面确定风险对组织或系统的影响程度。最后，制定相应的风险管理策略。

安全风险控制是根据风险评估阶段的结果，采用预防、限制、检测、响应等方法和手段，对已标识的风险采取相应的措施，如风险规避措施、风险转移措施等，将电子政务系统的安全风险降低到可接受的水平，并保持对系统其他功能的影响最低。因为绝对安全（零风险）是不可能的，在采取各种安全控制手段后，仍有部分风险未能控制或未被意识到，这部分便是剩余风险。接受剩余风险是一个对残余风险进行确认和评价的过程，将残余风险分为"可接受"和"不可接受"的风险。对于无法接受的风险应考虑再增加控制以进一步降低这些风险。

2. 紧急事件处理

世界上本没有绝对的安全，所以突发性的安全事件是不可回避的，因此电子政务安全管理需要考虑如何处理紧急安全事件，提前做好预案。因为，危及电子政务的安全事件，往往是关系国家政治、经济、军事等领域的安全问题，而现在计算机空间已成为国家的神经系统，对国家安全和社会稳定至关重要，如果缺乏有效的紧急事件处理办法，将难以保证电子政务以及信息基础设施的安全运行。

首先，在事件发生前，要做些必要的准备。例如，建立适当的防御和控制措施、完整有效的安全事件响应处理程序、处理紧急事件所必需的资源和人员等。一旦发现有异常现象，就得及时进行检测，开始记录发生的所有事情，并对其可能产生的后果及其影响做出判断。如果出现安全问题的可能性比较大的话，则应及时向有关负责人汇报。

如果确实发现存在安全问题，则应立即采取有效措施进行防御。例如，关闭所有系统可以防止进一步的攻击发生和破坏；让受攻击的服务器或计算机从网络上断开；对防火墙或路由器的过滤规则进行及时修改；对已被攻破的账号要及时修改或删除；提高对系统或网络行为的监控级别；关闭某些服务，如文件传输等；甚至是设置诱饵或反击等。

在安全问题得到解决之后，还需要做的是：把被攻破的系统或网络设备彻底还原恢复到正常的任务状态；去掉抑制措施中的一些短期防御措施；了解受侵害的程度和恢复的状况；做必要的修补。

最后，对整个事件应做完整记录，形成技术档案，吸取经验教训，为以后的类似事件处理提供帮助，提高事件处理人员的技能，并为今后有关制度建设和响应策略制定提供参考。

9.3.3 组织安全管理

1. 安全组织机构

建立有效的安全管理组织机构是电子政务安全管理的基础。其目的是：统一规划信息网络系统的安全、制定完善的安全策略和措施、处理紧急安全事件、风险和损失的最小化、协调各方面的安全事宜等。

这种安全组织机构不应隶属于诸如网络或信息之类的部门，而应由所在单位的主要领导直接主管，使其保持相对独立性和一定的权威性。建立安全组织机构的目的是：统一规划各级网络系统的安全、制定完善的安全策略和措施、协调各方面的安全事宜。

电子政务安全组织机构应具有如下职责：

第一，要明确本单位电子政务系统的安全目标，根据安全目标来制定整体的安全策略。

第二，根据电子政务的安全策略，制定并实施各项安全措施，包括明确每个人的职责、检查安全措施的落实、监督安全措施的执行等。

第三，应制定明确的规章制度，作为日常安全工作应遵守的行为规范。过时的安全条例应及时修改、补充和完善。

第四，还应制定安全规划和应急方案，在风险和威胁的基础上采取主动和被动相结合的防范措施。

第五，还应制定敏感和保密信息的安全策略，划分需要保护的数据的范畴、密级或保护等级，根据需要和客观条件确定存取控制方法和加密手段。

2. 安全人事管理

人事安全是安全管理的重要环节，特别是各级关键部门的人员，对网络信息的安全与保密起着重要作用。实际上，大部分安全问题是由人为差错造成的。不仅人本身就是一个复杂的信息处理系统，而且人还会受到自身生理和心理因素的影响，受到技术熟练程度、责任心和道德品质等素质方面的影响。因此，人员的教育、奖惩、培养、训练和管理技能以及设计合理的人机界面对于电子政务系统安全保护都有很大影响。

安全人事管理的主要内容包括：人事审查与录用、岗位与责任范围的确定、工作评价、人事档案管理、提升、调动与免职、基础培训等。

在上述工作的实施过程中，应遵守以下原则。

多人负责原则：两人和多人相互配合、相互制约。从事每项安全活动，都应该有至少两人在场，他们要签署工作情况记录，以证明安全工作已经得到保障。

任期有限原则：任何人最好不要长期担任与安全有关的职务。

职责分离原则：不要了解职责以外的与安全相关的事情。尤其是以下几对信息处理工作应分开——编程与操作、机密数据的接收与传送、安全管理与系统管理、密钥管理与其他工作。

最小权限原则：只授予用户和系统管理员执行任务所需要的最基本权限。对超级用户的使用要权限分散。

3. 安全制度建设

健全的规章制度是电子政务安全管理有效实施的保障，对于电子政务的安全管理而言，其制度体系应主要由以下几个部分组成。

系统运行维护管理制度。包括设备管理维护制度、软件维护制度、用户管理制度、密钥管理制度、定期检查和监督制度，以及各种操作规程等。

计算机处理控制管理制度。包括编制及控制数据处理流程、程序软件和数据的管理、拷贝移植和存储介质的管理，文档日志的标准化和通信网络系统的管理。

文档资料管理制度。非电子化的各种凭证、单据、账簿、报表和文字资料，也必须妥善保管和严格控制。

操作和管理人员管理制度。包括岗位分工制度、权限划分制度、合法操作制度、异常情况报告制度、人员引进和调离制度，以及教育培训制度等。

机房安全管理制度。包括机房出入管理制度、身份认证机制、机房安全防范制度、机房卫生管理制度，以及机房运行操作管理制度等。

定期检查与监督制度。包括对系统安全运行的定期检查、对各项规章制度的落实情况的定期检查、对制度执行情况和人员工作情况的监督等。

此外，还有网络通信安全管理制度、病毒防治管理制度、安全等级保护制度、对外交流安全维护制度，以及对外合作制度等，也应根据实际情况列入考虑范围。

4. 信息安全文化建设

所谓安全文化就是用宣传、教育、文艺等文化手段开展的安全活动，它是安全价值观和安全行为准则的总和，安全价值观是安全文化的里层结构，而安全行为准则是安全文化的表层结构。

创建良好的信息安全文化，也是政府机构实施电子政务过程中不可忽视的重要因素。信息安全文化具备一些无形的力量，体现为：影响每一个人的态度和意识并强化安全意识的影响力；激励每个人的安全行为的自觉性的激励力；约束每个人的违规行为的约束力；对安全意识、观念、态度、行为的导向力。因此，对于信息安全文化建设可以看作是解决电子政务安全问题的一种软对策，是创建和谐的人、机、环境关系的重要基础性工作。

9.4 电子政务安全服务保障体系

保障电子政务安全，外部的服务机制也极为重要。社会化的信息安全服务体系是保障电子政务安全的重要环节。它所涉及的内容包括信息安全管理服务、信息安全测评服务、安全事件应急服务和信息安全培训服务等。

9.4.1 信息安全管理服务

信息安全管理服务是一个正在崛起的业态模式。随着电子商务、电子政务等领域的日益膨胀，信息安全人才在很长一段时间内仍会紧缺，使得外包信息安全管理服务成为常态。目前，一些信息安全管理服务提供商（Managed Security Service Providers，MSSP）正在逐步形成，他们有的是专门从事安全管理服务达到增值目的的，有的是一些软件厂商为弥补其软件系统的不足而附加一些服务的，有的是一些从IT集成或咨询商发展而来提供信息安全咨询的。信息安全管理服务的主要内容包括：信息安全咨询服务、安全技术管理服务、数据安全分析技术和安全管理评估服务。

1. 信息安全咨询服务

信息安全咨询服务包括整个电子政务系统构建或运行前的整体安全策略咨询、从安全需求分析和安全环境设置到各种安全防护系统的软硬件组合的安全解决方案咨询，以及较全面地为用户提供安全策略、安全规范、安全制度等管理方面的咨询。

2. 安全技术管理服务

安全技术管理服务主要是对安全系统的管理，如对网络系统的入侵监测、网络周边扫描、VPN/防火墙的监视与管理、防病毒内容保护、数据/文件的加密服务等。

3. 数据安全分析服务

数据分析需要一定的深度，因为数据中包含可能的攻击。MSSP事先建立自己的知识库，通过知识库来分析数据中是否隐藏攻击行为及其攻击模式，并判断威胁的严重性级别。

4. 安全管理评估服务

由于很多安全问题不是技术引发的，是人为因素造成的，因此，安全管理措施及其运行过程的适用和效率显得十分关键。由第三方实施的安全管理评估为电子政务系统的安全运行提供了保障。定期的评估报告可以帮助客户及时调整安全策略、弥补安全漏洞、更新安全系统、改进管理措施等。

从政府机构的角度考虑，选择MSSP主要有两个重要方面需要严格把握。一是服务品质保证，二是成本费用。保证服务品质需签署服务品质保证协议，它定义了政府和MSSP各自的职责，其中尤为重要的是MSSP对系统的访问权限问题。首先需要界定MSSP不能接触到哪些系统，因为政府机关有很多不能被共享的信息，但同时又必须保证MSSP有足够的权限来有效地提供服务。因此，如何找到访问权限的安全平衡点至关重要。服务的费用问题也是目前普遍关心的问题。在很大程度上，价格取决于服务的深度和广度。简单的监视或警告服务价格最低，因为这些都是自动化的服务。分析和咨询的成本就会高一些，并且随着分析和咨询的深度加大，费用也逐渐递增。电子政务系统的安全可靠运行是第一位的，但由于国家财政经费并非十分充足，因此在可能的条件下尽量节省费用还是十分必要的。

9.4.2 信息安全测评认证

测评认证是现代质量认证制度的重要内容，其实质是由一个中立的权威机构，通过科学、规范、公正的测试和评估向消费者、购买者（即需方），证实生产者（即供方）所提供的产品和服务，符合公开、客观和先进的标准。信息安全的测评认证是国家测评认证工作的新领域，它所解决的是对信息产品自身的基本安全防护性能的评价问题，以及从产品的设计角度和实现角度分析产品中存在的安全隐患、安全漏洞，并适当考虑采取安全防护和抵御攻击的方法。

由于信息安全直接涉及国家利益、安全和主权，各国政府对信息产品、信息系统安全性的测评认证要比对其他产品更为严格。首先，在市场准入上，发达国家为严格进出口控制，通过颁布有关法律、法规和技术标准，推行安全认证制度，以控制国外进口产品和国内出口产品的安全性能。其次，对国内使用的产品，实行强制性认证，凡未通过强制性认证的安全产品一律不得出厂、销售和使用。第三，对信息技术和信息安全技术中的核心技术,由政府直接控制,如密码技术和密码产品,多数发达国家都严加控制,即使政府允许出口的密码产品,其关键技术仍然控制在政府手中。第四,在国家信息安全各主管部门的支持和指导下,由标准化和质量技术监督主管部门授权,并且依托专业的职能机构提供技术支持,形成政府的行政管理与技术支持相结合、相依赖的管理体制。

信息产品的安全测评主要面对两类对象。一是开发者。信息产品的开发者在试图开发符合用户安全需求的产品时,必须遵循一定的要求和规则。评价开发出来的产品的安全性能,分析其安全保障条件,指出产品实现中的不足和缺陷,确定产品的安全等级,可以对产品开发提供很好的技术支持。二是最终用户。在构建网络或信息系统时,用户往往需要产品安全性能的采购指南。不同的用户搭建的信息系统的安全目标不同,也需要采取不同级别的安全产品,以满足信息系统的安全需求,同时降低系统建设成本。

我国于 1999 年正式启动信息安全测评认证工作,到 1998 年底,正式建立了我国的信息安全测评认证体系,如图 9.3 所示。它由三部分组成:国家信息安全测评认证管理委员会、中国信息安全产品测评认证中心和授权测评机构。中国国家信息安全测评认证管理委员会是经国务院产品质量监督行政主管部门授权,代表国家对中国信息安全产品测评认证中心运作的独立性和在测评认证活动中的公正性、科学性以及规范性实施监督的管理机构。中国信息安全产品测评认证中心是国家级的认证机构,对外开展四种国家信息安全认证业务:产品认证、信息系统安全认证、信息安全服务资质认证和信息安全专业人员的资质认证。各授权测评机构是中国信息安全产品测评认证中心根据业务发展和管理需求而授权成立的,达到测试实验室认可要求的独立测试机构,其测试结果作为国家认证中心进行认证的基础。

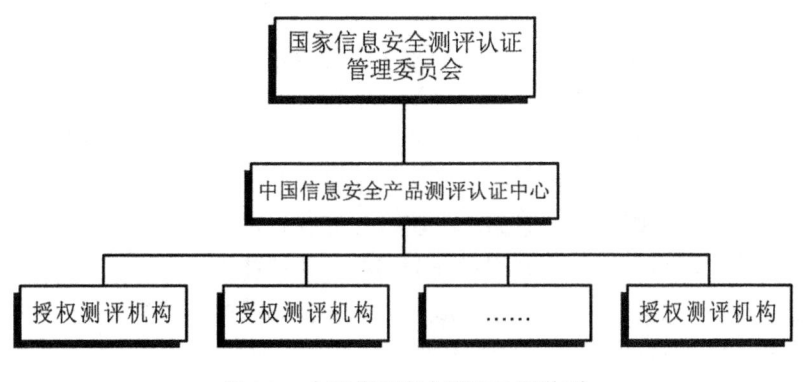

图 9.3 中国信息安全测评认证体系

9.4.3 安全事件应急服务

应急响应是计算机或网络系统遇到突发性安全事件(如黑客入侵、网络恶意攻击、病毒感染和破坏等)时,所能够提供的紧急的响应和快速的救援与恢复服务。1988 年,Morris 蠕虫程序破坏事件,直接导致了计算机网络应急服务组织的诞生。CERT(Computer Emergency Response Team)是应急处理组织的国际通用语,除了应急突发性事件,它还提供其他一些服务,如定期或不定期发布计算机网络安全公告、对特定的网络进行安全检查和风险分析、从事有关安全技术研究，以及承担一定的安全教育与培训工作。

一般而言，突发性安全事件的应急响应步骤如下：

第一，要有必要的事前准备，包括异常信息的检测工具和技术，以及应对突发事件的行动策略。

第二，要经常地甚至是持续地对防火墙日志、IDS 日志及其他可能的信息源进行异常检测，以保证及早发现突发事件。

第三，对初现的突发事件应能给出初始响应，包括确认事件是否真正发生、组织有关救援人员、收集易失证据等。

第四，需及时制定响应战略，并获得相关管理部门的批准。

第五，积极实现有关安全急救措施，包括将尚未被破坏的系统隔离出去，对以遭破坏的部分采取补救等。

第六，应尽可能将受害系统恢复到安全、正常运转的状态。

第七，将整个事件的过程及响应行为详细准确地记入文档。

在我国，一些政府机关和大型企业已经成立了计算机网络安全技术与管理部门，负责自身的计算机网络安全与应急处理工作，但目前大多处于筹建阶段或运行的初期，尚不足以提供全面的计算机网络安全与应急处理服务。而一些中小型的企业受限于规模，没有自己的安全技术队伍，同时也没有条件承担组建这支队伍所需要的经费，他们迫切希望能有专业组织来提供商业性的安全与应急处理服务。

实际上，我国最早的应急服务专业组织成立于 1999 年，由清华大学信息网络工程研究中心成立了 CERNET 的安全应急组 CCERT。同年 10 月，在东南大学网络中心成立了 CERNET 华东地区安全事件响应组 NJCERT。另外，ChinaNet 等许多部门也在组建类似的组织从事安全事件的应急处理工作，一些专业的网络安全公司也在开展商业性的安全咨询和救援服务。基于类似的安全响应组织越来越多的情况，国家计算机网络与信息安全管理中心（简称国信安办）成立了中国计算机安全应急响应组协调中心（CN-CERT/CC），为各行业、部门和公司的应急响应组协调和交流提供便利条件，同时为政府等重要部门提供应急响应服务。在 CN-CERT/CC 的协调与支持下，全国性的应急处理体系开始形成。为了统一协调和管理全国的应急处理工作，国信安办联合了职能部门、技术部门和用户部门的 9 个单位组成了我国计算机网络应急处理协调小组，共同负责我国应急处理体系的建设工作。初步形成了我国应急处理的基本构架，将"积极预防、及时发现、快速响应、确保恢复"作为我国应急处理工作的基本方针，本着自由、自主、自愿的原则，将行业安全组织和商业化的救援服务机构很好地融入到我国的应急处理体系中来，建立并完善了我国的应急处理体系。

9.4.4 信息安全培训服务

随着信息安全问题的日益突出，信息安全人才的需求也急剧扩大。无论是发展电子政务，还是发展电子商务，都迫切需要各类信息安全人才。分析当前的信息安全人才需求，可以用八个字概括："两个方面，多个层次"。一方面需要专业的信息安全人才，另一方面要求非专业人士也应具备相应的信息安全素养。专业的信息安全人才应包括专业技术人员、安全管理人员、专业研究人员和高级战略人员，如图 9.4 所示。专业技术人员需要掌握各种信息安全攻防的技术，具有检测和防范黑客攻击、保护和恢复系统的能力；安全管理人员需要有一定的信息安全知识和技术基础，负责信息系统的安全规划、风险分析、应急响应、安全审计等管理性工作；专业研究人员是有关信息安全理论、技术、产品的研究和开发的高级人才，需要有很高的理论水平、丰厚的专业知识、很强的研发能力；高级战略人员不一定要精通各项信息安全技术，但一定要有战略管理能力，能从机构层面甚至从国家层面制定信息安全规划，并组织和指挥实施。而非专业人士的信息安全素养要求：企事业单位领导应具备必要信息安全意识和安全知识；信息管理人员应具备一定的信息安全知识和基本技能；从事信息服务或信息安全服务的有关人员应具备必要的信息安全知识和技术基础等。

根据上述分析，信息安全人才的培养应该形成一个层次化的教育培训体系，以满足不同部门、不同层次的人才需求。在这个体系中，最基础的部分应该是信息安全素养教育，最高层应该是专业型的信息安全教育，而中间层则是应用型的信息安全教育。

专业型教育主要是培养信息安全领域的专业研发、工程技术、战略管理等方面的人才。

我国在这方面已初步形成一定基础，上海交通大学、山东大学、四川大学、武汉大学等高校已经建立了信息安全科学研究及人才培养基地，它们开设了以计算机网络安全技术为核心的理论性和技术性课程体系。

图 9.4　专业的信息安全人才需求结构

信息安全的应用型教育则是以从事现代信息管理工作的人作为对象，培养目标是要求学生具备信息安全的基本知识、网络和信息系统安全防范技能、组织机构或系统安全管理的能力等。这种应用型的信息安全教育要求受教育对象数量要多，覆盖面要广，基本信息技能要强。

信息安全素养教育是面向所有社会成员的，通过课程、讲座、宣传等多种形式，达到让每一个人都具备必要的安全意识和常规的信息安全自我防范技术的目的。

在上述教育培训体系中，高等学校、科研机构、社会培训机构，乃至诸多信息安全厂商都应承担相应的任务，共同努力。高校和科研机构主要培养专业的信息安全技术、管理、研究等方面的高层次人才，以学历教育为主。同时，高校和社会培训机构应共同致力于培养应用型的信息安全管理和技术人才，以非学历教育为主。此外，社会培训机构和信息安全厂商还应多举办各种活动，宣传必要的信息安全知识，达到提高全民信息安全素养的目的。

9.5 电子政务安全基础设施保障体系

基础设施保障主要涉及信息安全法律法规、信息安全标准、信息安全认证等内容。所谓基础设施，通常指的是像交通、能源等大型的基础性的物质设施，软基础设施借用的是基础设施的概念，通常指像体制、规范、人的素质等那些对经济社会发展具有基础性作用的领域。电子政务的发展需要有法规、标准和安全认证三大基础设施的支撑。

9.5.1 PKI 平台

1．公钥基础设施

公钥基础设施（Public Key Infrastructure，PKI），是一个用非对称密码算法原理和技术来实现并提供安全服务的、具有通用性的安全基础设施。在电子政务和电子商务的建设中，PKI 实际上是提供了一整套遵循标准的密钥管理基础平台。用户可以利用 PKI 平台进行安全通信，因为 PKI 能够为所有网络应用透明地提供采用加密和数字签名等密码服务所必需的密钥和证书管理。其安全通信的信任机制基础是：网上进行的任何需要提供安全服务的通信都是建立在公钥的基础上的，而与公钥成对的私钥只掌握在它们与之通信的另一方。

2．PKI 的基本组成

PKI 主要由认证机构、证书库、密钥备份及恢复系统、证书撤销处理系统、PKI 应用接口系统等部分构成。

认证机构（Certificate Authority，CA），是 PKI 的核心组成部分，也被称为认证中心。在使用公钥体制的网络环境中，必须向公钥的使用者证明公钥的真实合法性。因此，必须有一个可信的机构来对任何一个主体的公钥进行公证，证明主体的身份以及它与公钥的匹配关系。CA 正是这样一个可信机构，它通过对数字证书的签发、管理、认证等各种活动来实现上述任务。所谓数字证书（Digital Certificate），是一种权威性的电子文档，形同网络计算环境中的一种身份证，用于证明某一主体（如人、服务器等）的身份以及其公开密钥的合法性。

证书库是数字证书的集中存放地，是网上的一种公共信息库，用户可以从此处获得其他用户的证书和公钥。例如，甲要想找到乙的公钥，以便和乙进行保密通信。证书签发机构事先将乙的身份与其公钥捆绑，进行数字签名，并放在证书库中。甲就可以通过某种可靠的、安全的方式找到想要通信的证书。

密钥备份及恢复系统，是在用户由于某种原因丢失了用于解密数据的密钥时，为防止密文无法解开或数据丢失等情况出现，而提供的密钥备份与解密密钥的恢复机制。

证书撤销处理系统，是在用户身份姓名变更、私钥被窃或泄露、用户与其所属机构关系变更等因素引起已签发证书作废时，警告其他用户不要再使用这个公钥的机制。实际操作中，证书撤销有如下三种策略：撤销一个或多个主体的证书；撤销由某一对密钥签发的所有证书；撤销由某 CA 签发的所有证书。

PKI 应用接口系统，使得加密、数字签名等各种各样的应用能够以安全、一致、可信的方式与 PKI 交互，确保所建立起来的网络环境的可信性，同时降低管理维护成本。

3．PKI 体系结构

PKI 体系是由多种认证机构及其各种终端实体等组件构成的，其结构模式一般为多层次的树状结构。图 9.5 是一个典型的 PKI 体系结构，其中：

PAA 是政策批准机构，由它来创建整个 PKI 系统的方针、政策，批准本 PAA 下属的 PCA 的政策，为下属 PCA 签发公钥证书，建立整个 PKI 体系的安全策略，并具有监控各 PCA 行为的责任。

PCA 是为 CA 制定本 PCA 的具体政策的，可以是上级 PAA 政策的扩充或细化，但不能与之背离。这些政策包括本 PCA 范围内的密钥产生、密钥的长度、证书的有效期规定及 CRL 的处理，并为下属 CA 签发公钥证书。

CA 是认证机构，也称认证中心，具备有限的政策制定功能，按照上级 PCA 制定的政策，担任具体的用户公钥证书的签发、生成和发布及 CRL 生成及发布职能。

ORA 是在线证书审查机构，负责对证书申请者的身份认证，向 CA 提交证书申请，验证接收 CA 签发的证书，并将证书发放给申请者。必要时，它还协助证书制作的处理过程。

OEE 为终端实体。

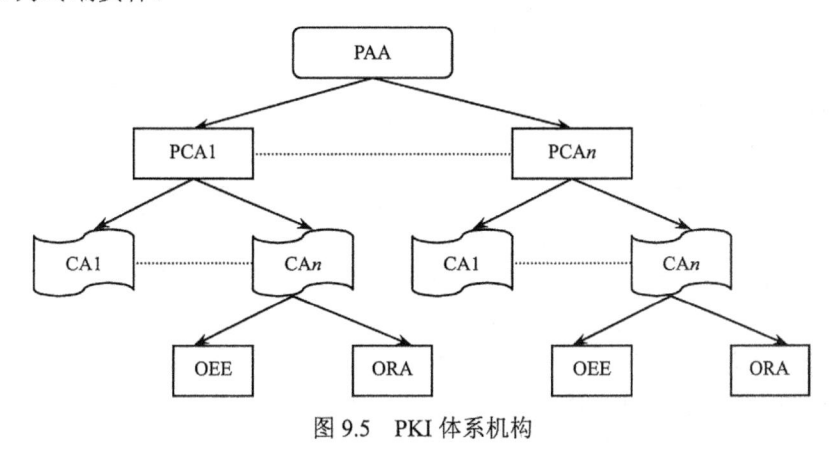

图 9.5 PKI 体系机构

4．PKI 的服务

PKI 提供的服务分为核心服务和附加服务。

核心服务一般有三个：认证服务，向一个实体确认另一个实体确实是自己，即身份识别与鉴别；完整性服务，就是确认数据没有被修改，即数据无论是在传播还是在存储过程中经过检查没有被（有意或无意的）修改；保密性服务，就是要确保数据的秘密，向一个实体确保除了接受者，无人能解读数据的关键部分。

附加服务也称 PKI 支撑服务，通常建立于 PKI 核心服务之上，包括：不可否认服务，是指从技术上保证实体对他们的行为的诚实性，例如对数据来源的不可否认、对数据接收行为的不可否认、对传输的不可否认、对同意的不可否认等。安全时间戳，就是一个可信的时间权威，它用一段可认证的完整的数据表示时间戳，它并不是对真实时间的反映，而是反映了相关时间/日期的安全性。公正服务，其含义是"数据认证"，CA 机构中的公证人通过一定的验证方式来证明数据是有效的或正确的。

作为一个安全基础设施，我国构建了国家 PKI 体系，其基本目标是：建设具有科学性、权威性、安全性和互通性的完整的国家 PKI 体系，推进国家信息化建设的健康发展。

我国的国家 PKI 体系由国家电子政务 PKI 体系和国家公共 PKI 体系两部分构成。国家电子政务 PKI 体系是服务于各级国家机构、组织和部门的内部电子政务业务（如公文流转）的 PKI 体系，负责向参与这些业务的各实体（包括人员、机构和设备）提供信任和安全服务，它采用严格的层次结构信任模型，由政务根中心（GRCA）、政务认证中心（GCA）和注册机构（RA）组成。而国家公共 PKI 体系则是服务于各种公众网上业务（包括电子商务业务、政府面向公众服务的电子政务业务和其他信息化应用）的 PKI 体系，负责向参与网上业务的实体（包括人员、机构和设备）提供信任和安全服务，是与国外 PKI 体系互联互通的主要窗口。它采用的是网状信任模型，由国家桥中心（NBCA）、地区桥中心（LBCA）、公众服务认证中心（SCA）和注册机构（RA）组成，国家桥中心 NBCA 是沟通各地方、各行业建立的 CA 认证中心的桥梁，它只与 CA 进行交叉认证，不向最终用户发放证书，地区桥中心 LBCA 功能与 NBCA 类似，但它是自发组织的机构，代表一批 CA 与 NBCA 交叉认证。

9.5.2 信息安全法规建设

法律规范是指国家按照统治阶级的利益和意志制定、认可，并由国家强制力保障其实施的行为规范的总和。信息安全的法律规范是调整人类在信息活动中发生的各种与安全有关的社会关系的法律规范的总称，其调整对象是人类在信息活动中发生的各种与安全有关的社会关系。电子政务作为政务活动在信息时代的一种新的表现形式，在安全性方面有着更高的要求，因此，除了技术层面的保障外，人们已越来越认识到电子政务法律保障的重要性，并把信息安全的法规建设看作一项重要的基础设施。

信息安全的法规保障体系包括以下几个层面的内容：

（1）在国家宪法和各部门法中对各类法律主体的有关信息活动涉及国家安全的权利和义务进行规范，形成国家关于信息及信息安全的总则性、普适性的法规体系；

（2）针对各类计算机和网络犯罪，制定直接约束各社会成员的信息活动的行为规范，形成计算机、网络犯罪监察与防范体系；

（3）对信息安全技术、信息安全产品（系统）的授权审批应制定相应的规定，形成信息安全审批与监控体系；

（4）针对信息内容的安全与保密问题，制定相应规定，形成信息内容的审批、监控、保密体系；

（5）从国家安全的角度，制定网络信息预警与反击体系等。

就电子政务安全而言，信息安全法规建设的重点内容包括：

一是 CA 认证体系的规范化。CA 认证作为国际上普遍采用的安全解决方案，是当前电子政务信任架构的基础。由于电子政务的相关信息对安全性的严格要求，对 CA 中心的设立程序和设立资格必须有严格的法律规定，明确其法律义务和责任，制定对其监管的法律、监督的机制以及处罚措施，规定市场准入、交叉认证等细则。

二是数字签名的立法。数字签名的立法应尽量与国际接轨，保持其技术的独立性和有效性，在坚持"安全第一"的价值取向基础上，重视其法律效率问题。目前，我国的《电子签名法》已经颁布实施，为电子政务实践提供了可靠依据。

三是电子文件的立法。电子政务系统中，电子文件的应用面极为广泛，要消除传统法律的瓶颈，扩大"书面形式"、"签名"和"证件"等概念的范畴，而又要保持其立法依据的法律要领，确保电子文件达到传统书面文件的相关功能，保证能查明数据的来源和内容的有效性确认上的法律效力。

四是政府信息的保密与公开的立法。在电子政务的模式下，政府信息的传播因减少了传统传播途径中的阻力而具有速度快、扩散面广等特点，应该在原有的相关保密法律的基础上，制定相关规范，引入数字签名等技术手段，将政务活动分级，根据不同的安全要求绑定相应的安全要素，使得该保密的更安全，该公开的更透明。

9.5.3 信息安全标准建设

标准是技术性法规，作为一种依据和尺度，没有标准就没有测评认证。在信息安全这一特殊高技术领域，没有标准，国家有关的立法、执法就会因缺乏相应的技术尺度而失之偏颇，最终会给国家信息安全的管理带来严重后果。比如，对信息安全产品的生产、销售管理，对产品的市场准入管理，对信息安全产品采购政策的制定，对社会各类信息系统（网络）的安全管理，对电子网络违法犯罪行为的司法管理等，无一不依据相应标准。

我国信息安全标准化工作，在国家质量技术监督局领导下，全国信息化标准委员会及其下属的信息安全分技术委员会在制定我国信息安全标准方面做了大量的工作，国标、国军标、行业标准对信息安全领域均有涉及。为适应我国信息化的迅猛发展，1999年国务院又拨出专款设立标准攻关项目，应急制定了分组过滤防火墙标准；防火墙系统安全技术要求；应用网关防火墙标准；网关安全技术要求；网络代理服务器和信息选择平台安全标准；鉴别机制标准；数字签名机制标准；安全电子交易标准第1部分；抗抵赖机制；网络安全服务标准；信息系统安全评价准则及测试规范；安全电子数据交换标准；安全电子商务标准第1部分；密钥管理框架；路由器安全技术要求；信息技术－n位块密码算法的操作方式；信息技术－开放系统互连－上层安全模型；信息技术－开放系统互连－网络层安全协议；信息技术－安全技术－实体鉴别第4部分：使用加密校验函数的机制等标准。它们成为我国信息安全测评认证的基础。

随着我国信息安全测评认证制度的建立与推进，以及我国信息安全有关主管部门管理力度的加大，我国信息安全标准化工作将迎来更大的发展机遇。目前，信息系统安全性评价准则及测试规范、商用密码产品安全技术要求、信息安全服务评估准则、信息安全工程质量管理要求等标准即将出台。在国家质量技术监督局的领导和支持下，国家信息安全标准体系的框架已初步形成，将在该框架内以政府主管部门推动、产业界参与的模式，按急用先上的原则逐步推出我国信息安全技术发展和管理应用急需的相关标准。

国内外信息安全工作实践表明，信息安全保障体系的建设是一个动态的、复杂的系统工程，作为其重要基础设施的标准化建设也是一项系统工程，它包括标准管理、标准制定、标准宣贯、监督检查等一系列工作。仅就标准制定一项就涉及国外标准的收集研究、消化吸收、结合实际、测试验证、起草评审、报批发布等一系列繁杂细致的工作。TCSEC 从起草到正式发布用了四、五年的时间，ITSEC 用了两三年，而 CC 标准从 1993 年算起到 1999 年正式成为国际标准用了 9 年多时间。最近几年，我国颁布的全国或行业性的信息安全标准其起草审改过程也多在两年以上。比较简单的、单个产品的安全标准的起草周期也在 1 年左右。由此可见，要搞好我国信息安全标准工作，必须加强各部门各行业内部和外部的联合与合作，并逐步形成具有统一性的共同标准。

信息安全不仅是一个复杂的、动态的系统工程，而且是一个高投入的系统工程，据国内外许多部门的测算，信息系统的安全保障部分的建设费用应占系统总费用的 10%～15%，有些甚至高达 20%，因此在制定信息安全标准时必须考虑安全功能和安全投入的相对关系，采取风险管理与适度安全的原则，这就要求标准必须划分等级，以便按需定级，防止投入不足或投入过大。美国的 TEMPEST 标准在七八十年代只有最高要求一级，后来随着实践的深入和形式变化，划分成三级，而 TCSEC、ITSEC 及 CC 等都划分了保护等级。我国的信息安全标准从密码到产品、到系统都应当考虑风险管理和适度安全原则，我国颁布的《计算机信息系统安全保护等级划分准则》为安全等级划分制定了原则。

本章小结

- 电子政务安全问题就是一种信息安全问题。在宏观上，表现为国家和社会的信息安全问题；在微观上，表现为政府机关在运行过程中的信息安全问题。
- 电子政务的安全保障是一个复杂的系统工程，需要从技术保障、管理保障、服务保障和基础设施保障等四个方面来构建一个完善的保障体系。
- 三分技术，七分管理。确立电子政务安全保障的关键在于管理。
- 保障电子政务安全，外部的服务机制也极为重要。社会化的信息安全服务体系是保障电子政务安全的重要环节。
- 电子政务安全保障需要构筑坚实有效的基础设施平台，尤其不可缺少法规、标准和认证这三大基础设施。

问题讨论

1. 如何认识保障电子政务安全的重要意义？
2. 如何理解电子政务安全保障的关键在于管理？
3. 作为实际管理者，应如何进一步完善和落实电子政务安全运行的制度？
4. 作为信息和信息安全服务商，应如何更好地为电子政务安全提供外部服务？
5. 如何对电子政务系统实施风险管理？
6. 如何建设与完善我国的信息安全法规体系？

案例分析

浙江某政厅电子政务系统安全实施案例[1]

浙江省为了实现××厅内部管理工作信息化的目标，提出了"浙江省××厅电子政务建设"的项目。某软件公司依据上述的需求分析和相关的安全技术，设计了如下的基于PKI体系的浙江省××厅电子政务系统安全解决方案。

本方案设计的核心思想是利用PKI技术建立起一套集身份认证、数据加密、数字签名、访问控制等于一体的完善的安全解决措施，以保证浙江省××厅电子政务系统的安全。方案的整体设计可以分为以下几个部分：

（1）通过利用某公司的CA[2]产品为浙江省××厅电子政务系统建立专用的CA中心，实现在电子政务系统中引入数字证书；

（2）由CA中心为每个电子政务系统的用户签发一张数字证书，并在电子政务系统中调用相应的CA产品提供的接口程序，实现用基于数字证书的身份验证方式替换过去的用户名加密码的身份验证方式；

（3）将电子政务系统所使用的Web系统配置成安全的Web系统，采用要求用户访问时提供数字证书的工作方式，使用HTTPS协议保证信息传输的安全性及完整性；

（4）将从用户提交的数字证书中获取的用户信息（如姓名、所属部门和E-mail地址等）作为权限控制的依据；

（5）文件加密存储，整套方案的基础是数字证书，通过结合使用数字证书，将整个电子政务系统透明地移植到基于PKI技术构建的安全平台上。

---

[1] 浙江某政厅电子政务系统安全实施案例【R】，2004
[2] 电子商务认证授权机构，Certificate Authority

第 10 章

中国电子政务的发展基础

内容提要

- 电子政务是一个漫长的旅程,它不会一蹴而就,它需要有一个相当长的发展过程。在人类数千年的政府管理历史长河中,电子政务还仅仅是短短的一瞬间,许许多多的问题我们还没有解决,许许多多的领域我们还没有接触,漫长而艰辛的路程在等待着我们,发展将是电子政务的本质特征之一。
- 电子政务发展需要依托一定的基础性条件。电子政务是一座壮美的大厦,但如果失去了必要的基础条件,她就会成为无源之水、无本之木,成为没有根基的空中楼阁。
- 对于电子政务而言,法律政策基础、管理基础、信息资源基础、信息基础设施、以电子信息技术为核心的技术基础都是不可或缺的。

本章重点

- 电子政务发展的法律政策基础;
- 电子政务发展的管理基础;
- 电子政务发展的信息资源基础;
- 电子政务发展的信息基础设施;
- 电子政务发展的技术基础。

10.1 电子政务发展的法律政策基础

实施依法治国方略、推动依法行政是中国电子政务的重要目标之一。电子政务的实现过程实际上就是一个政府管理从人治走向法治的过程。因此，电子政务生存和发展的最重要的基础首先就是法律政策基础。

毫无疑问，如同任何其他革命性变革一样，电子政务已经并继续在不断变革既有的社会价值结构的过程中创造着新的价值体系，使社会衍生出一系列新型的社会关系。信息技术极其广泛的应用，给社会带来了经济模式、政治模式、文化模式等方面的巨变，同时，也使社会面临着网络安全、信息安全、个人隐私安全、国家安全等困扰。我们可以看到和感觉到的是：大量新的社会关系需要重新调整，原有社会秩序和政府管理模式受到了挑战。而这就需要我们加强相关的法律政策建设，以相应的法律和政策调整相关的社会关系，维护社会秩序，引导和保障电子政务的健康发展。

中外政府在推行电子政务过程中正面的经验与反面的教训都告诉我们，如果不尽快有效地构筑相应的法律政策基础，电子政务就将失去赖以生存和健康发展的基本条件，甚至会引发一系列混乱。

法律政策建设先行，至少不要严重滞后，这几乎是电子政务发展水平较高的国家所采取的一致做法。美国、加拿大、英国、法国、日本、新加坡、韩国等国家，在推行电子政务的过程中都非常注意进行相关的法律政策建设。正是一系列国家法律、法规和政策，筑就了这些国家电子政务大厦的基石，为电子政务的健康发展指明方向、开辟道路、保驾护航。

我国电子政务发展所取得的每一点成绩也无不是相关法律政策建设的成果。从 1985 年的"海（中南海）内工程"，到 1993 年底启动的"三金（金桥、金关、金卡）工程"，再到 1999 年的"政府上网工程"，直至今天电子政务在全国从中央到地方的大范围推广，其中每走出的一步，几乎都与相应法规和政策的建设密切相关。

同时，我们也不能不实事求是地说，整体而言，我国电子政务方面的法律法规和政策建设还是严重滞后于电子政务事业发展的。虽然已经制定或者修订了一部分相关法规，但对电子政务影响大而长远的国家法律依旧基本上是空白的，政策虽然先于和优于法律法规，但基本管理政策和技术政策不足，直接操作性不强，时效性也比较差。如此看来，目前我国电子政务的法律政策基础还是十分薄弱的。而这样一个基础已经严重制约了我国电子政务的正常发展。

法律政策基础薄弱对电子政务发展的制约作用，首先表现为因无法可依，使电子政务环境下，政府相应行政行为缺乏法律政策依据和保障。电子政务给政府管理带来的影响是革命性的，不仅行政手段有了变化，相应行政行为的性质也发生了改变。但由于相应法律法规建设长期滞后，致使行政机关为规避"非法"、"违法"而畏首畏尾，不敢作为。

法律政策基础薄弱对电子政务发展的另一个方面的制约作用，则表现在因无法可依，造成社会公众的权益失去法律保障，政府合法性遭到质疑。政务关涉社会生活中最重要也最为复杂的社会关系，电子政务则进一步衍生出一系列新的社会关系。这其中有中央与地方的关系、中央部门与地方的关系、部门与部门的关系，更包括政府与社会公众的关系等。我们知道，调整这些关系的依据和准则就是法律法规和政策，特别是在处理各种矛盾和利益冲突时，将主要依靠它们的力量。而如果失去这些准则和依据，一方面会不可避免地出现社会混乱，另一方面也会不可避免地引发行政机关或其公务员对社会公众权益的侵害。在社会公众对政府管理是否公平、公正心存疑问甚至不满的情况下，政府将在事实上失去合法性。比如，我们知道电子政务就是要在最大程度上尊重社会公众的知情权，最大限度地满足他们对政务信息的需求。但是，由于我国至今没有公民享有知情权的明确法律条文，知情权仅仅是宪法中公民基本权利中的引申权利，政务信息是否为社会所有更不见明确的法律规定。在这种情况下，行政机关将或者出于维护自身利益的需要，或者因惧怕"违法"，而像在传统政务环境下那样继续尽量垄断政务信息，公民的知情权将只能挂在口头上。这样的电子政务将不是真正的电子政务，公民会更明显地感觉政府侵害了自己的权益，从而质疑政府的合法性。

法律政策基础薄弱对电子政务发展的另一个方面的制约作用，主要表现在因无法可依，使电子政务建设过程中出现严重的无序现象。如前所述，我国的电子政务事业确实在发展，并且取得了一定的成绩，但在发展过程中却存在着非常有害的因缺乏规范而形成的混乱和失效现象。其结果，对大多数行政机关而言，电子政务还仅仅停留在"说"而不是真正"做"的层面上；大部分已经构建电子政务系统的行政机关，并没有在实质上完全实现电子政务。

对于我国绝大多数行政机关来说，电子政务还是一种理念或者口号，构建了电子政务系统并且真正实施的，往往只是少数基层政府机构，或者是兼有企业色彩的"经济技术开发区管理委员会"等。之所以如此，关键是在缺少相应法律政策的情况下，行政机关因担心出现可能危害国家安全和利益的漏洞而不敢做。在连中国电子政务究竟可以搭建在怎样的硬件平台和软件平台上都不明确的情况下，不敢"做"是必然的。

近些年来确有部分行政机关建立了电子政务系统，或者建立了自己的网站。但实际上，多数已建成的系统并没有真正直接用来处理政务，功能不全、信息提供不充分、交互界面不够友好（繁乱、不便）、信息安全没有保障使其难以发挥作用。相当部分的政府网站基本上只是个投资巨大而作用有限的"公告牌"。信息资源匮乏是这些站点的通病，网页长时间只有寥寥三五页，半年一年也不更新一次的不在少数。这又与没有统一的法律政策有关。缺乏法定依据使行政机关只能根据自己的理解，甚至是商业机构赢利的需要构建、评价和营运电子政务系统。这样，功能不全、资源匮乏、能看不能用，就必然成为大部分电子政务系统的现实。

事实告诉我们，法律政策基础建设工作的滞后给我国电子政务实现与发展带来了危害和实际损失。法律政策是电子政务的基石，如果不能尽快建立我国电子政务方面的法律政策体系，我国的电子政务事业将失去正确的方向，失去健康发展的基本条件。

我们认为，夯实电子政务法律政策基础的一个重要方面，依然是尽快解决有法可依、有政策可循的问题，《电子政务法》、《信息资源法》、《政府信息公开法》（而不仅仅是政府部门发布的《政府信息公开条例》）、《电子文件法》、《个人信息保护法》、《政务信息安全法》等法律应当加快制定的步伐；严格电子政务系统建设规划、加强电子政务风险管理、促进国产化信息技术开发和应用、规范政府信息技术设备采购（特别是国产化并确有安全保障的设备和软件系统采购）、强化电子政务系统工程建设审计、强化政府信息资产管理、全面实施电子政务绩效评价、保障电子政务系统运行维护有效性、强化电子政务标准化建设、加强对公务员教育培训提高其信息素质等方面的管理政策和技术政策应进一步加大制定和实施的力度，全面提高实际效果。

10.2 电子政务发展的管理基础

无数事实已经告诉人们这样一个常识，电子政务绝不是"电子技术手段"与"传统政务"的简单相加。信息技术本身并不能保证提高政府效能，而电子政务发挥效用的关键在于优化管理、用好信息技术。因此，电子政务更需要有一个全面优化的管理基础。电子政务是政府管理的革命性变革，电子政务的本质是政府管理的创新，如果没有一个全新的、优化的管理基础，电子政务一定是空中楼阁。

在一定意义上，各国政府之所以要大力推行电子政务，目的之一，就是要用信息技术推动政府管理的变革。这其中的逻辑非常简单，信息技术的应用会提出全面变革传统政府管理的需求，只有满足这些需求，电子政务才会确有成效；而这个与电子政务需求相适应的全新的管理基础才是信息时代政府管理所真正需要和追求的。美国的电子政务建设过程一直伴随着"政府重塑"，也就是政府不断根据公众的要求和电子政务发展的需要进行政府管理的改革和调适。从1999年开始，联合国经济社会事务部就把推进发展中国家政府信息化作为工作的重点，希望通过信息技术的应用改进政府组织，重组公共管理，最终实现办公自动化和信息资源的共享。在我国，党的十六大报告则更明确地指出政府管理要：进一步转变政府职能，改进管理方式，推行电子政务，提高行政效率，降低行政成本，形成行为规范、运转协调、公正透明、廉洁高效的行政管理体制。党的十七大报告则进一步指出，要抓紧制定行政管理体制改革总体方案，着力转变职能、理顺关系、优化结构、提高效能，形成权责一致、分工合理、决策科学、执行顺畅、监督有力的行政管理体制。健全政府职责体系，完善公共服务体系，推行电子政务，强化社会管理和公共服务。

当然，电子政务管理基础建设是一个相当长的过程，更是一个艰苦的过程，对于我国而言尤其如此。虽然我国政府一直在进行政府管理的改革，并且已经取得了一定的成效，但这只是为电子政务发展需要打下了一个初级的基础。

一方面，我国政府管理的方式与流程基本上是在计划经济体制时期建立的，它们与计划经济体制是基本适应的，但与改革后的社会主义市场经济管理体制的客观要求还存在许多不适应甚至是对立抵触之处，况且，我们的经济体制改革、政治体制改革还远没有完成，为此，相应的政府管理改革将是长期的。

另一方面，我国的政府管理业务体系与管理流程是在传统工业社会甚至是农业社会形成和发展起来的，与信息社会的要求存在着诸多根本性的不适应，这也决定了政府管理改革的长期性和艰巨性。

还有一个方面必须提及，这就是由于受诸多方面因素的影响，虽然新中国已经建立了半个多世纪，但我国政府管理的科学化水平一直不高，甚至连最基本的正规化、规范化水平都与发达国家存在比较大的差距。而我们知道，电子政务是绝对不能建立在一种粗放管理的基础之上的。

我们认为，与电子政务发展需要相适应的管理基础应当着力：树立反映时代发展要求的全新管理理念、熟悉并正确运用新的管理方式、全面实施管理的规范化。

10.2.1 树立反映时代发展要求的全新管理理念

电子政务是一场政府管理的革命，要完成这场革命，顺应这场革命，首先需要我们完成一次管理理念的革命，树立全新的管理理念。

实践表明，电子政务的难点不是技术，也不是资金，而是管理思想的转变和管理理念的更新。因此，在这样的意义上，推进电子政务的过程，也就是在政府管理领域引进现代管理理念的过程。我们认为，我国政府管理水平的落后在很大程度上集中体现在管理理念上。电子政务的推行，要求我们全面抛弃那些已经陈旧过时的管理理念，树立起反映时代要求的全新理念。

这些理念包括：法治理念、民主理念、公平理念、科学理念、责任理念、服务理念、效能理念、系统理念、创新理念、安全理念十个方面。这些理念有着崭新的时代特征，这些理念是对传统政府管理环境、传统政府管理职能、传统政府管理组织的挑战，更是对传统政府管理人员的挑战。本书设专门章节讨论了这个问题。

10.2.2 熟悉并正确运用新的管理方式

实施电子政务的目的不仅是利用先进的信息技术来替代手工劳动，更为重要的是通过政府管理手段的革新，促进政府管理方式的变革。因此，在推进电子政务的过程中，需要我们结合信息技术的推广利用，不断对政府结构、决策方式、运行方式、管理和服务模式、工作流程进行相应的改进和调整，建立与先进信息技术手段相适应的组织机构与工作流程，从根本上提高政府管理的水平。

我们认为，电子政务要求政府管理方式发生的变化，电子政务可以推动政府管理方式发生的变化，而在这其中最根本的变化是：将主要依靠间接控制的管理，转变为更加依赖于直接控制的管理；将结果控制的管理，转变为以过程控制为主、以结果控制为辅的管理。

电子政务可以给政府管理方式带来的根本改变，主要具体表现在政府组织结构形式、政府部门间及政府与社会公众间的关系模式、政府管理类型、政府服务方式、政府办公模式等几个主要方面。

10.2.3 全面实施管理的规范化

世界各国电子政务发展的实践证明，电子政务的实现过程就是一个管理的规范化的过程，没有管理的规范化就没有真正的电子政务。管理的规范化建设实际上是管理基础建设的集中和综合的反映。管理的规范化主要表现为制度化、程序化、标准化。

1. 管理的制度化

管理对于制度化有着特殊的依赖性，科学的政府管理都需要有制度作为基础。这主要是因为，建立稳定的秩序是政府管理的重要目标之一，而秩序必须靠制度才能维系；放大事物的功效是管理的本质和管理的最基本功能，而通过管理被放大的功效，许多都源于制度的作用，正是制度保障和促进了科学分工和协作的发展，从而使蕴藏在人类群体中的潜能被挖掘出来，使事物功效得到放大；使多数人认同是管理有效的基本前提，而要使人们能够认同管理公平公正，同样需要靠制度的保证。

对于电子政务来说，它将需要在更大的程度上依靠制度的作用。这主要是因为，电子手段的应用，需要政府管理更加讲究"规矩"，因为没有了"规矩"，电子化的机器就无法代替我们处理任何事情。电子政务关涉国家要务，一旦失去制度的保障，就会因失去合法依据而造成难以克服的混乱；电子政务关涉社会最广大的社会群体的活动，一旦失去制度的保障，社会秩序将被破坏，客观规律将得不到遵循，政府管理就会失去有效性。为此，电子政务对制度化建设有更高的依赖性。

这里所说的制度是指各级各类政府机关，应政府管理的需要制定的实体性规范[①]；这里所说的制度化就是指制定、修订和实施制度规范的过程。在制度体系中包括对电子政务的运转起直接保障和指导作用的制度，如使国家相关法律政策具体化、精细化的规章、规则等，更主要的则是那些涉及面极广，数量极为庞大，为各类政务活动确立准则的政府工作制度。

目前我国政府机关管理制度建设中的主要问题，一方面是管理制度还不健全、不完备，相当一部分需要建立的制度，作为历史欠账，一直没有建立起来。如果说在手工处理政务的情况下，制度不健全，人们还可以凭经验、凭惯例、凭领导意图勉强办事（尽管会办错办坏很多事）的话，在电子政务环境下，如果没有完善的制度，缺少确定而精细的"规矩"，电子化的机器就将无所遵循，也就什么政务都处理不了。就电子信息技术目前的发展水平而言，电脑的智能化水平与人脑相比还是十分初级甚至是低级的。因此，电子政务所提供的技术，所能够做和能够做好的，还主要是让机器代替人去从事大量重复性、只需要依据人确定的"规矩"做简单判断的事情。要让机器把事情做得好，首先是人要把"规矩"立好。没有规矩，机器就什么都不做；没有精细的、优化的好规矩，机器就会把事情做坏、做糟。

另一方面，现有的管理制度中相当一部分已经不适应信息化社会政府管理的需要，亟待改进甚至是全面革新。因为如果不变更管理制度，让先进的技术与落后的制度结合，先进的手段往往就会沦为落后"政务"的保护伞，电子政务也就失去了正确方向，失去了存在的价值。目前，在我国政府机关中这部分需要革新的制度，有着共同特征，就是垄断、分割信息，使信息失真、迟滞、失效，阻碍政务信息的有效流通和信息资源的共享，从而造成管理系统的低效甚至失效。

由此可见，如果不解决管理制度中的问题，失去必要的制度保障，或者让有毛病的

---

① 指用以规定相关机构和个人权利、义务、责任的规范

制度与先进的信息技术结合，不仅使现代化手段的正面作用难以发挥，而且往往白白增加行政成本，降低政府管理的效率与效能。

在管理制度的建设中，对于现有的管理制度，我们需要进行全面的审视，凡已经彻底不适用的，一定要彻底废除；凡需要改进的一定要及时修正和更新，绝不让有问题的制度成为我们处理政务的依据。对于各种管理制度方面的空白，我们一定要抓紧进行全面制定。

2. 管理的程序化

流程管理是现代管理的一种重要模式，它与传统的以职能划分的金字塔形的层级管理模式相对，是以流程为导向的、组织结构呈扁平化的新型管理模式。管理程序就是对管理流程的确定化，它是在科学地对管理流程进行分析、优化的基础上形成的一种反映流程构成和运行规则与方法步骤的管理规范。如此说来，管理程序是对管理流程的确定性反映；管理的程序化作为现代流程管理的主要形式，指建立、实施并不断完善管理程序的过程。

管理的程序化在政府管理中具有越来越高的价值，因为这种管理在现代政府管理中非常有利于全面提高管理效率和效能，改善工作质量；有利于维护公众的合法权益。

管理的程序化对电子政务的推行具有极端的重要性。这不仅在于管理程序化的功能与电子政务的目标需要完全契合，电子政务就是要使政府管理更具效率、效能，更有质量保证，更好、更快、更有效地维护公众权益，全心全意为人民服务；同时还在于，管理程序化所体现的重过程控制、重过程能力建设、以人为本的管理理念、管理精神，完全顺应了电子政务的发展需求。实践已经证明：在一个没有工作流程的地方，特别是没有管理程序的地方，信息技术将没有用武之地；在一个本来就很混乱的工作流程中，特别是缺乏科学管理程序规范的流程中，采用信息技术只会乱上加乱。为此，电子政务如果失去管理程序化的基础，将一事无成。

由于受多种因素的影响，我国电子政务的管理程序化基础确实非常薄弱。相当多的政府管理行为并没有明确的程序规则，甚至相当多的政府管理过程都没有进行过有意识的程序设计，既有的一部分管理程序也远远不是反映科学管理流程的科学程序。这样一个现状，决定了我国政府机关在推行电子政务的过程中，需要花费更大的气力，推行流程管理，特别是在管理程序建设方面多做文章。

3. 管理的标准化

标准是对重复性事物和概念所做的统一规定，标准化就是指制定、执行和修订标准的过程。

标准化在工业社会，是大工业生产基石，没有标准化，也就没有现代化大生产。正是它保证了分工协作的统一协调，正是它为专业化生产提供了前提，正是它为提高产品和服务的质量确立了保证，正是它保护了事物有益的多样性发展，正是它为新技术的推广应用搭建了桥梁，同样还是它，构成了现代科学管理的基本内容。在信息化社会，标准化不仅没有过时，相反却表现出更强的生命力。信息社会最重要的特征之一，就是打破地域、等级、时间、空间等诸多方面的限制，最大限度地实现信息资源的共享。而要使这种共享成为现实,当然离不开标准化的作用。在电子政务领域,标准化同样是维系电子政务系统有效运行的基石。电子政务需要技术的标准化,更需要管理的标准化。

标准化的滞后,已经成为制约我国电子政务发展的巨大瓶颈。直至今日,我国电子政务所需要的国家标准无论在数量还是在质量方面,都还不尽如人意。无论是技术标准,还是管理标准都是如此。其结果,大大阻碍了电子政务的发展步伐。

标准化的滞后,使部分构建电子政务系统的地区和单位,已经开始出现系统间的不协调,甚至冲突,没有必要的重复建设现象将给国家带来巨大的浪费。由于没有必要的标准,地区间、单位间的软硬件系统都缺乏信息系统所必需的兼容性:硬件系统缺少接口,或者接口制式不一;软件系统各自为政,重复设计,互不通用;信息资源建设各搞一套,不仅重复建设、挂一漏万,而且结构格式混乱,信息无法共享;……。这种不具备通用性、兼容性,不能在尽可能大的程度和范围内实现互通互联,不能实现信息资源共享的系统绝不是真正的电子政务系统。而统一标准不建立,就意味着现有已经建成的一部分系统迟早要推倒重来,这种重复建设给国家带来的损失将是十分巨大的。

标准化的滞后,使部分地区和系统在电子政务建设中事实上奉行的"标准",对国家的安全和利益构成威胁。我们长期没有电子政务系统方面的国家标准,而电子政务系统的建设是离不开标准的,因此,在一个地区,进行电子政务系统建设的过程中,往往各自形成了一种事实上的"标准"。这些"标准"是未来推行国家标准的最大障碍,是给国家造成重复建设和巨大损失的根源,同时更构成了对国家安全和利益的威胁。因为,由于多种原因,这些事实上的"标准"基本上是国外厂商的企业标准。而这些标准大都存在危害我国国家安全和利益的漏洞。这些"标准"的硬件是外国厂商自己也不讳言预留有"后门"的设备和部件,这些"标准"的软件系统包括操作系统也是绝不完全公开源代码的、安全漏洞层出不穷的国外垄断厂商的产品。

由此可见,标准化是电子政务的基石,如果不能尽快建立我国电子政务标准体系,特别是真正体现国家和民族利益、顺应客观规律、保护先进事物的电子政务管理标准体系,我国的电子政务事业将失去正确的方向,失去健康发展的基本条件。

我们认为,我国电子政务标准体系的建设必须加速进行,并应当注意采取正确的策略。

第一,准确界定电子政务标准化的阶段性目标。2002年5月下旬,国家标准委和国务院信息化工作办公室联合印发了《电子政务标准化指南》(第一版)。《指南》已经对我国电子政务标准化的总体目标做出了明确的规定:建立并不断完善电子政务标准体系,为电子政务建设提供支持与服务;制定一批电子政务关键标准,为实现互联互通、信息共享、业务协同、信息安全打好基础;建立电子政务标准贯彻实施机制,为标准的实施提供有效服务。有了这样一个明确的总体目标,无疑将非常有利于我国电子政务标准化事业的健康发展,但是,电子政务标准化是一项影响深远、关涉面宽广、极具复杂性的事业,它的目标实现绝不可能是一蹴而就的,不经过长期的、一步一个脚印的艰苦努力是不行的。为此,根据国情实际和电子政务发展的客观需求,在正确划分电子政务标准化的发展阶段的基础上,准确界定各发展阶段的阶段性目标就成为电子政务标准化的最重要策略。目前电子政务标准化正处于创建阶段,这个阶段的目标可以概括为:固基护本，架桥除障。

"固基护本"，就是通过标准化建设把我国电子政务底层的基础夯实，免除严重危害国家安全与根本利益的颠覆性风险。这些风险中最显而易见，也是最让我们忧虑的现实是，我们目前搞的"电子政务"，我们所建立起来的"电子政府"，几乎都是靠外国垄断厂商高度垄断的技术作为支撑的。从硬件设备中的核心部件，到软件系统中的操作系统，越是底层的，越是具有核心作用的，越是基础性的东西，就越是"舶来品"，就越是属于一个技术大国一两家甚至是独此一家的垄断厂商的垄断产品。没有人回答这样做是否妥当，国家更没有形成正式标准肯定或者否定这种现象，更没有采取有效措施规避或者降低这种现象给国家安全带来的风险。这实在是我们的切肤之痛，让我们寝食难安。为此，我国电子政务标准化的当务之急是首先把电子政务底层的基础夯实，直接用国家标准的形式，正面回答我国的电子政务在硬件平台和操作系统平台方面的基本要求。

"架桥除障"，就是集中精力尽快完成一部分旨在保障电子政务系统能真正互联互通的交换性标准，扫清各种制约信息资源共享的障碍。由于我国的电子政务基本上不是先由国家做出统一规划，自上而下分步实施的，而主要是靠下面的积极性自下而上搞起来的，因此，目前已经构建的电子政务系统基本上是异构的。地区间、单位间的软硬件系统普遍缺乏信息系统所必需的通用性、兼容性；硬件系统缺少接口，或者接口制式不一；软件系统各自为政，重复设计，互不通用；信息资源建设各搞一套，不仅重复建设、挂一漏万，而且结构格式混乱，数据不便读取，信息无法共享；……。要解决这些问题，经济的也是现实可行的选择应当是：搭建起一座标准的桥梁，使既有的异构系统，首先在需要相互连接的部位上实现局部的"同构"，使它们先连起来再互通。这实际上相当于在供水管线系统中，用"管子箍"去连接口径不同的水管。与全面同构相比，局部的同构，在互联互通的效率方面是有损失的，代价也不低，但它却是可行的；在整体经济性方面虽不是"最优"，甚至不能说是"次优"，但却是划得来的。

第二，合理设置电子政务标准的优先级。由于电子政务对标准化有非常强的依赖性，构成电子政务标准化对象的事物数量多，涉及面广，而且这些事物大多是处于初步发展期的新生事物，制定标准的时机的成熟程度差别很大，再加之社会标准化资源是有限的，因此，电子政务标准化将是一个长期的过程，相应地，有关电子政务方面的标准也必须分期分批制定和实施。要顺应电子政务标准化的这样一个特殊规律，需要我们在标准化策略选择中，重视电子政务标准优先级的划分，合理设置电子政务标准的优先级。这不仅是合理分配和有重点地利用标准化资源的需要，建立稳定的标准化工作秩序的需要，更是准确把握标准制定时机，保护先进事物和推动事物有益的多样性发展的需要，实现标准化效益最大化的需要。

我们认为，设置电子政务标准优先级的依据应当是：有利于与电子政务发展对标准化的需求保持适应；有利于维护国家的信息安全和国家的根本利益；有利于保护先进事物和推动事物有益的多样性发展；有利于合理分配和使用标准化资源。根据上述标准，我们认为在当前阶段，电子政务标准优先级可以划分为四个层次：第一优先级是关键性标准，它具备"必不可少"的特性，也就是说，失去这类标准的支持，电子政务将无法正常推行。我们认为，目前阶段，电子政务标准的最高优先级应当定位在涉及电子政务基础性硬件系统平台和操作系统等软件平台建设的标准，这方面标准要优先于其他一切标准。第二优先级是重要标准，它具备的特性主要是"不可或缺"，也就是说，这类标准对电子政务的存在、发展，以及效率和质量具有重要的影响，失去了它，电子政务的功能就会难以实现，至少会产生巨大的缺陷。我们认为，目前阶段，旨在保障电子政务系统之间（特别是异构系统）也能实现基本互联互通的交换性基础标准，以及旨在保障电子政务信息安全和系统安全的标准，应当列入第二优先级。第三优先级是主要标准，它具备的特性主要是"一般不可替代"，也就是说，这类标准对电子政务的存在、发展，以及效率和质量的影响是直接的，一般情况下，缺少了它，电子政务的功能将不完备，会产生不易于弥补的缺欠。我们认为，目前阶段，旨在对电子政务系统规划设计和运作提供指导（包括技术的和管理的）的指南性标准，应当列入第三优先级。第四优先级是一般标准，它的特性主要是"有用"，但可以替代，一般情况下不具备普遍价值，失去它也不对电子政务发展的大局产生大的负面作用，但有了肯定会更好，实际上这是一种起"锦上添花"作用的标准。我们认为，目前阶段，上述前三个优先级以外的标准都应当列入第四优先级。

第三，实事求是地为电子政务标准化确定实现方式。标准化实现方式是指标准化内容的存在方式，或者说是实现标准化的基本方法途径。标准化的基本实现方式是：统一化[①]、简化[②]、通用化[③]、组合化[④]等。我们认为电子政务标准化的实现方式应当是：以统一化为基本实现方式，同时注意充分发挥简化、通用化、组合化的作用。

标准的本质特征是统一，标准的作用归根结底来源于统一。电子政务标准化的目标主要靠统一化实现。我们知道，电子政务需要在异构的平台、在不同的网络中实现数据交换和业务自动处理，更需要以统一的方式保持互通互联的特性。为此，我国电子政务方面的标准，应当多在"统一"两字上下功夫。我们认为，把统一化作为电子政务标准化的主要实现方式是非常正确的选择，但在实际实施过程中，必须正确理解统一化的目的，选准统一对象，把握好统一"度"。

第四，正确选择电子政务标准的类型、级别与形式。根据不同的标志和角度，标准可分为若干种；根据适用领域和有效范围的不同，标准有不同的级别；根据表达样式的不同，标准有不同的形式。我们认为，电子政务标准化的特殊规律性，决定了电子政务标准的类型与级别选择方面也具有一定的特殊性。在标准类型方面，电子政务的标准将以推荐性标准、用户型标准为主，以强制性标准、生产型标准为辅；在标准的级别方面，电子政务标准将以国家标准为主，以行业标准、地方标准和企（事）业标准为辅；在标准形式方面，除了"标准"之外，"标准化指导性技术文件"将占有较大的比重。

在我国，强制性标准以外的其他标准是推荐性标准，这是国家鼓励自愿采用的标准。

---

① 标准化实现方式之一，特点是把同类事物或概念两种以上的形态归并为一种或限定于一定范围内
② 标准化实现方式之一，特点是在一定范围内缩减对象类型数目，使多样化发展的规模得到控制，在特定时间内满足客观需要
③ 标准化实现方式之一，特点是建立互换性，尽可能扩大同一对象使用范围
④ 标准化实现方式之一，特点是按一定原则，设计并形成一系列通用性强的单元，根据需要将其拼合成不同用途的整体

而只有保障人体健康，人身、财产安全的标准和法律、行政法规规定强制执行的标准，是强制性标准，是必须执行的标准。按照《中华人民共和国标准化法》的规定，不符合强制性标准的产品，禁止生产、销售和进口。我国有关电子政务方面的标准中只有少数标准是涉及安全的，而多数则是技术与管理方法指导意义的，因此，电子政务方面的标准是以推荐性标准为主体的，强制性标准所占的比重不高。而从标准的实际实施效果看，推荐性标准监控成本很低，因为主要靠利益而不是行政或法律的强制力推动标准的实施，在可以确保各方面基本利益的情况下，许多推荐性标准的实际效果反而好于强制性标准。

所谓用户型标准是相对生产型标准而言的。生产型标准是指主要为组织生产服务的标准。这类标准制定时主要从生产角度考虑问题，而较少从用户和市场需求变化角度考虑，标准主要是针对具体产品的，指标非常庞杂，内容极其精细，标准内容与生产工艺联系高度紧密，为此适应性比较差，更新周期较长。用户型标准则与此相反，它主要是从应用者，也就是特定产品、技术、管理、服务的用户角度出发考虑问题的，把使用性能和用户的需求放在首要位置。它一般只提出关键控制作用的基本要求，而较少涉及极度精细的技术指标。在满足基本一致性要求的前提下，允许针对同一对象提出灵活、区分类型的技术要求，其覆盖面相对较宽，标准更新速度比较迅速。由于一般只管"结果"不问实现过程，不与工艺及其过程相关联，因此，对技术工艺瞬息万变的信息技术发展有更强的适应性，还有利于打破只有工艺成熟、生产稳定才能制定标准的局面，使标准更加先进，更具有前瞻指导意义。我们知道，制定和实施电子政务标准的目的，不是为了组织相关产品的生产，更不是为了干预这些产品的生产过程，而是为电子政务的应用更加科学和有效，是为了给全国电子政务建设提供行之有效的统一方法指导，为此，用户型标准才是它所需要的。信息技术一日千里的发展速度，也决定了电子政务标准难以在生产型标准建设方面有很大的空间，勉强为之的结果往往会使标准沦为落后技术、落后方法的保护伞。

按照《中华人民共和国标准化法》的规定，我国标准分为国家标准、行业标准、地方标准、企业标准四个级别。由于受电子政务内在规律性的制约和影响，我国电子政务方面的标准将以国家标准为主。这一方面是因为电子政务是国家信息化事业的重要组成部分，它的建设必须更多地体现国家意志；另一方面则决定于电子政务的跨行业、跨部门、跨地区性质。在一定意义上，电子政务就是要打破既有政府系统信息化建设的行业、部门和地区界限，实现最大范围和程度的信息资源共享。为了实现这一目标，电子政务的标准将不能给行业标准和地方标准预留太大的空间，国家标准将成为电子政务标准的主体。也就是说，与电子政务相关的技术要求主要应当由国家用国家标准统一提出；少数没有国家标准而又需要在全国某个行业范围内统一的技术要求，才需要制定行业标准；对没有国家标准和行业标准而又需要在省、自治区、直辖市范围内统一的安全要求，可以通过制定地方标准提出。

在我国，标准都是成文的，作为标准文件的形式，除了"标准"之外，还有一种"标准化指导性技术文件"。这种文件，实际上相当于国际标准化组织等国际组织的"技术报告"，是给处于技术发展过程中（如变化快的技术领域）的标准化工作提供指南或信息的，供参考使用。它主要针对"技术尚在发展中，需要有相应的标准文件引导其发展或具有标准化价值,尚不能制定为标准的项目"[①]。由于我国的电子政务的发展仍处在创建阶段,相当一部分标准化的对象确实"尚在发展中",它们的发展需要权威的标准文件引导,但却大多还不能或者不宜于以"标准"形式出现,这就决定了我国电子政务标准会大量以"标准化指导性技术文件"的形式出现。由于电子政务所涉及的电子信息技术在相当长的时间范围内,都将是变化最快的技术领域;由于电子政务标准化需要我们付出非常高的代价和气力去实现"政务"的标准化;特别是由于我国电子政务追求的重要目标,主要是一种政府管理的创新性发展,一种适合国情特点的有益的多样性发展,并不追求绝对划一的过程与结果,特别注重维护各部门各地方的积极性,鼓励它们根据各自的实际创造性地去工作;因此,"指导"将是我国电子政务标准的重要功能甚至是主要功能,在电子政务标准化发展过程中,"标准化指导性技术文件"自然将在标准文件中占有很高的比重,"××××指南"、"××××指导意见"、"××××指导书"等将构成标准文件的主要部分。

第五,积极鼓励企业和其他社会组织参与电子政务标准化工作。我们说中国的电子政务标准将主要以国家标准的形式出现,并不意味着电子政务标准化就是一种纯而又纯的国家行为,不需要社会其他有关方面,特别是企业和其他各种社会组织甚至公民个人的参与。恰恰相反,由于电子政务对社会生活影响深远,几乎关涉人们社会生活的各个方面,因此,没有社会各有关方面的积极参与,电子政务标准化工作是难以反映社会公众的意愿,也是难以真正获得成效的。同时,也由于电子政务标准化在相当大的程度上,直接关涉相当一部分社会组织和个人,特别是一部分企业的切身利益,因此,他们自身也蕴藏着参与电子政务标准化工作的积极性。这两点就决定了我国在电子政务标准化工作中,要注意采取有效措施积极鼓励企业和其他社会组织参与其间。

这里所说的参与,不仅包括他们可以提出制定相关标准的建议,不仅包括他们可以参加标准制定过程,不仅包括他们要认真实施标准,不仅包括他们要及时反馈标准实施情况,参加标准的修订工作,也包括把一部分企业标准,特别是那些事实上已经成为业界标准的那些规范,转化为国家标准、行业标准。这种转化实际上反映了信息标准化,特别是电子政务标准化的一种特有规律性。在信息社会,信息技术飞速发展,这使得一部分率先研究和掌握特定技术的企业,在特定的时间范围内形成"先入为主"的优势地位,他们的相关技术及其应用方案,成为一种为业界不得不认同的"事实上的标准"。对于这些"事实上的标准",我们应当采取实事求是的态度,只要不危害国家的利益,不危害社会的根本利益,我们就应当承认它的标准地位,根据需要和可能,把它转化为正式的标准。

第六,充分发挥既有标准的作用。电子政务是国家信息化的重要应用领域之一,因此,电子政务标准化既是自成体系的,同时也是国家整个信息标准化体系的有机组成部分。无论是从顺应信息标准化的共同发展规律出发,还是从降低电子政务标准化的社会成本、提高经济效益与社会效益的需求出发,充分利用好整个国家标准化事业发展的基

[①] 见《国家标准化指导性技术文件管理规定》,1998年12月24日国家质量技术监督局标发[1998]181号发布

础，特别是信息标准化发展提供的基础，充分发挥既有标准的作用，都是我国电子政务标准化发展的现实选择。

目前我国正式颁布的国家标准中与信息化建设相关的标准也超过百个。因此，我们完全没有必要另起炉灶、一切从头开始构建中国电子政务的标准体系，既有的信息化标准中的大部分稍加修订调整，甚至完全不必修订调整就可以成为这个标准体系的组成部分。从目前的实际情况看，完全不必修订调整可以直接纳入电子政务标准体系的，主要是那些硬件设备、信息交换、软硬件接口、程序设计语言、软件工程、网络通信、中文信息处理、信息分类代码、文件格式与数据元等方面的标准，稍加修订调整也可以纳入电子政务标准体系的，主要是那些信息安全与系统安全、工程管理、信息服务等方面的标准。所谓修订调整的也大多是补充一部分电子政务发展所提出的特殊要求，以及增删少部分相关技术指标参数等。

第七，用比制定标准更大的气力抓好电子政务标准的实施。标准化实际上是一个制定标准、实施标准、修订标准、监督标准实施的过程。在一定意义上，实施标准、监督标准实施比制定标准更重要。实际上，我国可以应用在电子政务方面的标准并不少，但实际的实施情况却非常不令人乐观。这样一个现状要求我们必须用比制定标准更大的气力抓好电子政务标准的实施。要使标准真正能够得到实施，除了标准本身应当更加科学、合理，更加具备可执行性之外，如下几点需要引起我们足够的注意：要保证标准具备足够的权威性；对标准的宣传要不遗余力；要建立和实施电子政务工程的标准化审计制度；尽可能减少强制性标准和强制性条款；既要使标准本身尽可能稳定，同时更应当保证标准能得到及时的修订。

10.3 电子政务发展的信息资源基础

江泽民同志在为《中国信息化探索与实践》一书所作的序言《加快我国的信息化建设》中指出，材料、能源和信息，是现代社会发展的三大资源。信息技术的迅猛发展，使信息资源的重要性日益突出。随着经济的发展和社会的进步，信息资源的这种重要性将更加突出。资源短缺是全球经济发展必须面对的一个重大问题。要保持我国经济持续快速健康发展，必须把开发利用信息资源摆在重要战略位置。大力开发利用信息资源，可以有效降低单位国民生产总值的材耗和能耗。充分发挥电子信息技术对经济的倍增作用，我们就能够提高国民经济的效率，降低消耗，利用已经形成的相当规模的钢铁、煤炭、电力、石油资源，更好地推动我国经济的发展。我们应制定切合实际的信息资源战略，拿出对策和措施，并抓紧实施。

2004年12月发布的《中共中央办公厅国务院办公厅关于加强信息资源开发利用工作的若干意见》（中办发[2004]34号）进一步明确指出：“信息资源作为生产要素、无形资产和社会财富，与能源、材料资源同等重要，在经济社会资源结构中具有不可替代的地位，已成为经济全球化下国际竞争的一个重点。加强信息资源开发利用、提高开发利用水平，是落实科学发展观、推动经济社会全面发展的重要途径，是增强我国综合国力和国际竞争力的必然选择。加强信息资源开发利用，有利于促进经济增长方式根本转变，建设资源节约型社会；有利于推动政府转变职能，更好地履行经济调节、市场监管、社会管理和公共服务职责；有利于体现以人为本，满足人民群众日益增长的物质文化需求；有利于发展信息资源产业，推动传统产业改造，优化经济结构。"

我们知道，信息资源与材料资源和能源资源共同构成现代经济和社会发展的三大战略资源。电子政务的首要和核心任务就是信息资源的开发利用，能否完成这个任务是电子政务能否取得实效的关键。为了完成这个任务，我们必须构筑一个强有力的信息资源基础，但不得不承认的是，信息资源基础薄弱是目前我国电子政务发展中的客观现实。

电子政务的实质就是对信息资源在深度和广度上的开发利用，而如果失去丰厚、坚实的信息资源基础，电子政务不仅会真的成了无源之水、无本之木，更会失去自身存在的价值。

电子政务所需要的信息资源基础应当具有这样的特征：

① 信息源[①]丰富、稳定、可靠，分布大致均衡，保证信息种类齐全、内容丰富，并能源源不断得到补充；

② 信息内容的质量确有保证，信息冗余度适当；

③ 信息资源状况易于得到社会各有关方面的了解，易于得到有效的利用；

④ 信息服务发达完善，使信息的获取、利用快捷便利、成本低，能满足尽可能多的组织和公民个人的需求；

⑤ 保护各种社会组织和公民个人依法享有的信息获取权，使他们能公平平等享用有用信息，消除"信息鸿沟"；

⑥ 信息资源可以在尽可能大的空间和人员范围内实现共享；

⑦ 使各种社会组织和个人可以依托既有信息创造和生产新信息的机制得到保持和持续改进，促进信息资源在全社会的增值利用。

如果能认真比照上述特征对我国的相关情况进行分析，我们会发现，虽然我国已经在进行电子政务发展所需要的信息资源基础建设，但这个基础确实是薄弱的，还有许多方面的建设任务等待我们去完成。

近20年来，我国在信息资源建设方面投入了很大的力量。国家有关部门不断努力制定和实施有关国家信息资源开发利用方面的规划和相应的管理办法，积极采取措施加强对信息资源开发利用的管理，规范信息服务市场行为，促进信息资源共享。同时，国家还投入大力资金，积极推进示范工程项目，建设或者筹建了若干个国家级数据交换服务中心，建成并维护着3000多个国家级大中型数据库，部分国家基础性信息系统已经建立，或者在筹建之中，目前它们已经构成支撑政府决策和社会服务的基础资源。目前政府拥有的数据量已经占社会有效数据总量的 2/3 以上。国家还以相应的政策手段鼓励经济、科技、教育、文化、卫生等领域信息资源的广泛利用，促进信息资源转化为社会生产力。

但是，仅仅有这样一个信息资源基础，要完成电子政务的建设任务当然是远远不够的，如下一些方面的工作需要我们必须抓紧做好，尽快完成，否则这方面基础不扎实，电子

[①] 即信息的来源。可以构成信息源的是那些善于积累和存储信息的个人以及生产、制作、存储和传播信息的机构

政务是无法健康发展的。

第一，要进行全面系统的信息源调查，准确掌握信息形成的规律和特点，以有效的管理和技术措施保证信息能源源不断地创造出来并得到有效的积累。

第二，要进一步广开信息源，增加各类信息的储存量，特别是电子化信息的储存量。目前我国还有相当庞大数量的信息没有被有效收集和存储起来，被存储下来的信息也大多没有得到有利于人们充分享用的电子化处理。现代社会号称信息社会，现代经济是以信息产业为推动力的信息经济，现代管理是以信息为中心的管理，没有充分的信息，特别是没有被广泛电子化的信息是绝对不行的。

在这方面，一定要以继续新建和进一步优化各类大中型数据库和基础性信息系统等方式，实现信息的电子化，为各级政府、各种社会组织和社会公众有效的、有质量保证的信息采集和利用活动创造便利条件。在这里，数据库和基础性信息系统的进一步优化应当是首要任务。

由于各种原因，我国目前已经建成和在建的一部分大中型数据库系统和基础性信息系统，一直存在着低水平重复建设、不注意系统更新维护、忽视信息资源整合等方面的问题。

在缺乏精细规划和系统调整的情况下，地方与部门，地方与部门的各个层级，都在花费很大的气力建立自己的数据库或者基础性信息系统，结果，采集的信息或者大量重复从而浪费了资源，或者无法采集完整的信息从而使这些系统失去有效性和权威性，甚至失去存在价值。在某些城市，如果你要查询一下企业的数量，那么，市统计局与市工商局各自数据库中的实际数量可以相差 2 倍之多。这样的信息谁敢相信，谁敢利用！

在数据库和各种基础性信息系统建成后，就不再维护和更新，更不再根据需要进行加工处理和整合，这是目前我国政府机关信息资源建设方面的一个通病，其危害巨大。如果我们打开一部分政府部门的网站，数据库中陈旧过时、杂乱无章的数据比比皆是，不更新几乎成了政府网站信息的一大特色。这不仅是对政府形象的玷污，更是对信息资源的巨大浪费。不经过系统整合和加工处理的原始政务信息，大都呈现着一种玉石混杂、真假难辨的状态，对于信息资源的利用者来说，它们的可利用性很差，甚至只能视同没有利用价值的"垃圾"。我们当然不能以消耗大量人力物力财力为代价，向社会提供"废物"。

第三，要充分发挥社会各个方面的积极性，积极培育信息资源市场，以市场的机制和力量促进信息资源基础的建设。电子政务所需要的信息资源基础建设只靠政府一方面的力量是不够的，还应当调动社会各有关方面的积极性，特别是发挥市场的作用，以市场需求为重要的驱动力。目前我国的信息资源市场机制还很不完善，信息资源服务市场化的程度还很低，这对于信息资源基础建设是非常不利的。因此，积极培育信息资源市场就显得十分必要和重要。我们应当以行之有效的政策构建这个市场良性发育的环境，积极支持 ISP（信息网络接入服务商），特别是 ICP（信息内容服务提供商）的发展，同时要促进其提高服务质量，降低服务费用，促进各种信息服务新业务的广泛应用，推进整个信息服务业的发展。

第四，一定要以立法的、管理的、技术的手段真正建立起信息资源共享的机制。信息资源的可共享性是信息资源最重要的特征，政府管理对信息资源的放大作用，在相当大的程度上是依赖这个特性实现的。目前我国恰恰在信息资源的共享方面非常差，有用信息不能通过不同地区、不同部门、不同人员的共享享用而产生最大的价值。受管理体制，特别是利益条块分割等方面的影响，信息往往还是被一部分地区和部门，甚至少数个人独占独享。

要打破地方和政府部门以及掌握一定权力的政府工作人员对信息的垄断和封闭，必须从立法、管理、技术三个方面三管齐下。一定要尽快用立法手段解决好信息资源的所有权、享用权问题，以法律手段确保政府和其他社会组织，特别是社会公众对政务信息的充分享用权。同时，注意用立法手段创造一个有利于各个地区、各个部门方方面面之间在信息资源建设方面协同工作的法律政策环境。要在深化行政管理体制改革，进一步理清条块关系的同时，建立起加强宏观规划、加强协调配合的信息资源建设管理机制。在技术方面，要以行之有效的技术政策和标准化手段，大力推广有利于信息资源共享的技术策略和技术产品。

第五，要坚持以开发利用推动信息资源建设的发展。信息资源被开发利用才是真正的资源，信息资源被开发利用才能真正产生价值，信息资源被开发利用，信息资源建设事业才能真正得到发展。目前，我国信息资源开发利用的水平还十分有限，这可能正是信息资源建设事业不发达的原因之一。我们有许多宝贵的信息还在睡大觉，甚至还根本不为人所知。相当一部分政府建立的数据库和基础性信息系统很少被实际应用，社会不用，政府自己也很少用。这种局面严重地制约着信息资源建设事业的发展。用难以为继来描述其后果是再贴切不过了。信息资源建设工作，同样要以应用为主，以应用为先。信息资源的特点之一，就是它不像物质资源那样越用越少，而是越用越多。信息被"用"的过程，也就是新的有价值信息形成的过程。许多国家和国内先进地区的经验都证明：信息资源建设在有了初步的基础后，一定要先用起来。对于这项事业发展而言，"用"所产生的效果是任何其他外部力量都不能与之相比的巨大推动力。为此，一定要以各种有效方式，鼓励各行各业、方方面面利用信息资源，以"用"促"建"。

10.4　电子政务发展的信息基础设施

电子政务与传统政务的一个明显的不同，就在于它需要通过广泛应用电子化现代信息技术的方式来实现自己的功能。这就使得它必须以一个坚实的信息基础设施作为生存发展的条件。有鉴于此，世界各主要国家的电子政务几乎都是从信息基础设施的建设起步的。

美国可以说是电子政务起步最早、发展最迅速的国家了。1992年克林顿就任美国总统时，公开宣布要建一个电子政府。1993年美国政府出台了《全国信息基础设施计划》，正式开始全面实施"信息高速公路"建设。经过短短十几年的发展，美国已经具备了良好的信息基础设施：跨洲、国家和州区的数据通信骨干网已经建成；网络上各种各样的网站（包括政府网站）在有序、有效地运行；密布全国的电话线路、有线电视线路、无线通信网路使"信息高速公路"顺利延伸到几乎所有有人生存的地方，包括绝大多数家庭和公共场所、各种社会组织；各种现代信息技术得到普遍应用，到2000年年底，美国人中使用电脑学习、工作和进行其他日常社会活动的人就已经占全部人口的70%。

电子政务所需要的信息基础设施主要由信息传输网络系统、提供各种信息接入服务和信息内容服务的网站、与信息网络实现连接的各种接入设备、在信息网络实现信息输入/输出所需要的信息终端设备和工具（如电脑、数据终端、电视机、电话机等）等构成。这个基础设施应当具有：规模适当、结构合理、确保速度、适应未来发展的特点。

规模适当，就是要保证这些基础设施有必要的数量规模和适度的覆盖面。我国是一个发展中的大国，有十几亿人口，有幅员辽阔的国土面积。这就决定了我国电子政务的信息基础设施需要有必要的数量。我国各地区间的自然、人文特别是经济发展水平方面具有很大的差异。在进行电子政务所需要的信息基础设施建设中，我们绝不能继续扩大发达地区与欠发达地区之间的信息不对称性，使欠发达地区在信息时代继续扩大劣势。这就需要我国电子政务的信息基础设施一定要保持适度的覆盖面，欠发达地区的信息基础设施不仅不能是空白，甚至应当比发达地区建得更好。近些年来，我国的固定电话、移动电话、有线电视、卫星通信、无线寻呼、数据传输等网络建设均有很大发展，固定电话网、有线电视网等的规模已经位居世界前列。这方面的发展为我国电子政务发展确立了重要条件，但就我国的实际需要而言，这个规模还有继续发展的必要，欠发达地区尤其需要继续大规模、高速发展。

结构合理，就是要科学确定这些基础设施各个组成部分的比重，集中资源，重点加快高速、宽带、大容量基础信息网络建设，促进电信、电视、计算机三网合一。要加快移动通信网、数据资源网等通信网络建设，发展高质量的信息传输业务（语音、文字数字、图像、影像等）。

确保速度，就是要确实保证信息基础设施的建设速度。信息社会的重要特点之一就是节奏快，电子政务所追求的高效率、高效能，要求它的信息基础设施建设必须惜分争秒讲究时效，而绝不能拖拖拉拉错失良机。工业革命时代，我国落后了，百年来我们已经吃尽了落后带来的一切苦头，在信息时代，我们必须抓住机会，绝不能再落后了。要让我们的社会信息化不落后，让我们的电子政务不能落后，信息基础设施建设就尤其不能落后。这就要求我们一定要集中必要的资源，尽可能加快信息基础设施的建设。

适应未来发展，就是要在信息基础设施建设过程中，注意培育其发展潜力和潜能，有远见地处理各种管理的、技术的问题，不断拓展发展空间。

实事求是地说，经过近些年的发展，我国的信息基础设施建设已经取得了不小的进步，一些方面甚至并不落后于世界水平。但是，依靠目前我国的综合国力去建设全面先进的信息基础设施还是存在很多困难的。目前我国电子政务信息基础设施所达到的整体水平距离客观发展要求也还存在巨大差距，比较突出的问题主要表现在：信息网络的覆盖面还比较窄；现有信息网络提供的服务业务还比较初级；部分网络受体制和其他因素的制约还难以形成规模；宽带高速网络的建设推进速度还比较慢；计算机、有线电视和电信的"三网合一"迟迟实现不了；易用性好的信息设备（移动电话、普通电话、寻呼机等）人均拥有率高，但需要一定技能才能掌握的信息设备（如可以上网的电脑和其他数据终端设备）的人均拥有率则比较低；信息网络特别是电子政务系统的接入方式还比较单一，可以使最大用户群（移动电话、普通固定电话、有线电视等）受益的，有利于消除"数字鸿沟"的更简便易行的接入方式没有受到重视，更没有得到发展；……。由此可见，我国电子政务信息基础设施的建设任务还是十分艰巨的。

10.5 电子政务发展的技术基础

电子政务意味着它需要大量应用电子化的信息技术，因此电子政务事业需要生存和发展在相应的技术基础之上。

电子政务对电子化信息技术的普遍依赖性决定了构筑一个坚实、可靠的技术基础的极端重要性。我国电子政务事业要存在，要获得健康发展当然也需要这样一个基础。

经过几十年的发展，我国在电子信息技术领域有了一定的发展，我们有了自己的具有较大规模的电子信息技术产业，每年都生产大批电子信息技术产品，部分产品甚至已经在国际市场占有很大的份额。这无疑为我国电子政务奠定了一定的技术基础。但是，由于多方面的原因，目前我国在电子信息技术方面的整体水平还不高，虽然我们可以生产大批电子信息技术产品，但这些产品大都还属于外围配套产品而非核心技术产品，即或就是这样有些产品，我们所做的也主要是进行初加工或者装配。无论在软件还是在硬件方面，属于我们自己的、真正具有独立知识产权的、具有领先技术含量的电子信息技术产品非常少。这种状况无疑也为我国电子政务所需要的技术基础建设构成了巨大困难。电子政务所需要的电子信息技术虽然并不是最为精尖的技术，那些进行技术垄断的电子信息技术大国也没有在绝大多数技术产品的销售方面封锁我们，但我们知道，如果一个国家的政府是建立在他人垄断性技术的基础上，那将会是一种什么局面。先不讲购买垄断性信息技术产品需要我们付出多么高昂的经济成本，最令人担心的是国家安全将面临怎样的威胁。在现代社会，一个国家的信息安全，特别是这个国家政府的信息安全，将构成整个国家安全的基础。如果一个国家的电子政务完全建立在技术大国垄断性技术产品的基础上，实际上就意味着这个的政府将成为事实上的"不设防"政府，一旦有什么风吹草动，政府的信息系统就可能顷刻瘫痪或者被他人在暗中控制，头脑先被俘虏了，其他方面还能有什么作为，不战而败甚至不战而亡就会成为必然的结局。如此看来，我们不能对电子政务的技术基础问题掉以轻心。

为了能够给我国电子政务的发展构筑一个更加坚实可靠的技术基础，主要靠我们自己不断的技术进步，构建电子政务系统的主要技术一定要真正掌握在我们手里，我们才不会花大量的金钱建一个脆弱得不堪一击的"电子政府"。这要求我们国家一定要采取一系列有效的政策策略，大力发展我国的信息产业，加强对电子信息技术的研究和开发，尽快掌握电子信息技术中的核心技术，积极促进真正国产化电子信息技术产品的生产和广泛应用。

当然，我们强调电子政务技术基础的重要性，强调目前我国电子政务技术基础的薄弱，并不是主张不发展电子政务，也不是主张消极等待，等我国的电子信息技术水平达到较高水平了再搞电子政务。同时我们所说的构筑坚实可靠的技术基础也不是主张闭关锁国，完全不用国外的电子信息技术产品。如前所述，我国的电子政务不能再等了，必须加快发展。不等就包括不能消极等待国内技术的发展,完全排斥国际上先进的电子信息技术产品也更不是明智之举,甚至完全不可能做到。电子政务所需要的技术基础应当是我们一定要在基础性的、决定性的技术领域有自己的东西,被应用到电子政务系统中的技术产品,可以不都是我们自己设计和生产的,但其中的技术应用一定要在我们的掌握之中,也就是要确保我们已经买到手的技术只受我们的控制,只为我们服务,而绝不能受制于人,绝不能危害我们的国家安全。保证我们不会因技术因素而受制于人的技术当然必须"属于"我们自己。如此看来,电子政务所需要的技术基础,有技术本身的成分,也有国家技术政策方面的成分。发展属于自己的技术,让他人的技术安全有效地为自己服务,将是国家这方面技术政策的重要出发点和主要内容。

当然,电子政务发展的基础,绝不仅仅限于上述涉及的几个方面,因为电子政务的发展基础实质上就是整个国家的国民经济与社会信息化基础,它的涉及面非常宽,影响非常广泛。实际上,电子政务的发展基础还有十分丰富的内容。比如,大到怎样实现整个国家国民经济与社会的信息化,特别是推动企业信息化的发展;小到如何构筑一个电子政务发展所需要的社会化的电子信息技术服务体系,也就是依靠社会力量,使政府构建和维护电子政务系统时,能享受到全方位的管理咨询服务和技术咨询服务,政府机关只要提出自己的真正需求,用外包方式就可以快捷有效地实现目标;如何构建电子政务发展所需要的人才培养体系等都是非常重要的内容,都有深入研究、加速构建的客观必要性。

本章小结

- 电子政务的相关法律
- 电子政务相关的管理理念
- 电子政务所需的信息资源
- 电子政务所需的设施
- 电子政务发展的技术

问题讨论

1. 电子政务的发展基础是什么?电子政务的发展为什么需要这些基础?
2. 加强电子政务发展基础建设的客观必要性表现在哪些方面?
3. 怎样才能完成我国电子政务发展基础建设的任务?
4. 你认为还有哪些方面可以构成电子政务的发展基础,为什么?
5. 你认同"电子政务的发展基础,实际上就是一个国家国民经济与社会信息化的基础"的观点吗?为什么?
6. 有人说,电子政务的成败,三分在技术,七分在管理。你怎样评论这个观点,为什么?

案例分析

《国家电子政务标准化指南》及六项电子政务相关标准

2003 年起，全国开始试用《国家电子政务标准化指南》及六项电子政务相关标准目录。其中，《国家电子政务标准化指南》的前言及六项电子政务相关标准如下所示：

电子政务是一项系统工程，是国家信息化建设的重要领域。标准化是支撑电子政务的重要手段。为了加强电子政务标准化工作，国务院信息化工作办公室和国家标准化管理委员会成立了"国家电子政务标准总体组"（简称总体组）。总体组适时编写了《国家电子政务标准化指南》，并组织有关单位起草制定了六项电子政务相关标准，以指导我国电子政务的建设，促进其健康发展。

《国家电子政务标准化指南》共分为以下六个部分：

第一部分：总则 概括描述电子政务标准体系及标准化的机制。

第二部分：工程管理 概括描述电子政务工程管理须遵循或参考的技术要求、标准和管理规定。

第三部分：网络建设 概括描述网络建设须遵循或参考的技术要求、标准和管理规定。

第四部分：信息共享 概括描述信息共享须遵循或参考的技术要求、标准和管理规定。

第五部分：支撑技术 概括描述支撑技术须遵循或参考的技术要求、标准和管理规定。

第六部分：信息安全 概括描述保障信息安全须遵循或参考的技术要求、标准和管理规定。

六项电子政务标准分别是：① 基于 XML 电子公文格式规范（第一部分——总则，第二部分——公文体）；② XML 在电子政务中的应用指南；③ 电子政务业务流程设计方法通用规范；④ 信息化工程监理规范；⑤ 电子政务数据元第一部分：设计和管理规范；⑥ 电子政务主题词表编制规则。

请分析上述标准及规则对中国电子政务的发展所产生的影响。

第 11 章

国外电子政务发展要览

内容提要

世界各主要发达国家的电子政务起步较早,已经经历了不同的发展进程。目前,世界电子政务整体处于快速发展期,所呈现的特点需要我们认真分析研究。其发展的基本经验值得我们借鉴学习。本章旨在帮助学习者了解部分国家和地区电子政务发展的历程,了解电子政务发展的国际经验,了解国际电子政务发展的基本趋向和基本态势,从中获得对我国电子政务发展所需要借鉴的经验教训。

本章重点

- 部分国家和地区电子政务发展历程;
- 国外电子政务发展的基本经验;
- 国外电子政务发展的趋势。

11.1 部分国家和地区电子政务发展历程

国外若干发达国家在电子政务的建设发展方面具有一定的代表性,本节主要介绍美国、加拿大、俄罗斯、英国、德国、日本、新加坡、韩国这几个代表性国家的电子政务发展历程。

11.1.1 美国

美国早在 20 世纪 80 年代就加大行政改革的力度,为基于对外服务的电子政务奠定了坚实的基础。美国定位于服务的电子政务起步于 20 世纪 90 年代初。

1993 年,克林顿政府建立"国家绩效评估委员会"(National Performance Review Committee),提出要应用先进的信息网络技术克服美国政府在管理和提供服务方面所存在的弊端,指出实施"电子政务"将成为政府改革的重要举措之一。

1994 年,美国政府信息技术服务小组提交《政府信息技术服务的前景》报告,提出实施以顾客(Customer)为导向的电子政务,为民众提供更多的获得政府服务的机会与途径。

1995 年,颁布《文书工作精简法》(Paperwork Reduction Act,又称 Paperwork Reduction Act of 1995),要求为与联邦机构信息管理有关的个人、中小企业、教育及其他非营利机构、联邦政府承包商、州政府、地方政府及其分支机构减轻文书工作(尤指纸质文件)的负担;同时强调实现政府信息生成、收集、维护、利用、共享效益的最大化,最大限度地保证公众在享受信息服务方面的利益。

1996 年,美国政府发动"重塑政府计划",提出要让联邦机构最迟在 2003 年全部实现上网,使美国民众能够充分获得联邦政府掌握的各种信息。

1997 年,制定"走近美国"计划,要求从 1997 年到 2000 年在政府信息技术应用方面完成 120 余项任务;计划到 21 世纪初,实现政府对公民的电子化服务。

1999 年,"电子政务互联网研讨会"在美国召开,当时的商业部长达莱表示将努力把他所领导的部门建设成为真正的电子化运作机构,呼吁美国政府在 2002 年全面实现无纸化办公;美国弗吉尼亚州长哥尔摩指出:各级政府应全面展开电子政务,利用电子技术消除政府与普通百姓之间的距离与障碍,鼓励市民领袖与商界领袖加入到决策制定的行列中,充分施展各自的才干、充分获得应有的权益,共同迎接互联网时代的挑战。

2000 年 6 月,美国总统克林顿正式签署了针对电子商务的《电子签名法》;同时,克林顿宣布"要在 3 个月内建成一个超大型电子网站——'第一政府网站'(www.firstgov.gov)",旨在加速政府对公民需要的反馈,减少"橡皮图章"和中间工作环节,让美国公众能更快捷、更方便地了解政府,并能在同一个政府网站站点内完成竞标合同和向政府申请贷款的业务。9 月,"第一政府网站"(www.firstgov.gov)正式开通。美国政府的网上交易全面展开,在全国范围内实现了网上购买政府债券、网上缴纳税款以及进行邮票、硬币买卖等。

2000 年 10 月,颁布《政府纸质文件消除法》(Government Paperwork Elimination Act,

GPEA），要求政府机构自 2003 年起在公务活动中使用电子格式、电子文档、电子签名。

布什上台后，提出希望建立一个"充满活力，但又有限的"政府，使公民有能力以一种更及时和更有效的方式和联邦政府机构进行交流，旨在利用互联网帮助联邦政府提高工作效率。并规定 2002 年年底之前，联邦政府各部门凡是 25 万美元以上的项目采购，必须使用联邦政府统一的电子采购门户平台，逐步使电子采购成为联邦政府的采购标准。

2002 年，"9.11"事件后，美国的 IT 业遭受重创，布什政府为了促进经济复苏，把建设电子政务作为刺激国内 IT 业增长的手段之一，颁布了《电子政务战略》。

2003 年 1 月，由美国总统办公室发表了由项目组（MAP）和工作小组（EGTF）制定的《电子政务战略（2003 年版）》，政府开始加强对电子政务的统一管理，构建整合的、互操作的联邦电子政务框架，有效协调和简化政府部门的系统建设，加强跨部门的业务协同，从而提升政府运作效率，并以贴合用户需求的方式提供信息和服务。联合国在 2002 年 6 月发布了各国电子政务报告，美国电子政务处于领先地位。2003 年 4 月的一项调研表明，75%的电子政府用户认为，电子政府使得信息获取变得便捷了，67%的用户喜欢通过网络和政府打交道，全球有 1/3 的因特网用户访问过美国政府网站。2003 年 11 月，美国政府门户网站超过 AMAZON，访问量名列全球第五。①

2005 年，美国继续按照《电子政务法》和《电子政务战略》规划的任务、目标稳步推进。主要建设任务有电子政务优先项目及其后续项目、业务流项目、联邦组织架构（FEA）和信息安全等。②联合国经济和社会事务部于 2005 年 12 月公布的全球电子政务调查报告（《2005 年全球电子政务准备度报告：从电子政务到电子包容》），公布了对 191 个成员国电子政务发展水平的评估结果，美国以高分排名第一。

2006 年，联邦政府的电子政务基金为 1.5 亿美元。美国各级政府从网上接收 3.33 亿份来自企业或民众的各种申请和报告，并在网上推出 1.4 万种网上申请服务，美国进入了电子政府时代。③

美国政府从 2002 年到 2007 年五年以来大幅度增加 IT 外包预算。2002 年，美国联邦政府 IT 外包费用为 66 亿美元，2007 为 150 亿美元，以年均 18%的增长率剧增。④

美国联邦政府公布了 2008 财年（2007 年 10 月 1 日～2008 年 9 月 30 日）电子政务预算计划。根据这一计划，2008 财年联邦电子政务财政投资将达 655 亿美元，较 2007 财年增长 2.6%。近年来，美国联邦政府的 IT 投入逐年走高，美国联邦政府对电子政务高度重视，对信息技术产品和服务的需求旺盛。655 亿美元的预算将主要用于联邦政府业务支撑、办公自动化、组织架构设计规划、支持地方电子政务及国家安全系统建设等用途。值得注意的是，美国联邦政府专项投入约 13 亿美元用于组织架构设计规划（占总投入的 2%），足以见得组织架构在美国电子政务中的重要地位。⑤

---

① 蒋汝忠. 美国电子政务建设应对挑战的战略分析[J]. 信息化建设，2004 年，第 4 期：38-39
② 李世东、李春洪、张光辉、林军. 美国电子政务的发展进程基本经验与主要成效[J]. 林业资源管理，2006 年，第 5 期：23-27
③ http://www.sedinfo.net/oa/zw.html
④ http://www.ccw.com.cn/cio/research/quyu/htm2005/20050221_107HE.asp
⑤ http://www.chinaorg.cn 美国联邦政府公布 2008 财年电子政务预算，中国机构网 2007 年 6 月 4 日

进入 2010 年以后，政府把工作重点放在了解决电子政务相关基础设施重复投资的问题上。美国联邦政府首席信息官维维克·昆德拉在 CIO 报告中指出，截止到 2009 年，美国联邦政府数据中心的数量为 1100 多个，接近 1998 年时数据中心数量的三倍。这种基础设施的重复投资既导致花费多、效率低，不利于可持续发展，也将导致能源的极大浪费。为了防止这种情况进一步恶化，在 2010 年 2 月，联邦 CIO 发布了关于各联邦机构数据中心整合计划的行动指南。这一雄心勃勃的整合计划，要在 2015 年之前，将联邦数据中心的数量减少到 1132 个。[①]通过数据中心整合计划，美国国防部在 2011 年关闭了 52 个数据中心，截止到 2012 年，国防部成为关闭数据中心数量最多的部门，美国农业部名列第二。数据中心整合计划提高了能源效率，估计数据中心整合计划有望将耗电量减少 120 亿千瓦时，这相当于一座小型核发电厂的全年发电量。在整合基础上，借助服务器虚拟化及其他最佳实践，联邦政府数据中心的服务器利用率有望从之前 7%～15%的平均数值提高至 60%～70%。在财务方面，白宫估计，通过数据中心数量的减少，联邦政府将节省了 50 亿美元，相当于美国教育部、能源部、内政部和国务院四个部门的 IT 预算总和。

从上述发展轨迹可以看出，美国的电子政务已经步入在政治、经济、文化、法律、技术等领域"全面出击"、"全面开花"的阶段，经过十几年的努力，美国电子政务在政府网站建设和公众参与度方面都取得了显著成效。

11.1.2 加拿大

1999 年，加拿大政府在国情咨文中宣布：政府要作使用信息技术和因特网的模范，并于 2004 年实现了电子政务，实现政府所有的信息和服务全部上网。2001 年，加拿大建成了政府门户网站，到 2004 年，政府网站可以提供的信息和服务主要包括：电子报税；工作与学习网络；为企业服务；健康网络；电子医疗记录、远程医疗、全国医疗机构的联网和会诊等；网上护照申请和更换，网上通关（海关），出口申报等。[②]就现代化总体水平和电子政务的实施力度而言，加拿大与美国相比尚有一定差距，但仍有一些值得我国借鉴的特色经验。

1. 电子政务的良好起点与雄厚基础

加拿大的电子政务虽然起步较晚，但发展进程较快。政府大力推广和加大电子政务在各行各业的应用。主要措施是：第一，迅速扩展政府的电子化服务范畴，实现了政府在教育、医疗、就业、社会保险、电子采购等诸多领域的电子化服务；第二，加速政府网站建设及其信息资源的整合，根据需要不断增加和集成新的政府门户网站，先后建立了加拿大政府门户网站、加拿大出口资源网站、加拿大青年网站等诸多政府网站。

加拿大的电子政务之所以在较短时间内发展迅速，在很大程度上得益于良好的基础

---

① http://news.watchstor.com/industry-135541.htm 近距离观看美国联邦数据中心和整合计划，WatchStor.com——领先的中文存储网络媒体，2011-12-15
② 斯东咏. 中央领导地方——看加拿大联邦政府如何引领国家电子政务建设[J]. 科技信息，2011 年，第 21 期：475-476

设施和研究基础。

由政府、企业共同参与建设的国家光纤网已于 2001 年建成并投入使用。加拿大在信息基础设施方面的巨大优势为其发展电子政务打下了坚实的基础。

2006 年，1000 万名加拿大人使用电子报税，其中 250 万名没有专业人员帮助。[1] 目前，加拿大常用的服务行政职能全部上网。加拿大的电子政务，除提供双语的门户网站外，还提供了大量的适合用户需要的高效服务。加拿大目前是全球联网率最高的国家，全国主要城市均有高速数据网联通，通信上网费全球最低。因特网地理覆盖率达 100%，学校和图书馆的上网率也达到了 100%。[2]

加拿大政府制定了一个影响相当广泛的名为"互连加拿大"的项目规划，加拿大政府已经拨出 1.6 亿加元用于此项目的启动。项目办公机构设在财政委员会，业已和 28 个政府部门建立了合作关系，最终目标是使加拿大成为世界上互联化程度最高的国家。

加拿大政府对网站服务效果加强检测和评估，不断创新加以改进，例如根据公众反馈分别于 2006 年 11 月和 2007 年 8 月对加拿大电子政府一站式服务网进行了两次改进。[3]

科研、教学机构注重基础理论研究，一些科研项目采用与近邻美国携手合作研究的方式。比如：围绕电子政务的信息管理开展了一系列前沿性研究，较为知名的研究项目是 1994—1997 年加拿大哥伦比亚大学（UBC）与美国国防部（DoD）的合作项目"保护电子文件的完整性"（Preservation of the Integrity of Electronic Records，又称 UBC 工程）。[4] 项目组基于电子文件的生命周期将研究工作分为两个阶段。一期工程着眼于探讨管理现行阶段的电子文件，其研究成果为在鉴定文件管理软件的功能需求、制定了相应标准的基础上开发软件（已运用于美国国防部的信息系统之中）。二期工程将研究的重点放在了电子文件的非现行阶段（档案管理阶段），鉴于为机构永久保存这些珍贵的凭证性记录涉及管理、法律、技术等各个方面，项目组认为必须扩大合作，吸纳相关领域的专家协同攻关，于是二期工程又引发出一个更大更具影响力的跨国界、跨领域的国际合作项目"电子系统中文件真实性的长久保障"（The International Research on Permanent Authentic Records in Electronic Systems，InterPARES），[5] 该项目始于 1999 年，第一期于 2001 年底完成；第二期（2001—2006 年）将研究的重点放在电子政务环境中政府信息的动态管理和政府网站的互动性研究方面；第三期（2007—2012 年）致力于将前期丰富研究成果运用于各国实践。上述各项研究成果及其应用为电子政务的顺利开展奠定了良好的基础。

2. 以需求为导向的建设方针

传统政府网站按照部门或者机构职能来组织信息，加拿大政府改变了这一模式，以客户需求为导向来进行信息和服务的分类和传递。"加拿大之所以在全球电子政务建设

---

[1] http://www.life416.com/index.php?option=com_forum
[2] http://www.cpa007.com/research/50/n-144550.html
[3] http://www.cqn.com.cn/news/200836/7-37-52-195375.shtml，赵青，杨士龙：加拿大电子政府一站式服务 2008-3-6
[4] http://www.interpares.org/UBCproject
[5] http://www.interpares

中处于领先地位,得益于该国始终以公民为中心的电子政务战略",这是埃森哲对加拿大电子政务的精辟总结,也是加拿大电子政务的鲜明特点。[①]依托因特网强大的功能和良好的基础条件,加拿大在开展电子服务的过程中注重政府网站的建设,针对不同的服务对象——三大客户群体:企业、公民和外国人,开辟了三个主要入口,开展以需求为导向的用户服务。

企业入口:通过企业入口,加拿大企业可以进入10个快速链接。通过使用这十个链接,企业可以找到从申请成立到人员雇用、缴税、融资、出口、网上投标、专利申请、统计报表等信息,企业入口成为企业的得力助手。

公民入口:通过公民入口,加拿大公民可以很快找到经常用的信息与服务,如健康、求职、权益保护、网上纳税等。不论是原加拿大公民还是新移民,无论青少年还是老年人,包括残疾人等只需一次点击就可找到所需信息。

外国人入口:通过非加拿大国籍和国际客户入口,国外留学生、商人、旅游者、工人等都可以找到所需的不同信息。该入口不仅为外国人提供了便捷的信息服务,同时也是宣传加拿大、增强国际竞争力、吸引外资和国外人才的重要工具和渠道。加拿大政府希望通过此举刻意营造一种氛围,使外国人相信加拿大是一个适宜居住、经商和投资的国家。

电子政务的推广极大地提高了加拿大政府的效率。通过政府的网络和计算机,政府可以与加拿大公民直接对话。2005年的民意调查表明,80%的加拿大人对从互联网上获得的电子政务服务表示满意。[②]

11.1.3 俄罗斯

2000年,俄罗斯官方语汇中正式出现"电子政务"这一术语,当时的俄罗斯政府还没有明确的电子政府规划,对"电子政府"概念的理解也比较模糊。借助于2000年世界信息社会峰会的推动,俄罗斯开始加强政务网络和信息通信网络建设、促进办公自动化与信息公开化。

1. 探索中的前期发展

2002年1月,俄罗斯出台了2002—2010年《俄罗斯联邦信息化建设目标纲要》,开始大力开展信息化建设。在《纲要》中,俄罗斯将电子政务列为信息化建设的第一要务。在"自动化=信息化=信息公开=行政效率"理念的指引下,俄罗斯政府又陆续出台了诸如《关于保障获取联邦政府及联邦执行机构信息的政府令》、《2010年前联邦国家机构活动中信息技术应用构想》和《关于为国家及政府部门供应商品、实施工程及提供服务联邦法》等后续政策,大规模的法律基础、政府上网和信息系统建设工作迅速展开。[③]

为了实现这些目标,在建设初期,俄罗斯政府从完善基础设施和政府信息公开化入

---

① 吴鹏,邓三鸿. 加拿大电子政务案例——政府在线工程[J]. 电子政务,2005年,第十期:44
② http://www.cnii.com.cn/20050801/ca335209.html 加拿大:实施电子政务充分听取民意,中国信息产业网,2006年2月15日
③ 刘戈. 俄罗斯电子政府发展思路分析[J]. 电子政务,2010年,第五期:102-107

手，更多地依赖技术，导致对电子政府的本质——"依托于信息技术提供面向公众的便捷服务"这一理念的实现重视不够，忽略了机制建设，从而出现了许多问题。截至2004年，只有35%的办公电脑接入内网，1%的工作人员能接入互联网，在基础设施薄弱的情况下，部门数据传输系统功能简陋，无法实现对所有类型资源完整的全程管理与跟踪监测；主要统计项目缺少标准的数据库，部际资源共享和系统间整合性差，无法保障对部门（或部际）资源的综合性管理；政府与公民和社会组织缺乏互动，大部分政府部门的网站没有外网，已有外网部门的网站处于发展的初级阶段，无法完整提供政府机构活动的必要信息，缺少有关如何获得国家服务的流程信息和信息咨询服务；缺乏统一的标准和要求，现有信息安全保障水平低下。更为严重的是，由于政府信息化项目缺乏统一规划和管理、条块分割、技术标准不一，导致各部门为争夺预算资金，重复建设、无序建设的现象十分严重，资金使用监管缺失，造成极大的资金浪费。

2. 改变发展重心，技术与管理并重

在前期的探索过程中，政务信息化的发展成效并不明显，俄罗斯意识到，电子政府建设应当加强协调与管理，注重信息化的质量，"电子俄罗斯"是行政改革的一部分，"应当与地区的行政改革战略紧密联系"，因为，"这里谈论的已不单纯是技术，而是管理活动本身的现代化，是提供公共服务的官员的目标的转变"。[1]2005—2006年，俄罗斯政府出台了一系列政策：《2006—2008年俄罗斯联邦行政改革构想》、《2006—2008年俄罗斯联邦行政改革措施计划》。[2]俄罗斯政府期望建立管理质量跟踪系统，实现政府管理机构信息化、政府职能模式和管理方法的现代化，以此来提高政府服务的水平，减少行政壁垒，提高政府机关工作效率。此次改革根据绩效原则，建立了监测跟踪机制，强调了政府职能的标准化和优化。通过此轮改革，俄罗斯政府公共服务耗时减少，民众对政府的满意度有所提升。此后，俄罗斯继续颁布相关政策，采取了一系列措施，致力于提高公民和组织获取公共服务的水平和政府公职人员的信息通信技能，建立统一的公共管理垂直信息系统。2008年，俄罗斯批准了《2010年前俄罗斯联邦电子政府建设构想》，[3]确立了电子政府建设的总体战略和顶层规划，为俄罗斯电子政府建设明确了发展方向和目标，标志着俄罗斯电子政府建设从单纯的技术应用到利用信息通信技术重塑政府理念的最终转变。此后，俄罗斯政府在电子政府建设方面的整体思路日臻完善并致力于建立统一的电子政务互联网门户；建设获取联邦政务信息和政府部门电子服务的公共基础设施；建立支持公民与联邦机构间互动的信息咨询系统、部际之间数据交换网络系统等。电子政府的发展降低了社会与政府互动的行政负担，提高公共服务的效率和质量，增强了公众对政府的信任度，同时刺激了俄罗斯IT产业的发展。

---

① Концепция интеграции административной реформы и ФЦП ?Электронная Россия?[EB/OL]. [2006-07-23]. http://www.elrussia.ru/files/manifest/manifest_1.1_jul06.doc
② Концепция административной реформы в Российской Федерации в 2006-2008 гг.[EB/OL]. [2005-12-30]. http://www.akdi.ru/econom/program/46.html
③ Концепция формирования в РФ электронного правительства до 2010 г [EB/OL]. [2008-05-06]. http://www.adm.yar.ru/uits/section.aspx?section_id=168

11.1.4 英国

英国曾是工业革命的发源地，作为全球工业化进程的"火车头"，这种优势却未能一直保持下去。从 20 世纪后半叶起，以因特网为代表的信息技术迅速发展并在工商业等各个领域引起变革，与美国等信息产业的领跑者相比，英国的信息技术起步稍晚，与之密切相关的电子政务发展也受到影响。为了摆脱这种尴尬的地位，找到英国重振雄风的契机，英国政府决定进行一场数字化革命，带动国家各个行业的信息化发展，为经济腾飞提供助力。

1. 实现"政府信息化"的前期建设

在英国前首相布莱尔于 2000 年提出创建"电子英国"宏伟计划之前，英国进行了大概五年的实践探索，为计划的实施打下了良好的基础。

英国政府的信息化建设可以追溯到 1994 年制定的"政府信息服务计划"。按照计划，英国政府在该年通过互联网建立了自己的网站——"英国政府信息中心"，该网站链接有政府各个部门、学术机构、企业的网址，将政务信息化的成果首次向公众展开。利用这一良好契机，英国政府又快马加鞭制定了一系列计划，在"英国政府信息中心"的基础上，进一步利用计算机、因特网等现代化的通信工具，提高政府信息化的水平，改善行政管理方式。1999 年，英国政府正式颁布了《现代化政府》白皮书，又相继出台了《21 世纪政府电子政务》和《电子政务协同框架》等文件，全面展开了一项改革政府和公共服务机构运作方式的"电子政府计划"。该计划明确提出，到 2008 年，政府所有公共服务项目全面实现电子化，建立网上"虚拟政府"，提供 24 小时"无缝"服务，把英国改造为在使用互联网方面世界第一的国家。

2. 信息技术的发展为政务信息化加速

通过在前期制定了一系列的计划并出台了相关政策，英国政府的信息化发展进入了稳步发展阶段。随着 21 世纪的到来，信息技术以日新月异的速度发展，社会面貌发生了巨大改变，政务信息化在社会变革的大背景下迎来了新的发展契机。英国政府也不例外，同样积极地利用信息技术来为政府上网"提速"。

2000 年 3 月 21~22 日，欧盟国家在葡萄牙"网络峰会"上达成一揽子"里斯本协议"：到 2010 年，使欧盟国家进入新经济体系。各成员国政府首脑一致同意，要依靠信息技术来达成这一目标。这一协议促成英国将完成政府上网工程的时间表大幅提前。当月 30 日，英国召开信息时代特别内阁会议，前首相布莱尔把英国全面开通"电子政府"的时间，从原计划的 2008 年提前到 2005 年。会议提出：加速推进政府服务上网，确保在 2005 年以前实现政府机构全部服务项目的在线提供。并承诺：届时，所有公众与企业都将能从"电子政府"获得所需的各种公共服务。2000 年 4 月发布的英国电子政府行动方案，提出政府在信息化时代的建设目标，就是：充分运用信息资源，实现对公民、企业的电子服务传递。加强中央与地方各级政府的协同工作，发展政府部门与私营企业的合作关系。嗣后，又相继实施了首相在线战略、政府部门电子事务战略和英国在线运动等一系列行动计划。

通过英国政府发布的一系列推进措施以及政府各部门的积极配合，英国的"电子政府"迅速发展，到 2000 年 7 月的时候，已经有三分之一的公共服务通过互联网提供给了公民，2002 年 4 月，在欧盟提交的"电子欧洲"实施计划的最新半年度报告中，英国政府已经实现了 63%的政府服务上网，较 2001 年增长了 13%。[①]到 2003 年，英国中央政府的电子政府建设已经形成规模，与此同时，地方政府的电子网站建设也在中央政府的支持中稳步发展，作为独立的行政区划，苏格兰、威尔士及北爱尔兰也在和中央政府保持一致的前提下制定了自己的电子政府计划。

英国政府建立电子政府，大大推动了民主建设。按照相关法案，除了部分涉及国家安全、商业机密、个人隐私的信息需要法律规范不得公开外，其他信息在经过政府的搜集处理后，都可以以电子化的形式公开。公开的政府文件被放在"英国在线"门户网上，公民可以随时查看。同时，网站还建立了一系列的政策论坛，公民可以就感兴趣的政策法规进入各自的论坛，自由地发表见解，相互交流。为了推动电子民主的发展，英国政府还在一些地区试行电子投票。公民在远程选举时进行电子注册，通过电子注册标准系统检验公民是否有法定的选举权，同时，对投票人与投票结果进行记录，以顺利完成整个选举过程。信息公开和网上服务增加了政府透明度，提高了政府公信力。拉近了政府部门与公众、企业间的距离，利于发展新型的合作关系，推动、加强和丰富民主化进程。

11.1.5 德国

提到德国电子政务建设的契机，要追溯到两德统一时期。1990 年原联邦德国和民主德国统一，两德统一一度为德国的经济带来沉重负担，根据柏林大学所出的文章，两德统一的经济代价约为 1 兆 5000 亿欧元，比全国的国债还多。[②]与此同时，两德统一初期，德国各级政府机构臃肿，办事效率低下。较高的行政成本以及财政赤字的压力引发了政府机构改革，此次改革成为了德国推进电子政务发展的重要动力。

电子政务的发展离不开信息技术的支持。与英美等国家相比，德国在信息技术的发展方面显得相对滞后，互联网的用户数量、上网时间等统计结果也不容乐观。为了改变这一被动局面，德国政府制定了一系列计划，以期全力追赶信息时代前进的步伐。

1999 年德国政府制定了"德国 21 世纪的信息社会"行动计划，以促进信息技术的发展。随后，联邦政府建立了自己的门户网站，起草了电子政务手册，借助信息技术为电子政务建设提供全面支持。2000 年 9 月，德国发布了"联邦在线 2005"计划，旨在使联邦政府的所有政务实现网上办公，以便个人和机构能更快捷有效地获取政府的各种服务和政务信息。根据这项计划，2001 年 11 月，联邦政府为所有地方政府详细制定了一个提供在线服务的政府公共服务实施计划，2002 年 6 月，联邦政府试运行政府网上采购平台，并提出了"全体上网"的 10 点赶超计划。这个计划强调"利用互联网如同学会读书写字一样重要"，具体目标是今年所有的学校都要与互联网实现联网；信息产业的职业

---

① 李章程、王铭. 英国电子政务建设进程概述[J]. 档案与建设，2004，第 3 期：38-43
② http://zh.wikipedia.org/wiki/%E5%85%A9%E5%BE%B7%E7%B5%B1%E4%B8%80，两德统一，维基百科

培训岗位到 2003 年要扩大到 60 000 个，学习信息技术的大学生尽快翻一番；全部公共图书馆都要实现联网；从去年 10 月开始，各地劳动局都要举办"互联网驾驶证"培训班，给失业者开办使用互联网的知识普及课；到 2005 年，德国联邦政府的一切公共服务都将能够从网上获取。此外，德国政府还鼓励社会各界联合加大信息技术的发展力度。经济界为此成立了以信息技术产业为核心的"德国 21 世纪"协会，该组织提出，要为社会转型创造最好的框架条件，国家行政机关要成为使用现代技术的表率。[①]至 2005 年底，"联邦在线 2005"项目已圆满结束，并取得了显著成效：联邦政府提供 440 项在线服务，州政府提供 300 项在线服务，各地区也在此计划框架下开展了多种公共服务，全国超过 30%的公众通过互联网享受在线服务，绝大多数企业都能利用电子政务与政府打交道。而通过"全体上网"的 10 点赶超计划，联邦、州、县市级这三级政府网站联网已能为居民提供各项服务。柏林、海德堡市和多特蒙德市政厅都设立了市民局，并建立电子化的市民服务系统，用于管理涉及老百姓日常生活方方面面的事务，以信息化的手段提高政府的服务质量。2006 年，德国内政部"首席信息化官员办公室"又根据德国电子政务发展实际情况制定了"eGovernment2.0"计划。"eGovernment2.0"的目的是让更多的人和企业参与到电子政务中，为企业和公民提供更好的服务和个性化的信息。为提升德国公共事务管理的现代化进程并作为德国电子政务至 2010 年的目标，联邦政府确定了 4 个发展领域：在质与量上扩大联邦政府以需求为导向的电子政务服务范围、通过共同的流程链加强企业与政府间的电子合作、引入电子身份证（E-ID）、构造公民企业与政府间的安全通信基础。[②]

2010 年 11 月，德国联邦经济和技术部发布了指导德国信息通信技术发展的纲领性文件——《德国 ICT 战略：数字德国 2015》，该战略对德国 2010—2015 年信息通信技术领域的工作重点、任务和重点项目进行了详细介绍，即建立联邦政府和各州政府之间无缝的、多级管理的互联网络，并使之与其他的各种联邦网络融合；同时采取必要措施，进一步加强数据保护与安全，保护数字领域中的个人权利，增强自我决定权和责任；在身份认证方面，为安全、透明和以用户为中心的身份管理提供基本手段，保证各类合法数字安全可靠。例如，中央政府、州政府、市政府以及私人机构都将利用电子身份证提供合法的身份识别设施。联邦政府支持在新身份证和其他文件中使用电子身份证明，例如 De-Mail。De-Mail 是一种企业、政府部门和公民之间电子信息安全交流的手段，联邦德国在 2010 年 10 月 14 日批准了 De-Mail 法，2010 年底依据 De-Mail 法至少认定 5 家 De-Mail 供应商，奠定 De-Mail 供应商认定的法律基础。通过对已经加密的安全通信对象身份验证，包括身份证明的发送和传递，实现最低安全电子信息交换要求，保证国民和企业获得身份认证方面可靠的服务。

11.1.6 日本

第二次世界大战中，日本的经济受到了毁灭性的打击，遭遇严重的通货膨胀，直到

[①] 朱桂棋. 关于发展电子政务的若干思考[J]. 中共浙江省委党校学报，2001 年，第 5 期：67-70
[②] 王山琪. 德国电子政务建设及特点[J]. 通信管理与技术，2010 年，第三期：4-8

朝鲜战争，在军需的提振下重振日本重工业，使得日本经济在20世纪50年代中期恢复到了二战前的水平，此后便进入长时间的经济高速增长期，以经济作为支撑，凭借其世界一流的信息化基础设施以及广泛深入的应用，日本政府积极发展电子政务，并取得了卓有成效的进展，为世界各国电子政务的发展提供了十分有益的借鉴。

1. 政务信息化的起源以及"电子政府"的提出

日本的政府信息化可以追溯到20世纪90年代日本政府的行政改革时期，此次行政改革被称为继明治维新和战后改革之后的又一次重大变革。1993年10月，日本临时行政改革推进审议会将政府信息化作为行政改革的重要内容之一，要求制定政府信息化的推动计划。1994年8月，日本政府成立了高度情报通信社会推进总部，内阁总理大臣任总部部长。1994年12月，内阁会议通过了关于政府信息化推进基本计划的决议，该计划从1995年度开始，为期5年。1997年，日本将原来的《计算机白皮书》更名为《信息化白皮书》，政府信息化与产业信息化、家庭信息化一起，构成三个主要组成部分。[1]1997年桥本内阁会议制定了《推进行政信息化基本计划修订案》，提出在日本行政体系和各个中央行政机关分别实施信息化行政，预计到2003年实现行政程序电子化，此举拉开了建设电子政府的序幕。日本政府将政务信息化的目标确定为：建立一个高效、统一、能迅速应变的，与国民关系和谐、能够满足公众需求的政府。在行政领域普遍地使用信息技术，使之成为行政活动不可或缺的一环，促进政府内部沟通顺畅和资源共享，保证政府决策迅速有效，提高政府服务的品质和效能。在确保信息安全的前提下，实现从"纸张"的信息处理，转为通信网络、资料电子化信息处理。日本政府从上而下地推行政务信息化改革，2000年3月，日本各中央行政机关省、厅的行政信息化管理部门召开了联席会议，统一各个部门对行政信息化的基本认识。在《推进行政信息化基本计划修订案》基础上，制定了《推进行政信息化的共同实施计划》，并与当年11月召开IT战略会议，制定了《IT基本战略》，提出重点发展电子政府的基本计划。2001年1月，根据IT基本法，由内阁总理大臣任部长，全体内阁成员和业界精英组成"促进信息通信网络战略本部"，制定了《E—日本战略》，核心内容是如何实现电子政务。2003年7月，日本各府、省的信息化负责人组织了联席会议，通过了《电子政府构筑计划》。该计划截止到2005年，是行政部门按照部门类别制定的关于日本电子政府的宏观战略的计划。该计划总则部分明确了日本"电子政府"的定义："所谓电子政府就是在行政领域中运用信息技术，处理行政事务和实施行政制度，以简化行政程序，提高服务的便捷性，提升行政的效率、信赖性及透明性。"这是日本首次在政府文件中明确提出"电子政府"这一概念，此后日本电子政务信息化的发展进入了全面发展时期。[2]

2. 日本政务信息化全面发展时期

借助早期发展的成果，依据政府制定的政务发展战略，日本政府全面展开了政务信息化的建设。2003年7月，日本政府制定了《E-日本战略II》，强调加强信息社会的基

---

[1] 杜创国. 日本行政改革及其启示[J]. 兰州学刊，2008，第2期：38-41
[2] 薛朝晖. 日本电子政务发展进程评述[J]. 天津职业大学学报，2005，第五期：61-64

础工作，构筑新型的信息社会和经济型社会。在电子政务发展方面，日本政府希望到2005年度，公民和企业通过网络手段办理相关事务能在时间、费用、地点方面更加便利。首先，需要缩短处理政务的时间。日本政府预计到2005年，各级政府对于企业和公众申请的电子政务项目在24小时之内办结。所谓的24小时之内办结，是指用户从利用互联网申请办理政务手续开始，到政府机构审查并做出处理结论，完成一次电子政务操作的时间不超过24小时。在费用方面，预计办理电子政务的手续费将平均降低30%。例如，在当时直接到专利局申办一项专利的收费为1300日元，而通过电子政务在网上办理则可降低费用21%。日本政府将以这样的示范先例为基础，通过推广电子政务，将办理行政事务的手续费平均降低30%。日本政府同样也在业务协同方面做了设想和要求，预计到2003年实现各种申请政务服务的步骤都可集中在一个相关部委或者政府部门的门户网站中办理，在这个窗口可以实现复杂政务项目的跨部委审批，真正实现所有政务项目的一站式服务。以成立公司为例，在实现一站式服务之前，需要到国税厅等3个中央级行政部门和其他行政机构办理20多项证明和审查书等，而实现跨部委和跨中央、地方的电子政务之后，只需通过一个电子政务窗口一站式办结营业执照。[1]日本政府认为，使企业和公众切实感受到电子政务的便捷，是推动其发展和普及的重要保证。

2004年12月，"U-Japan"计划出台。这一计划的中心议题是希望以无所不在的网络为基本工具实现理想的信息社会。"U-Japan的"中的"U"总共包括4方面的内涵：无处不在（Ubiquitous）、全球性（Universal）、用户导向（User-oriented）、独特性（Unique）。

经过一系列措施和发展，日本政府在2005年以前实现政府各部门的主要业务全部在网上进行，这标志着日本全面进入无纸化办公的电子时代。日本政府在2006年正式发布了"新IT改革战略"，确定了以后的战略构想，即"成为信息时代的开拓者，向世界展示日本信息社会的发展成果和为世界信息事业的发展做出贡献"。把电子政务的建设目的确定为：建立高效简化的政府，彻底解决业务处理程序的重复问题，利用统一的电子系统对各个行政机关的部门业务、类似业务进行一元化、集中化的处理。将模式化的行政业务交给性能永远处于最佳状态的电子系统，提高行政经费的利用效率。通过人力、物力资源的有效配合，精简行政，使行政合理化，实现预算效率高的、简化的政府。[2]与这一目标相配套的措施主要有四点：首先是保证信息安全可靠；第二是合理化改进竞争政策；第三是建立与信息社会相配套的市场环境；第四是听取民众的意愿，得到公民的积极配合。日本政府希望通过新的发展战略，实现到2010年日本民众向中央、地方政府以及地方公共机构提出的申请申报手续等在线利用率应不低于50%；建立针对电子政务发展和服务水平的评价体制，以促进政务系统的优化，其评估指标主要包括公民申请政务信息和服务的在线利用率，申请者花费的时间和费用，政务系统的费用等；兼顾地方政府的政务信息化建设，采取同样的措施进行建设和完善。

3．政务信息化未来发展规划

2009年7月6日，日本政府IT战略本部制定了适应新的发展形势需要的"i-Japan

---

[1] 吴康迪．日本电子政务建设新动向[J]．中国信息界，2003，第7期：41-42
[2] 薛朝晖．日本电子政务发展进程评述[J]．天津职业大学学报，2005，第五期：61-64

战略 2015",这里的"i"包含"Inclusion"和"Innovation"两层意思,前者是指像水和空气那样融入社会方方面面地应用信息技术。后者是指创新。该战略明确指出,到 2015 年要实现以人为本,"安心且充满活力的信息化社会"。促进电子政府和电子自治体的建设被列为规划的首要任务。为了更好地实现这一目标,日本政府设置了副首相级的首席信息官(CIO),CIO 具有一定的权限,并有辅佐专家,这一职位的设置,能全面负责监督战略的执行,增强中央与地方的合作,加快电子政务的发展和加大行政改革的力度。这是日本推进电子政务发展的战略性行动,也为世界各国提供了十分有益的启示。作为经济发达、信息化基础设施全球领先的发达国家,日本在推进电子政务发展方面必然有其先天优势,而除此之外,日本政府对发展战略的重视和行政体制的改革值得我国学习和借鉴。

11.1.7 新加坡

作为亚洲"四小龙"之一的新加坡,现在已经成为东南亚地区重要的金融中心、运输中心和国际贸易中转站。不仅如此,新加坡还建立了世界领先的电子化政府和亚太地区重要的电子商务中心。如今,其电子政务建设水平已经成为新加坡政府独特的国家魅力,为世界各国所推崇。在 2011 年早稻田大学电子政府世界排名中,新加坡继续蝉联首位,这是继 2009 年和 2010 年之后新加坡连续第三次位居榜首。[①]毋庸置疑,新加坡电子政务的发展已经成为世界各国的楷模,其发展模式值得研究借鉴。

1. 政务信息化的基础建设

早在 20 世纪 80 年代,新加坡就开展了电子政务工作,是世界上最早推行"政务信息化"的国家之一。为了促进电子政务的快速发展,新加坡政府出台了一系列重要的信息化规划,为电子政务的发展提供了有利的经济基础和技术支持。

1980 年,新加坡政府成立了国家计算机化委员会,在内阁大臣的领导下制定了新加坡发展信息技术的战略政策,并在委员会的推动下组建了国家电脑局,借助政府力量推动信息化发展战略的实施。从 1980 年到 1985 年,信息化规划主要集中在以下几个方面:首先,实施公民服务计算机化计划,为各级公务员配备计算机,进行信息技术培训,各个政府机构发展的计算机管理信息系统超过了 250 多套,大大推进了政府机构办公自动化的进程;其次,在人才建设方面,组建信息技术人员联合会,以适应信息技术工业未来发展的需要;第三,在中央政府的支持下,推动地方信息技术工业的发展和成长。经过近五年的发展,新加坡的信息技术取得了初步的发展,在此基础上,继续推行下一个国家信息技术计划。到 1991 年,通过第二项国家信息技术计划,新加坡建成了连接 23 个政府主要部门的计算机网络,实现了这些部门的数据共享,并在政府和企业之间开展了电子数据交换(EDI)。最突出的 3 个 EDI 系统分别是:贸易网——在对外贸易、海运、运费单据处理等领域实现无纸化作业;法律网——提供网上法律服务;医疗网——为医疗机构实现网上卫生保健服务提供途径。在这 3 个网络中,最为突出的是贸易网,在实

---

① http://www.echinagov.com/gov/zxzx/2011/2/16/125591.shtml

现有效和快速的贸易单据流转、托运人和承运人文件审批方面具有重大意义。依托这一网络，新加坡成为全球少数几个在对外贸易领域全方位推行电子数据交换的国家之一，实现了全面的无纸化贸易。[①]1992 年到 1999 年间，新加坡政府实行了第三项国家信息技术计划——ITZ000 计划，该项计划在公务员办公计算机化和国家信息计划成功实施基础上，致力于将新加坡建成"智慧岛"，力图通过一个数据中心整合所有系统，进一步完善公共服务网络基础设施，为每一个新加坡人提供交互式多媒体业务。

2. 电子政务全面发展阶段

依托于前期信息化的发展成果，新加坡进入了全面系统的建设电子政务的阶段。2000 年，第一个针对电子政务的行动计划出台，那就是创建世界领先的电子政务系统，以便在数字经济时代更好地为国家服务。期间，政府发挥了巨大的行政领导作用，也提供了强大的经济支持，例如，为了在公众中普及和发展视听显示技术与设备，政府计划三年间拨款 15 亿美元左右。第一次电子政务行动计划的战略框架主要集中在三个相关的业务模式上：政府对公民；政府对企业；政府对雇员。为了使这三个模块达到预期目标，电子政务行动计划制定了 4 项策略：政府重组、电子业务流程整合、互动信息技术建设、信息技术创新。[②]截至 2003 年上半年，新加坡公众已经能够获取网上所得税申报、网上商业登记及驾驶执照更新等 1600 多项政府在线服务。美国宾夕法尼亚州和加拿大的一些省都以其为样板进行电子政务建设。

2003 年 7 月新加坡开始启动第二个电子政务行动计划，计划到 2006 年最终实现 100%的政府服务电子化，建成"多个机构一个政府"的模式，敏捷高效地实现公众的政务信息和服务的需求。计划期间，新加坡政府新增了 12 个跨机构的整合式电子服务；提出了"满意的顾客，联网的国民，网络的政府"的战略架构；到 2006 年，实施了 12 个跨部门综合电子化服务项目，90%的政府用户每年至少使用一次电子化服务。[③]

2006 年，新加坡启动了具有重要战略意义的"智慧国 2015 计划"（iN2015），希望利用无处不在的信息通信技术将新加坡打造成一个智慧的国家、一个全球化的城市。为了配合这一目标的实现，在电子政务建设方面，新加坡提出了"整合政府 2010"（iGov2010）计划。该项计划旨在利用信息通信技术继续服务新加坡民众。为了实现这个愿景，新加坡政府确定了 4 大推进策略，即提升电子服务的普及性和多样性、增进民众在电子政府中的参与度、强化政府的能力和协同性以及提高国家竞争优势。依托此计划，新加坡政府成功地推出了新服务，挖掘了新渠道，改善了服务的广度和深度。2010 年对新加坡民众的一项电子政务调查显示，接近 90%的民众对政府提供的电子服务的质量表示满意，超过 90%的人推荐别人使用电子服务与政府沟通。同时，在国际组织和机构的各项研究和排名中，新加坡一直处于前列。持续不断的努力使得新加坡成为电子政务领域不断发展创新的开拓者和领先者。[④]

---

① 姚国章，胥家鸣. 新加坡电子政务发展规划与典型项目解析[J]. 电子政务，2009 年，第 12 期：34-51
② 贺彬. 新加坡电子政务建设的观察与思考[J]. 电子政务，2004 年，第 11/12 期：138-142
③ 邱惠君，由鲜举，黄鹏. 国外电子政务建设现状与启示[J]. 天津科技，2005 年，第 1 期：31-36
④ 殷利梅. 新加坡电子政务总体规划（2011—2015）及启示[J]. 信息化建设，2011 年，第 11 期：38-41

3. 电子政务未来整体规划

随着信息技术的发展、Web 2.0 时代的到来和社交网络工具的广泛应用，新加坡电子政务的建设又迎来了新的挑战。首先，政府和公众的互动性大大增加，政府开始思考如何利用这些平台与公众进行互动交流、分享信息。其次，面对日益复杂的政府业务，部门之间的协作变得更加重要，业务协同成为有效决策的前提和基础。第三，越来越多的公民希望在政府建设中表达自己的观点，为国家政务发展贡献自己的智慧，发挥作为国家一份子的力量。面对已经取得的优异成绩和面临的巨大挑战，新加坡政府适时推出了《新加坡电子政务总体规划（2011—2015）》（eGov2015），这项规划同时也是新加坡"智慧国 2015 计划"（iN2015）十年规划的一部分。"eGov2015" 的愿景是建立一个与国民互动、共同创新的合作型政府。即借助信息通信技术的力量创造一个政府、私营部门和公众共同努力，无缝融合的互动环境。为了实现这一目标，新加坡政府从三个方面拟定了建设规划。第一，增加公共服务的内容并提高服务质量，搭建服务平台，与企业、公民合作，创造新的服务项目。作为政务信息的提供者，政府要充分发挥网站的作用——直接面向公众发布信息并提供服务的重要渠道的作用，不断提高政府网站的服务水平。例如，新加坡政府建立了名为 "OneInbo" 的一站式服务平台，有针对性地向用户进行电子回复。同时，政府还提供平台，使更多的公众参与到创造新服务的过程中来。为此，新加坡建立了首个访问政府公开数据的一站式门户网站。用户可以访问和下载由 50 多个政府部门提供的 5000 多项公开数据集，并可以利用这些数据进行研究和分析，开发和创新应用程序和服务，进而创造新的价值。第二，政府将通过网络增加电子民意征集，用现代化的方法汇集民智，培养公民的决策意识和参与度。例如许多政府部门建立了自己的社交媒体平台吸引公众参与，鼓励公众建言献策。第三，促进整体政府的建立，实现部门之间的业务协同。与之配套的措施是改造公共基础设施，提升政府工作人员的能力，建设国家高速宽带网络，推动云计算和节能技术的发展等。

"eGov2015" 的规划和实施是新加坡电子政务建设的一个重大举措，预示着政府与公众的关系将从"政府向你"（Government-to-you）向"政府与你"（Government-with-you）转变，无论在战略层面还是实施过程，都值得世界各国借鉴。[①]

11.1.8 韩国

韩国是亚洲"四小龙"之一，在现代化进程中迫切感到实施电子政务的必要性与重要性，较早地开始了电子政务的阶段性建设。根据联合国经济与社会理事会 2003 年 2 月发表的《电子政务发展的状况和趋势》，韩国的电子政务应用能力名列全球第 15 位，是全球的高电子政务能力国家之一。[②]

自 1978 年开始，韩国政府逐步推进人事、工资管理等各种统计工作的电算化，1979 年颁布《关于行政业务电算化的规定》，逐步拉开了政府信息化的序幕。20 世纪 80 年代韩国政府着手实施电子政务的准备工作，通过 20 世纪 80 年代初期的"国家 5 大计算机

---

① 殷利梅. 新加坡电子政务总体规划（2011—2015）及启示[J]. 信息化建设，2011 年，第 11 期：38-41
② Greg Carmont. 影响配送中心系统设计的关键要素[J]. 物流技术与应用，2003 年，第 10 期：67-70

网络计划"、80年代后期的"韩国信息基础全面发展计划"和"国家基础信息系统计划",韩国政府建立起遍布全国的高速通信网络,并完成电子政务建设所需要的核心基础数据,例如居民登记、地产、交通工具等基本信息的框架构建。[①]90年代,正式推进全面电子政务。突出标志是全面架构法律、法规、标准体系。根据《促进信息化基本法》,1996年韩国政府制定了共同利用行政信息、电子文件系统、公共政府服务等10个"信息化基本计划";同时,还制定了政府信息公开法、个人隐私保护法、国家保密法、商业秘密法以及行政公文标准化格式等。到1996年,政府对居民、不动产、汽车、雇佣等6个行政业务进行了电算化和自动化管理改革,并且对国税管理、护照管理、土地管理等11个重点业务进行了在线管理。

进入新世纪的韩国加大了电子政务的发展步伐。2001年,为了提升国家竞争力,促进社会经济的发展,韩国政府决定加速推进政府电子化进程。政府决策层认为,电子政务的健康发展与一个完整、统一的法律、制度环境密切相关,制定政府信息化管理的有关法律、行政制度是实施电子政务的首要任务,是电子政务能否有效开展的关键之一,配合20世纪韩国政府出台的一系列相关法律,韩国国会于2001年2月讨论、通过了《关于实现电子政府和促进行政业务电子化的法律》。这也是韩国电子政务建设颇具借鉴价值的特色。在规划全国政务信息化的过程中,韩国政府认为政务信息化要均衡地发展,只有避免城乡两极分化,才能最终实现全国政务信息化。本着建设和谐信息环境的目的,在中央政府的号召和带领下,韩国地方政府开始负责构建和管理地区信息网络,营造信息利用环境,对农村居民实行信息化培训,在现场给予大力的行政支援。另外,乡镇政府负责建立网络信息村管理委员会,引导农民积极参与,在开发农民的收益模式的同时,有序地经营乡镇信息中心,构建信息网络村庄。目前,信息网络村庄网站会员人数从2004年底的8.5万人提高到2007年的13.5万人,信息村的销售额由2003年的617万韩元增加到了2006年的2980万韩元,村里家用电脑的普及率也由21%发展到67%。此外,网络信息村的互联网点加入比例也由以前的8.8%提高到了64.5%。[②]

从20世纪70年代韩国实行渐进式发展战略到本世纪,韩国政府的信息化水平得到了很大的提升,电子政府已初具规模并开始发挥应有的效用。不但建立、完善了电子政务的法律与制度保障,实现了政务信息数字化,还建立了公用电子资料库,尽可能扩大服务公众的范畴。《2006年电子韩国展望》指明了未来发展的方向,即在电子政务建设方面要由现在的"跟随者"变为"领先者",最终建成一个高效、透明的智能政府。

11.2 国外电子政务发展的基本经验

国外代表性国家的电子政务在组织机构建设、电子政务发展战略、政府业务流程优化、绩效评估、公务员的信息技术培训、公共服务接入点、法律法规和标准化建设等方面有许多宝贵的经验值得我国学习。

---

① 道格拉斯·霍姆斯. 电子政务[M]. 詹俊峰译,北京:机械工业出版社,2003
② http://it.21cn.com/software/hydt/2007/08/22/3430488.shtml

11.2.1 改进组织机构建设，优化政府业务流程

从"传统政务"过渡到"电子政务"是一个复杂而艰巨的过程，它不是简单地对业务流程进行改进并实现电子化，实质上需要对行政管理方式进行变革，行政改革必然会涉及多方面的利益冲突，不可避免地会遇到各种阻力，因而需要成立强有力的行政部门，在政府首脑的推动下推进政务信息化，改进组织机构建设，明确统一领导，规范和优化政府业务流程。对政府部门的业务流程进行整合和优化，不仅有利于指导政府的IT投资决策，避免重复建设，而且还将加强政府部门之间的横向和纵向合作与交流，更好地为公众服务。从美国、德国、日本等国家的成功经验来看，成立中央机构层面的领导部门，加强中央政府各部门之间以及中央政府与地方政府的协作，优化业务流程，建立无缝政府，可以更好地推动政务信息化的建设，同时也能更好地为公众服务。

美国的电子政务建设工作由总统管理委员会统一指导，管理与预算办公室负责电子政务战略的制定、执行和协调推进，办公室主任作为总统内阁成员有力保障了战略的执行力度。联邦政府各部门和地方政府设立首席信息官，其组成的首席信息官委员会定期召开联席会议，协调开展电子政务建设。美国传统的组织机构中广泛存在职能的重复和交叉现象，例如，有13个政府机构管理着342项与联邦经济发展相关的业务，有12个政府机构的职能与35项食品安全事务相关，有29个政府机构涉及541项与空气、水和环境保护相关的业务。为了打造无缝隙政府，解决政府部门业务交叉和重复问题，以及消除传统官僚行政体制对信息共享的先天性障碍，美国白宫管理与预算办公室跨越行政组织边界，对政府各部门业务进行了重新梳理，将政府业务划分为4个业务域、39条业务线、153个子功能，明确和细化了政府部门的职责分工和业务边界。通过科学、系统的业务梳理，美国数百个联邦电子政务项目被整合成为32个跨部门信息化工程。美国国会2010年度相关报告表明，通过统一规划、统一建设"跨部门电子政务工程"，取代以往的以各部门为中心建设信息化系统的做法，有效推动了全政府范围内的跨部门协作，使得困扰美国多年的电子政务重复建设、信息孤岛、效益低下等问题大为改观。

德国电子政务由德国内政部总体负责并协调规划，内政部"首席信息化官员办公室"负责全国信息技术领域的综合协调，下设"联邦政府信息技术协调和咨询处"提供信息技术的顾问咨询及承担联邦信息基础设施建设；"德国信息安全处"承担信息安全研究和实施；"联邦在线2005项目组"负责"联邦在线2005"实施计划的制订和协调工作。这些部门在德国联邦电子政务整体规划和统筹建设方面发挥着极其重要的作用，成为德国电子政务建设的"舵手"。

日本的电子政务建设由IT战略本部（首相兼任本部长）统一领导，IT战略本部下设的首席信息官联席会议具体负责协调电子政务建设。首席信息官联席会议主席由内阁官房副长官担任，副主席由总务省行政管理局局长担任，其成员是各省厅的首席信息官。首席信息官联席会议的日常事务由内阁官房在总务省行政管理局的辅助下处理。为了协助首席信息官开展工作，各省厅还设立了由首席信息官担任委员长的电子政务推进委员会。此外，日本还计划在各省厅设置首席信息官辅佐官，主要协助首席信息官及有关部门负责人完成业务和系统的分析、评估及制定最佳化计划等工作。

11.2.2 制定发展战略，明确阶段目标

罗马不是一天建成的，在电子政务建设中，一步到位的解决方案也是不切实际的。发达国家的经验表明，在发展电子政务的过程中，必须遵循"审慎规划、按部就班"的原则，分阶段、有计划地制定发展战略，明确每一阶段的目标，采取符合国情的战略措施。

"审慎规划、按部就班"是指根据实际情况以及对信息技术发展的预期，审慎地确定电子政务每一阶段的发展目标。分阶段规划的目标不是抽象的、概念化的，而是具体的，有具体实施方案的。总的说来，规划要从"大处"、"远处"着眼，所有规划的最终目标都是为了建立更完善的电子政府，为民众服务，而具体到某一个规划，则要以本阶段可以实现的项目、效果明显的项目起步，确保采取措施之后民众能够得到相应的实惠，赢得民众的支持和信任。这样，一方面可以充分享受信息化和信息技术带来的好处；另一方面，也可以通过系统的发展，扩大影响，为下一阶段发展打下良好基础。[1]近年来，很多国家都推出了新的信息化和电子政务规划，而这些国家的电子政务发展规划制定方式也不尽相同。美国的电子政务规划是单独制定的，如《2002年电子政务战略》和《2003年电子政务战略》；韩国、俄罗斯的电子政务规划是作为国家信息化整体战略的一个部分予以体现的，如韩国的《促进信息化基本法》和《2006年电子韩国展望》以及俄罗斯的2002—2010年《俄罗斯联邦信息化建设目标纲要》；日本和新加坡不仅在国家信息化规划中对电子政务建设做了规定，而且还根据信息化的总体规划，制定电子政务建设的专项规划，如日本的《e—JAPAN战略》、《电子政府构建计划》等。2009年7月，日本在原有的e-Japan计划、u-Japan计划和新IT改革战略基础上，推出了新一代的"i-Japan2015计划"。值得注意的是，美国、英国等非常注重将战略规划与预算安排和监管结合起来，以确保战略规划的贯彻实施。强调政府信息公开和跨部门共享，在法律法规中明确规定获取政府信息是公众的一项权利，注重个人信息和隐私权保护法规。在制定战略规划的同时，国外政府也提出了一些新的战略理念，如英国的"变革型政府"、新加坡的"整合型政府"、澳大利亚的"响应型政府"、韩国的"开放型政府"等。随着低碳经济在全球兴起，环境文化成为国际政治关系的中心因素，打造"绿色政府"成为一大重点。加拿大、美国、英国、澳大利亚等纷纷推出绿色政府计划。韩国政府于2009年投入巨资通过十大绿色IT项目，开展"绿色IT战略"。

11.2.3 重视绩效评估，推动绩效管理

国外电子政务建设的实践表明，为了有效推进电子政务建设，应该制订方案对电子政务进展情况开展绩效评估，以便及时了解建设现状，明确存在的问题和下一步工作重点，确保电子政务建设过程中的投入、产出、影响和最终效果。国外典型的电子政务绩

---

[1] 娄策群，刘光容. 国外电子政务发展的经验及其对我国电子政务发展的启示[J]. 图书情报工作，2006年，第6期：51-56

效评估框架主要有以下几种。[①]联合国采用综合性的国家电子政务评估框架。联合国从 2002 年开始每年发布以其成员国为评测对象的全球电子政务测评报告，其电子政务绩效评估的指标体系，主要包括三个方面：政府网站状况、基础设施状况和人力资源状况，通过加权平均计算得出各国的"电子政务指数"。从 2003 年开始，其测评最终结果体现为两个指数：电子政务完备性指数（E-government Readiness Index）和电子政务参与指数（E-government Participation Index）。美国在 2002 年建立了基于"绩效参考模型（PRM）"的评估框架，作为联邦企业架构（Federal Enterprise Architecture）的模型之一，绩效参考模型旨在建立一个标准化的电子政务评估体系。PRM 不但是美国政府各部门阐明电子政务系统绩效目标的基本参考标准，也是预算管理部门评价项目绩效的基本依据，处于整个联邦企业架构体系的顶层。它由输入、输出、结果 3 个部分组成，由评估领域、评估类别、评估组别和评估指标 4 个层次构成。输入包括人力资本、技术和其他固定资产，输出包括一系列业务流程及活动，结果包括任务和业务结果以及客户结果。2007 年 4 月管理与预算办公室（Office of Management and Budget，OMB）推出了新的绩效评估体系。新的评估体系主要包括三个指标：参与度、使用度和用户满意度。评估方法是 OMB 采集数据用以建立绩效基准标杆，并向公众、政府部门等公布，经客观评估得出绩效评估结果。加拿大采用基于"结果"的评估框架。在电子政务绩效评估方面，加拿大主要着眼于用户的满意度和政府服务品质的提升两方面，不仅要评测网站服务的可用性，还应同时评估效益的提升和对公民传递的价值。加拿大财政部于 2002 年与埃森哲合作，共同制定出一个"基于结果（results-based）"的评估体系，该体系由便利性、可访问性、可信程度、服务成熟度、用户接受度、服务转型、用户满意度、安全性、个人隐私保护、效益/回报、创新共 11 个指标构成。加拿大政府所建立的"电子政务绩效评估体系"亦受到了其他国家的高度关注，在联合国 2003 年推出的全球电子政务评估报告——《公共部门报告：十字路口的电子政务》中被列为电子政务绩效评估的典范。

11.2.4　打造专业队伍，重视人才培养

行业的发展离不开人才队伍的建设，不论是领导层面还是负责具体业务的基础工作者，政务信息化发展先进的国家在人才队伍建设与管理方面都具备了明显的优势。这些国家具有发展较为成熟的人才管理体系和经验，也有一定的规律可循。

在领导层面，美国、加拿大、英国等国广泛采取了政府首席信息官（CIO）制度。CIO 是政府及其所属部门电子政务专业人才队伍管理的最高长官，目前，这一制度已经成为世界各国争相学习效仿的对象。国际电信联盟的资料表明，目前已经有 100 多个国家确立了首席信息官制度。[②]首席信息官属于政府部门的决策层，具有人事管理权，通过将组织的技术调配战略与业务战略紧密结合来制定部门信息化战略规划，同时就本部门

[①]《国外典型的电子政务绩效评估框架》，http://www.gei.com.cn/viewpoint/a42b2f124386aab0c4c277a4369a5e175，长城战略咨询，2009 年 4 月 2 日

[②] http://news.xinhuanet.com/it/2010-10/21/c_12684589_2.htm，深入分析大部制后信息化推进体制机制的问题，新华网

的信息化建设战略计划向部门首长提出意见和建议。在重要的政府部门设置首席信息官，不仅有利于国家相关战略规划的贯彻实施，也有利于更好地推动部门信息化建设工作。英国规定，由政府首席信息官负责制定政府整体的 IT 战略，并帮助和协调各部门制定相应的计划，保证这些计划能够与其他服务联合开展。例如，德国规定首席信息官办公室统筹全德的电子政务建设，负责制定政务信息化的宏观规划。加拿大政府首席信息官办公室包括战略规划协调处、业务和服务战略处、信息管理战略处等，这些部门都有负责相关战略制定的职责。首席信息官不仅负责战略规划的制定，同时在实施层面也要负责政府业务流程的再造优化。加拿大政府首席信息官办公室业务架构标准处的主要职责之一就是领导和指导政府业务架构的制定与完善，实现政府业务流程的不断优化。德国政府首席信息官办公室在开展电子政务建设之前的一项重要工作就是进行业务流程重组。

电子政务专业人才属于复合型人才。这类人员一方面要掌握信息技术及信息管理知识，且能做到及时的知识更新，了解并把握信息技术知识发展的最新动态和成果，另一方面还应掌握必要的政务知识。从国外推动电子政务建设的实践来看，提高政府公务员在开展电子政务建设方面的素质，强化他们运用信息技术和信息资源的能力，是带动电子政务建设健康有序发展的一项重要措施。美国联邦政府公务员的信息技术培训工作由人事管理办公室负责，管理与预算办公室、首席信息官委员会以及总务管理局予以支持。美国还在《电子政务法》中规定，从电子政务专项基金中拨出专款用于公务员的信息技术培训。新加坡政府制定了信息与通信技术教育方案，以加强对政府公务员的信息技术培训。通过对政府各级公务员的培训，使他们掌握相关的专业知识，同时有利于加强他们在电子政务建设方面的协同工作。这些培训具有普遍适用性，重点在于补充相关知识，提升认知能力。对电子政务技术人员而言，可以更新信息技术知识，提高保证信息系统正常运转的能力与水平。对政务信息管理方面的人才，则可以提高他们对电子政务信息资源管理的认识，优化管理才能。另一种培训方式主要是针对高层次人才和关键性人才，一般采取外部培训方式。美国国家国防大学信息资源管理学院所开办的首席信息官短期培训班，就是由美国国防部授权的 CIO 认证项目。此外，新加坡政府还开展了"优秀首席信息官巡回展演讲"活动，对象是未来的政府部门首席信息官和中高级管理人员。[1]

11.2.5 建立电子公共服务，促进电子政务应用

信息技术给政府的公共治理带来了前所未有的机遇与巨大的挑战。电子政务的建设目的之一是对传统的公共服务方式和内容进行再造和改革，提升公共服务水平，在此背景下，建立电子公共服务接入点，促进政务信息的利用率成为了各国电子政务建设的重要趋势之一。为了使公众能够便捷地获取政府信息，使政府机构的信息资源能够得到更为广泛的开发和利用，国外很多国家采取了诸如建立社区技术中心和互联网公共接入点、对弱势群体开展免费培训和发展多样化信息终端等措施，促进电子政务的推广应用，努力缩小不同地区和不同人群在获取政府信息方面的数字鸿沟。

根据美国的《电子政务法》要求，美国建立了覆盖全国各城市和乡村的社区技术中

---

[1] 邱慧君，由鲜举，黄鹏. 国外电子政务建设现状与启示[J]. 天津科技，2005，第 1 期：31-35

心,并利用社区技术中心、公共图书馆和其他公共机构为公众提供了互联网接入服务。在美国政府的鼓励下,许多私人机构和非营利组织还通过捐助资金和设备、提供培训资料等方式来资助社区技术中心的发展。2009年1月,奥巴马总统发表《致行政部门和机构领导的备忘录》,表示"本届政府将致力于创建一个前所未有的开放政府,使之成为透明的、公众参与的、协同的政府"。[1]美国新任联邦首席信息官表示将在未来的工作中注重使用如Youtube、Wi-ki、Facebook和Twitter等新兴工具将政府信息更多地向公众开放,推进政府政策开放透明,保证公众能够接触并方便地获得政府信息,从根本上改变公共部门与公众沟通的方式。

英国政府通过设立"英国在线中心"等方式,在全国范围内建设社区互联网接入点,使全体公众可在离家最近的地方上网。"英国在线中心"遍布于全国的网吧、图书馆、大学和社区中心等公共场所。与广泛的地理位置相配套的是中心提供的便捷服务,这里有专门的工作人员帮助初学者收发邮件、搜索信息、提供上网技能的培训。英国政府非常重视提高公众的信息技术技能,在发表的《21世纪的技能——实现我们的潜能白皮书》中指出,信息技术技能将与写字、算数一起成为人生三大基本技能。

俄罗斯地域广阔,为了减少电子政务信息和服务的地域差异,在全国推行了"电子邮政计划",邮政系统在全国拥有数量众多的分支机构,这些机构遍布全国各地,利用邮政系统建立公共信息接入点,可以解决城市低收入者和偏远地区接入互联网、享受政府乃至整个社会的电子化服务问题。

11.2.6 制定法律法规,加强标准化建设

国外信息化的实践经验证明,法制化和标准化是电子政务建设的基础性工作,是电子政务系统实现互联互通、信息共享、业务协同、安全可靠的前提。在经济合作与发展组织(OECD)列举的电子政务建设外部障碍中,法律障碍高居第1位。因此,电子政务能否成功,很大程度上取决于政府能否提供一个适宜的法律架构。纵观国际上大力发展政务信息化的国家,其制定的相关法律只有两种形式,一类属于电子政务专门法,另一类是有关政务信息化发展的单行法。电子政务专门法属于纲领性立法,具有统领、指导及协调的作用,它既是制定下位法律法规的依据,又是理顺电子政务法律体系内部层次关系的前提。目前,美国、韩国、意大利、澳大利亚等国家都制定了专门的电子政务法律。还有一些国家,例如日本、加拿大、新加坡、英国、法国、德国等电子政务也比较发达的国家则先后出台了一系列法律、法规和政策,主要在信息资源管理、电子签名及认证、数据保护、信息安全和政府业务流程规范、电子签章等单行法之中。

各国因国情差异明显,处于电子政府建设的不同阶段,因此电子政务法规政策建设呈现差异化。例如,美国是由一部统一的《电子政府法》牵头,辅之以《阳光下的政府法》、《情报自由法》、《政府纸张消除法》等单行法,从而形成统一立法与单行立法相配套的立法模式。世界大多数国家和地区的电子政务立法采取了分散模式,电子政务的法律规范分散在有关计算机系统、数据保护、信息安全、行政程序与标准化、电子签章法

---

[1] 胡佳,郑磊. 电子政府发展的国际新趋向:连接性治理[J]. 电子政务,2010年,第8期:113-117

等单行法律之中。韩国政府在发展电子政务的各个阶段都制定了相应的法律和行政制度，以推动、引导、保障政府电子化的顺利进行，如制定了《公共机关情报公开法》、《政府信息公开法》等以保障政府电子化的顺利开展。德国有《信息和通讯服务规范法》，俄罗斯有《联邦信息、信息化和信息保护法》，英国有《政府信息公开法》。国外在强调政府信息公开和跨部门信息共享时，还非常重视对个人信息和隐私权的保护，并通过了一些法律法规，如美国的《隐私权法》、日本的《行政机关持有的个人信息保护法》、加拿大的《隐私权法》等。

随着信息化建设的推进，一些国家在电子政务实施过程中出现了重复建设、信息孤岛、资源分散、效率低下等问题，这促使这些国家进行电子政务建设同时，越来越重视标准化建设。没有统一的标准，政务信息化在中央到地方各层级之间、在国家各部门之间，就难以实现互操作问题。从电子政务总体架构看，标准体系作为电子政务的基础保障，是电子政务系统必不可少的组成部分。而从标准体系自身看，它又是一个由各种分体系、子体系和单个标准构成的有机整体，各分体系、子体系和单个标准之间具有层级性特点，彼此相关，互为联系。电子政务标准体系结构包括总体标准、应用标准、应用支撑标准、网络基础设施标准、信息安全标准和管理标准。国外先进国家在标准建设化体系的过程中，积累了丰富的经验。首先，在制定电子政务标准规范时坚持以"公众为中心"的原则。电子政务建设的目标是围绕民众的需求来发展和提供服务的。以公众为中心（Citizen-Centered）意味着一切以方便公众使用和满足公众需求为出发点。例如，英国政府围绕此目标，考虑到电子政务建设需要"规范化"，颁布了一系列指导各部门实施的原则，包括统一标准原则、开放源码原则、注重实用与共享原则。其次，利用标准保护公民的隐私及合法权益，强化信息安全工作建设。早在1994年6月，美国标准化协会（ANSI）就成立了信息基础设施标准化小组（Information Infrastrueture Standards Panel, IISP），负责对企业参与国家信息基础设施标准化活动进行监督与协调。[①]美国在加强信息安全保护方面，通过出台标准和指南相结合的方式，规范政府部门信息安全管理。其出台的政策性文件主要有《联邦雇员和合同商个人身份认证标准》、《个人身份认证加密算法和密钥长度标准》、《联邦信息系统安全控制评估指南》、《密钥管理指南》、《传输层安全实施和选择指南》等。此外，美国联邦事务框架程序管理办公室还制定了电子政务所需的政府软硬件标准，如各种信息编码、信息交换、文件格式标准、认证标准等相关的技术标准，并通过联邦政府发送各地区、行业系统统一贯彻执行。[②]另外，一些国家从技术层面，出台了包括网站建设和后台基础设施建设等一系列标准，以协调各级政府部门的电子政务建设。[③]英国政务信息化的标准体系建设是一个不断探索更新的过程。从2001年到2005年，英国政府内阁办公室电子政务组发布了电子政务互操作框架（e-Government Interoperability Framework, e-GIF）的V1.0版到V6.1版。e-GIF框架包涵

---

① 马胜男，孙诩，田桂勇，李凌. 国外电子政务与社区信息化标准化进展综述（上）[J]. 电子政务，2008年，第8期：15-18
② 李辉，李海丽. 国内外政府信息化建设经验及启示. 信息化建设[J]. 2011年，第4期：30-35
③ 邱惠君. 国外电子政务经验探析[J]. 信息网络安全，2005年，第5期：69-71

了四部分标准建设内容：电子政务元数据标准（e-GMS/GCL）、政府数据标准目录、XML Schemas 和技术标准目录。e-GIF 主要是从技术上，对政府机构间信息流进行了规范，涵盖了对互联互通性、数据整合、内容管理员数据和电子服务访问等方面的标准建设，并根据政府机构需求变化和技术发展不断更新相关标准，保证标准的适时性与适用性。[①]

国外政务信息化建设的事实表明，统一标准是互联互通、信息共享、业务协同的基础。缺乏标准化和规范化，不仅将浪费大量的资源和时间，而且政府之间、政府部门之间的各种系统势必难以兼容，信息资源难以共享，后果不堪设想。[②]完善标准体系建设不仅为不同机构的系统升级和优化带来便利性，同时也为政府职能机构的调整和合并提供了技术和管理上的可能，也将使一个国家的政务信息化建设走上正轨。

11.3 国外电子政务发展趋势

自从 20 世纪 90 年代美国首次提出"电子政府"建设以来，经过几十年的不断发展和创新，"电子政府"作为信息时代的政府组织形态和治理模式，已成为世界各国政府改革的重要方向和趋势。随着新旧世纪交替，全球国家进入 21 世纪，新的挑战、新的形势出现。一方面，世界经济的全球化特点显著、能源与环境问题突出、公众参与意识增强、公众对公共服务的需求提高，这些新形势的出现对各国政府治理提出了新的挑战，不断深化各国政府改革。另一方面，随着信息技术的迅猛发展，出现了 Web2.0、云计算、物联网、人工智能等一些革命性的技术，为电子政府的进一步发展提供了新的技术基础。因此，在政府改革不断深入，新技术不断发展的双重作用下，各国电子政务发展都呈现新的趋势。根据上述世界代表性国家电子政务发展历程的介绍及其电子政务建设基本经验的分析，我们可以预测出其发展趋势。

首先，政府由"管理型政府"向"服务型、参与型政府"转变。电子政务带来的最大影响之一就是缩短了服务提供者与接受者之间的距离。服务型电子政府注重在信息技术基础上，通过政府组织结构的重组和业务流程再造，整合政府信息和服务资源，构建公共服务体系，提升服务能力，提供以公众为导向的一站式服务。随着公民参与意识的逐步增强，作为民众的政府，各国政府将利用信息技术增强民众对政府政务的参与程度，拓宽和深化电子参与的渠道，提升政府的回应能力及民主、科学决策意识和水平，迈向与民协商，共同治理，政府与公众双向互动的参与型电子政府。随着信息技术的发展，除了门户网站留言板、民意调查、在线投票等公众参与形式外，电子政府发达国家开始充分借助新一代互联网 Web2.0、移动网络等技术，不断拓宽公众电子参与渠道。2009 年 1 月，奥巴马总统发表《致行政部门和机构领导的备忘录》，表示"本届政府将致力于创建一个前所未有的开放政府，使之成为透明的、公众参与的、协同的政府"。美国新任联邦首席信息官表示将在未来的工作中注重使用如 You tube、Wi-ki、Face book 和 Twitter

---

① 马胜男，孙诩，田桂勇，李凌. 国外电子政务与社区信息化标准化进展综述（上）[J]. 电子政务，2008 年，第 9 期：23-26
② 娄策群，刘光容. 国外电子政务发展的经验及其对我国电子政务发展的启示[J]. 图书情报工作，2006 年，第 6 期：51-56

等新兴工具将政府信息更多地向公众开放，推进政府政策开放透明，保证公众能够接触并方便地获得政府信息，从根本上改变公共部门与公众沟通的方式。加拿大政府也运用Web2.0、社交媒体（Social Media）和语义网技术（Semantic Web Technologies）来改善不同部门之间的关系，改善公民和机构之间的关系，系统化地引导客户参与。欧盟多年来一直力推电子参与的发展，2009年11月的欧盟电子政府部长宣言（Ministerail Declaration）确定了欧洲电子政府2015年的发展目标之一即为增加公共信息的可获取途径、提高透明度和政策过程中利益相关者的有效参与度。由此可见，由公众参与、以公众需求为导向、以公众满意度为评价标准的电子政府，是未来电子政府发展的主要趋势。

其次，"绿色电子政府"这一理念也越来越受到认同。经济发展和社会进步的同时，能源紧缺与环境污染问题日益严重。构建低碳、绿色环保的电子政府，是未来各国电子政府发展的主要趋势。云计算技术的发展为解决电子政府建设过程中的重复建设和能源消耗问题提供了有效途径。电子政府发达国家如美国、韩国等都提出了发展绿色电子政府的云计算战略，以降低信息化建设成本、提高政府运营效率、推动跨部门信息资源共享、鼓励创新。美国联邦政府 Apps.gov 网站推出"一站式云计算服务"，以提高联邦政府在 IT 投资上的效率。美国新任联邦首席信息官表示，他将在未来的工作中大力推广开源技术和云计算，保证联邦政府每年在 IT 技术上的开支能更有效率。日本政府也已进入通过互联网提供各种信息和业务的"云计算"时代，计划在 2015 年之前将政府所有的IT 系统整合到单一的云计算基础设施上。2009 年 3 月 30 日，韩国广播通信委员会、知识经济部、行政安全部计划从 2010 年开始在政府综合计算机中心内引入供多个部门同事使用的云计算系统。各国政府还加大了对云计算基础设施建设的投入，2011 年 11 月，英政府宣布启动政府云服务 G-Cloud，并投入 6000 万英镑建立公共云服务网络，英国政府目标是到 2015 年，至少有 50%的政府公共部门的信息技术资源通过 G-Cloud 购买。日本内务部和通信监管机构计划在 2015 年之前建立大规模的云计算基础设施，以支持所有政府运作所需的资讯科技系统。韩国决定在 2014 年之前向云计算领域投资 6146 亿韩元以使韩国云计算市场规模相较于现在扩大四倍。[①]

第三，各国纷纷建立"智能电子政府"。为了满足公众日益个性化的服务需求，实现政府主动服务模式，增强社会管理的精准化、智能化水平，提高政府应对突发事件的能力，基于数据仓库、数据挖掘、知识管理、物联网、决策支持系统等智能技术，发展智慧城市、智能电子政府已成为未来各国电子政府发展的主要趋势。电子政府发达国家已将智能电子政府作为未来电子政府发展的主要目标。[②]物联网技术是电子政务迈向智能化的一个很好应用。物联网就是通过射频识别（RFID）、红外传感器、全球定位系统、激光扫描器等信息传感设备，按约定的协议，把任何嵌入包含其信息的可识别智能芯片的物品与互联网连接起来，进行信息交换和通信，以实现智能化识别、定位、跟踪、监控和管理的一种网络。物联网除了这一职能外，更重要的职能是基于这些交互信息提供的智能决策和服务。通过物联网技术，城市、医疗、建筑等都将变得智能化。瑞典目前已

[①] http://digi.tech.qq.com/a/20120423/000713.htm 云 PK：各国大战云计算战略谁主沉浮？
[②] 张净. 国外电子政府发展趋势[J]. 环球采风，2012年，第 2 期：58-59

经在全国建立起一个由85万个智能电表组成的智能电子信息系统,从而让电力公用事业企业足不出户就可以对电力的使用情况进行远程监控,电力公司不用派专人去用户家中读表,用户再也不需要靠评估来计算自己的能源消费量,从而节省了大量的资金和能源。另外,为解决斯德哥尔摩交通拥挤问题,瑞典有关部门通过使用射频识别技术以及利用激光、照相机和地理空间系统技术构成的智慧交通体系,自动检测标识车辆,按照不同的拥堵程度对交通收费,向在周一至周五6:30到18:30之间进出市中心的注册车辆收取费用,结果斯德哥尔摩的交通拥堵率降低了25%,出租车的收入增长10%,交通排队所需时间下降了50%,城市污染级别下降了10%至15%,并且平均每天新增4万名公共交通工具乘客。在人均碳排量方面,成为了欧洲的佼佼者,平均每人碳排放量降到4吨/年,而欧洲平均是每人6吨/年。[①]亚洲地区也将"智慧政府"的发展方向写入了新的政务信息化规划,如新加坡政府提出的"智慧国2015"规划、韩国政府提出的"智能韩国Smart Korea"规划。

第四,移动技术的发展促使"无所不在"的电子政府形成。"无所不在"的电子政府又称为"移动电子政府"。随着网络技术、移动终端的飞速发展,越来越多的公众开始使用智能手机、掌上电脑、手持终端、平板电脑等便携式移动终端来获取政府服务。因此,将部分电子政府服务功能从固定网络转移到移动网络,发展无处不在的移动电子政府,是未来各国电子政府发展的主要趋势。例如新加坡的移动政府(M-Government)项目即通过移动电话渠道向公众提供不适宜通过因特网和柜台提供的公共服务。其中的One SMS计划是指通过移动平台提供各种提醒和通知服务,包括续缴公路税、市建局季度泊车费用短信通知、尚未解决的市建局违例泊车通知、中央公积金电子预约提醒、中央公积金账户月存款额和使用情况通知,以及新公共住房项目销售发布的提醒等。韩国和日本也相继推出过u-Korea、u-city和u-Japan计划等移动政务计划。在欧盟"i2010电子政府行动计划"中,欧盟各成员国提出了要提高欧洲公众和企业的移动性。在实践中也已出现许多创新应用,如捷克通过Wireless项目实现地理信息系统与无线通信系统的链接,运用了GPRS(通用无线分组业务)、GPS(全球卫星定位系统)等技术,建立起国家林业信息系统、国家农业信息系统、林业咨询信息系统,增强对土地资源、水资源等的管理能力。此外,土耳其国家司法局通过其短信信息系统,使市民和法官可以不必前往法院,仅通过手机接收短信就可以了解正在进行中的案件的相关法律、庭审日期、最近进展等信息。[②]

本章小结

- 分析了美国、加拿大、俄罗斯等国家电子政务发展的现状和特点;
- 总结了国外电子政务发展的经验;
- 阐述了全球电子政务发展的趋势。

---

① 严恒元. 欧盟加快物联网建设进程,经济日报 2010-07-07
② 郑拓,郑磊. 新兴信息通信技术在各国政府中的应用及其影响[J]. 电子政务,2010年,第9期: 115-121

问题讨论

1. 举例分析其他国家电子政务建设现状。
2. 根据其他国家电子政务建设过程分析其建设经验对我国的借鉴作用。

案例分析

加拿大电子政府建设

加拿大是一个经济繁荣、文化昌盛、政府治理高效的国家，它在国际电子政务发展排名中多年来一直位居前列，在埃森哲的全球电子政务发展年度报告中，加拿大已连续多年被评为全球第一，成为很多国家和地区学习和效仿的楷模。1999年，加拿大政府发布了国家电子政府战略计划——"政府在线"计划。在建设电子政务的过程中，政府设置了实施和管理电子政府和政务信息资源的职能机构，制定了政务信息资源管理的政策、框架，以及相关标准和法规，计划由总理亲自领导，财政部部长负责全面实施，采用中央集权式的"自上而下"的实施思路，并提出了"统一政府"的发展策略。[①]分析加拿大政府的电子政务框架，有助于我国借鉴其建设经验并自上而下地推行各级政府的电子政务建设。

一、充分的组织保障为电子政务建设提供了机制保证

加拿大电子政府职能部门主要由财政部秘书处（Treasury Board Secretariat，TBS）、国家档案馆（National Archives of Canada，NAC）、国家图书馆（National Library of Canada，NLC）和统计局（Statistics Canada，SC）等部门组成。

TBS是财政部属下的一个中央政府机构，统一领导管理加拿大政府的人力、财力、信息和技术资源。在TBS中设有信息主管（Chief Information Officer，CIO）及其办公机构（Chief Information Officer Branch，CIOB），负责制定政府信息管理与信息技术应用的相关政策，同时CIOB下设副信息主管（Deputy Chief Information Officer）、政府在线办公室（Office of Government On-Line）等众多负责电子政务信息技术、信息安全、组织保障的服务部门，为政府信息管理政策提供解释性的建议，帮助联邦政府机构将信息管理需求与商业、信息技术战略和计划融为一体，与国家图书馆、国家档案馆以及其他联邦政府机构合作，制定和改进信息管理框架，包括标准、指导原则、工具和最优方法，努力实现电子政务顶层设计的最优化，并成为电子政务工程实施中承担内部协调职能的重要角色；成立于1872年的加拿大国家档案馆，以档案记录为中心管理政务信息资源，成立于1953年的加拿大国家图书馆，以出版资料为中心管理政务信息资源。国家档案馆与国家图书馆已于2004年5月合并，以形成一个全新的面向21世纪的为加拿大与加拿大公民服务的基于知识的机构——加拿大国家图书与档案馆，并逐步从传统的纸质档案和

---

① 陆悦. 国外电子政务案例分析[J]. 互联网周刊，2004年，第20期：82

出版物管理，向电子文件信息资源管理过渡，成为电子政务建设甚至国家发展的最重要信息资源库。加拿大统计局负责加拿大的社会、经济、机构、人口、资源和文化等方面信息的收集、汇编、分析和出版。在统计信息的收集、编辑、分析和出版等方面，与各联邦政府机构进行合作并提供帮助，避免政务信息的重复采集，承担政务信息资源的加工与统计分析、出版等角色。[①]

二、完善的管理框架为电子政务建设搭建了坚实基础

由于实施自上而下的建设策略，加拿大政府十分重视顶层设计。早在2002年7月，CIOB 就制定了加拿大政府的信息管理框架（Framework for the Management of Information in the Government of Canada，FMI）。

信息管理框架图如图11.1所示。[②]

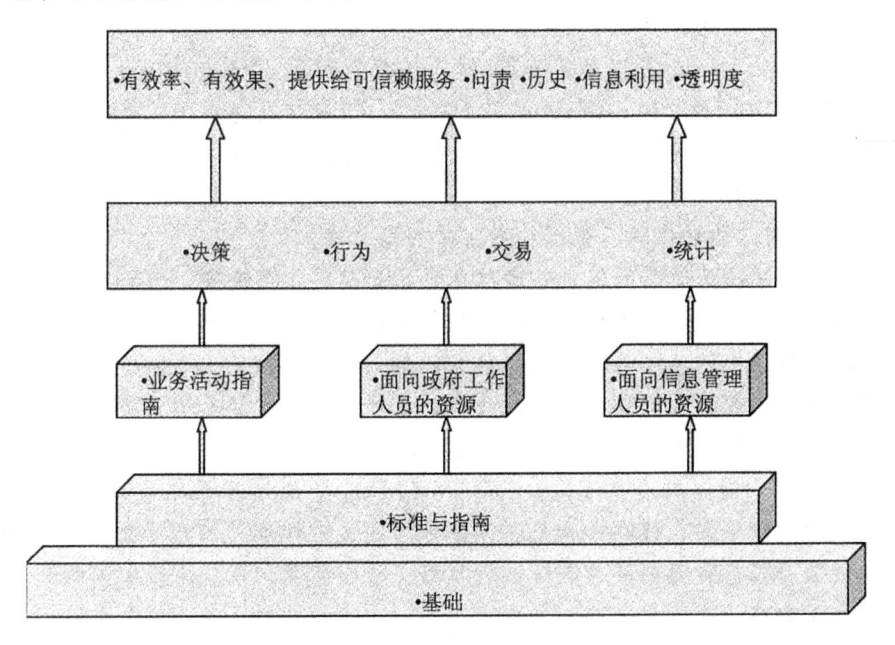

图11.1 信息管理框架图

该框架提供了加拿大政府信息管理的战略方向，自底向上分为基础、标准和指南、资源、电子政务业务活动、信息服务。基础部分对政府信息管理做了总的概述，包含加拿大政府信息管理的核心组成，如愿景、目标、目的、原则、法律政策、管理与问责、信息角色、利益相关方和术语。标准与指南部分为政府信息管理过程中涉及的各个方面提供了权威性的标准和指导原则。资源部分，主要包括面向政府工作人员的资源、面向信息管理人员的资源和业务活动指南这三个方面的内容。建立在以上框架之上的是政府的业务活动，例如基于资源层的政府决策和行政活动等。最高层是电子政务可以提供的

---

① 严明，吴鹏. 国外电子政务案例——加拿大政府的信息资源管理[J]. 电子政务，2005年，第7期：6-11

② Treasury Board of Canada Secretariat. FMI Structure. [2009-05-24]. http://www.tbs-sct.gc.ca/fmi-cgi/abu-ans/structure-eng.asp7National Archives of Australia.e-permanence made e-asy

信息服务、政府透明度等内容。[①]在整体建设和管理框架确定的情况下，只需要不断完善框架内部要素，就可以确保在电子政务建设和实施过程中的方向性和稳定性。

三、众多的外部支撑为电子政务建设提供了重要保障

1. 信息资源共享的基础：建立统一数据交换格式

电子政府的建立需要统一标准，这样不但能避免"信息孤岛"的出现，也为将来的信息利用打下良好基础。在标准制定方面，加拿大政府制定了信息管理的元数据框架。为了加强政府信息资源的管理，2003年TBS发布了"加拿大政府元数据框架"（Government of Canada Metadata Framework），它描述了国际上普遍使用的Dublin Core元数据标准与加拿大政府各领域使用的元数据标准之间的关系，为加拿大政府范围内元数据的发展制定了策略。[②]加拿大政府元数据框架的最小集（核心集）是为政府Web应用所制定的"统一的外观与风格"元数据标准（Common Look and Feel Standard, CLF）。CLF标准是Dublin核心元数据集的子集，仅包括五个元素：创作者（Creator）、日期（Date）、语言（Language）、主题（Subject）和标题（Title）。CLF标准是所有政府网站在描述Web资源时必须强制性使用的标准，这样就为电子政务建设和运行中部门内部与部门间的数据与信息资源共享打下良好基础。

2. 建设管理必要的保障：出台相应法律法规文件

加拿大制定了较为完善的促进政府信息资源管理的各种法律，例如《信息访问法》、《加拿大国家档案馆法》、《加拿大国家图书馆法》、《官方语言法》、《官方保密法》、《个人信息保护与电子文档法》等，以法律条文的形式，确保相关政策和方案的执行。在建立政务信息资源管理框架和相关标准、法律的基础上，加拿大政府还定期召开各种研讨会，研讨和解决与信息资源管理相关的一些关键问题，如每年一次的"信息管理论坛"（IM Forum）、每六周一次的"信息管理日"（IM Day）。随着各级政府管理机构的完善，政务信息资源管理框架、标准和相关法律体系的建立，加拿大的电子政府建设取得了较大进展。以政府信息资源共享为基础进行政府决策和管理，以公众为中心提供信息服务的加拿大电子政府，也趋于成熟。[③]

[①] 潘星星，安小米. 国外政务信息资源管理体系建设研究[J]. 情报资料工作，2009年，第五期：43-46

[②] Government of Canada Metadata Framework. http://www.tbs-sct.gc.ca/im-gi/meta/frame-cadre_e.asp. 2005-10-12

[③] 严明，吴鹏. 国外电子政务案例——加拿大政府的信息资源管理[J]. 电子政务，2005年，第7期：6-11

反侵权盗版声明

电子工业出版社依法对本作品享有专有出版权。任何未经权利人书面许可，复制、销售或通过信息网络传播本作品的行为；歪曲、篡改、剽窃本作品的行为，均违反《中华人民共和国著作权法》，其行为人应承担相应的民事责任和行政责任，构成犯罪的，将被依法追究刑事责任。

为了维护市场秩序，保护权利人的合法权益，我社将依法查处和打击侵权盗版的单位和个人。欢迎社会各界人士积极举报侵权盗版行为，本社将奖励举报有功人员，并保证举报人的信息不被泄露。

举报电话：（010）88254396；（010）88258888

传　　真：（010）88254397

E-mail：dbqq@phei.com.cn

通信地址：北京市海淀区万寿路 173 信箱
　　　　　电子工业出版社总编办公室

邮　　编：100036